普通高等教育规划教材

会计信息化教程

杨应杰　褚　颖　李永丽　主编

化学工业出版社
·北京·

本书是高职高专财经管理系列教材之一，以用友ERP-U8V10.1为蓝本，以企业典型的会计业务为出发点，以情境教学法和任务驱动式教学帮助学生学习使用财务软件。本书分为9个模块，包括会计信息化基本知识、系统管理、基础设置、总账管理系统、会计报表管理系统、薪资管理系统、固定资产管理系统、应收款管理系统与应付款管理系统，主要介绍了会计信息化的基本知识、基本方法和基本技能。本书配有实训教材《会计信息化教程实训》。

本书可作为高等院校经济管理类专业的专业课教材，也可作为应用型、技能型会计人员的教育教材和社会从业人士的业务参考书及培训用书。

图书在版编目（CIP）数据

会计信息化教程/杨应杰，褚颖，李永丽主编.—北京：化学工业出版社，2019.8（2022.7重印）

ISBN 978-7-122-34731-2

Ⅰ.①会… Ⅱ.①杨… ②褚… ③李… Ⅲ.①会计信息-财务管理系统-教材 Ⅳ.①F232

中国版本图书馆CIP数据核字（2019）第121923号

责任编辑：王　可　蔡洪伟　于　卉　　　装帧设计：张　辉
责任校对：宋　玮

出版发行：化学工业出版社（北京市东城区青年湖南街13号　邮政编码100011）
印　　装：北京虎彩文化传播有限公司
787mm×1092mm　1/16　印张19　字数473千字　　2022年7月北京第1版第3次印刷

购书咨询：010-64518888　　　售后服务：010-64518899
网　　址：http：//www.cip.com.cn
凡购买本书，如有缺损质量问题，本社销售中心负责调换。

定　　价：48.00元

编写人员

主　编	杨应杰	（郑州工程技术学院）
	褚　颖	（河南农业职业学院）
	李永丽	（周口职业技术学院）
副主编	冷雪蕊	（河南农业职业学院）
	李　真	（河南农业职业学院）
	马　立	（南阳农业职业学院）
	乔海燕	（河南农业职业学院）
	袁向华	（周口职业技术学院）
主　审	杨录强	（郑州航空工业管理学院）

前　言

为了适应我国税收法律、会计改革与调整的需要，在充分借鉴和吸收相关教学单位和广大读者意见的基础上，我们编写了《会计信息化教程》一书。本书紧密围绕高等院校经济、管理类专业的培养目标，以就业为导向，以应用为主旨构建课程内容体系，做到基础知识描述充分，理论阐述精简够用，应用技能详尽具体，使教材内容符合学生的知识、能力、素质结构要求。本教材具有以下特点。

1. 知识新颖性

本书根据最新修订的增值税、个人所得税等税收法律法规对教材内容进行组织编写。

2. 编写体例的新颖性和实用性

本书在体例设计上，本着“必需够用、精讲多练”的原则，分项目组织教学内容。每个项目下设计相应的工作任务，每任务分“任务描述”“预备知识”“任务设计”“操作步骤”四个模块进行设计，增加了本书的新颖性与可读性。

3. 教学资源丰富

本书包括会计信息化基本知识、系统管理、基础设置、总账管理系统、会计报表管理系统、薪资管理系统、固定资产管理系统、应收款管理系统与应付款管理系统 9 个任务，每个任务均配套丰富的立体化教学资源，如操作步骤录屏、课程标准、教学课件、教案等，随学随用，便于教师教学，提高学生学习的积极性。本书配有实训教材《会计信息化教程实训》，供学生实训课和课下练习使用。

本书由郑州工程技术学院杨应杰、河南农业职业学院褚颖、周口职业技术学院李永丽担任主编，河南农业职业学院冷雪蕊、河南农业职业学院李真、南阳农业职业学院马立、河南农业职业学院乔海燕、周口职业技术学院袁向华担任副主编。项目一由袁向华、李永丽编写，项目二由乔海燕、马立编写，项目三由褚颖编写，项目四、项目五由杨应杰编写，项目六、项目七由李真、乔海燕编写，项目八、项目九由冷雪蕊编写。郑州航空工业管理学院杨录强对本书提出了一些意见和建议。最后，由主编对全书作了修改和完善。

由于水平有限，书中难免不足之处，敬请读者批评指正。

编 者

2019 年 5 月

目　录

项目一

会计信息化基本知识

知识目标

了解会计信息系统的构成及功能；认知会计电算化与会计信息化概念及发展；掌握会计信息化与手工会计的区别；了解实施会计信息化的意义；认识用友 ERP-U8V10.1 软件及主要功能；熟悉会计信息化系统的功能模块及管理要求。

技能目标

能正确选择适合本单位的会计核算软件；熟悉用友 ERP-U8 的运行环境；能正确熟练安装用友 ERP-U8V10.1 财务软件；能按要求对单位的会计信息化进行日常管理。

项目导航

会计信息化基本知识模块是为后面的会计信息化软件操作模块提供必备的理论知识。主要包括会计信息系统的构成及功能；会计信息化的发展；会计信息化与手工会计的比较；会计信息化的实施；会计信息化的管理要求等基本知识和用友 ERP-U8V10.1 财务软件的安装启动与退出。

任务一　认识会计信息化

任务描述

会计信息系统是管理信息系统的一个子系统，由财务系统、供应链系统与管理决策系统三大系统组成。会计信息化是信息社会的必然产物，是在会计电算化、会计信息系统的基础上派生出来的，我国会计信息化经历了四个发展阶段，对减轻会计人员的劳动强度、提高工作效率与质量具有重要意义。

会计信息化基本知识具体内容包括会计信息系统的概念及特点；会计信息化系统的构成及功能；会计电算化与会计信息化的概念及发展；会计信息化与手工会计的比较；会计信息化的实施意义；会计信息化岗位设置等内容。

预备知识

一、会计信息系统

1. 会计信息系统的概念及特点

会计信息系统是管理信息系统的一个子系统，以电子计算机网络技术和现代信息技术为基础，以人为主导，充分利用计算机硬件、软件、网络通信设备以及其他办公设备，进行企事业单位会计业务数据的收集、存储、传输和加工，输出会计信息，并将其反馈给各有关部门，为企业的经营活动和决策活动提供帮助，为投资者、债权人、政府部门提供财务信息。

主要有以下特点：①会计信息系统以计算机和互联网信息技术为主要工具，采用人、机结合方式，进行相互操作；②数据采集要求标准化和规范化；③数据处理方式集中化和自动化；④会计信息载体无纸化；⑤财务和业务的协同处理。

2. 会计信息化系统的构成

会计信息化系统的功能结构是对会计核算信息系统、会计管理信息系统、会计决策支持系统三个层次的进一步分解，表明会计信息化系统的具体系统构成，各系统完成的基本财务会计工作以及各系统之间的数据与控制关系。由于企业性质、行业特点、会计核算和管理的需求不同，会计信息化所包含的内容并非完全一致，其系统的划分也不尽相同。

就工业企业而言，会计信息化系统一般由三大系统组成，即财务系统、供应链系统、管理决策系统。各系统的功能进一步分解如图 1-1 所示。

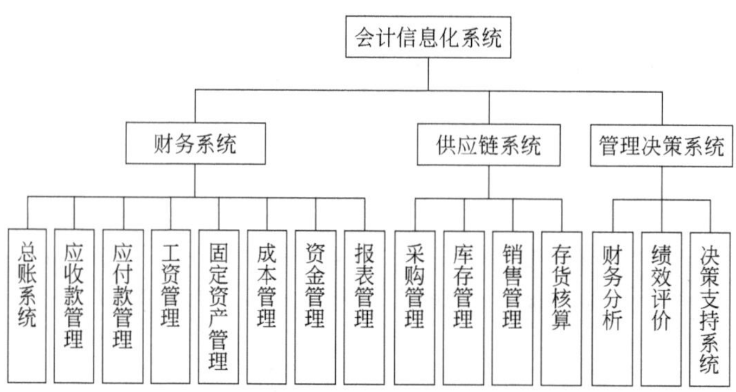

图 1-1 会计信息化系统功能结构图

3. 会计信息化系统的基本功能

（1）财务系统。财务系统主要完成会计核算及管理业务，具体包括：总账系统、应收款管理系统、应付款管理系统、工资管理系统、固定资产管理系统、成本管理系统、资金管理系统、报表管理系统。

① 总账系统。总账系统是以会计凭证为原始数据，通过凭证输入、凭证审核，完成记账和结账、银行对账、账簿查询及打印输出等基本功能，以及个人往来核算与管理、部门核算和管理、项目核算与管理、现金银行管理等辅助功能。

② 应收款管理系统。应收款管理系统是以销售发票和收款单为原始数据，完成各种应收款的登记、核销工作，动态反映各客户信息及应收款信息，并进行账龄分析和坏账估计，提供详细的客户档案及其统计分析。

③ 应付款管理系统。应付款管理系统是以采购发票和付款单为原始数据，完成各种应付款的登记、核销以及应付款的分析预测工作，及时分析各种应付款的数额及偿还应付款所需的资金等，提供详细的供应商档案及其统计分析。

④ 工资管理系统。工资管理系统是以职员档案和工资数据为原始数据，完成职员工资的计算、工资费用的汇总和分配、个人所得税的计算、劳动统筹等各种代扣款项和预提费用，查询、统计和打印各种工资表，自动编制工资费用分配转账凭证传递到总账系统等功能。

⑤ 固定资产管理系统。固定资产管理系统是以固定资产卡片为原始数据，通过对固定资产卡片的增加、删除、修改、查询、打印、统计与汇总等处理，进行固定资产的变动核算，更新固定资产卡片；完成折旧费用的计提和汇总分配，自动编制费用分配转账凭证并传递给总账系统。

⑥ 成本管理系统。成本管理系统是根据成本核算的要求，通过用户对成本核算对象的定义，对成本核算方法的选择，以及对各种费用分配方法的选择，自动对从工资、存货核算、固定资产、总账系统传递的数据或用户手工输入的数据汇总计算，输出用户需要的成本计算底稿，自动编制相关转账凭证并传递到总账系统。

⑦ 资金管理系统。资金管理系统是以银行单据、企业内部单据等为原始数据，记录资金业务以及其他涉及资金管理方面的业务，处理对内、对外的收款、付款和转账等业务，提供逐笔计息管理和积数计息管理，实现往来存贷资金的管理，并提供各单据的动态查询情况以及各类统计分析报表。

⑧ 报表管理系统。报表管理系统是以各系统会计核算和管理的信息为原始数据，结合会计制度的要求和企业管理的实际需求，完成各种会计报表的定义、编制和汇总工作，生成各种内部报表、外部报表以及汇总报表等。

（2）供应链系统。供应链系统主要完成供应链业务环节中的计划编制、业务核算、业务管理等。具体包括：采购管理系统、库存管理系统、销售管理系统、存货核算系统。

① 采购管理系统。采购管理系统是以企业的采购计划和采购订单为原始数据，完成采购发票和采购入库单的输入，实现采购业务全程管理，为采购部门和财务部门提供准确及时的信息，辅助管理决策。在一些面向中小企业的会计电算化系统中往往将采购管理与应付款管理合并成一个系统。

② 库存管理系统。库存管理系统是以企业的各种入库单和出库单为原始数据，对各种出入库单进行输入和审核，反映各种存货的入库、出库及库存情况。

③ 销售管理系统。销售管理系统是以企业的销售订单为原始数据，完成销售发票和销售出库单的输入，实现销售业务全程管理。在一些面向中小企业的会计电算化系统中往往将销售管理与应收款管理合并成一个系统，实现对销售收入、销售费用、销售税金、销售利润的核算等。

④ 存货核算系统。存货核算系统是以已审核的入库单、出库单为原始数据，对企业存货的收、发、存业务进行核算，掌握存货的耗用情况，及时、准确地把各类存货成本归集到各成本项目和成本对象上，为企业的成本核算提供基础数据，自动编制转账凭证并传递给总账系统。

（3）管理决策系统。管理决策系统主要是辅助提供财务分析信息、辅助决策信息等。具体包括：财务分析、绩效评价、决策支持系统。

① 财务分析系统。财务分析系统主要进行指标分析、报表分析、因素分析等，生成各种分析和评价企业财务状况及经营成果的信息。

② 绩效评价系统。绩效评价系统是通过杜邦分析、经济增加值分析、平衡记分卡等功能，将企业实际结果与预算目标相比较，为企业提供综合、全面的业绩评价信息。

③ 决策支持系统。决策支持系统是通过建立数据库和决策模型，生成决策信息，辅助决策者对未来经营方向和目标进行量化分析和论证。

二、会计电算化与会计信息化

1. 会计电算化

1979 年，财政部向作为第一家试点单位的长春第一汽车制造厂拨款，进行会计电算化试点工作，并由此拉开了我国会计电算化工作的序幕。1981 年 8 月，中国人民大学和第一汽车制造厂联合召开了“财务、会计、成本应用电子计算机专题讨论会”，正式提出了会计电算化的概念。

会计电算化，是指以电子计算机为主体的当代电子信息技术在会计工作中的应用。会计电算化实现了数据处理的自动化，使传统的手工会计系统发展为电算化会计信息系统。

2. 会计信息化

会计信息化是信息社会的必然产物，是在会计电算化、会计信息系统的基础上派生出来的，是未来会计行业的发展方向。

会计信息化是指将会计信息作为管理信息资源，全面运用以计算机、网络通信为主的信息技术对其进行获取、加工、传输、应用等处理，为企业经营管理、决策控制和经济运行提供充足、实时、全方位的信息，以提高会计管理决策能力和企业管理水平。这种会计信息系统全面运用现代信息技术，通过网络系统，使业务处理高度自动化，信息高度共享，能够主动和实时报告会计信息。

从发展历程来看，会计电算化是会计信息化的前身，但是两者的侧重点有所不同。会计电算化侧重于使用计算机进行会计核算，体现的是提高会计核算效率的改革；会计信息化则侧重于为管理层提供决策管理信息，体现的是财务信息化服务于企业管理信息化的改革。

三、我国会计信息化的发展历程

自 1946 年世界上第一台计算机 ENAC 问世以来，计算机在信息处理方面所显示出来的巨大潜力就引起了会计人员的重视。1954 年，美国通用电气公司首次利用电子计算机计算职工薪金，引起了会计数据处理技术的变革，开创了利用计算机进行会计数据处理的新纪元。20 世纪 60 年代中期以后，计算机硬件、软件性能得到进一步改进，可操作性不断增强，价格不断降低，为计算机在会计领域的普及创造了条件。特别是微型计算机的问世，数据库与计算机网络技术的迅猛发展，使人们充分认识到电算化数据处理的优越性。

在我国，将计算机应用于会计数据处理的工作起步较晚，大致开始于 20 世纪 70 年代，我国会计信息化发展历程分为四个阶段。

1. 模拟手工记账的探索起步阶段

20 世纪 80 年代，我国会计信息化开始起步。这个阶段会计核算软件只是将计算机作为一种高级的计算工具应用到会计领域，采用相应的数据库管理系统，主要是为了减轻会计人员的工作强度，提高工作效率。一般只是设置专门的账务处理系统，模拟手工业务处理过程。

2. 与其他业务结合的推广发展阶段

20 世纪 90 年代后期，随着国内市场需求的扩大以及国际化进程的加速，国内各大软件生产厂家出于发展战略的考虑，先后推出了商品化会计核算软件。这个阶段是会计信息化的发展阶段，引入了更多的会计核算子系统，将企业其他部门的日常核算纳入到计算机管理，形成了一套完整的会计核算软件系统，包括账务处理子系统、报表子系统、往来管理子系统、工资核算子系统、固定资产子系统、成本核算子系统、销售核算子系统。会计信息化工作由单项会计核算业务到全面信息化发展，实现企业内部以会计核算系统为核心的信息集成化。

3. 引入会计专业判断的渗透融合

2009 年，我国对企业会计标准进行了重大改革，建立了与国际趋同的企业会计准则体系，引入了会计专业判断的要求。这个阶段是在会计信息系统提供信息的基础上，结合其他数据和信息，运用会计专业判断，将会计准则中关于各种确认、计量、记录、报告等的要求渗透融合进企业的会计信息系统，逐步完成由单机应用到局域网应用的转变。

4. 与内部控制相结合建立 ERP 系统的集成管理

ERP 企业资源计划 (Enterpose Resource Planning) 是将企业各种资源进行整合集成管理，是指建立在信息技术基础上，以系统化的管理思想，为企业决策层及员工提供决策运行手段的管理平台，是企业管理信息化的代名词。简言之，就是对企业物流、资金流和信息流进行全面一体化管理的管理信息系统。其功能模块不同于以往的财务管理软件，不仅用于生产企业的管理，而且被许多企业用于资源计划和管理，一般分为财务、供应链管理、制造管理、项目管理、人力资源管理和决策支持等。ERP 系统体现了先进的财务会计、管理会计和成本管理思想。由于会计信息由计算机进行集中化、程序化处理，会使手工处理的某些职责分离、相互牵制的控制措施失去效用，因此，计算机存储会计信息的准确性极为重要。必须结合会计信息系统特点，建立一套更为严格的内部控制制度，以满足信息使用者多样化的信息需求。

在计算机互联网时代，为了实现企业的各种信息，特别是财务 (会计) 信息的充分共享，XBRL 国际联合会（XBRL International）制定了 XBRL 标准。XBRL 可译为“可扩展商业报告语言”，是一种用于商业和财务信息的定义和交换的 XML 标记语言。它能有效解决数据的共享和传输问题，是当前国际上会计信息处理的最新技术。2009 年 4 月，财政部发布《关于全面推进我国会计信息化工作的指导意见》，明确提出“力争通过 5 ～ 10 年的努力，建立健全会计信息化法规体系和会计信息化标准体系（包括可扩展商业报告语言（XBRL）分类标准）”。2010 年 10 月 19 日，国家标准化管理委员会和财政部在北京发布了可扩展商业报告语言技术规范系列国家标准和企业会计准则通用分类标准，这成为我国会计信息化领域发展的又一个里程碑和新起点。

2013 年 12 月 6 日，财政部正式发布《企业会计信息化工作规范》，首次明确提出鼓励软件供应商在会计软件中集成可扩展商业报告语言功能，以便于企业生成符合国家统标准的 XBRL 财务报告。

四、会计信息化与手工会计的比较

1. 初始化工作的内容与性质不同

手工会计初始化工作主要依据企业的性质和规模，建立会计科目体系，开设账页，登记期初余额等，初始化工作简单、风险小。

会计信息化的初始化工作量大，且较为复杂，如果初始化错误或失败，会导致整个会计信息化的运行错误或失败，具有较大的系统风险。其初始化内容主要有会计软件的安装和运行调试；账套的初始设置，如网络用户的权限设置、操作员及权限的设置、数据基础设置等；各系统的初始设置，如总账系统中的科目级数与位长的设置、会计科目及其代码的建立、最明细科目期初余额的输入、凭证类型设置、自动转账分录的定义等。

2. 会计科目的设置和使用方法不同

手工会计由于受会计核算工作量的制约，将账户分设为总账和明细账，明细账大多仅设到三级账户。此外，再开设辅助账户以满足管理核算上的需要。科目的设置和使用一般都仅为中文科目。

在会计信息化中，计算机可以处理各种复杂的工作，科目的级数和位长设置因不同的软件而异，有的会计软件可将科目的级数设置到6级以上，完全满足了会计明细核算方面的需要。科目的设置上除设置中文科目外，基本采用与中文科目一一对应的科目代码，使用科目时，计算机只要求用户输入某一科目代码，而不要求输入该中文科目，大大提高了会计信息的输入效率。

3. 会计账务处理程序不同

手工会计根据企业的生产规模、经营方式和管理形式的不同，采用不同的会计核算形式，常用的账务处理程序有记账凭证核算形式、科目汇总表核算形式、汇总记账凭证核算形式、日记账核算形式等，其核算形式本质上采用直线式数据处理流程，即凭证→明细账→总账→会计报表，对业务数据采用了分散收集、分散处理、重复登记的操作方法，通过多人员、多环节进行内部牵制和相互核对，目的是为了减少舞弊和差错。

在会计信息化中，不考虑企业的生产规模、经营方式和管理形式的差异，账务处理程序通常采用记账凭证核算形式，其核算形式本质上是采用放射式数据处理流程，即根据记账凭证文件（当期数据）和科目余额及发生额文件（余额数据）直接生成明细账、总账和会计报表，取消了手工会计的很多中间数据和处理。会计信息化对数据采取集中收集、统一处理、数据共享的操作方法。

4. 会计账簿形式和登记规则不同

手工会计使用纸质账簿，账簿形式分为订本式、活页式和卡片式三种，并且现金日记账、银行存款日记账和总账必须采用订本式账簿。账簿记录的错误要用划线更正法或红字更正法进行更正，账页中的空行、空页要用红线划销等。

在会计信息化中，不可能打印出订本式账簿，所有的账页均按活页式打印后装订成册。会计信息化的一切数据均以文件形式存储在计算机内部，系统只设置记账凭证文件和科目余额及发生额文件，不存在机内日记账、明细账和总账，各种账簿仅为一种视图。可直接从记账凭证文件和科目余额及发生额中导出，实现证、账、表一体化查询。划线更正法或红字更正法根本就不存在，取而代之的是负数更正法，且账簿错误不能直接修改，而只能通过记账凭证去更正。

5. 会计报表的编制形式不同

在手工会计中，会计报表的编制人应了解各种报表的结构、报表中各个数据的来源渠道。若数据来自账簿，还应弄清是发生额还是余额，通过何种运算关系取得；若数据来自本报表或外报表中某项目，应懂得其各种运算关系，同时还应明确各种报表之间的勾稽关系及数据的对应关系，这样才能开始编制报表。

在会计信息化中，各种报表的注册、结构描述、格式定义、取数公式定义、审核公式定义等工作，则作为报表系统初始化设置的内容，可预先一次性定义，以后各期编制报表时，系统能够自动根据报表的取数公式生成报表，并能自动校验报表数据的各种内在关系。此外，报表系统还能对不同账套、或上下级公司之间的同类报表实时合并。

6. 会计的职能范围存在差异

在手工会计中，由于人工操作的局限性，会计只能以事后的记账、算账、报账为主，会计的职能范围局限于反映职能。

在会计信息化中，可以发挥计算机的优势和特点，运用数学方法分析和处理会计数据，不仅能够提升会计的反映职能，如提供更明细的财务信息与非财务信息、提供更精确的会计信息，而且能够利用相关数据进行事前预测、决策和事中控制，如全面预算、作业成本、成本企划、平衡记分卡等先进管理方法的实施。显然，会计信息化的职能重心在于决策和控制。

7. 内部控制制度和控制方法不同

在手工会计中，主要通过会计人员之间的职责分离来实现相互牵制，并由人工完成各种检查、核对和审核等工作，以提高会计信息的准确性、可靠性和查错防弊，其控制的重点是记账凭证以后的各个环节，即账簿的登记和报表的编制。

在会计信息化中，由于会计信息由计算机进行集中化、程序化处理，会使手工会计处理系统中的某些职责分离，相互牵制的控制措施失去效用，如账证相符、账账相符、账表相符等。同时，计算机磁性介质也不同于纸性载体，其数据容易被不留痕迹地修改和删除。因此，为了系统的安全可靠，为了系统处理和存贮的会计信息的准确与完整，必须结合会计电算化的特点，建立起一整套更为严格的内部控制制度，重点控制会计数据的输入。这些内部控制措施除了一般控制，如职权控制、运行控制、保密控制和硬件控制等，还包括很多嵌入在应用程序中的应用控制，如输入控制、处理控制、输出控制。

8. 会计工作组织体制不同

在手工会计中，会计部门工作人员均为会计专业人员，其组织体制是按会计业务内容的不同性质划分的，如结算组、材料组、成本组、工资组、报销组等，会计工作是一种分散收集、分散处理、重复登记的模式。

在会计信息化中的工作人员除了专业会计人员，还包括系统管理和维护人员。为了便于数据的集中收集、统一处理、数据共享，其组织体系主要是依据数据所处的形态不同来划分的，如数据采集组、数据输入组、数据审核组、数据分析组、系统维护组等。

五、实现会计信息化的意义

1. 减轻会计人员的劳动强度，提高会计工作效率

实现会计信息化后，大量数据的计算、分类、归集、汇总、分析等工作由计算机自动完成，这就将会计人员从繁杂的记账、算账、报账中解脱出来，减轻了劳动强度。同时，由于计算机数据处理速度快，运算准确率高，从而使大量的会计信息得到及时、迅速的处理，提高了会计工作效率，便于满足企业市场经济预测和决策的需要。

2. 促进会计工作规范化，提高会计工作质量

实现会计信息化后，软件对输入数据提出一系列规范要求，并进行数据校验，防止非法数据的录入，使数据在整个处理过程中得以严格控制，避免了手工操作中存在的不统一、不

规范、易错记、漏记等问题，从而保证会计信息的合法性、完整性，促进了会计工作的规范化，提高了会计工作质量。

3. 促进会计工作职能的转变，提高企业的管理水平

实现会计信息化后，不仅可以将会计人员从繁杂的事务中解放出来，使他们有更多的时间和精力用于对会计信息进行分析，参与经营管理。同时，也提供了更全面、科学的决策依据，更加充分地发挥会计的预测和决策职能，从而较好地促进会计工作职能的转变。

4. 促进会计队伍素质的提高

实现会计信息化后，对会计人员提出了更高的要求。一是会计信息处理方式的改变，要求会计人员学习和掌握许多新知识，以便适应工作需要；二是大部分工作由计算机来完成，需要留出更多时间学习和培训；三是会计职能的转变，需要会计人员更多地参与经济活动的分析、预测，探索经济活动规律，这样必然可以提高整个会计队伍的业务素质。

5. 促进会计理论研究和实务的发展，促进会计制度的改革

在实现会计信息化的过程中又提出了许多新的技术问题，如信息化的内部控制、审计程序等，促进会计理论和实务的探索，推动会计理论研究和实务的发展。

6. 推动企业管理的现代化

会计信息作为经济活动信息的重要组成部分，在经济管理中起着至关重要的作用。据统计，会计信息量占企业管理信息量的60% ～ 70%。实现会计信息化后，会计信息可以得到及时准确的处理，加快了信息流动，为企业管理现代化奠定了重要基础，促进和带动其他业务、管理部门的信息沟通，加快企业管理现代化的实现。

六、会计信息化岗位设置

会计信息化岗位是指直接管理、操作、维护计算机及会计核算软件的工作岗位，实行会计信息化的单位要根据计算机系统操作、维护、开发的特点，结合会计工作要求，划分岗位。会计信息化岗位设置因企业规模大小而略有不同。

1. 大中型企业会计信息化的岗位设置

大中型企业和使用大规模会计信息化系统的单位，一般可设立信息主管、软件操作、审核记账、信息维护、信息审查、数据分析和会计档案保管等基本岗位。

（1）信息主管。负责协调计算机及会计软件系统的运行工作。

（2）软件操作。负责会计核算软件具体使用操作。

（3）审核记账。负责凭证的审核记账。

（4）信息维护。负责保证计算机硬件、软件的正常运行，管理机内的会计数据。

（5）信息审查。对会计信息化系统运行进行监督，防范利用电算化系统舞弊。

（6）数据分析。负责对计算机内的会计数据进行分析。

（7）会计档案保管。负责会计信息化数据和程序的备份，打印的账表、凭证和各种会计档案资料的保管。

上述会计信息化岗位中，软件操作岗位与审核记账、信息维护、信息审查岗位为不相容岗位。会计信息化岗位及其权限设置一般在系统初始化时完成，平时根据人员的变动可进行相应调整。信息主管负责定义各操作人员的权限，具体操作人员只有修改自己口令的权限，无权更改自己和他人的操作权限。

2. 中小企业实行会计信息化的岗位设置

目前，我国的企业绝大多数是中小型企业，会计业务也比较简单。实行会计信息化后，其岗位应根据实际需要进行设置，有时一人可以兼任多个工作岗位。这样，不仅能够加强对会计信息化工作的管理，而且能够提高工作效率。不过，设置的会计信息化会计岗位应该注意满足内部牵制制度的要求，如出纳和记账审核不应是同一人，软件开发人员不能操作软件处理会计业务等，较小单位电算化岗位的设立，可由会计主管兼任会计信息化主管和审核记账岗位。

任务二　认识用友 ERP-U8V10.1 软件

任务描述

用友 ERP-U8V10.1 财务软件的安装主要包括安装前注意事项，安装 ERP-U8V10.1 产品的软件要求，用友 ERP-U8V10.1 财务软件的安装启动与退出。

预备知识

一、用友 ERP-U8V10.1 软件的构成内容

用友 ERP-U8 管理软件 (简称用友 ERP-U8) 是国内目前的主流 ERP 系统，包括财务管理、供应链管理、生产制造、人力资源、决策支持、集团应用、系统管理集成应用等系列产品，由 40 多个系统构成，各系统之间信息高度共享。用友 ERP-U8 管理软件总体结构如图 1-2 所示。

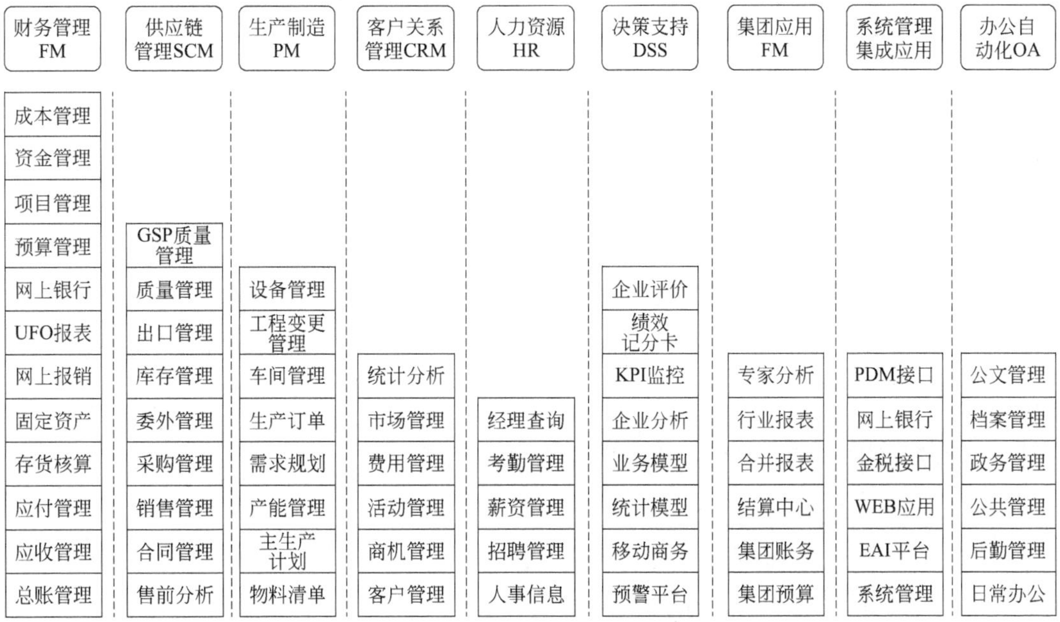

图 1-2　ERP-U8 管理软件总体结构

本次发布的“用友 ERP-U8V10.1”系统包括企业门户、财务会计、管理会计、供应链管理、生产制造、分销管理、零售管理、决策支持、人力资源管理、办公自动化、集团应用、企业应用集成等模块。

二、系统技术架构及安装模式

用友 ERP-U8V10.1 管理软件采用三层架构体系，即逻辑上分为数据库服务器、应用服务器和客户端。

1. 单机应用模式

是指将数据库服务器、应用服务器和客户端安装在一台计算机上。

2. 网络应用模式但只有一台服务器

是指将数据库服务器和应用服务器安装在一台计算机上，而将客户端安装在另一台计算机上。

3. 网络应用模式且有两台服务器

是指将数据库服务器、应用服务器和客户端分别安装在不同的三台计算机上。

如果是 C/S 网络应用模式，在服务端和客户端分别安装不同的内容，则需要进行三层结构的互联。在系统运行过程中，可根据实际需要随意切换远程服务器，即通过在登录时改变服务器名称来访问不同服务器上的业务数据，从而实现单机到网络应用模式的转换。

三、系统运行环境要求

用友 ERP-U8V10.1 管理软件属于应用软件范畴，需要按以下要求配置硬件环境，准备系统软件，见表 1-1。

表 1-1 用友 ERP-U8V10.1 应用系统的运行环境

对象	运行环境要求
操作系统	Windows 2000 Professional+SP4
	或 Windows 2000 Server+SP4
	或 Windows XP+SP2
数据库	Microsoft SQL Server 2000+SP4
	或 Microsoft SQL Server 2005 + SP2
	或 Microsoft SQL Server 2008
浏览器	Internet Explorer 6.0 + SP1 及更高版本
信息服务器	IIS 5.0 及更高版本
.NET 运行环境	.NET Framework 2.0 Service Pack 1

四、用友 ERP-U8VI0.1 软件安装前的注意事项

① 同一个操作系统下不能安装用友软件的不同版本；

② 安装前需要关闭防火墙和实时监控系统；

③ 需要将数据服务器、应用服务器、客户端安装在同一台机器上；

④ 安装前，请用系统管理员或具有同等权限的人员登录，进行安装；

⑤ 安装产品的计算机名称中不能带有“-”或者用数字开头。

任务设计

（1）根据软件运行环境要求，正确安装用友 ERP-U8V10.1 财务软件。

（2）正确启动和退出财务软件操作。

操作步骤

一、数据库、信息服务器等基础设置的安装

1. 数据库、信息服务器等安装说明

① 确保计算机上所安装的操作系统满足要求（一般用 Windows XP ＋ SP2 或 SP3，可通过“系统属性”查看是否满足要求）。

② 安装 IIS（Internet 信息服务），可通过“控制面板—添加 / 删除程序—Windows 组件”，添加 IIS 组件来安装。安装过程中需要用到 Windows XP 安装盘。

③ 安装 Microsoft SQL Server，一般安装 SQL Server 2000 ＋ SP4 即可。相应的补丁程序可下载。

④ 安装 ·NET 运行环境：·NET Framework 2.0 Service Pack 1。安装文件位于光盘 \ 用友 ERP-U8Vl0.1\U8Vl0.1SETUP\3rdProgram\NetFx20SP1_x86.exe。

⑤ 需要安装的缺省组件如下：可在安装用友 ERP-U8Vl0.1 的过程中点击界面上的【安装缺省组件】进行安装或到以下目录自行安装：光盘 \ 用友 ERP-U8Vl0.1\U8Vl0.1SETUP\3rdProgram\iewebcontrols.msi。

2. 数据库、信息服务器等基础设置的具体安装

本教材以安装 SQL Server 2000（个人版）为例，说明数据库安装过程。

① 双击 SQL Server 2000 安装文件图标，进入安装主界面。

② 单击左边第一个安装程序“安装 SQL Server 2000 组件（C）”，如图 1-3 所示。

图 1-3　安装组件界面

③ 单击第一个安装程序“安装数据库服务器”，如图 1-4 所示。进入后出现自动安装界面，直至出现安装协议。

图 1-4 安装数据库服务器界面

④ 选择“是 (Y)”按钮后，进入安装定义对话框。请选择“服务器和客户端工具”，如图 1-5 所示，选择好后单击“下一步”。

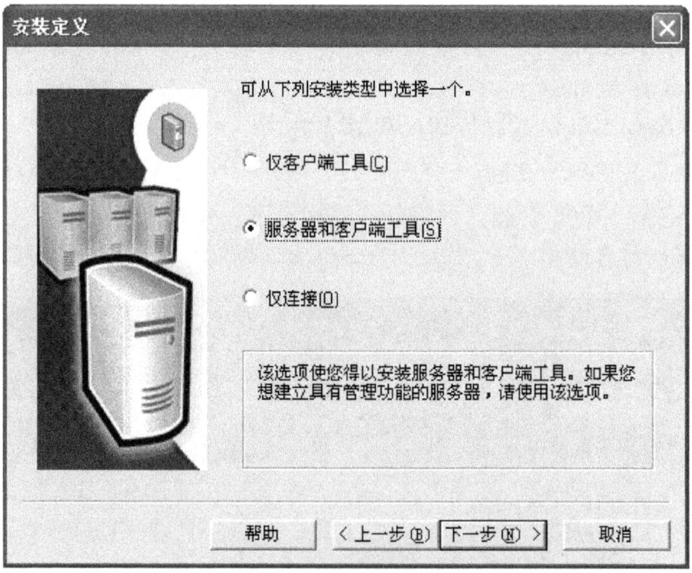

图 1-5 安装定义选择

⑤ 选择安装类型，默认的是“典型（T）”，设置好安装路径。如图 1-6 所示。

⑥ 单击“下一步”，进入“服务账户”对话框，选择“使用本地系统账户 (L)”，如图 1-7 所示。

⑦ 单击“下一步”，选择“混合模式（Windows 身份验证和 SQL Server 身份验证）(M)”，如图 1-8 所示。

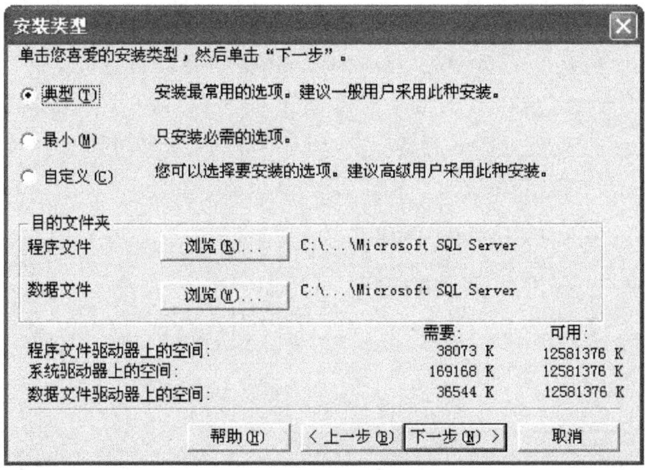

图 1-6　安装类型选择

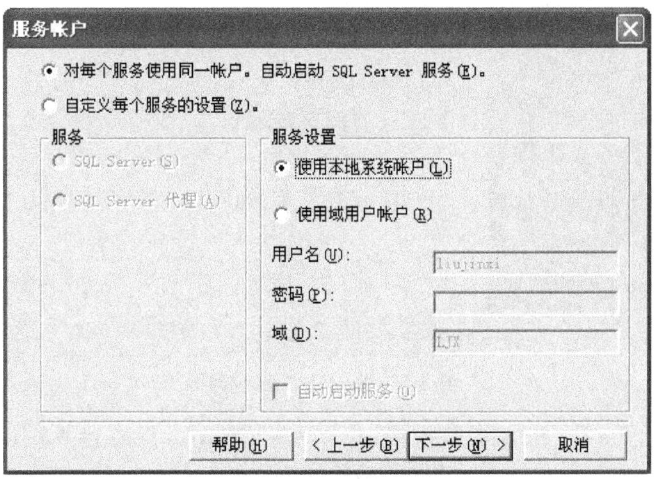

图 1-7　服务设置选择

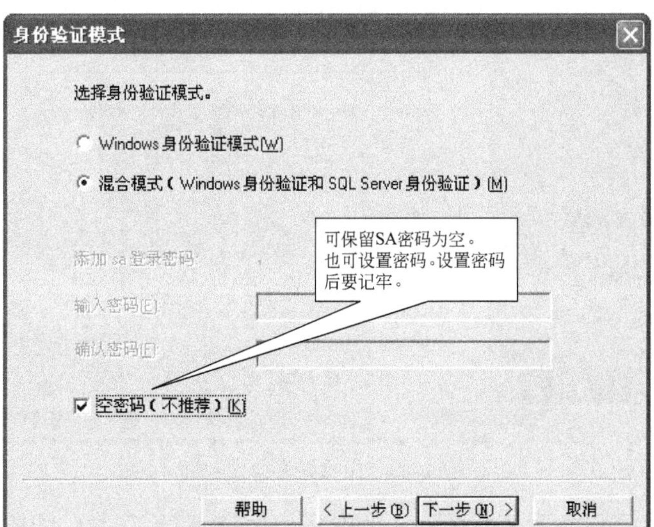

图 1-8　身份验证模式选择

⑧ 继续单击“下一步”，直至出现程序自动安装界面。

⑨ 安装完毕后，单击“完成”，SQL Server 2000 全部安装成功。

安装完成 SQL Server 2000 后，接下来双击下载的 SP4 补丁，将其解压缩，然后双击解压缩文件夹中的 setup 批处理文件，安装 SP4 补丁程序。安装过程中可保留 SA 密码为空。

注意：安装 Internet Explorer 6.0 + SP1 或更高版本。此步骤一般可以省略，Windows XP +SP2（或更高版本）自带 Internet Explorer 6.0。

二、用友 ERP-U8VI0.1 系统的安装

（1）打开光盘目录，双击“setup. exe”文件，运行 U8V10.1 安装程序，进入软件安装欢迎界面。如图 1-9 所示。

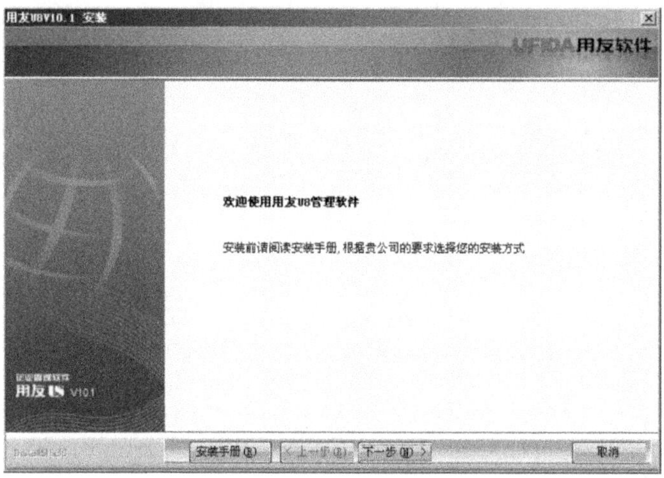

图 1-9　U8V10.1 安装界面

（2）单击“下一步”，进入安装授权许可证协议界面，点击接受协议内容继续安装，检测是否存在历史版本的 U8 产品。如图 1-10 所示。

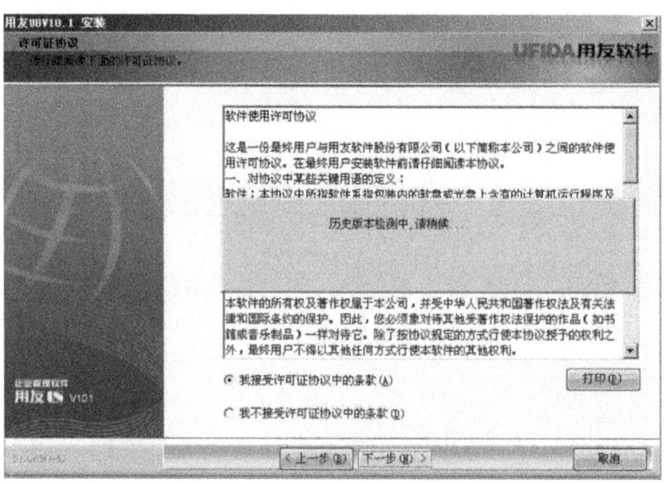

图 1-10　授权许可协议界面

（3）单击“下一步”，首先检测是否存在历史版本的 U8 产品。如图 1-11 所示。如果存在历史版本残留内容，提示并开始清理历史版本残留内容。

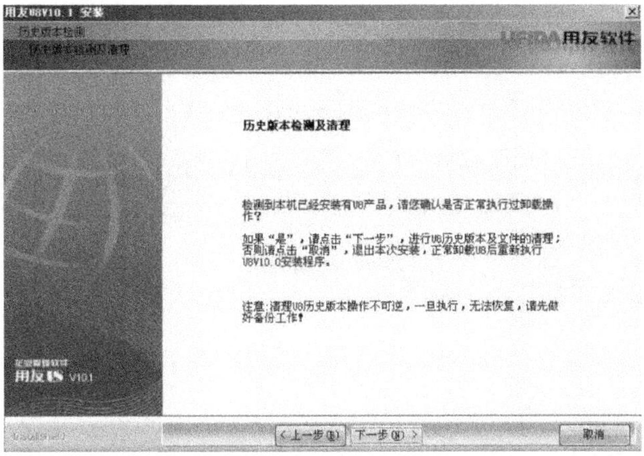

图 1-11　历史版本检测及清理

（4）录入用户信息。如图 1-12 所示。输入用户名和公司名，用户名默认为本机的机器名。

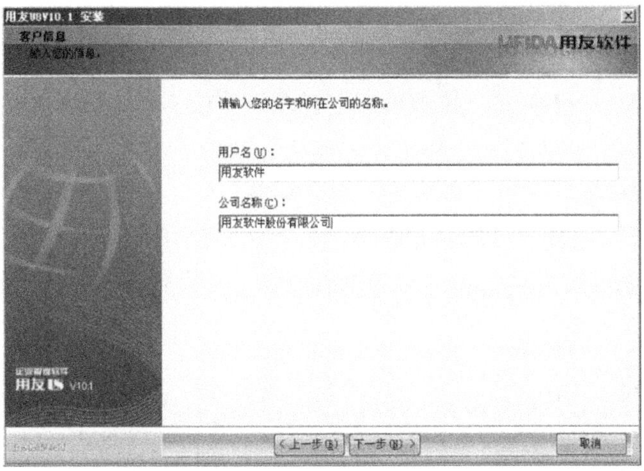

图 1-12　客户信息对话框

（5）单击“下一步”，选择安装路径，默认系统盘的“U8SOFT”，并控制不允许安装在根目录下；可以单击“更改”按钮修改安装路径和文件夹，如图 1-13 所示。

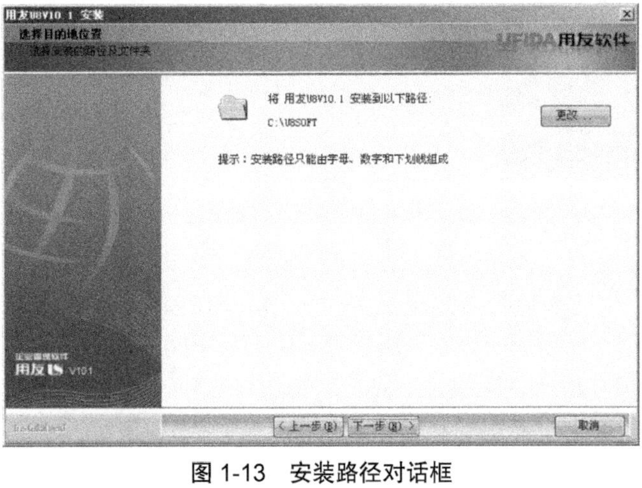

图 1-13　安装路径对话框

（6）单击“下一步”，选择安装类型。分为“全产品”“服务器”“客户端”“自定义”四种类型。选择安装的语种。如图 1-14 所示。除“全产品”外，其他类型的安装都可以自行选择需要安装的产品内容，并根据选择计算需要的空间和可用空间。

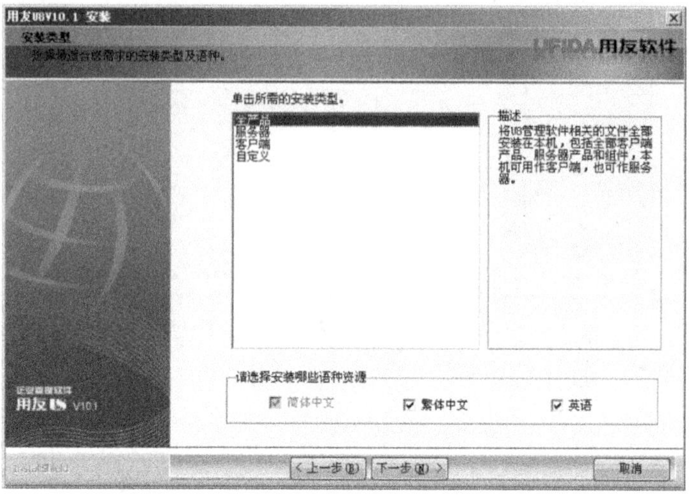

图 1-14　安装类型对话框

（7）单击“下一步”，进入环境检测，如图 1-15 所示。根据上一步所选择的安装类型及其子项检测环境的适配性，当“基础环境”和“缺省组件”都满足要求后，点击“确认”进入下一步。检测报告以记事本自动打开并显示出示检测结果，可以保存（“基础环境”需要手工进行安装,“缺省组件”可以通过“安装缺省组件”进行自动安装，也可以选择手工安装，“可选组件”可选择安装也可以不安装）。

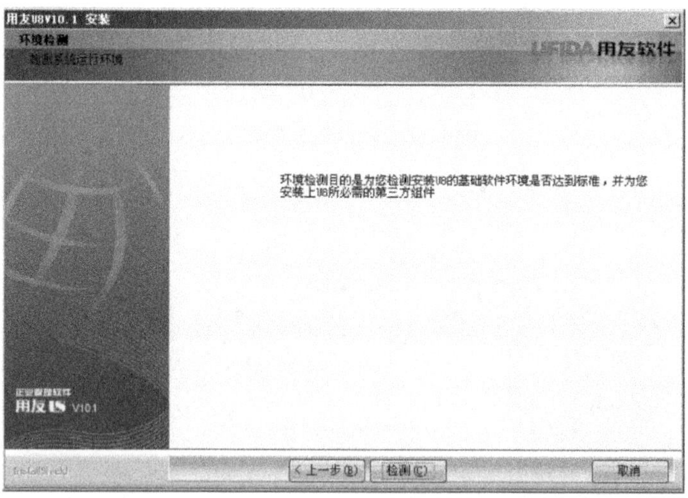

图 1-15　环境检测对话框

（8）记录日志。可以选择是否记录安装每一个 MSI 包的详细日志，默认不勾选；如图 1-16 所示（勾选将延长一定的安装时间并占用部分磁盘空间，正常情况下不推荐使用）。

（9）单击“安装”按钮，即可进行安装。如图 1-17 所示。

（10）安装成功，要求重新启动。如图 1-18 所示。

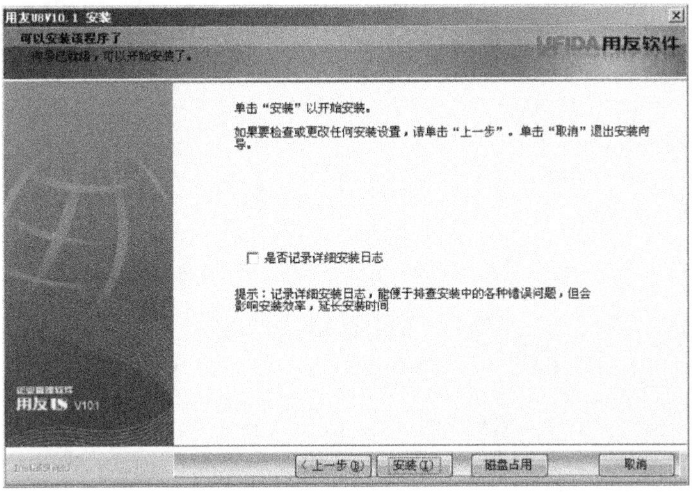

图 1-16　记录日志对话框

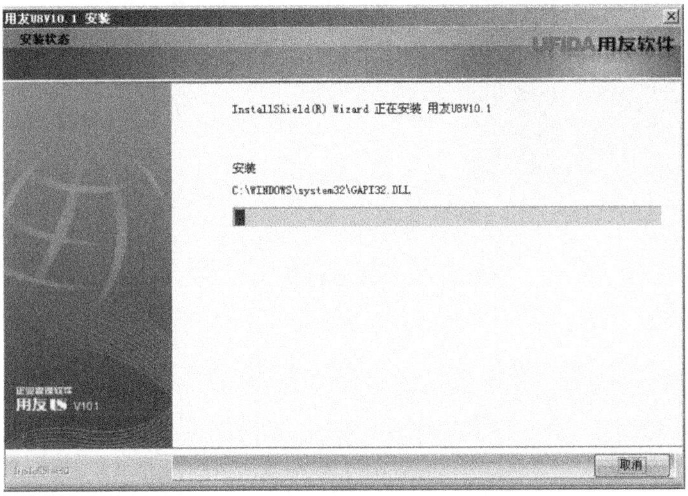

图 1-17　开始安装用友 ERP-U8V10.1

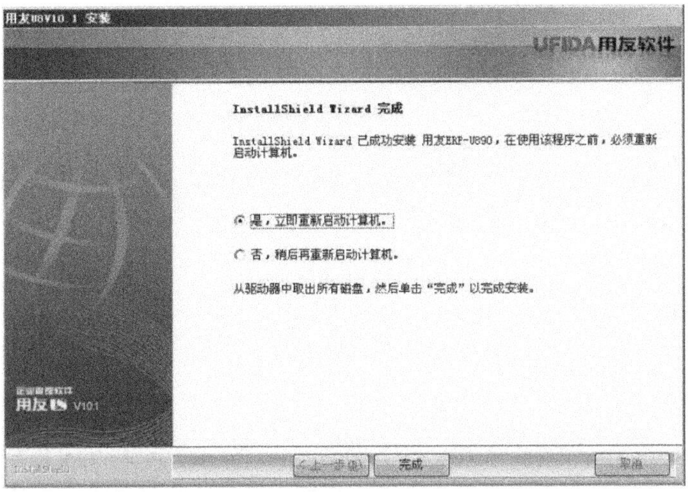

图 1-18　安装成功界面

（11）系统重启后，出现“正在完成最后的配置”提示信息，如图 1-19 所示。在其中输入数据库名称（即为本地计算机名称，可通过“系统属性”中的计算机名查看），SA 口令为空（安装 SQL Server 时设置为空），单击“测试连接”按钮，测试数据库连接。若一切正常，则会出现连接成功的提示信息。

（12）单击“完成”按钮，接下来系统会提示是否初始化数据库，单击“是”按钮，提示“正在初始化数据库实例，请稍候”。数据库初始化完成后，弹出系统管理登录界面，如图 1-20 所示。系统管理员登录系统管理，可进行会计软件的启动操作。

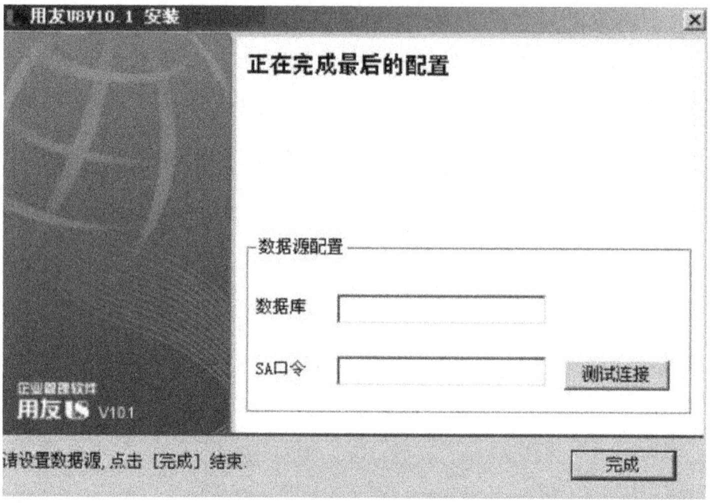

图 1-19　测试数据库连接界面

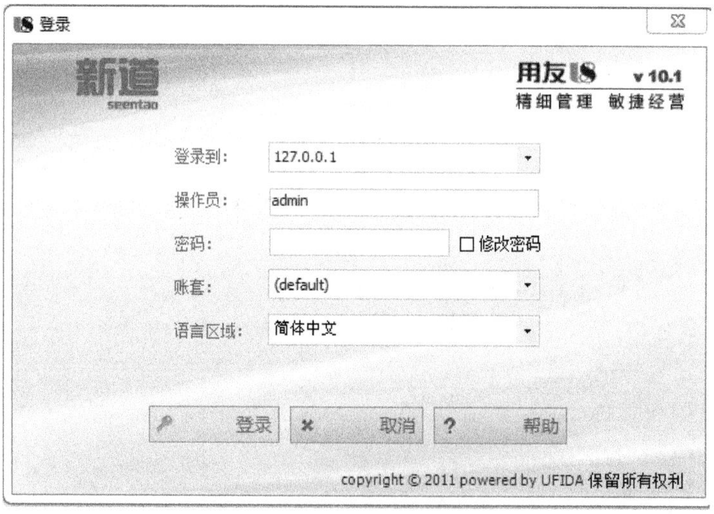

图 1-20　系统管理登录界面

温馨提示

安装产品成功后重新启动计算机，进入 Windows 操作平台，在右下角任务栏中显示 表示 SQL Server 服务管理器安装成功并启动， 表示 U8 服务管理器已经启动。

项目二

系统管理

知识目标

了解系统管理的作用及工作功能；熟悉建立企业核算账套的完整工作流程；认识系统管理的重要性和必要性；理解会计信息化中账套的实质。

技能目标

会增加操作员、建立企业账套、设置权限、系统启用、账套备份及恢复等技能操作。

项目导航

会计信息系统作为企业管理系统中不可或缺的部分，本身也是由多个子系统组成，各个子系统服务于企业的不同层面，为不同的管理需要服务。子系统本身既具有相对独立的功能，彼此之间又具有紧密的联系，它们共用一个企业数据库，拥有公共的基础信息、相同的账套和账套库，为实现企业财务、业务的一体化管理提供了基础条件。在财务、业务一体化管理应用模式下，系统平台为各个子系统提供了一个公共平台，用于对整个系统的公共任务进行统一管理，如基础信息及基本档案的设置、企业账套的管理、操作员的建立、角色的划分和权限的分配等，企业管理系统中任何产品的独立运行都必须以此为基础。

系统平台主要由两部分组成：系统管理和企业应用平台。

任务一 账套建立与修改

任务描述

系统管理是用友 ERP-U8V10.1 管理软件中一个非常特殊的组成部分。它的主要功能是对用友 ERP-U8V10.1 管理软件的各个产品进行统一的操作管理和数据维护，具体包括账套管理、账套库管理、操作员及权限的集中管理、系统数据及运行安全的管理等方面。

预备知识

一、系统管理

用友 ERP-U8V10.1 软件由多个子系统组成，各个子系统服务于企业管理的不同层面，为不同的管理需要服务。各个子系统本身既具有相对独立的功能，彼此之间又具有紧密的联系，它们共用一个企业数据库，拥有公共的基础信息、相同的账套和账套库，为实现企业财务、业务一体管理提供了基础条件。

系统管理是用友ERP-U8V10.1为各个子系统提供的一个公共管理平台，用于对整个系统的公共任务进行统一管理，如企业账套的建立、修改、删除和备份，操作员的设置、角色的划分和权限的分配，其他任何一个子系统的运行都必须以此为基础。

系统管理的主要内容包括账套管理、账套库管理、操作员及权限管理、设立统一的安全机制等几个方面。

1. 账套管理

账套是一组相互关联的数据。在企业选择软件作为会计信息化应用平台之后，首先需要在系统中建立企业的基本信息、核算方法、编码规则等，称之为建账，这里的“账”在用友软件中称为“账套”。每一个企业或独立核算的部门的数据在系统内都体现为一个账套。在本工作项目中我们就为东方科技有限公司在用友ERP-U8V10.1中建立一个账套。

用友ERP-U8V10.1演示版中，可以为多个企业（或企业内多个独立核算的部门）分别立账，每一个企业的数据都存放在数据库中，各账套间相互独立，互不影响，系统最多允许建立999套企业账套。

账套管理功能包括建立账套、修改账套、删除账套、输出或引入账套。

2. 账套库管理

用友ERP-U8应用系统中，每个账套里都存放有企业不同年度的数据，称为账套库。账套库与账套是两个不同的概念，一个账套中包含了企业所有的数据，把企业数据按年度进行划分，称为账套库。账套库可以作为系统操作的基本单位，因此设置账套库主要是考虑到管理上的方便性。

账套库管理包括账套库的建立、账套库初始化、清空账套库数据、输出或引入账套库。

3. 系统操作员及其操作权限的集中管理

为了保证系统及数据的安全与保密，系统管理提供了操作员及操作权限的集中管理功能。通过对系统操作分工和权限的管理，一方面可以避免与业务无关的人员进入系统，另一方面可以对系统所包含的各个子产品的操作进行协调，以保证各负其责，流程顺畅。

操作权限的集中管理包括定义角色、设置操作员和为操作员分配权限。

4. 设立统一的安全机制

对企业来说，系统运行安全、数据存储安全是必须的。为此，用友ERP-U8提供了强有力的安全保障机制。如设置对整个系统运行过程的监控机制、清除系统运行过程中的异常任务、设置系统自动备份计划等。

二、企业账的建立工作过程

用友ERP-U8V10.1系统对登录系统管理的人员做了严格限制，只允许以两种身份注册进入系统管理，一是以系统管理员的身份，二是以账套主管的身份。系统管理员负责整个系统的安全运行和数据维护。以系统管理员身份注册进入，可以进行账套的建立、备份和恢复，设置操作员和权限，监控系统运行过程，清除异常任务等。账套主管负责对所管辖账套的管理，其工作任务为确定企业会计核算的规则，对企业账套库进行管理，为该账套内操作员分配权限，组织企业业务处理按既定流程运行。对所管辖的账套来说，账套主管是级别最高的，拥有所有子系统的操作权限。

企业第一次使用用友 ERP-U8V10.1 系统进行核算和管理，必须以系统管理员的身份建立本企业的账套，工作流程如图 2-1 所示。

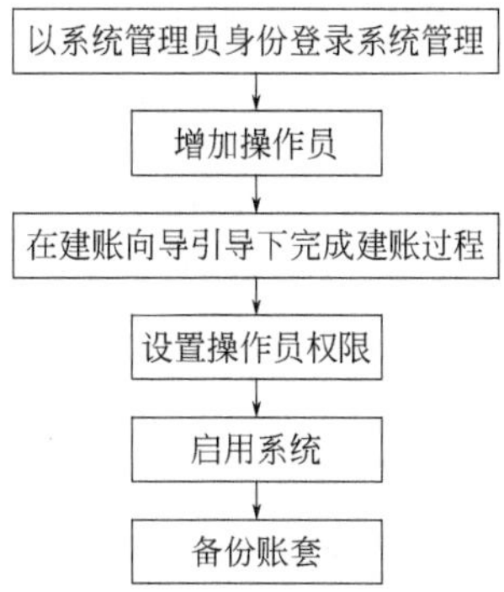

图 2-1 建立账套的工作流程

三、账套库的建立过程

新年度到来时，应设置新年度核算体系，即设置新年度的账簿并将上年余额过渡到新年度，以便开始新的一年的核算。账套库的管理工作由账套主管全权负责，因此需要以账套主管的身份注册进入系统管理。新账套库建立流程如图 2-2 所示。

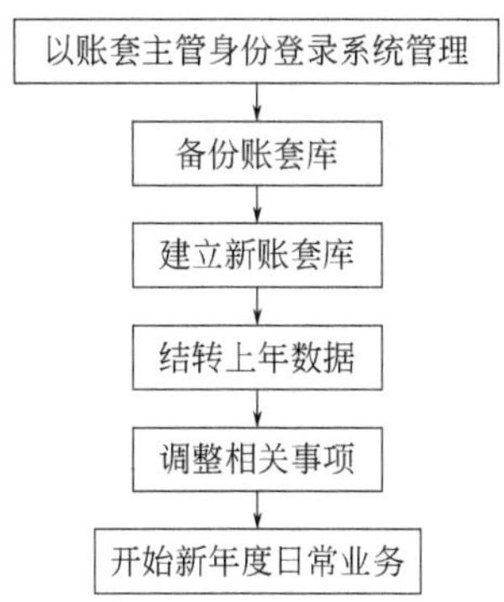

图 2-2 建立账套库的工作流程

系统采用账套和账套库两层结构，便于企业的管理，如进行账套的上报、跨年的数据结构调整等；方便数据输出和引入，减少数据的负担，提高应用效率。

任务设计

东方科技有限公司于 2019 年 1 月成功安装了用友 ERP-U8V10.1 管理软件，东方科技的用友 ERP-U8V10.1 软件采用完全安装类型，即把数据服务器、应用服务器和客户端都安装在一台电脑上，第一次使用系统，东方科技需要在电脑上建立自己的账套，录入有关企业基本核算信息。我们为东方科技有限公司设计以下任务。

（1）建立账套；

（2）修改账套。

操作步骤

一、建立账套

【例 2-1】按照如下信息建立东方科技有限公司的账套。

（1）账套相关信息。账套号：010；账套名称：东方科技有限公司；账套路径：采用系统默认路径；启用日期：2019 年 1 月 1 日；会计期间设置：01 月 01 日—12 月 31 日。

（2）单位信息。单位名称：东方科技有限公司；单位简称：东方科技。

（3）核算类型。企业记账本位币：人民币；企业类型：工业；行业性质：新会计制度；账套主管：demo；按行业预置会计科目。

（4）基础信息。对存货、客户、供应商进行分类，无外币核算。

（5）分类编码方案。科目编码级次：4222；部门编码级次：122；客户编码级次：223；供应商编码级次：223；存货编码级次：1223。

（6）数据精度。均为二位小数。

（7）启用总账、薪资管理、固定资管理产、应收款管理、应付款管理子系统。启用时间：2019 年 01 月 01 日；启用人：admin。

（8）其他信息。系统默认。

操作步骤：

（1）以系统管理员身份登录系统管理，执行“开始”|“程序”|“用友 ERP-U8V10.1”|“系统服务”|“系统管理”命令或双击桌面上的系统管理图标，进入“系统管理”窗口。

（2）执行“系统”|“注册”命令，打开系统管理“注册”对话框。

（3）在“操作员”文本框中输入默认的系统管理员“admin”（系统不区分大小写），默认系统管理员初始密码为空，如图 2-3 所示。

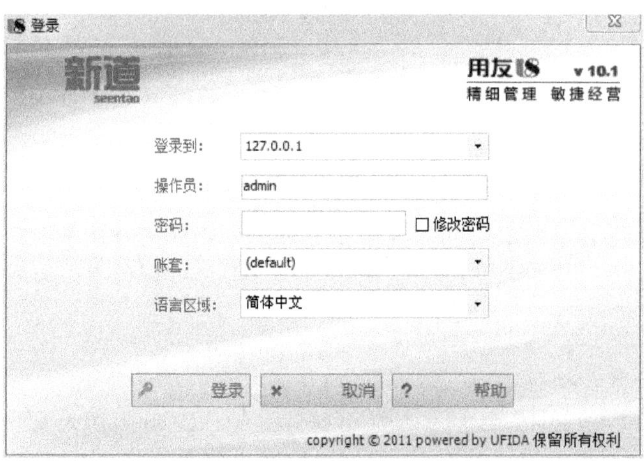

图 2-3　以系统管理员身份登录系统管理

温馨提示

① 为了保证系统的安全性，在“注册”对话框中，可以设置或更改系统管理员的密码。如设置系统管理员密码为“123”的操作步骤是：输入完用户名“admin”后，选中“修改密

码”按钮，打开“设置操作员口令”对话框，在“新密码”和“确认密码”后面的输入区中均输入“123”，最后单击“确定”按钮返回。

② 第一次使用软件，必须由系统管理身份进入，创建系统中所有的账套和操作员的设置，并负责整个系统的总体控制和数据维护工作。

（4）单击“确定”按钮，进入系统管理界面，可进行相应的操作。

（5）以系统管理员的身份在系统管理窗口中执行“账套”|“建立”命令，打开“创建账套—建账方式”对话框，选择“新建空白账套”，如图 2-4 所示。

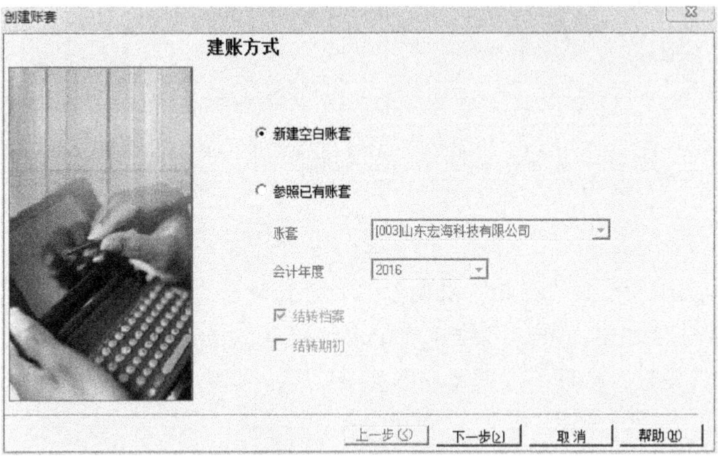

图 2-4 建账方式

（6）单击“下一步”，打开“账套信息”对话框，按要求输入相关信息，如图 2-5 所示。

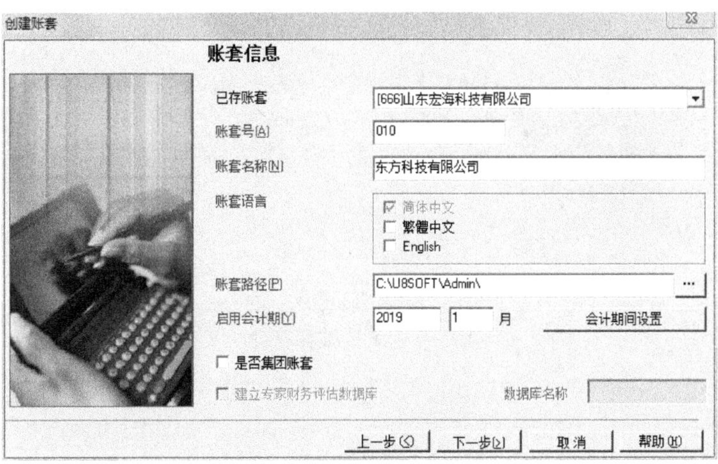

图 2-5 设置账套信息

温馨提示

① 账套号不能与已存账套号重复。

② 账套路径为系统存放账套文件的地址，可以修改。

③ 启用会计期为启用系统处理企业业务的日期。启用会计期不能在电脑系统日期之后。

（7）单击“下一步”按钮，打开“单位信息”对话框。输入单位信息。如图 2-6 所示。

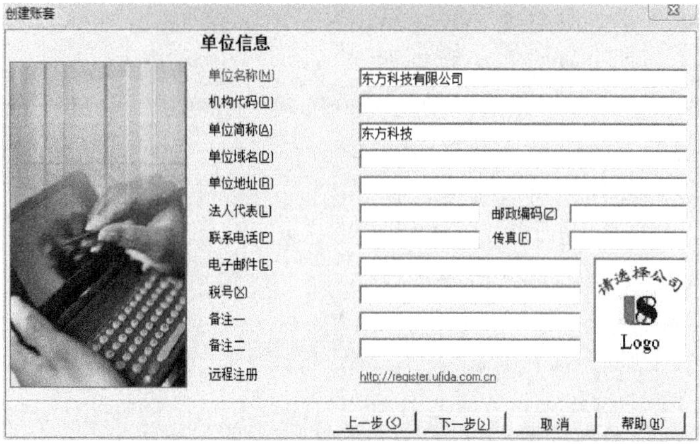

图 2-6　设置单位信息

温馨提示

① 单位名称应录入企业的全称，以便打印发票时使用。

② 录入的单位信息中，单位名称和单位简称是必选项，其他信息虽然可缺省，但为了得到更详尽的管理资料，也应尽可能地录入完整，以后方便使用（如打印发票等）。

（8）单击“下一步”按钮，打开“核算类型”对话框。输入核算类型，如图 2-7 所示。

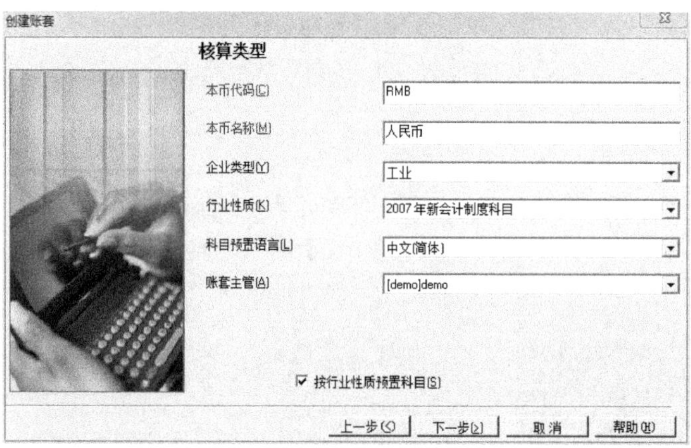

图 2-7　设置核算类型

温馨提示

① 系统提供了工业、商业和医药流通三种选择类型。如果选择了“工业”类型，则系统不处理受托代销业务；如果选择了“商业”类型，则系统不能办理产成品入库和材料领用业务。

② 行业性质选择是系统提供科目及报表等基础数据的依据。

③ 系统默认按所选行业性质预置会计科目，选择 2007 新会计制度科目（如果系统更新，最好选择 2017 新会计制度科目）。

④ 账套主管可以在此确定，也可以在操作员权限设置功能中进行设置；如果是先建账套后增加用户，系统默认 demo 为账套主管。

（9）单击“下一步”，打开“基础信息”对话框。在“基础信息”对话框中选择存货、客户分类、供应商分类，无外币核算。如图 2-8 所示。

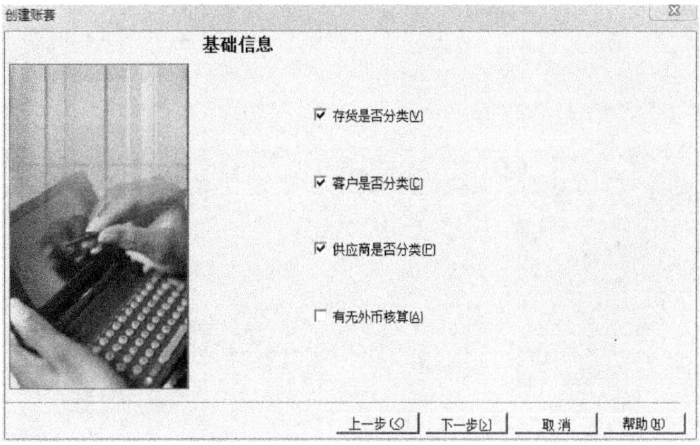

图 2-8 设置基础信息

温馨提示

① 是否对存货、存货、客户、供应商分类将会影响到其档案的设置。

② 如果基础信息设置错误，可以由账套主管在“系统管理”|“账套”|“修改”中进行修改。

（10）单击“下一步”，进入“准备建账”对话框，如图 2-9 所示。

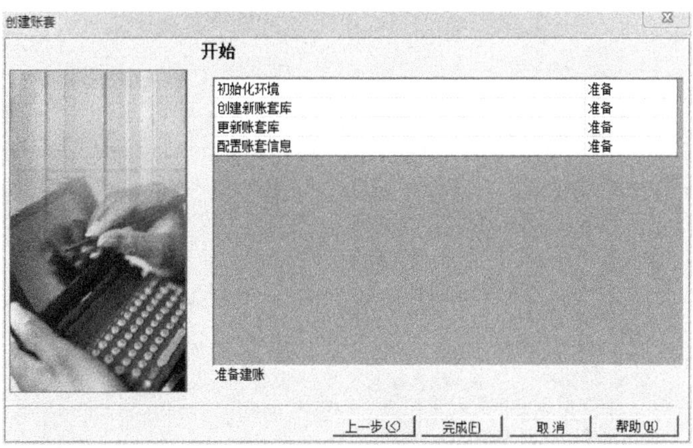

图 2-9 准备建账

（11）点击“完成”，系统询问“可以创建账套了么”，如图 2-10 所示。

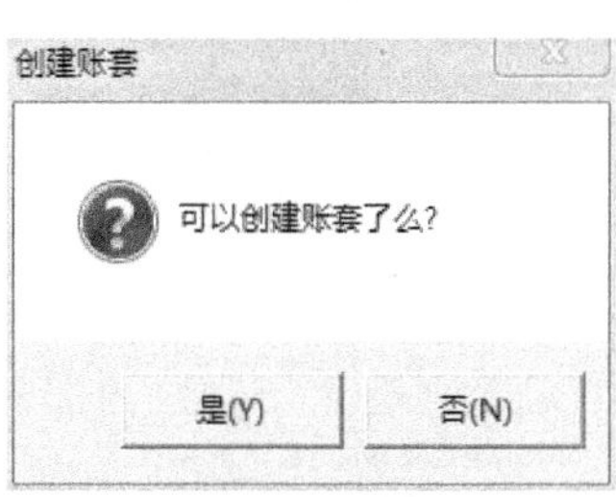

图 2-10 创建账套

（12）点击“是”，系统开始创建账套，整个过程需要持续几分钟。如图 2-11 所示。

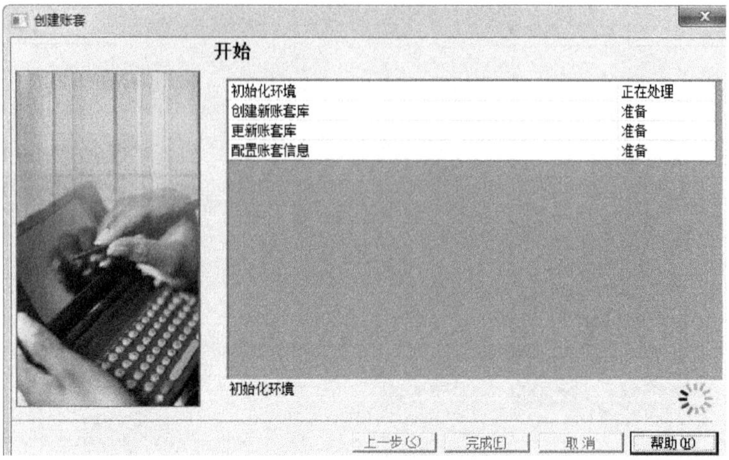

图 2-11　开始建账

（13）建账完成以后，系统弹出“编码方案”对话框。东方科技的分类编码方案为科目编码级次：4222；部门编码级次：122；客户分类编码级次：223；供应商分类编码级次：223；存货分类编码级次：1223，在对话框里按企业资料修改编码方案，如图 2-12 所示。

项目	最大级数	最大长度	单级最大长度	第1级	第2级	第3级	第4级	第5级	第6级	第7级	第8级	第9级
科目编码级次	13	40	9		2	2	2					
客户分类编码级次	5	12	9	2	2	3						
供应商分类编码级次	5	12	9	2	2	3						
存货分类编码级次	8	12	9	1	2	2	3					
部门编码级次	9	12	9	1	2	2						
地区分类编码级次	5	12	9	2	3	4						
费用项目分类	5	12	9	1	2							
结算方式编码级次	2	3	3	1	2							
货位编码级次	8	20	9	2	3	4						
收发类别编码级次	3	5	5	1	1	1						
项目设备	8	30	9	2	2							
责任中心分类档案	5	30	9	2	2							
项目要素分类档案	6	30	9	2	2							
客户权限组级次	5	12	9	2	3	4						

图 2-12　设置分类编码方案

温馨提示

编码方案的设置将会影响到基础信息设置中相应内容的编码。

（14）单击“确定”按钮，将“编码方案”窗口关闭，进行数据精度的设置。如图2-13所示。

（15）单击“确定”按钮，显示建账成功，如图 2-14 所示。

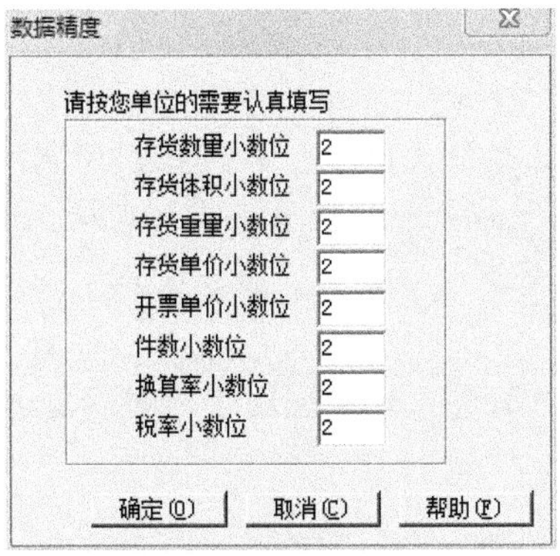

图 2-13　设置数据精度

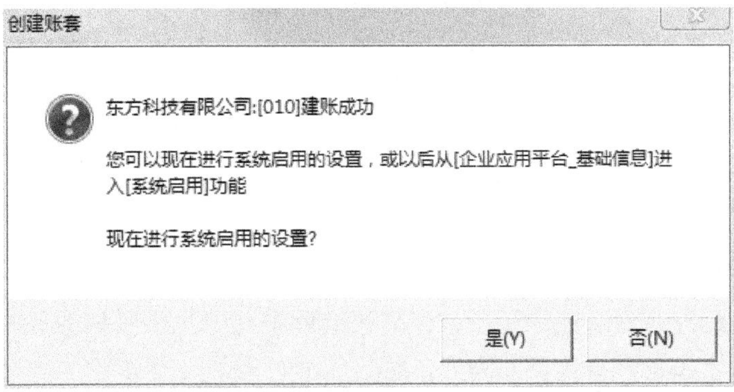

图 2-14　“启用账套”对话框

（16）点击“是”，出现“系统启用”对话框，按东方科技资料要求启用总账、薪资管理、固定资产管理、应收款管理、应付款管理子系统，启用时间为 2019 年 01 月 01 日，启用人为 admin。如图 2-15 所示。

图 2-15　系统启用

温馨提示

此时可以启用系统，也可进入企业应用平台，在“企业应用平台”|“基础设置”|“基本信息”|“系统启用”中由账套主管进行设置。当然，此处也可以只启用总账系统（建议此处只启用总账系统），其他如薪资管理、固定资产管理、应收款管理、应付款管理子系统，在使用的时候再启用。

（17）点击“退出”，显示“请进入企业应用平台进行业务操作”，建账过程完成，如图2-16所示。

图 2-16　建账完成

二、修改账套

账套建立后或经过一段时间的运行，发现账套的某些信息需要修改或补充，可以通过修改账套功能完成。比如东方科技不断发展，拓展了海外市场，需要增加外币核算功能。

【例 2-2】修改基础信息为“有外币核算”。

操作步骤：

（1）如果已经以系统管理员身份进入了系统管理，需要执行“系统”|“注销”命令注销当前操作员。然后重新选择“系统”|“注册”命令，打开“注册”对话框。

（2）输入用户名“demo”，在账套下拉列表中选择“[010] 东方科技有限公司”。

（3）单击“确定”按钮，以账套主管身份进入系统管理。

（4）执行“账套”|“修改”命令，通过“下一步”按钮找到“基础信息”对话框，选中“有无外币核算”前的复选框，完成账套信息修改。如图2-17所示。

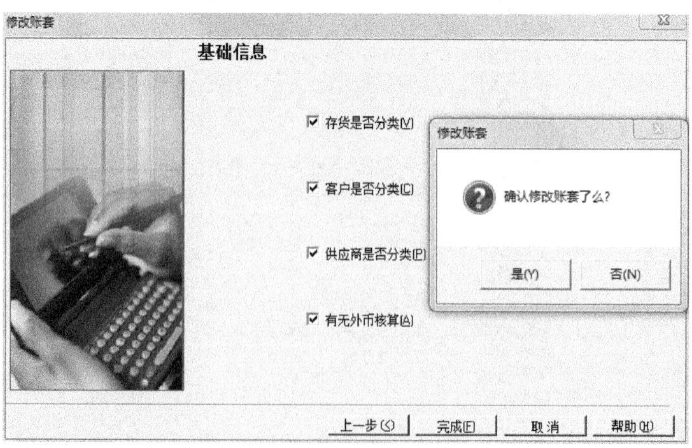

图 2-17　修改账套基本信息

温馨提示

① 只有账套主管有权修改账套。

② 编码方案、数据精度、系统启用项目可以由账套主管在“U8 应用平台”|“基础设置”|“基本信息”中进行修改。

③ 账套中的很多参数不能修改。若这些参数错误，则只能删除此账套，再重新建立。因此，建立账套时，参数设置一定要小心。

任务二　账套管理

任务描述

账套管理包括角色管理、增加账套操作员、赋予与取消操作员权限、账套的输出和引入、设置自动备份计划、系统数据及运行安全的管理等。

预备知识

一、角色与用户

角色是指在企业管理中拥有某一类职能的组织，这个角色组织可以是实际的部门，可以是由拥有同一类职能的人构成的虚拟组织。例如，实际工作中最常见的会计和出纳两个角色(他们既可以是同一个部门的人员，也可以分属不同的部门，但工作职能是一样的)。在设置了角色后，就可以定义角色的权限，当用户归属某一角色后，就相应地拥有了该角色的权限。设置角色的方便之处在于可以根据职能统一进行权限的划分，方便授权。

用户是指有权限登录系统，对系统进行操作的人员，即通常意义上的“操作员”。每次注册登录系统，都要进行用户身份的合法性检查。只有设置了具体的用户之后，才能进行相关的操作。

用户和角色的设置可以不分先后顺序，但对于自动传递权限来说，应该首先设定角色，然后分配权限，最后进行用户的设置。这样在设置用户的时候，选择其归属哪一个角色，则其自动具有该角色的功能权限和数据权限。一个角色可以拥有多个用户，一个用户也可以分属于多个不同的角色。

二、账套的输出和引入

账套的输出和引入就是通常所指的数据的备份和恢复。引入账套功能是指将系统外某账套数据引入本系统中。对集团公司来说，可以将子公司的账套数据定期引入母公司系统中，以便进行有关账套数据的分析和合并工作。

如果需要定期将子公司的账套数据引入到总公司系统中，最好预先在建立账套时就进行规划，为每一个子公司设置不同的账套号，以避免引入子公司数据时因为账套号相同而覆盖其他账套的数据。

账套输出时，输出两个文件。UfErpAct.Lst 为账套信息文件，UFDATA.BAK 是账套数据文件。

输出账套功能是指将所选的账套数据做一个备份。对账套库数据来说，也有引入和输出操作，其含义和操作方法与账套引入和输出是相同的，所不同的是账套库引入和输出的操作对象不是针对整个账套，而是针对账套中的某一年度的账套。

三、数据升级

任何一个应用系统的功能拓展和完善都是无止境的。随着信息技术的不断发展，应用系统的开发不断融入新的技术和更为先进的管理思想，这样就存在对老系统的数据更新问题。对于用友软件，系统提供对以前版本数据的升级操作，以保证客户数据的一致性和可追溯性。

四、系统运行安全管理

1. 系统运行监控

以系统管理员身份注册进入系统管理后，可以查看两部分内容，一部分列示的是已经登录的子系统，还有一部分列示的是登录的操作员在子系统中正在使用的功能。这两部分的内容都是动态的，它们都根据系统的执行情况而自动变化。

2. 注销当前操作员

如果需要以一个新的操作员身份注册进入，以启用系统其他功能，就需要将当前的操作员从系统管理中注销。因需要暂时离开，也应该注销当前操作员。

3. 清除异常任务和单据锁定

系统运行过程中，由于死机、网络阻断等都有可能造成系统异常，针对系统异常，应及时予以排除，以释放异常任务所占用的系统资源，使系统尽快恢复正常秩序。

在使用过程中由于不可预见的原因可能会造成单据锁定，此时单据的正常操作将不能使用，此时使用“清除单据锁定”功能，将恢复正常功能的使用。

4. 上机日志

为了保证系统的安全运行，系统随时对各个产品或模块的每个操作员的上下机时间、操作的具体功能等情况都进行登记，形成上机日志，以便使所有的操作都有所记录、有迹可寻。

五、系统管理员与账套主管

系统允许以两种身份注册进入系统管理。一种是以系统管理员的身份，另一种是以账套主管的身份。系统管理员负责整个系统的总体控制和数据维护工作，他可以管理该系统中所有的账套。以系统管理员身份注册进入，可以进行账套的建立、引入和输出；设置角色和用户；指定账套主管；设置和修改用户的密码及其权限等。

账套主管负责所选账套的维护工作。主要包括对所选账套参数进行修改、对账套库的管理，以及该账套操作员权限的设置。

系统管理员 (Admin) 和账套主管均可登录系统管理，但二者可操作的权限不同，详细情况见表 2-1。

表 2-1 系统管理员和账套主管的权限区别

主要功能	详细功能 1	详细功能 2	系统管理员 (Admin)	账套主管
账套操作	账套建立	新账套建立	Y	N
		账套库建立	N	Y
	账套修改		N	Y
	数据删除	账套数据删除	Y	N
		账套库数据删除	N	Y
	账套备份	账套数据输出	Y	N
		账套库数据输出	N	Y
	设置备份计划	设置账套数据输出计划	Y	N
		设置账套库数据输出计划	Y	Y
	账套数据恢复	账套数据恢复	Y	N
		账套库数据恢复	N	Y
	升级 Access 数据		Y	Y
	升级 SQL Server 数据		Y	Y
	清空年度数据		N	Y
	结转上年数据		N	Y
人员、权限	角色	角色操作	Y	N
	用户	用户操作	Y	N
	权限	权限操作	Y	Y
其他操作	清除异常任务		Y	N
	清除单据锁定		Y	N
	上机日志		Y	N
	视图	刷新	Y	Y

注：Y 表示具有权限，N 表示不具备权限。

任务设计

（1）权限管理（角色管理、增加操作员、赋予与取消操作员权限）；

（2）账套的备份和恢复；

（3）设置自动备份计划。

操作步骤

一、权限管理

1. 财务分工

为了保证权责清晰和企业经营数据的安全与保密，按照企业内部控制的要求，需要对系统中所有的操作人员进行分工，设置各自的操作权限。

只有系统管理员才能进行用户和角色的设置。系统管理员和该账套的账套主管有权进行操作员权限设置，但两者的权限又有所区别。系统管理员可以指定某账套的账套主管，还可以对各个账套的操作员进行权限设置。而账套主管只可以对所管辖的操作员进行权限指定。

2. 角色管理

设置角色，比如：账套主管、出纳、总账会计、应收会计等；在设置角色后，可以定义角色的权限，如果用户归属此角色，其相应具有角色的权限。此功能的好处是方便控制操作员权限，可以依据职能统一进行权限的划分。

操作步骤：

（1）以系统管理员的身份在系统管理窗口中执行“权限”|“角色”命令，打开“角色管理”对话框，按需求进行角色的增加、删除或修改。

（2）运行角色管理中的“增加”命令，可以新增角色。比如系统新增一个角色“软件操作员”。

（3）单击“增加”按钮即可完成新增角色。

（4）修改角色。选中要修改的角色，点击“修改”按钮，进入角色编辑界面，对当前所选角色记录进行编辑，但角色编号不能进行修改。

（5）删除角色。运行“删除”命令按钮，则将选中的角色删除，在删除前系统会让您进行确认。如果该角色有所属用户，是不允许删除的。必须先进行“修改”，将所属用户置于非选中状态，然后才能进行角色的删除。

3. 增加新用户

用户是指有权登录系统，并对系统进行操作的人员。每次注册登录系统，都要进行用户身份的合法性检查。因此企业开始使用用友 U8V10.1 管理软件之前，就要指定各子系统的用户，并对用户的使用权限进行明确规定，以避免无关人员对系统进行非法操作，同时也可以对系统所包含的各个功能模块的操作进行协调，使得流程顺畅，从而保证整个系统和会计数据的安全性和保密性。

【例 2-3】增加操作员，资料如表 2-2 所示。

表 2-2 增加操作员

编号	姓 名	口 令	所属部门
01	张山	1	财务部
02	李明	2	财务部
03	杨梅	3	财务部
04	王路	4	采购部

操作步骤：

（1）以系统管理员的身份在系统管理窗口中执行“权限”|“用户”命令，打开“用户管理”对话框，对话框中已有的几个操作员是系统预置的。

（2）单击“增加”按钮，打开“增加用户”对话框，输入编号“01”、姓名“张山”、口令及确认口令“1”、所属部门“财务部”，如图 2-18 所示。

（3）单击“增加”按钮可继续增加其他操作员。单击“取消”按钮则视为放弃本次操作。

温馨提示

① 操作员编号在系统中是唯一的。

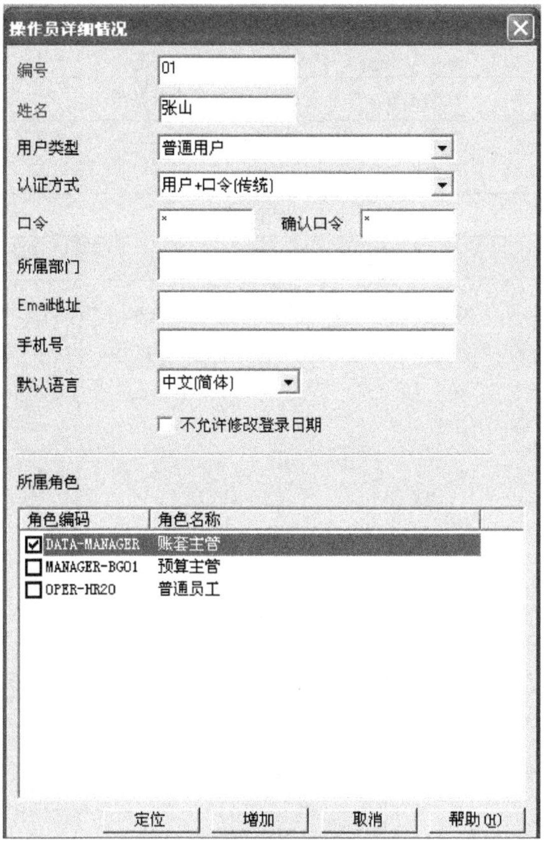

图 2-18 增加用户

② 所设置的操作员一旦被使用不能删除。

③ 只有系统管理员才有权在“系统管理”中设置用户。

④ 可以在设置“角色”后设置“用户”，也可以在设置“用户”后设置“角色”。在设置用户时可以直接指定其角色，如张山的角色是“账套主管”，杨梅的角色是“出纳”。

⑤ 系统管理员可以为用户设置初始口令，为保密起见，每个用户的口令应由自己在进入 U8V10.1 应用平台后进行修改。

⑥ 如果操作员调离企业，可以通过“修改”功能“注销当前用户”。

⑦ 可以使用“定位”功能，在用户列表中查找，选中要修改的用户信息，点击“修改”按钮，可进入修改状态，但正在启用用户只能修改口令、所属部门，E-mail、手机号和所属角色信息可以使用“定位”功能，在角色列表中查找所属角色。

⑧ 选中要删除的用户，点击“删除”按钮可删除该用户。但正在启用的用户不能删除。

⑨ 增加了用户之后在用户列表中如果看不到该用户，可点击“刷新”，以进行页面的更新。

4. 设置权限

设置操作员权限的工作由系统管理员或该账套的主管在“系统管理”功能中的“权限”功能中完成。在权限功能中，既可以对角色赋权，也可以对用户赋权。

（1）增加用户的权限

【例 2-4】设置操作员权限，资料如表 2-3 所示。

表 2-3　操作员权限

编号	姓名	权　　限
01	张山	账套主管，具有系统所有模块的全部权限
02	李明	会计，具有基本信息、总账、UFO 报表、薪资管理、固定资产管理、应收款管理、应付款管理的全部权限
03	杨梅	总账中出纳签字及出纳的全部权限
04	王路	具有基本信息、采购管理、销售管理、库存管理、存货核算的全部操作权限

以用户“杨梅”为例。在设置用户“杨梅”时没有给他指明所属的角色，当然就不会拥有任何角色的权限。杨梅拥有总账中出纳签字及出纳的全部权限，可以给这样的用户直接赋权。

操作步骤

① 以系统管理员身份登录系统管理，执行“权限”|“权限”命令，打开“操作员权限”对话框。

② 从账套下拉列表中选择“[010] 东方科技有限公司”账套，再从操作员列表中选择“03 杨梅”用户，单击“修改”按钮，如图 2-19 所示。

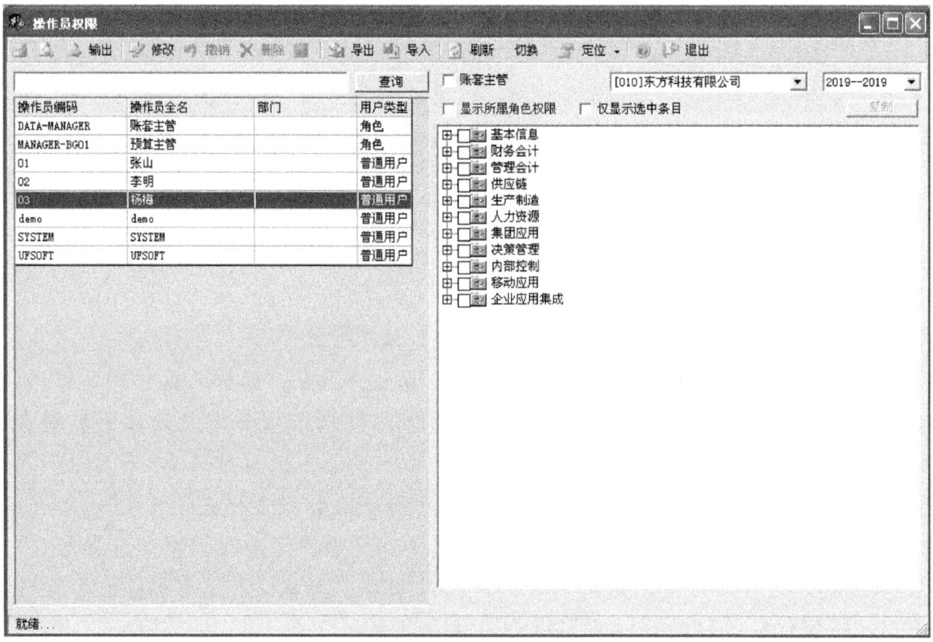

图 2-19　操作员权限

③ 单击“财务会计”前面的“+”框，下拉出明细权限。在其中选择“总账”|“出纳”以及“总账”|“凭证”|“出纳签字”，如图 2-20 所示。

④单击“确定”按钮，完成权限的增加。

温馨提示

① 虽然用户和角色的设置不分先后顺序，但对于自动传递权限来说，应该首先设定角色，然后分配权限，最后进行用户的设置。这样在设置用户的时候，选择其归属哪一个角

色，则其自动具有该角色的权限。

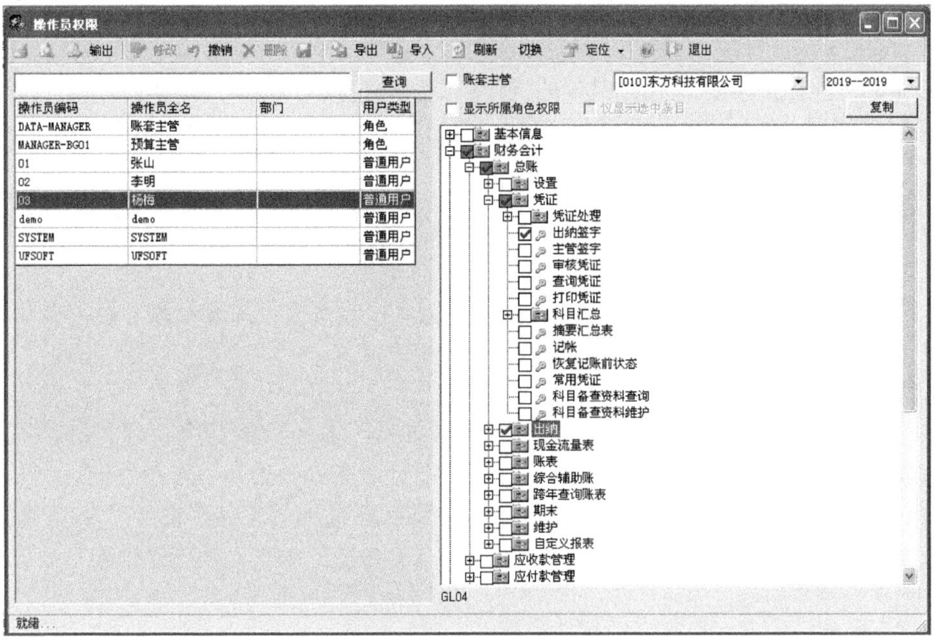

图 2-20 增加用户权限

② 设置权限时应注意分别选中用户和相应的账套。

③ 为了保证系统运行安全、有序，适应企业精细管理的要求，权限管理必须向更细、更深的方向发展。用友 ERP-U8 管理软件提供了权限的集中管理功能。除了提供用户对各模块操作权限的处理之外，还相应地提供了金额的权限管理和对于数据的字段级和记录级的控制，不同的组合方式使得权限控制更灵活、更有效。在用友 ERP-U8 管理软件中可以实现以上 3 个层次的权限管理。

（2）设置或取消账套主管的权限

账套主管既可以在建立企业账套时指定，也可以在操作员权限对话框中设定或取消。选中操作员 01 张山（注意：此处操作张山不是设置为“账套主管”角色，而是普通用户），右边 010 账套东方科技有限公司账套主管前打 √，系统弹出“设置普通用户 [01] 账套主管权限吗？”提示，单击“是”按钮，则可设置张山为 010 账套的账套主管。

如果取消并重新设置操作员“01 张山”的账套主管权限。操作步骤如下：

① 系统管理员在操作员权限对话框中，从账套下拉列表中选择“[010] 东方科技有限公司”账套，再从操作员列表中选择“01 张山”，单击“账套主管”复选框，系统弹出“取消普通用户 [01] 账套主管权限吗？”提示。

② 单击“是”按钮，就取消了张山拥有的账套主管权限，右边的权限列表将显示为空。

③ 再次单击“账套主管”复选框，系统弹出提示“设置操作员 [01] 账套主管权限吗？”。

④ 单击“是”按钮，重新将张山设置为“01”账套的账套主管。

温馨提示

① 设置或取消账套主管只能由系统管理员进行。

② 一个账套可以设定多个账套主管，一个操作员也可以担任多个账套的账套主管。

③ 账套主管自动拥有该账套的所有权限。

（3）删除操作员权限

如果需要根据实际需求对已经赋权的操作员的权限进行删减，可以利用操作员权限对话框中的“删除”功能实现。选中用户和所属账套后运行“删除”命令，完成操作员权限的删除。

温馨提示

① 正在使用的用户权限不能进行修改、删除的操作。

② 可以通过点击“复制”，复制其他角色或用户的权限，以提高权限分配的易用性。

二、账套的备份和恢复

任何使用计算机系统的企业，均会视安全性为第一要务。威胁来自众多的不可预知因素，如病毒入侵、硬盘故障、自然灾害等，这些都会造成数据丢失，对企业的影响是不可估量的。因此，应定期将系统中的数据进行备份并保存在另外的存储介质上。一旦数据损坏，可以通过引入最近一次备份的数据及时恢复到上一次备份的水平，从而保证企业日常业务的正常进行。

1. 账套备份

账套备份就是将系统中的账套数据备份到硬盘或其他存储介质。如果系统内的账套已经不需要再保留，也可以使用账套备份中的删除账套功能进行账套删除。

【例 2-5】在“C:\”新建一个文件夹“010 账套备份”，存放东方科技备份输出的账套数据。在输出账套后，删除该账套。

操作步骤：

（1）在“C:\”中建立“010 账套备份”文件夹。本例是“C:\010 账套备份 \ 项目二系统管理”文件夹。

（2）以系统管理员身份登录系统管理，执行“账套”|“输出”命令，打开“账套输出”对话框，从“账套号”下拉列表中选择要输出的账套“010 东方科技有限公司”；如图 2-21 所示。

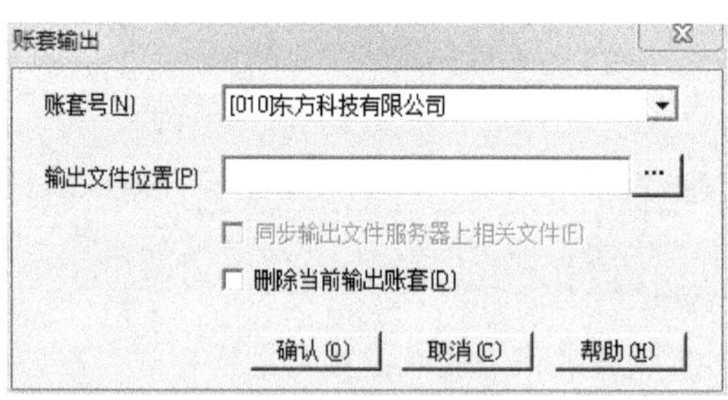

图 2-21　输出 010 账套

（3）选择存放账套备份数据的文件夹为“C:\010 账套备份 \ 项目二系统管理”，如图 2-22 所示。

（4）单击“确定”按钮，回到账套输出界面，选择“删除当前输出账套”。如图2-23 所示。

（5）点击“确认”，系统弹出“真要删除该账套吗”，如图 2-24 所示。

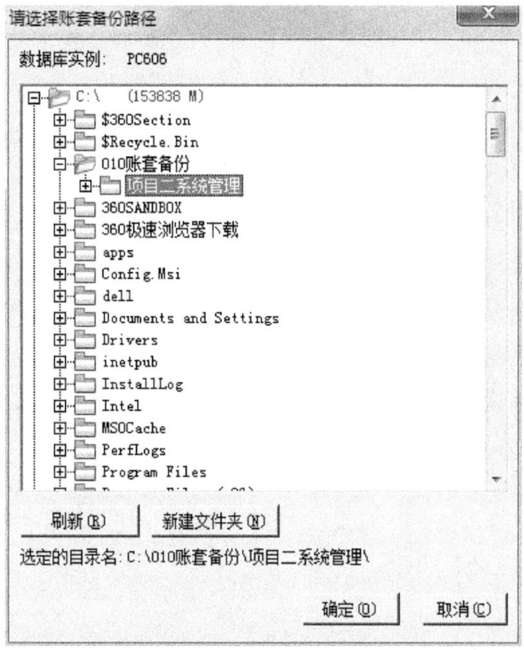

图 2-22 选择账套备份路径

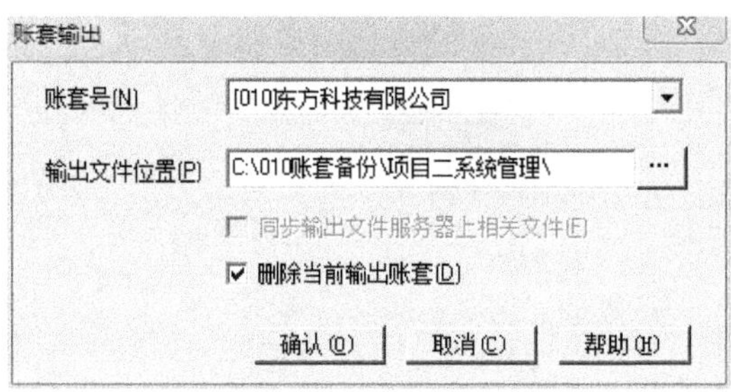

图 2-23 账套输出

（6）点击“是”，弹出“输出成功”对话框，如图 2-25 所示。

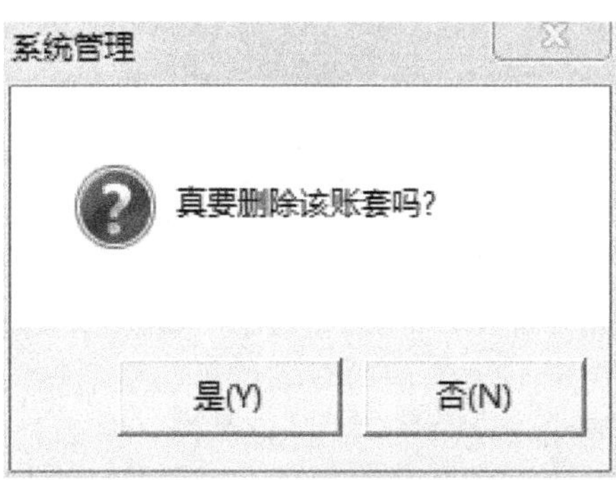

图 2-24 删除账套

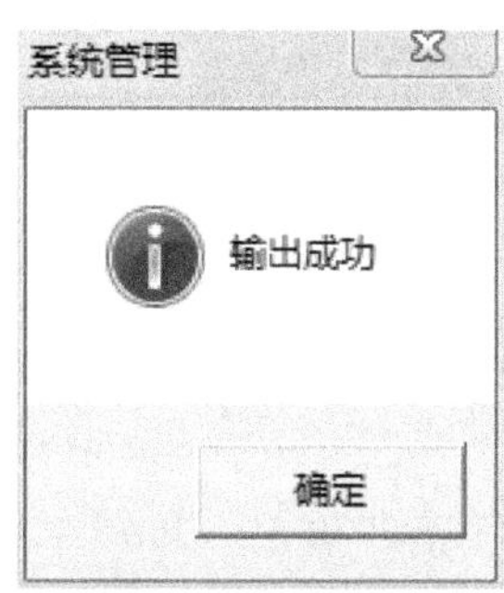

图 2-25 输出成功

温馨提示

① 备份路径下有两个文件 UFDATA.BAK 和 UfErpAct.Lst。这两个备份文件只能通过恢

复账套功能还原到用友 ERP-U8V10.1 系统中才可以阅读。

② 备份账套前应关闭正在运行的所有子系统。

③ 如果在账套输出界面不选中“删除当前输出账套”复选框，则当前账套不会被删除。

④ 只有系统管理员才有权进行账套的输出。

2. 账套恢复

账套恢复是将硬盘或其他存储介质的备份数据恢复到指定路径中。无论是计算机故障或病毒侵犯，都会致使系统数据受损，这时利用账套恢复功能恢复备份数据，可以将损失降到最小。另外，这一功能为集团公司的财务管理提供了方便。子公司的账套数据可以定期被恢复到母公司系统中，以便进行有关账套数据的分析和合并工作。

【例 2-6】将“C:\010 账套备份 \ 项目二系统管理”文件夹中的 010 账套数据备份恢复到系统中。

操作步骤：

（1）以系统管理员身份注册进入系统管理，执行“账套”|“引入”命令，打开“引入账套数据”对话框。如图 2-26 所示。

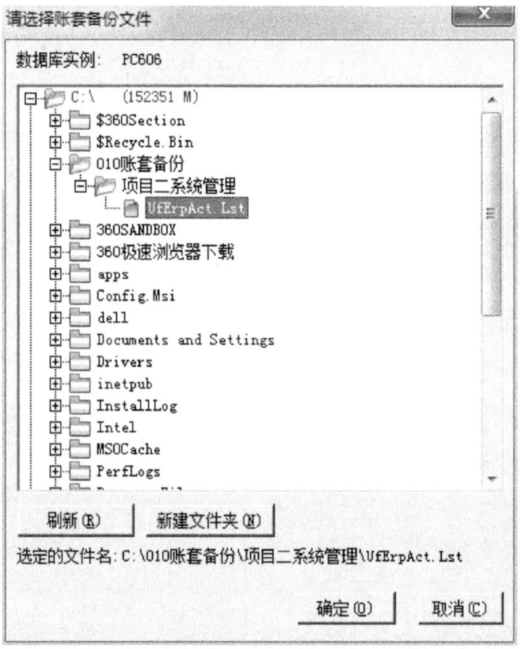

图 2-26 引入账套

（2）选择要引入的账套数据备份文件，系统输出的备份文件为 UfErpAct.Lst，单击“确定”按钮，系统弹出提示“此项操作将覆盖 [010] 账套当前所有的信息，继续吗？”。

（3）单击“确定”按钮，系统进行账套数据的恢复，完成后提示“账套 [010] 引入成功！”，单击“确定”按钮返回。

三、设置自动备份计划

在用友 ERP-U8 中除了可以人工进行数据的备份和恢复外，还提供了设置自动备份计划的功能，其作用是自动定时对设置的账套或账套库进行备份输出。利用该功能，可以实现定时、自动输出多个账套的目的，有效减轻了系统管理员的工作量，保障了系统数据安全。设

置备份计划的工作由系统管理员在“系统管理”的“系统”|“设置备份计划”中完成。

【例 2-7】设置备份计划，让系统每月自动备份，数据存放于“C:\010 账套备份”文件夹中。

操作步骤：

（1）在 C:\ 中新建“010 账套备份”文件夹。

（2）以系统管理员在“系统管理”窗口中运行“系统”|“设置备份计划”。

（3）单击“增加”按钮，打开“增加备份计划”窗口。

（4）录入计划编号：2019-1，计划名称：010 账套，发生频率：每月，开始时间：14：00，备份路径：C:\010 账套备份，单击“010 东方科技有限公司”前的复选框，如图 2-27 所示。

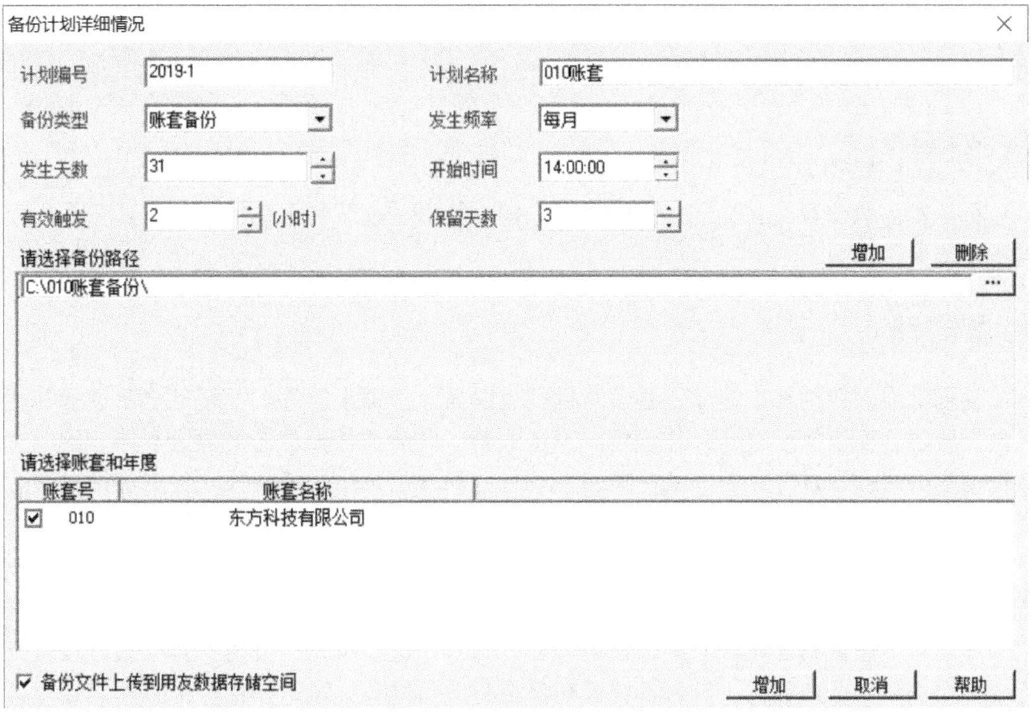

图 2-27　设置备份计划

（5）单击“增加”按钮，保存备份计划设置。

项目三

基础设置

知识目标

认识企业应用平台中基础设置的重要性，了解账套基础档案设置包括的主要内容，理解设置基础档案对日常业务处理的影响。

技能目标

进行基本信息设置，会基础档案的设置，能进行数据权限和单据的设置，具备系统管理和维护的能力。

项目导航

账套基础设置包括基本信息设置、基础档案设置、单据设置等，而基础档案设置包括机构人员设置、客商信息设置、存货设置、财务设置、收付结算设置、其他设置等。编码方案与数据精度的修改，以及启用与关闭某一系统在“基本信息”进行操作；设置部门档案、人员类别、人员档案、职务档案、岗位档案在“机构人员”进行操作；进行地区分类、行业分类、供应商分类和客户分类，建立供应商档案与客户档案等在“客商信息”进行操作；设置存货分类、计量单位、存货档案等在“存货”进行操作；设置会计科目、凭证类别、项目目录、成本中心，备查科目设置与外币设置等在“财务”进行操作；设置结算方式、付款条件银行档案、本单位开户银行、收付款协议档案在“收付结算”进行操作；单据编码设置与单据格式设置在“单据设置”操作。

任务描述

用友 ERP-U8V10.1 企业应用平台为各个子系统提供了一个公共的交流平台。通过应用平台，可进行 U8V10.1 的系统服务、基础信息设置和相关的业务处理。了解账套基础设置中基本信息、基础档案、单据设置等是如何设置；在基础档案设置中如何设置部门档案、人员档案、客商信息、存货类别及档案、会计科目、凭证类别、收付结算等；掌握单据编码与单据格式设置；理解基础档案设置在整个系统中的共享作用；能对基础信息进行正确的设置。

预备知识

一、用友 ERP-U8V10.1 企业应用平台

为了使用友 ERP-U8V10.1 管理软件能够成为连接企业员工、用户和合作伙伴的公共

平台，使系统资源能够得到高效、合理的使用，在用友ERP-U8V10.1管理软件中设立了U8V10.1企业应用平台。这是访问系统的唯一入口，为各个子系统提供了一个公共的交流平台。通过应用平台，可设置系统的公共信息和基础档案，定义自己的业务工作，设计自己的个性化流程。操作界面如图3-1所示。

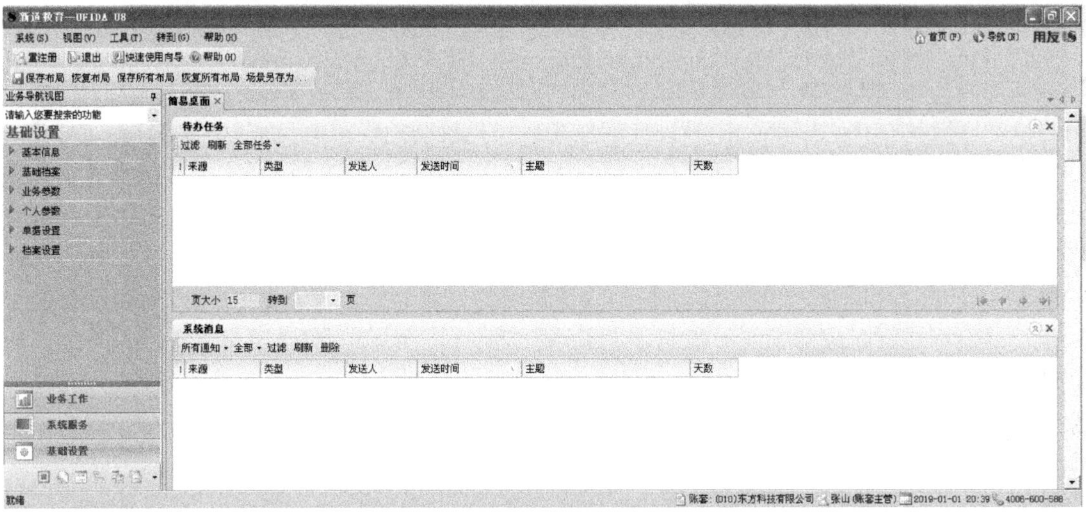

图3-1 U8V10.1企业应用平台操作界面

二、基础设置

基础设置是为系统的日常运行做好基础工作，主要包括基本信息设置、基础档案设置、数据权限设置和单据设置。

1. 基本信息设置

在基本信息设置中，可以对建账过程确定的编码方案和数据精度进行修改，并进行系统启用设置。

用友ERP-U8V10.1管理系统分为财务会计、管理会计、供应链、生产制造、人力资源、集团应用、决策管理、内部控制、移动应用和企业应用集成等产品组，每个产品组中又包含若干模块，它们中大多数既可以独立运行，又可以集成使用，但两种用法的流程是有差异的。一方面企业可以根据本身的管理特点选购不同的子系统；另一方面企业也可以采取循序渐进的策略有计划地先启用一些模块，一段时间之后再启用另外一些模块。系统启用为企业提供了选择的便利，它可以表明企业在何时点及启用了哪些子系统。只有设置了系统启用的模块才可以登录。

有两种方法可以设置系统启用。一种是在企业建账完成后立即进行系统启用，另一种是在建账结束后由账套主管在系统管理中进行系统启用设置。

2. 基础档案设置

基础档案是系统日常业务处理必需的基础资料，是系统运行的基石。一个账套总是由若干个子系统构成，这些子系统共享公用的基础档案信息。在启用新账套之前，应根据企业的实际情况，结合系统基础档案设置的要求，事先做好基础数据的准备工作。

3. 会计科目设置

设置会计科目的内容包括增加会计科目、修改会计科目和删除会计科目等操作。

（1）增加会计科目

在财务软件中，增加会计科目时，输入的基本内容包括：科目编码、科目名称、科目类型、科目性质、辅助核算、账页格式等。

财务软件一般都提供了符合国家会计制度规定的一级会计科目，明细科目的建立要根据各企业的具体情况自行确定，在财务软件中，增加会计科目时，输入的基本内容包括：科目编码、科目名称、科目类型、科目性质、辅助核算、账页格式等。

如果单位所用的会计科目基本上与所选行业会计制度规定的一级会计科目一致，则可以在建立账套时选择预置标准会计科目，这样在会计科目初始设置时只需对不同的会计科目进行修改，对缺少的会计科目进行增加处理即可。如果所使用的会计科目与会计制度规定的会计科目相差较多，则可在系统初始设置时选择“不预置行业会计科目”，这样可以根据自身的需要自行设置全部会计科目。

① 会计科目编码的设置。设置会计科目编码首先从一级科目开始，逐级向下设置明细科目，一级科目按财政部的统一编码方案编码；明细科目编码按照参数设置中对科目编码级次和级长的规定进行设置。通常的方法是同级科目按顺序排列，以序号作为本级科目编码，加上一级科目编码后，组成本级科目的全部编码，即：本级科目全部编码 = 上一级科目全部编码 + 本级科目编码。如假设科目级次和级长为“4-4-2”，“银行存款”科目的一级编码为“1002”，则“银行存款——工商银行”科目的编码为“100201”,“银行存款——工商银行——人民币”科目的编码为“10020101”。

② 会计科目名称的设置。会计科目名称是指会计科目的汉字名称。科目编码是计算机使用的科目代码，而科目汉字名称则是证、账、表上显示和打印的标志，是企业与外部交流信息所使用的标志。因此在科目名称定义时，必须严格按照会计制度规定的科目名称输入，做到规范化、标准化。输入科目名称时尽量避免重名，以免影响科目运用的准确性。

③科目类型的设置。即按会计科目性质对会计科目进行划分。按照会计制度规定，科目类型分为六大类，即资产、负债、所有者权益、共同类、成本、损益。指定会计科目的类型是计算机自动进行分类汇总的依据。财政部规定的一级科目编码的第 1 位即科目大类代码为：“1”表示资产类、“2”表示负债类、“3”表示共同类、“4”表示所有者权益类、“5”表示成本类、“6”表示损益类。因此在指定科目类型时必须将定义的类型与编码的第 1 位保持一致。

④ 科目性质的设置。科目性质即余额方向，通常与会计科目的类型相关。资产类、成本类科目的余额通常在借方，负债类、所有者权益类科目的余额通常在贷方，损益类科目无余额。

⑤ 辅助核算科目的设置。对于规模较大、经济业务往来中形成的供应商和客户较多的单位，对应收应付的会计科目进行设置时可以采用辅助核算的形式。会计科目的辅助核算内容主要有个人往来、客户往来、供应商往来、部门核算、项目核算等。另外还有外币核算、数量核算、银行账和日记账辅助核算。

设置个人、客户、供应商往来核算可以按往来目录进行分类汇总，即下一级将自动向有隶属关系的上一级进行汇总。如“其他应收款”“其他应付款”科目设置个人往来辅助核算，“应收账款”“应收票据”“预收账款”科目设置客户往来辅助核算，“应付账款”“应付票据”“预付账款”科目设置供应商往来核算。设置部门核算可以按部门进行分类和汇总，如“管理费用”科目。设置项目核算不仅可以方便地实现对部门成本费用和收入按项目核算，而且为这些成本费用及收入情况的管理提供了快捷方便的辅助手段，如“生产成本”“在建工程”科目。

设置外币核算可以按外币种类进行分类和汇总，如“银行存款”“应收账款”等科目；设置数量核算可以按指定的计量单位进行分类和汇总，如“原材料”“库存商品”等科目；设置银行账和日记账可以实现出纳管理，如“银行存款”“库存现金”等科目。

辅助核算要求设置在最底层的科目，辅助核算一经定义并使用，不要随意进行修改，以免造成账簿数据的混乱。对有辅助核算要求的科目设置相应的辅助核算后，在日常数据录入中，系统根据辅助核算的不同，需要输入不同的附加数据。如“应收账款”设置了“外币”辅助核算，则在凭证录入中要求录入外币金额、汇率；“原材料”设置了“数量”辅助核算，则在凭证录入中要求录入“数量”“单价”等。

⑥ 账页格式的设置。即根据会计核算的需要对会计账簿进行格式定义，账页格式一般有金额式、外币金额式、数量金额式等。

（2）修改和删除会计科目

如果需要对原有会计科目的某些项目进行修改，如账页格式、辅助核算、汇总打印、封存标识等，可以通过“修改”功能来完成。如果需要删除原有会计科目，可以通过“删除”功能完成。

要修改和删除某会计科目，应先选中该会计科目。修改和删除会计科目应遵循“自下而上”的原则，即先删除或修改下一级科目，然后再删除或修改本级科目。

修改或删除已经输入余额的科目，必须先删除本级及下级科目的期初余额（改为0），才能修改或删除该科目。

科目一经使用，即已经输入凭证，则不允许修改或删除该科目，不允许作科目升级处理，此时只能增加同级科目，而不能在该科目增设下级科目。

4. 权限设置

用友 ERP-U8V10.1 管理软件中，提供了三种不同性质的权限管理：功能权限、数据权限和金额权限。

功能权限在系统管理中进行设置，主要规定了每个操作员对各模块及细分功能的操作权限。例如，赋于用户李明账套中总账模块、工资模块、固定资产模块全部功能的操作权限。

数据权限是针对业务对象进行的控制，可以选择对特定业务对象的某些项目和某些记录进行查询和录入的权限控制。可以通过两个方面进行控制，一个是字段级权限控制，选择对特定业务对象的某些项目控制；另一个是记录级的权限控制，可以选择某些记录进行查询和录入的权限控制。例如，设定某一操作员只能录入某一种凭证类别的凭证。

金额权限主要用于完善内部金额控制，实现对具体金额数量划分级别，对不同岗位和职位的操作员进行金额级别控制，限制他们制单时可以使用的金额数量。主要作用体现在两个方面：一是设置用户在填制凭证时，对特定科目允许输入的金额范围；二是设置用户在填制采购订单时，允许输入的采购金额范围。

功能权限的分配在系统管理中的“权限”|“权限””中设置，数据权限和金额权限在“U8应用平台”|“系统服务”|“数据权限”中进行设置，且必须是在系统管理的功能权限分配之后才能进行。

5. 单据设置

不同企业各项业务处理中使用的单据可能存在细微的差别，用友 ERP-U8 管理软件中预置了常用单据模板，而且允许用户对各单据类型的多个显示模板和多个打印模板进行设置，以定义本企业需要的单据格式。

任务设计

（1）登录 ERP-U8V10.1 企业应用平台；
（2）录入基本信息；
（3）设置部门档案；
（4）设置人员类别和人员档案；
（5）设置客户分类与录入客户档案；
（6）录入供应商分类和供应商档案；
（7）设置存货；
（8）设置结算方式；
（9）录入付款条件；
（10）设置开户银行；
（11）增加、修改会计科目；
（12）设置凭证类别；
（13）设置外币币种及汇率；
（14）项目设置；
（15）单据设置；
（16）设置权限；
（17）备份账套数据。

操作步骤

一、登录 ERP-U8V10.1 企业应用平台

ERP-U8V10.1 企业应用平台是用友 ERP-U8V10.1 管理软件的唯一入口，实现了用友 ERP-U8V10.1 管理软件各产品统一登录、统一管理的功能。操作员的角色及权限决定了其是否有权登录系统，是否可以使用 U8V10.1 企业应用平台中的各功能单元。

操作步骤：执行“开始”|“程序”|“用友 ERP-U8V10.1”|“企业应用平台”命令，打开“注册”对话框。输入操作员 01 或“张山”，输入密码 1，在“账套”下拉列表框中选择“010 东方科技有限公司”，输入操作日期，单击“确定”按钮，进入用友 ERP-U8V10.1 企业应用平台窗口；如图 3-2 所示。

温馨提示

① 用户可以在此处修改自己的密码。
② 操作日期要处于系统的建账日期和系统日期之间。

二、基本信息的录入

在企业应用平台中，可以启用系统，也可以修改编码方案和数据精度。单击“基础设置”|“基本信息”，可完成此操作。

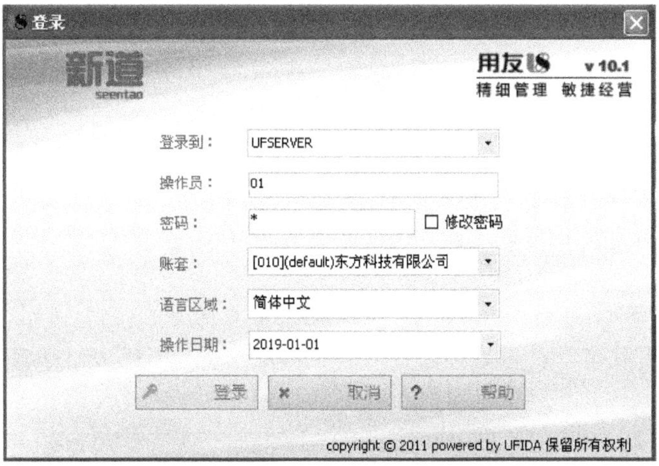

图 3-2　登录 U8V10.1 企业应用平台

系统启用是指定用友 ERP-U8V10.1 应用系统中各个子系统开始使用的日期。只有启用后的系统才能进行登录。系统启用有两种方法：一种是在系统管理员创建完一个新的账套后，系统弹出提示信息，可以选择需要启用的系统进行设置；另一种是由企业的账套主管在企业应用平台中启用。

如果在建立账套时没有设置启用系统，可以在企业应用平台中进行设置。

操作步骤：

（1）执行“开始”|“程序”|“用友 ERP-U8V10.1”|“企业应用平台”命令，以账套主管身份进入企业应用平台。

（2）选择“基础设置”|“基本信息”项，可以显示出基本信息设置的四项：会计期间、启用系统、编码方案和数据精度。如图 3-3 所示。

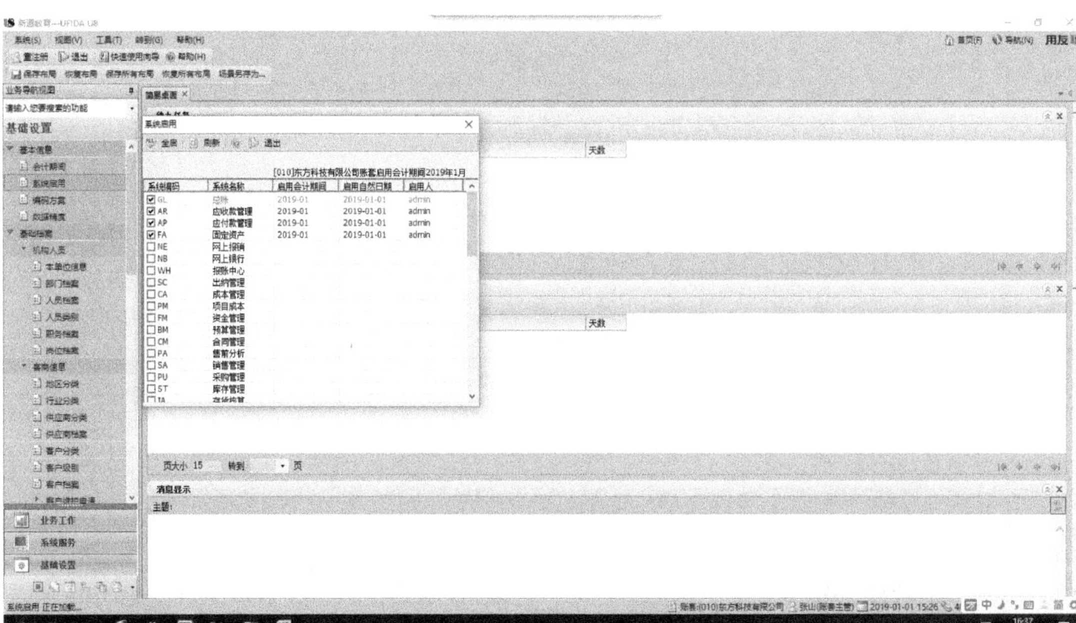

图 3-3　基本设置——系统启用

（3）双击“系统启用”，打开系统启用对话框。系统启用中列示出所有子系统。可根据需要启用不同的模块。

温馨提示

① 只有账套主管才有权在“企业应用平台”中启用系统。

② 各系统的启用时间可以不一致，但必须是在建立账套日期之后。

三、设置部门档案

【例 3-1】东方科技有限公司的部门按表 3-1 设置，录入下列部门档案。

表 3-1　部门档案

编号	名称	部门属性	编号	名称	部门属性
1	总务部	管理	302	二车间	生产
2	财务部	管理	4	采购部	采购
3	生产部	生产	5	销售部	销售
301	一车间	生产			

操作步骤：

（1）执行“开始”|“程序”|“用友 ERP-U8V10.1”|“企业应用平台”命令，以账套主管身份进入应用平台。本项目后面的操作均有此步骤，此后略省。

（2）选择“基础设置”|“基础档案”|“机构人员”项目，双击“部门档案”。

（3）单击“增加”按钮，录入部门编码、部门名称。如图 3-4 所示。

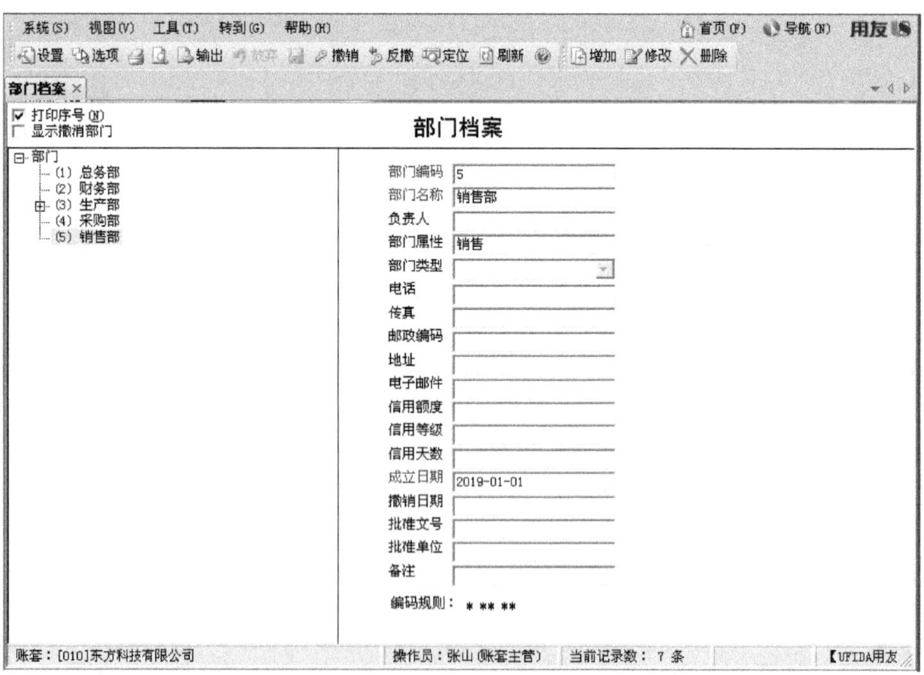

图 3-4　增加部门档案

（4）单击“保存”按钮。按此方法依次录入其他的部门档案。

温馨提示

① 基础档案可在企业应用平台的基础档案中进行设置，系统中的基础档案信息是共享的。

② 在录入部门档案时，由于尚未录入“职员档案”，所以部门档案中的“负责人”信息此时不能录入。需等设置完“职员档案”后，再回到“部门档案”中以修改的方式补充设置“负责人”并保存。

③ 部门编码必须符合编码规则。

四、设置人员类别与人员档案

1. 设置人员类别

【**例 3-2**】东方科技有限公司人员类别如表 3-2 所示。

表 3-2 人员类别

人员类别编号	人员类别	人员类别编号	人员类别
10101	企业管理人员	10104	采购人员
10102	车间管理人员	10105	销售人员
10103	车间生产人员		

操作步骤：

（1）选择“基础设置”|“基础档案”|“机构人员”项目，双击“人员类别”。

（2）单击“增加”按钮，录入档案编码“10101”和档案名称“企业管理人员”，如图 3-5 所示。

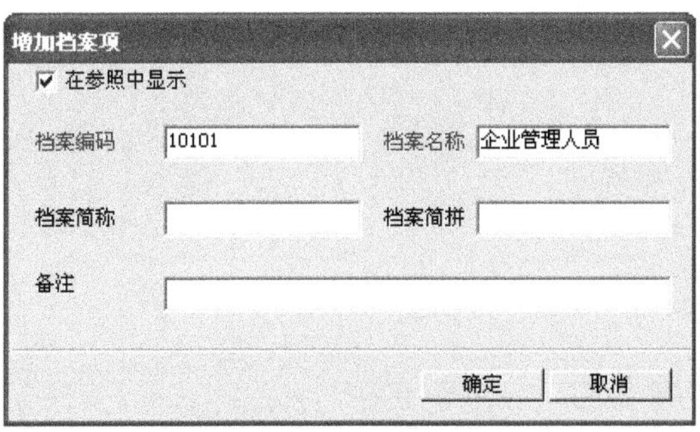

图 3-5 人员类别档案

（3）单击“确定”，依次录入其他类别档案信息。

2. 设置人员档案

【**例 3-3**】东方科技有限公司职员档案如表 3-3 所示。

表 3-3 人员档案

职员编号	职员名称	雇用状态	人员类别	性别	所属部门	是否业务员
10101	孙宁	在职	10101	男	总务部	是
10102	张立	在职	10101	男	总务部	是
20101	张山	在职	10101	男	财务部	是

续表

职员编号	职员名称	雇用状态	人员类别	性别	所属部门	是否业务员
20102	杨梅	在职	10101	女	财务部	是
20103	李明	在职	10101	男	财务部	是
30101	李军	在职	10102	男	一车间	否
30102	陈杰	在职	10103	男	一车间	否
30201	张民	在职	10102	男	二车间	否
30202	李研	在职	10103	男	二车间	否
40101	王路	在职	10104	女	采购部	是
50101	陈明	在职	10105	男	销售部	是

操作步骤：

（1）选择“基础设置”|“基础档案”|“机构人员”项目，双击“人员档案”。

（2）单击“增加”按钮，打开“人员档案”操作界面，依次录入人员编码、人员姓名、性别、所属部门、雇佣状态等信息；同时还需要选择是否为操作员与是否为业务员；如图3-6所示。

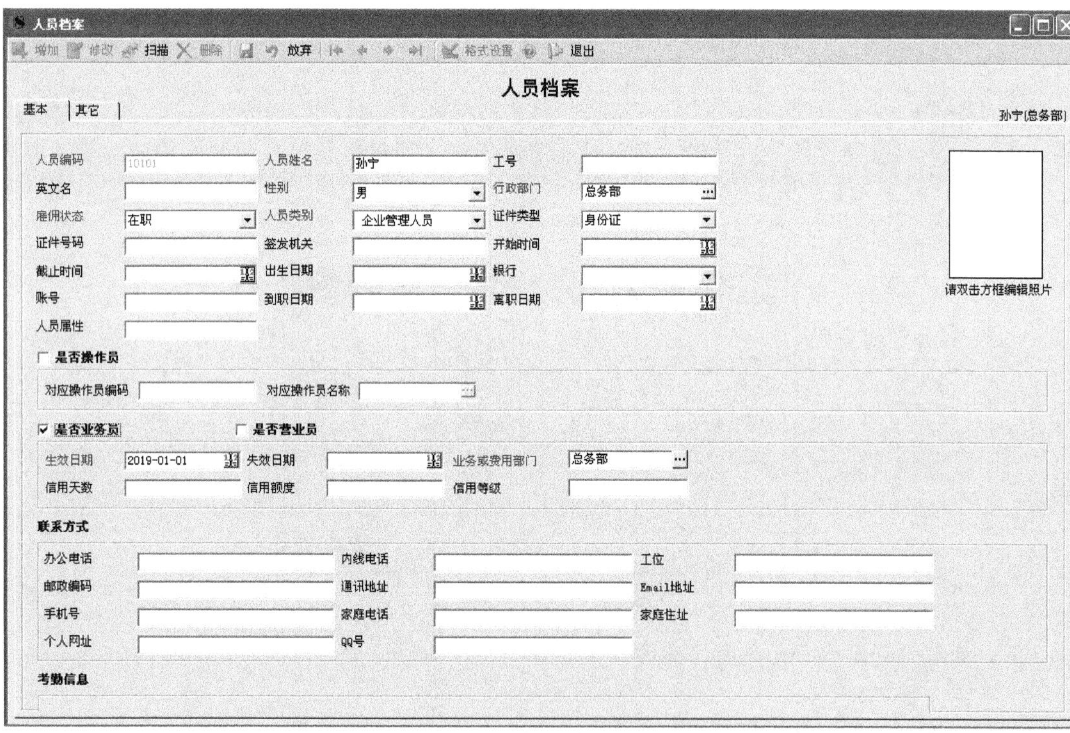

图3-6 人员档案录入

（3）单击“保存”，依次录入其他职员信息。

温馨提示

职员编码必须唯一。如果本人作为操作员，则同时保存到操作员表中。同时保存到操作员表中的操作员密码默认为操作员编码。

五、设置客户分类与录入客户档案

1. 设置客户分类

【例 3-4】东方科技有限公司的客户按地区进行分类，客户的分类如表 3-4 所示。

表 3-4 客户分类

客户分类编码	客户分类名称
01	省内客户
02	省外客户

操作步骤：

（1）选择“基础设置”|“基础档案”|“客商信息”项目，双击“客户分类”。

（2）单击“增加”按钮，依次录入分类编码和分类名称后保存。如图 3-7 所示。

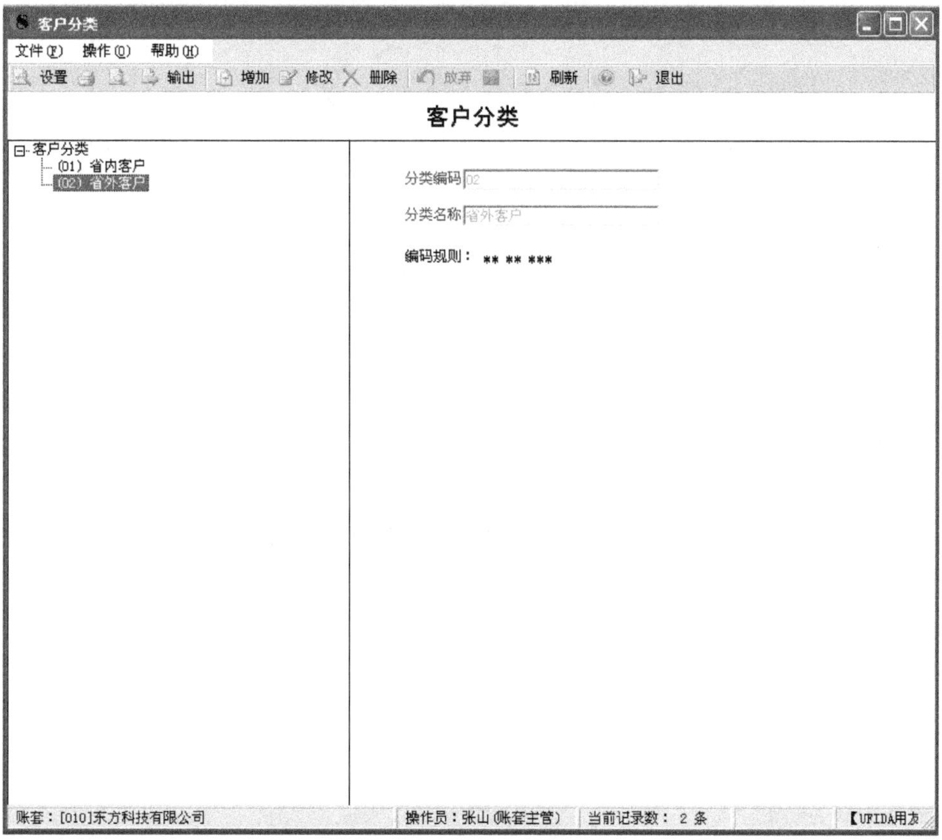

图 3-7 建立客户分类

温馨提示

① 客户是否分类是建立账套时决定的。建账时没有对客户进行分类的可以不使用本功能。

② 企业可以根据自身管理的需要对客户进行分类管理，可将客户按行业、地区等进行划分建立客户分类体系。

③ 设置客户分类后，根据不同的分类建立客户档案。

④ 客户分类编码必须唯一，并且要符合编码规则。

2. 录入客户档案

【例 3-5】东方科技有限公司的客户档案如表 3-5 所示。

表 3-5　客户档案

编码	名称 / 简称	分类	税号	法人	开户银行	账号	分管部门	专管业务员	付款条件
0101	北方公司	01	123456	李楠	工行北京分行	234567	销售部	陈明	02
0102	昌达公司	01	345678	张明	中行北京分行	456789	销售部	陈明	无
0201	恒远公司	02	567890	周华	工行湖南分行	678901	销售部	陈明	无
0202	海乐公司	02	789012	李开	工行青岛分行	890123	销售部	陈明	无

操作步骤：

（1）选择“基础设置”|“基础档案”|“客商信息”项目，双击“客户档案”。

（2）单击“增加”按钮，录入客户的编码、名称、所属分类、税号、开户银行及账号、分管部门、专管业务员、付款条件等信息后，单击“保存并新增”或“保存”。如图 3-8 所示。

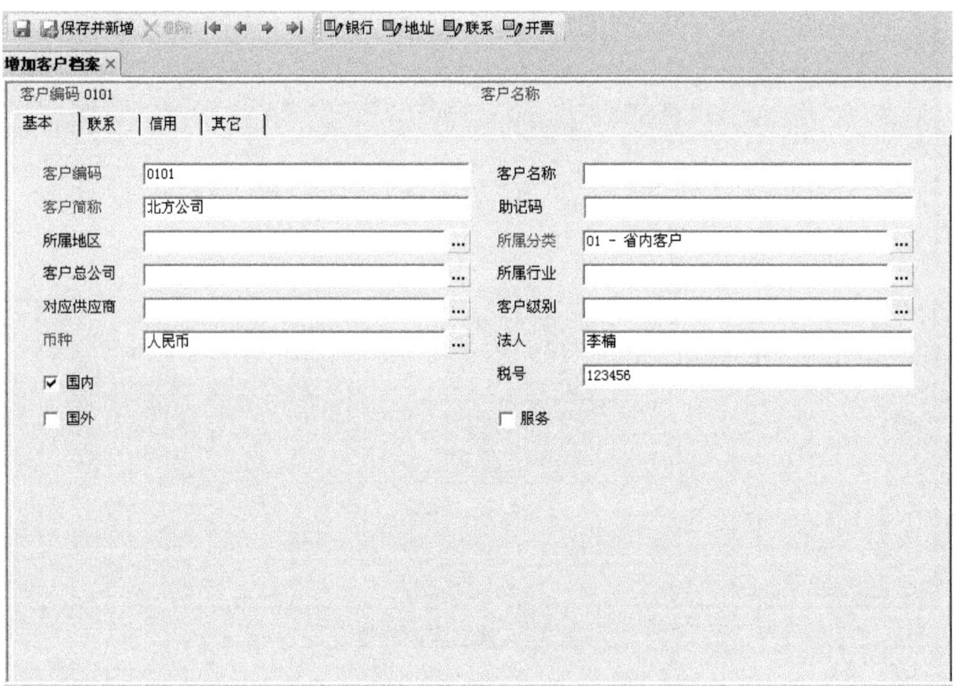

图 3-8　建立客户档案

（3）依次录入其他客户档案。

温馨提示

① 用友 U8 管理中还可以对客户进行级别管理。客户级别管理是客户细分的一种方法，企业根据自身管理需要进行客户级别的分类。例如，某销售公司按照客户给企业带来的销售

收入，将客户细分为 VIP 客户、重要客户和普通客户。

② 软件还提供对客户、供应商的所属地区和行业进行相应的分类，建立地区和行业分类体系，以便对业务数据的统计、分析。

六、录入供应商分类和供应商档案

【例 3-6】东方科技有限公司的供应商按地区进行分类，供应商的分类如表 3-6 所示。供应商档案如表 3-7 所示。

表 3-6　供应商分类

供应商分类编码	供应商分类名称
01	本地
02	外地

表 3-7　供应商档案

编号	名称	分类	税号	开户银行	账号	分管部门	专管业务员
001	沧海公司	01	111111	工行北京分行	13589	采购部	王路
002	大明公司	02	222222	工行河南分行	24680	采购部	王路

供应商分类和供应商档案的录入与客户的分类与档案录入相似，如图3-9、图3-10所示。

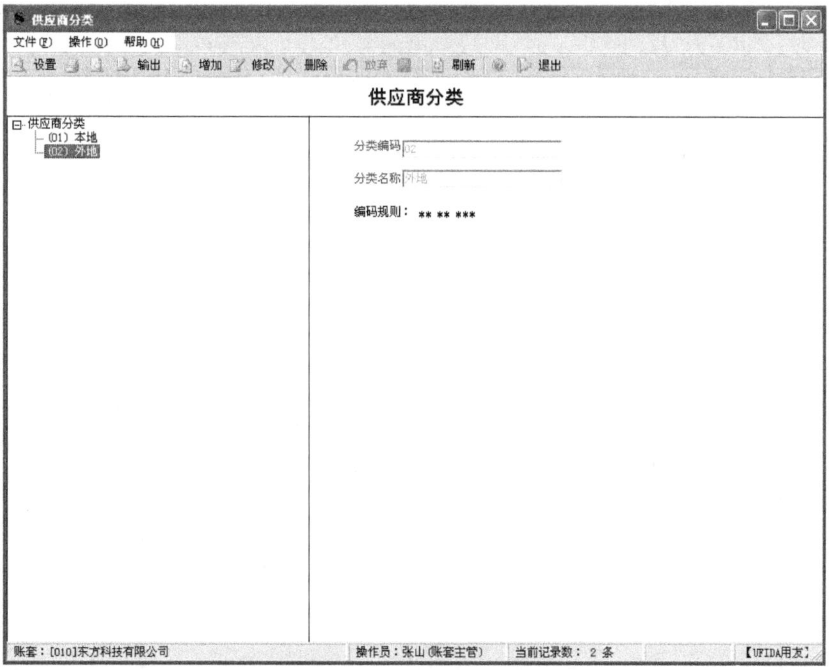

图 3-9　建立供应商类别

七、设置存货

1. 设置存货计量单位组和计量单位

【例 3-7】东方科技有限公司的存货计量单位如表 3-8 所示。

图 3-10 建立供应商档案

表 3-8 存货计量单位

计量单位组编码	计量单位组名称	计量单位组类别	计量单位编码	计量单位
01	自然单位组	无换算率	01	吨
			02	件
			03	千米

操作步骤：

（1）选择“基础设置”|“基础档案”|“存货”|“计量单位”项目，打开“计量单位”窗口。

（2）单击“分组”按钮，打开“计量单位组”窗口。

（3）单击“增加”按钮，录入计量单位组“01”和计量单位组名称“自然单位组”，单击“计量单位组类别”栏的下三角按钮，选择“无换算率”，单击“保存”按钮（以下简称保存）。如图 3-11 所示。

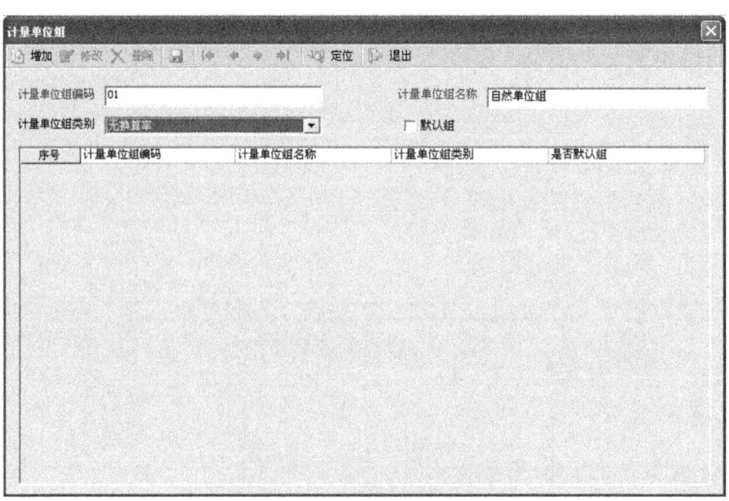

图 3-11 设置计量单位组

（4）单击“单位”按钮，打开“计量单位”窗口。

（5）单击“增加”按钮，录入计量单位“01”和计量单组名称“吨”，保存。

（6）依次录入其他存货计量单位。

2. 设置存货分类

【例 3-8】东方科技有限公司的存货分类如表 3-9 所示。

表 3-9　存货分类

分类编码	分类名称
1	原材料
2	产成品
3	其他

操作步骤：

（1）选择“基础设置”|“基础档案”|“存货”项目，双击“存货分类”。

（2）单击“增加”按钮，录入存货分类编码和分类名称，保存。

（3）依次录入其他存货，如图 3-12 所示。

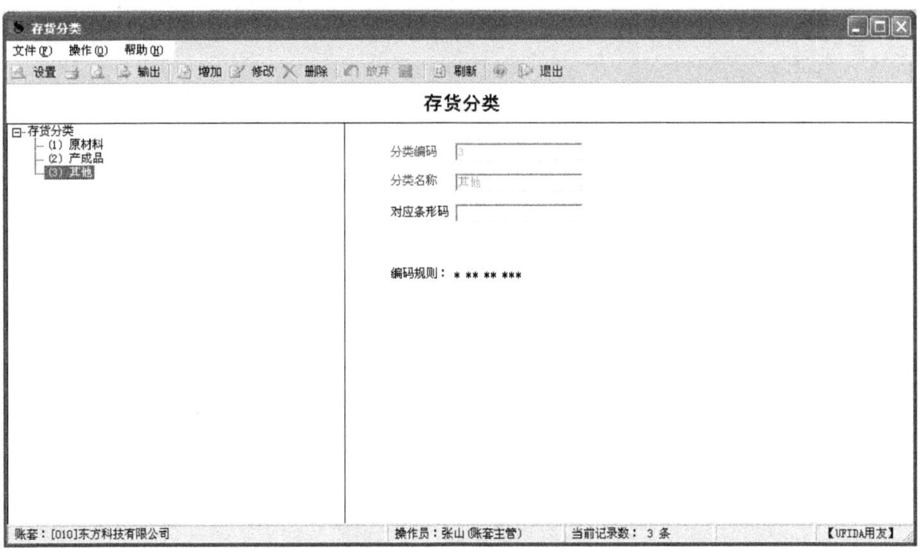

图 3-12　设置存货分类

温馨提示

① 存货是否分类是建立账套时决定的。建账时没有对存货进行分类的可以不使用本功能。

② 企业可以根据自身管理的需要对存货进行分类管理，可将存货按属性进行划分建立存货分类体系。

③ 设置存货分类后，根据不同的分类建立存货档案。

④ 存货分类编码必须唯一，并且要符合编码规则。

⑤ 修改或者删除存货分类：选择要修改或者删除存货分类，单击“修改”或“删除”按钮，可修改或者删除存货分类。

3. 设置存货档案

【例 3-9】东方科技有限公司的存货档案如表 3-10 所示。

表 3-10 存货档案

分类编码	所属类别	存货编码	存货名称	计量单位	税率 /%	存货属性
1	原材料	101	甲材料	吨	13	外购、外销、生产耗用
		102	乙材料	吨	13	外购、外销、生产耗用
2	产成品	201	A 产品	件	13	自制、内销、外销
		202	B 产品	件	13	自制、内销、外销
3	其他	301	运输费	千米	9	内销、外购、应税劳务

操作步骤：

（1）选择“基础设置”|“基础档案”|“存货”项目，双击“存货分类”。

（2）单击“增加”按钮，录入存货编码和存货名称等相关信息，保存。如图 3-13 所示。

图 3-13 建立存货档案

（3）依次录入其他存货档案。

八、结算方式设置

【例 3-10】东方科技有限公司与其他企业或个人的经济业务往来的结算方式如表 3-11 所示。

表 3-11 结算方式

编码	结算方式	票据管理	编码	结算方式	票据管理
1	现金		4	商业汇票	
2	支票	√	401	银行承兑汇票	
201	现金支票	√	402	商业承兑汇票	
202	转账支票	√	5	其他结算方式	
3	汇兑				

操作步骤：

（1）选择“基础设置”|“基础档案”|“收付结算”项目，双击“结算方式”，打开结算方式设置窗口。

（2）单击“增加”按钮，录入结算方式的编码和名称，保存。

（3）依次录入其他结算方式，如图 3-14 所示。

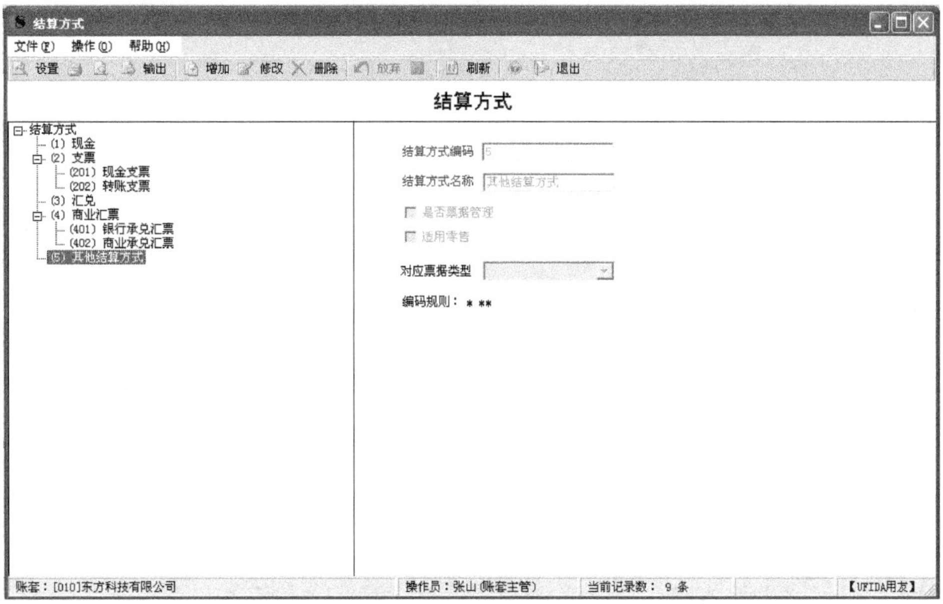

图 3-14　设置结算方式

温馨提示

在总账系统中，结算方式将会在使用“银行账”类会计科目填制凭证时使用，并可作为银行对账的一个参数。

九、付款条件录入

付款条件是企业为了鼓励客户偿还贷款而允诺在一定期限内给予的规定的折扣优待。

【例 3-11】东方科技有限公司的客户付款时的优惠条件如表 3-12 所示。

表 3-12　付款条件

编码	信用天数	优惠天数 1	优惠率 1	优惠天数 2	优惠率 2
01	60	30	2	40	1
02	30	10	2	20	1

操作步骤：

（1）选择“基础设置”|“基础档案”|“收付结算”项目，双击“付款条件”，打开付款条件设置窗口。

（2）单击“增加”按钮，增加付款条件：付款条件编码“01”，信用天数“60”，优惠天数“30”，优惠率“2”，优惠天数“40”，优惠率“1”。录入完毕保存。系统自动在付款条件处显示 2/30，1/40，n/60。如图 3-15 所示。

图 3-15　设置付款条件

（3）保存，增加其他付款条件。

温馨提示

① 只启用“总账”系统，在“收付结算”只显示“结算方式”；启用“应收款管理”或“应收付管理”系统后，在“收付结算”下才显示“付款条件”“银行档案”“本单位开户银行”“收付款协议档案”可操作项。

② 付款条件一旦被引用，便不能进行修改和删除的操作。

③ 付款条件“2/30，1/40，n/60”的意思是客户在 30 天内偿还货款，可得到 2%的折扣；在第 31 天至第 40 天偿还货款，可得到 1%的折扣；在第 41 天至第 60 天内偿还货款，则须按照全额支付货款。

十、设置开户银行

可以使用设置“开户银行”功能进行维护及查询单位的开户银行信息。

【例 3-12】东方科技有限公司的开户银行信息如表 3-13 所示。

表 3-13　开户银行信息

开户银行编码	开户银行名称	银行账号	暂封标识
001	中国工商银行北京分行海淀支行	22288128910	否

操作步骤：

（1）选择“基础设置”|“基础档案”|“收付结算”项目，双击“本单位开户银行”，打开“本单位开户银行”设置窗口。

（2）单击“增加”按钮，录入编码、银行账号、开户银行等信息，保存。如图 3-16 所示。

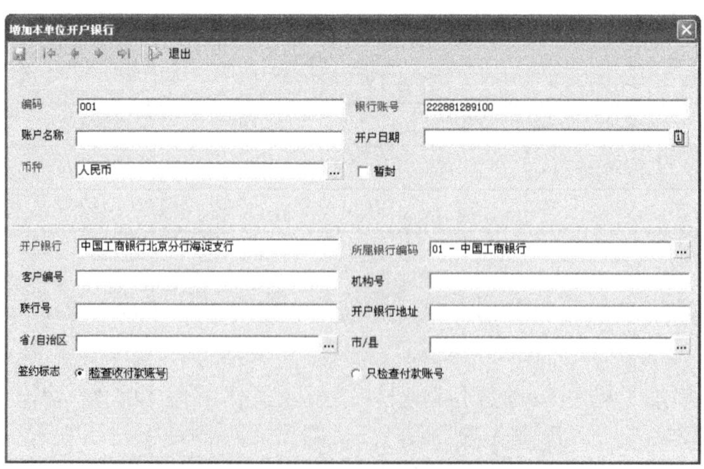

图 3-16　录入开户银行信息

温馨提示

① 各档案设置时，输入的数据量很大，操作比较简单。基本上遵循“增加—输入—保存”的操作原则。

② 必须先建立客户分类、供应商分类档案，才能建立客户档案、供应商档案。客户档案、供应商档案必须建立在最末级分类上。

③ 所有档案建立时，应遵循事先设定的分类编码原则。

④ 建立客户档案时，银行信息需要在修改状态下录入。

十一、增加、修改会计科目

【例 3-13】东方科技有限公司的会计科目设置如表 3-14 所示。

表 3-14 会计科目

科目名称	辅助账	币种 / 计量单位
库存现金（1001）	日记账	
银行存款（1002）	日记账、银行账	
——工行存款 (100201)	日记账、银行账	
——中行存款 (100202)	日记账、银行账	美元
应收票据（1121）	客户往来	
应收账款 (1122)	客户往来	
预付账款（1123）	供应商往来	
其他应收款 (1221)	个人往来	
坏账准备（1231）		
原材料 (1403)		
——甲材料 (140301)	数量核算	吨
——乙材料 (140302)	数量核算	吨
库存商品 (1405)		
——A 产品 (140501)	数量核算	件
——B 产品 (140502)	数量核算	件
固定资产（1601）		
累计折旧（1602）		
无形资产（1701）		
——专利权（170101）		
短期借款（2001）		
应付票据（2201）	供应商往来	
应付账款（2202）	供应商往来	
预收账款（2203）	客户往来	
应付职工薪酬（2211）		
——工资（221101）		
——福利费（221102）		

续表

科目名称	辅助账	币种 / 计量单位
应交税费（2221）		
——应交增值税（222101）		
——进项税额（22210101）		
——销项税额（22210102）		
——进项税额转出（22210103）		
——转出未交增值税（22210104）		
——未交增值税（222102）		
——应交企业所得税（222103）		
——应交城建税（222104）		
——应交教育费附加（222105）		
实收资本（4001）		
资本公积（4002）		
盈余公积（4101）		
——法定盈余公积（410101）		
本年利润（4103）		
利润分配（4104）		
——未分配利润（410409）		
生产成本（5001）		
——直接材料（500101）	项目核算	
——直接人工（500102）	项目核算	
——制造费用（500103）	项目核算	
主营业务收入（6001）		
——A 产品（600101）	数量核算	件
——B 产品（600102）	数量核算	件
主营业务成本（6401）		
——A 产品（640101）	数量核算	件
——B 产品（640102）	数量核算	件
管理费用（6602）		
——差旅费（660201）	部门核算	
——办公费（660202）	部门核算	
——折旧费（660203）	部门核算	
——工资及福利（660204）	部门核算	
——其他（660205）	部门核算	

操作步骤：

1. 增加一般明细会计科目

（1）选择“基础设置”|“基础档案”|“财务”项目，双击“会计科目”，打开“会计科目”设置窗口。

（2）单击“增加”按扭，打开“新增会计科目”对话框。

（3）录入科目编码“100201”、科目名称“工行存款”，如图 3-17 所示。

图 3-17　新增会计科目

（4）单击“确定”按钮。

（5）单击“增加”，录入科目编码“100202”、科目名称“中行存款”，选中“外币核算”复选框，在币种列表框中选择“美元 USD”，如图 3-18 所示。

图 3-18　新增会计科目（外币账户）

（6）单击“确定”按钮。

（7）单击“增加”，录入科目编码“140301”、科目名称“甲材料”，选中“数量核算”复选框，在计量单位文本输入框中输入“吨”，如图 3-19 所示。

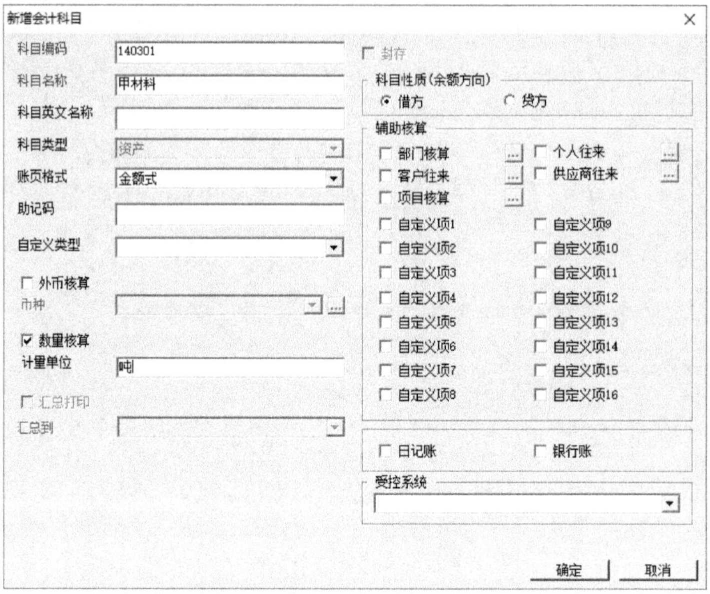

图 3-19　新增科目（数量金额式）

（8）同理，依次按会计科目表增加其他明细会计科目。

（9）单击“取消”，关闭“新增会计科目”对话框。

温馨提示

① 会计科目编码应符合科目编码规则。

② 如果科目已被使用，则不能被修改或删除。

③ 如果科目选择了“数量核算”，并输入了计量单位，在保存新增科目时，系统自动将该科目账页格式更改为“数量金额式”。

④ 如果新增科目与原有某一科目相同或相似，则可采用复制的方法增加科目。

2. 修改会计科目

（1）发现“工行存款”录入错误，进行修改。

① 在“会计科目”窗口中单击“修改”按扭，打开“会计科目 _ 修改”对话框。

② 单击“修改”按钮，科目名称“工行存示”修改为“工行存款”，单击“确定”按钮，如图 3-20 所示。

（2）对会计科目进行“辅助核算”的修改。

① 在“会计科目”窗口中双击“660201 办公费”，或在选中“660201 办公费”后单击“修改”按钮，打开“会计科目 _ 修改”对话框。

② 单击“修改”按钮，选中“部门核算”前的复选框，单击“确定”按钮。如图 3-21 所示。

③ 连续单击“▶”，找到“660202 办公费”，单击“修改”按钮，选中“部门核算”前的复选框，单击“确定”按钮。

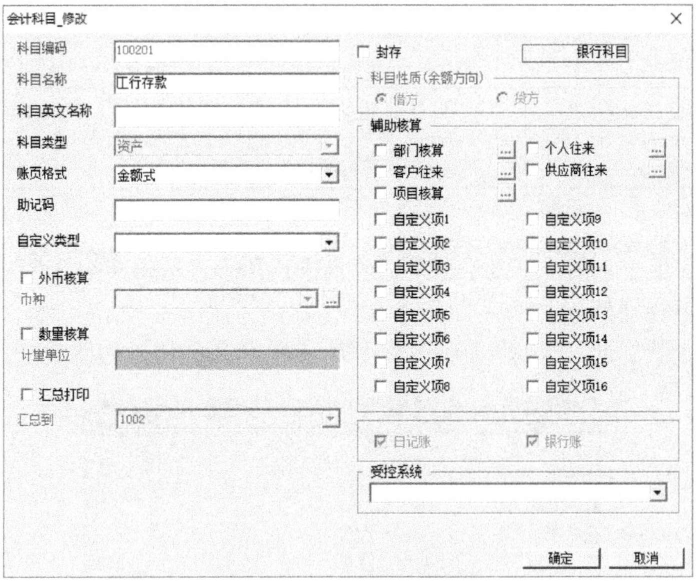

图 3-20　修改会计科目

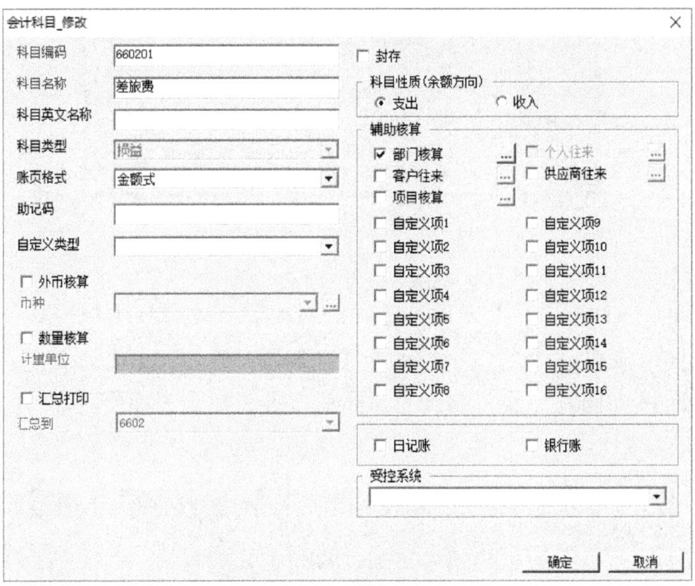

图 3-21　修改会计科目

温馨提示

① 使用前一定要先检查系统预置的会计科目是否能够满足需要，如果不能满足需要，则应对预置科目进行增加、修改，或删除不需要的科目。

② 凡是设置有辅助核算内容的会计科目，在填制凭证时都需要填制具体的辅助核算内容。

十二、设置凭证类别

【例 3-14】 东方科技有限公司凭证类别的设置如表 3-15 所示。

表 3-15 凭证类别

收款凭证	借方必有	1001，1002
付款凭证	贷方必有	1001，1002
转账凭证	凭证必无	1001，1002

操作步骤：

（1）在企业应用平台的“基础设置”选项卡中，执行“基础档案”|“财务”|“凭证类别”命令，打开“凭证类别预置”对话框。

（2）选中“收款凭证 付款凭证 转账凭证”前的单选按钮，如图 3-22 所示。

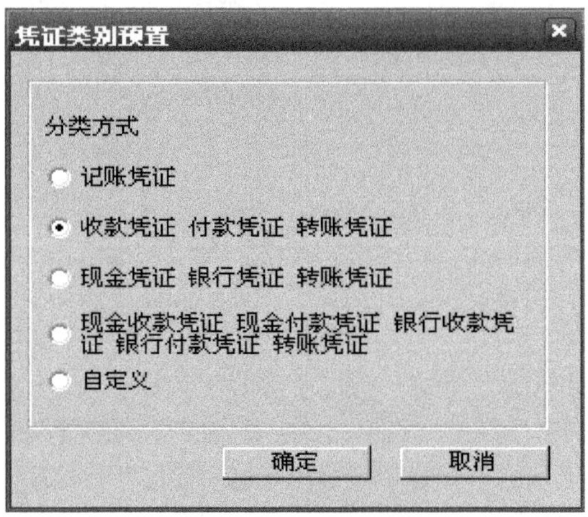

图 3-22 凭证类别预置

（3）单击“确定”按钮，打开“凭证类别”对话框。

（4）单击“修改”按钮，双击“收款凭证”所在行的“限制类型”栏，出现下三角按钮，从下拉列表中选择“借方必有”，在“限制科目”栏输入“1001，1002”，或单击限制栏目参照按钮，分别选择“1001”及“1002”。同理，完成对付款凭证和转账凭证的限制设置，如图 3-23 所示。

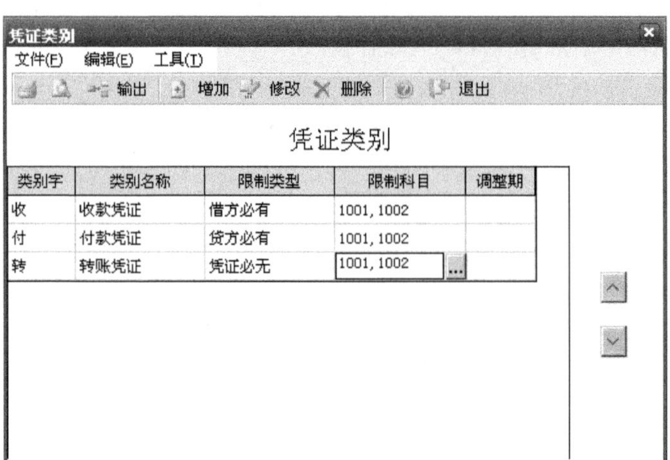

图 3-23 凭证类别设置

温馨提示

① 已使用的凭证类别不能删除，也不能修改类别字。

② 如果直接录入限制科目编码，则编码间的标点符号应为英文状态下的标点符号，否则系统会提示科目编码有借误。

十三、设置外币币种及汇率

汇率管理是专为外币核算服务的。企业有外币业务，要进行外币及汇率的设置。外币及汇率的设置仅录入固定与浮动汇率值，并不决定在制单时使用固定汇率还是浮动汇率，在制单时使用固定汇率还是浮动汇率由账簿初始化设置决定。

【例 3-15】东方科技有限公司的外币币种及汇率信息如表 3-16 所示。

表 3-16　外币币种及汇率

币符	币名	折算方式	其他信息	汇率类型	记账汇率
USD	美元	直接	默认	固定汇率	1 月份：6.91

操作步骤：

（1）选择“基础设置”|“基础档案”|“财务”|“外币设置”命令，打开“外币设置”对话框。

（2）单击“增加”按钮。输入币符：USD；币名：美元；单击“确认”，如图 3-24 所示。

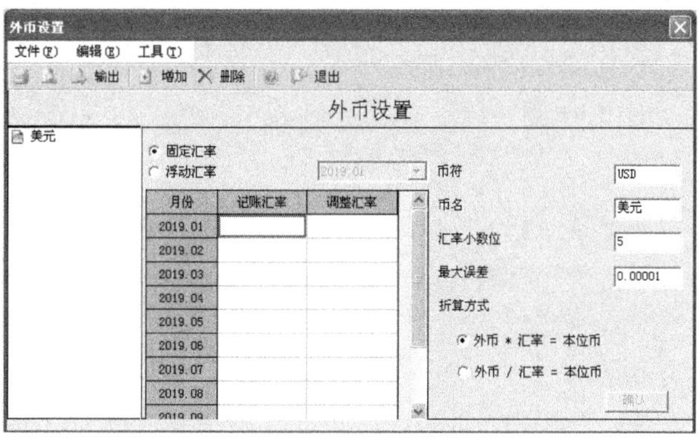

图 3-24　增加外币

（3）“2019 年 1 月的记账汇率”栏中输入 6.91。单击“确认”按钮，如图 3-25 所示。

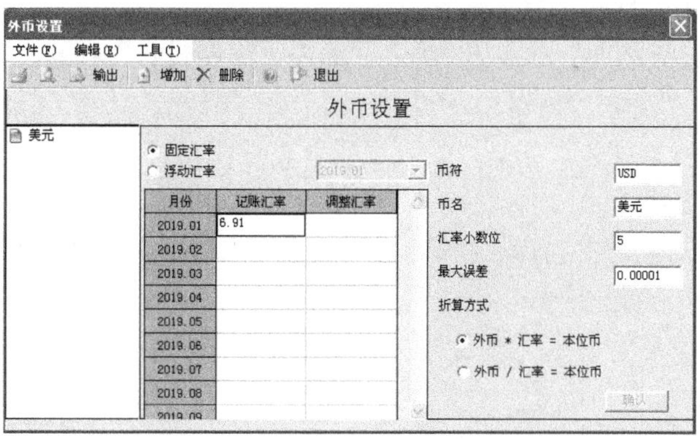

图 3-25　外币汇率录入

（4）单击“退出”按钮。

十四、项目设置

【例 3-16】东方科技公司项目设置资料如下：

项目大类：名称（生产成本核算），项目级次（1）。

核算科目：直接材料（500101），直接人工（500102），制造费用（500103）。

项目分类：分类编码（1），分类名称（自产品）。

项目档案：东方科技有限公司的项目档案信息如表 3-17 所示。

表 3-17　项目档案

项目编号	项目名称	是否结算	所属分类码	所属分类名称
1	A 产品	否	1	自产品
2	B 产品	否	1	自产品

操作步骤：

（1）选择“基础设置”|“基础档案”|“财务”|“项目目录”命令，打开“项目目录”对话框。

（2）单击“增加”按钮；弹出“项目大类定义 _ 增加”向导，输入项目大类“生产成本核算”，如图 3-26 所示。

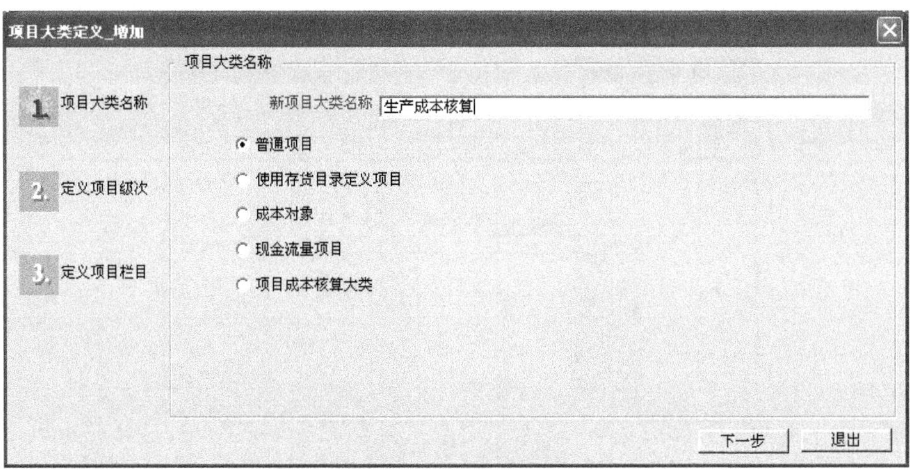

图 3-26　增加项目大类

（3）单击“下一步”按钮，直到完成。

（4）选中新建项目大类“生产成本核算”，单击“核算科目”标签，选取为“已选科目”，如图 3-27 所示，单击“确定”按钮。

（5）选择“项目分类定义”标签，输入项目分类编码“1”和名称“自产品”，如图 3-28 所示，单击“确定”按钮。

（6）选择“项目目录”标签，单击“维护”，再单击“增加”输入项目相关信息后“确定”，如图 3-29 所示。

十五、单据设置

1. 单据格式设置

【例 3-17】对东方科技公司单据格式进行如下设置：删除销售专用发票、销售普通发票表头项目“销售类型”。

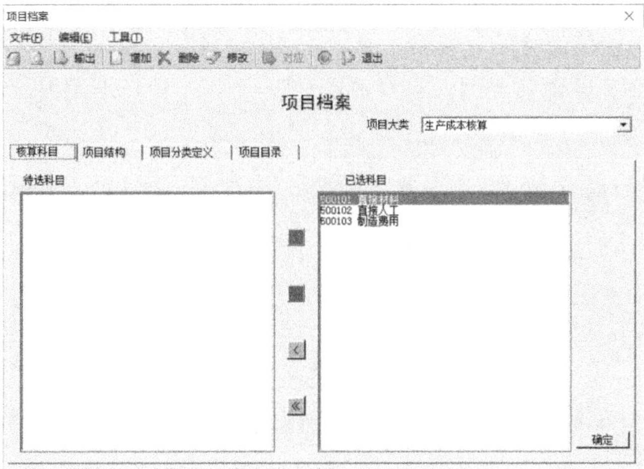

图 3-27　核算科目选择

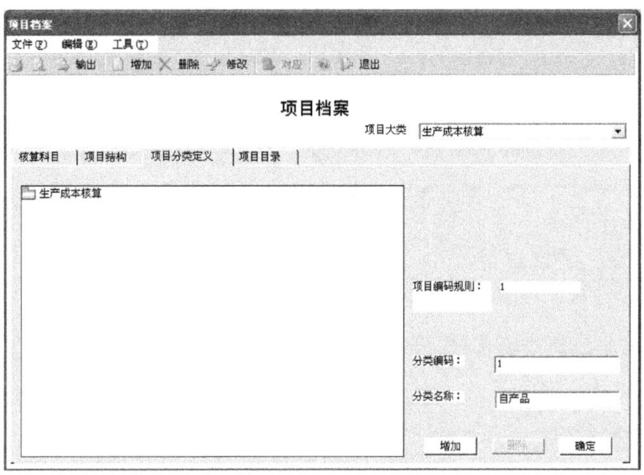

图 3-28　项目分类定义

图 3-29　项目档案

操作步骤：

（1）以系统账套主管身份登录企业应用平台，选择“基础设置”|“单据设置”|“单据格式设置”项目，打开单据格式设置窗口。

（2）在“单据格式设置”界面，选择“销售管理”|“销售专用发票”|“显示”|“销售专用发票”，打开“销售专用发票”格式，单击选中表头项目“销售类型”。如图 3-30 所示。

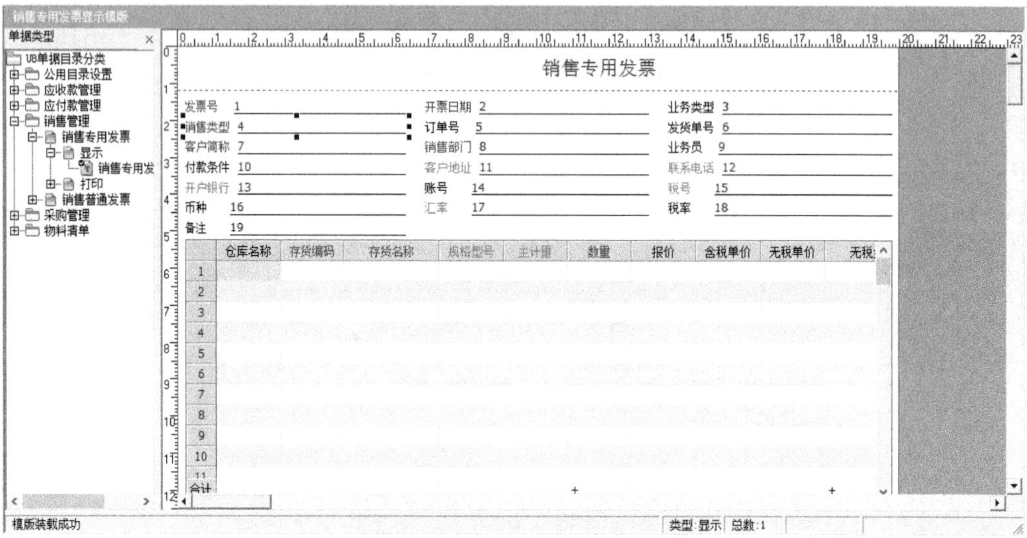

图 3-30 “销售专用发票”窗口

（3）单击“删除”按钮，系统弹出“是否删除当前选择项目？”提示，单击“是”。

（4）单击“保存”按钮，修改后的“销售专用发票”格式如图 3-31 所示。

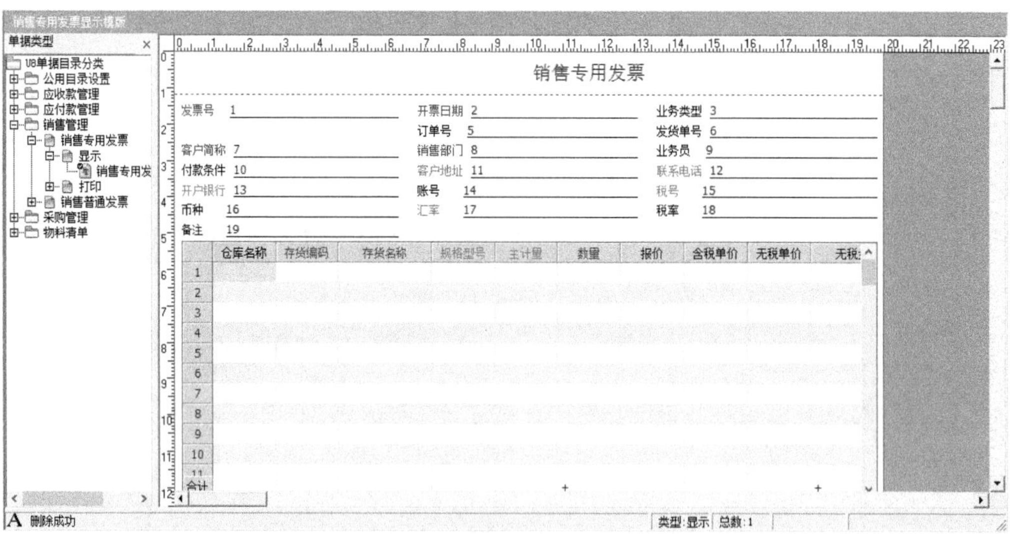

图 3-31 “销售专用发票”窗口（修改完成）

（5）以此方法删除“销售普通发票”的表头项目“销售类型”。

2. 单据编号设置

【例 3-18】对东方科技公司单据编号进行如下设置：修改销售专用发票、采购专用发票、销售普通发票编号为“完全手工编号”。

操作步骤：

（1）以系统账套主管身份登录企业应用平台，选择“基础设置”|“单据设置”|“单据编号设置”项目，打开单据编号设置窗口。

（2）在“单据格式设置”界面，单击“编号设置”选项卡，选择“采购管理”|“采购专用发票”，单击“修改”按钮，选中“完全手工编号”复选框，如图 3-32 所示。

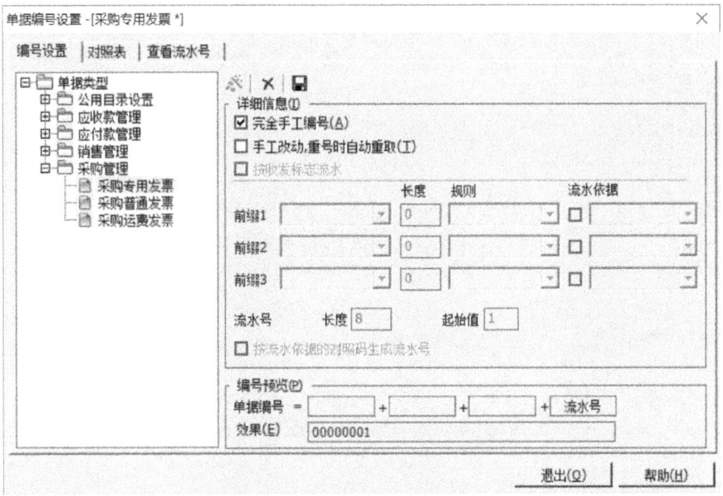

图 3-32　“采购专用发票—编号设置”选项卡（修改完成）

（3）以此方法修改销售专用发票、销售普通发票编号为“完全手工编号”。

十六、设置权限

1. 数据权限控制设置

选择“基础设置”|“系统服务”|“权限”项目，可进行数据级权限分配，即记录权限分配和字段权限分配。前者指对具体业务对象进行权限分配，使用前提是在“数据权限控制设置”中选择控制至少一个记录级业务对象。后者是对单据中包含的字段进行权限分配。

【例 3-19】对客户和供应商业务对象的权限设置。

操作步骤：

（1）选择“基础设置”|“系统服务”|“权限”|“数据权限控制设置”项目，打开数据权限控制设置窗口。

（2）选择是否对 16 个记录级业务对象和 105 个字段级业务对象进行控制，选择“√”。

（3）在“客户档案”和“供应商档案”前的复选框“□”内打“√”，单击“确定”按钮；完成对客户和供应商业务对象的权限设置。如图 3-33 所示。

温馨提示

① 必须在系统管理中定义角色或用户并分配完功能级权限后才能在这里进行“数据权限分配”。

② 该功能是数据权限设置的前提。

2. 设置数据权限

【例 3-20】设置操作员 04 王路拥有对“应收账款”“预付账款”“其他应收款”“预收账

款”“应付账款”科目的查询和制单权。

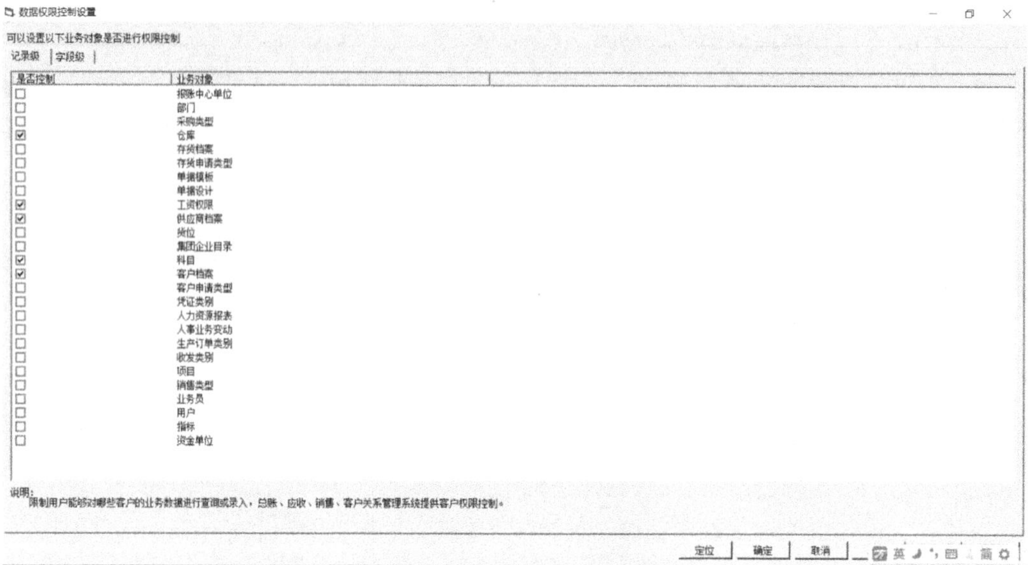

图 3-33 数据权限控制设置

操作步骤：

（1）以系统管理员的身份在系统管理窗口中执行“权限”|“用户”命令。打开“用户管理”对话框，单击“增加”按钮，打开“增加用户”对话框，输入编号“04”、姓名“王路”、口令及确认口令“4”、所属部门“财务部”。

（2）选择“基础设置”|“系统服务”|“权限”|“数据权限分配”项目，打开权限浏览窗口。

（3）在“权限浏览”界面，选择数据权限类型“记录”级权限，选择业务对象“科目”，选择用户“王路”，单击“授权”按钮，可为“王路”对哪些科目进行更详细的权限设置。

（4）在数据权限设置窗口，从左窗口中选择“应收账款”科目，单击“>”按钮。把“应收账款”科目由左边“禁用”窗口选择到右边“可用”窗口。并依次把“其他应收款”“预收账款”“应付账款”科目选择至可用状态，如图 3-34 所示。

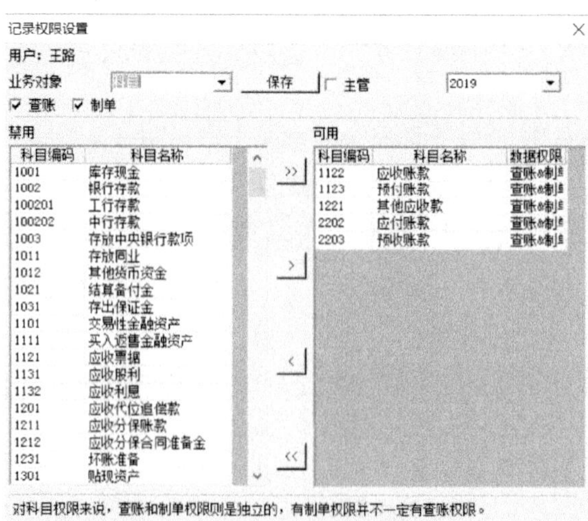

图 3-34 记录权限设置

（5）单击“保存”按钮，完成数据的保存。退出数据权限窗口，显示出王路的明细权限。如图 3-35 所示。

图 3-35 数据权限浏览

温馨提示

① 必须先在系统管理中定义角色或用户，分配完功能权限后才能进行数据权限的分配。在数据权限设置界面，不退出也可进入“系统管理”中新增一个用户或角色，在数据权限设置界面点击“刷新”按钮不能显示新增用户或角色，必须退出数据权限设置界面再次进入才可以显示。

② 用友 U8 还提供有金额权限的设置，对业务对象提供金额级权限的控制。

十七、备份账套数据

【例 3-21】备份东方科技有限公司账套。

操作步骤：

（1）以系统管理员进入系统管理。

（2）执行“账套”|“输出”命令，打开“账套输出”对话框，选择需要输出的账套 010，单击“确认”按钮，稍候，系统出现“请选择账套备份路径”对话框。

（3）选择需要将账套数据输出的驱动器及所在目录，单击“确定”按钮。

（4）备份完成后，系统弹出“输出成功！”信息提示对话框，单击“确定”按钮返回。

项目四

总账管理系统

知识目标

了解总账系统的操作流程及主要功能，通过对比熟悉会计信息化方式下企业经济业务的处理与传统手工处理之间的异同，理解总账系统与其他子系统之间的相互关系，理解总账系统初始化设置的意义及其重要性，深刻领会期末业务处理对会计工作效率的影响。

技能目标

能进行总账系统初始化设置、日常业务处理、期末处理和账簿管理等的相关操作，具备利用用友 U8V10.1 财务管理系统进行基本账务处理的能力。

项目导航

总账系统的任务就是利用企业应用平台建立的会计科目体系，输入和处理各种记账凭证，完成记账、结账以及对账的工作，输出各种总分类账、日记账、明细账和有关辅助账。总账系统主要提供凭证处理、账簿处理和期末转账等基本核算功能。

总账系统具体包括以下内容。

系统初始化：是为总账系统日常业务处理工作所做的准备，主要包括设置系统参数、录入期初余额等。

日常业务处理：主要包括填制凭证、审核凭证、出纳签字、记账以及查询和汇总记账凭证。

期末处理：包括完成月末自动转账处理，进行试算平衡，对账、结账及生成月末工作报告。

账簿管理：提供按多种条件查询总账、日记账及明细账等，具有总账、明细账和凭证联查功能。

任务一 总账管理系统初始设置

任务描述

总账初始设置是应用总账系统的基础工作。是由用户根据本企业的需要建立账务应用环境，将通用账务处理系统变成适合本单位实际需要的专用系统。总账系统的初始设置包括凭证、账簿、凭证打印、权限控制、会计日历、金额权限分配、数据权限分配、总账套打工具、账簿清理等。

预备知识

一、总账系统概述

总账系统是财务及企业管理软件的核心系统，适合各行各业进行账务处理及管理工作，因此也称为账务处理系统。总账系统既可以独立运行，也可以与其他系统集成应用。总账系统的主要功能包括：初始设置、凭证处理、辅助核算、账簿查询、期末处理等。

总账系统在整个企业管理信息系统中居于核心地位，它通过开放的数据接口、标准化的业务流程使总账系统同其他系统有机的结合成一体。总账系统不仅可以直接输入记账凭证，而且可以接收来自各管理系统的自动转账凭证，进行总分类核算。它汇集并处理一个单位全面的经济活动数据，提供综合性和总括性的会计信息。它还为会计报表和财务分析等系统提供有关数据和信息，以满足投资者、债权人、管理人员和政府部门等企业内外各方面对会计信息的需求。总账系统与其他系统的主要数据关系如图 4-1 所示。

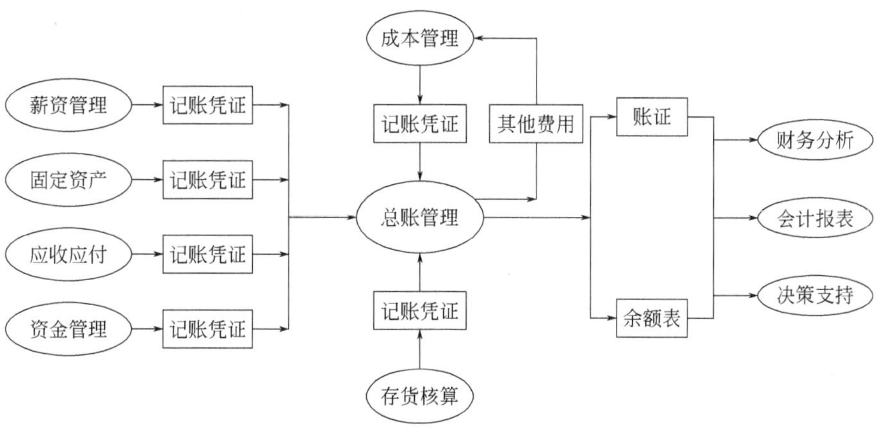

图 4-1 总账管理系统与其他系统的数据关系

二、总账系统的操作流程

总账系统的操作流程如图 4-2 所示。

三、初始设置—选项设置

1. 制单控制

① 制单序时控制：控制系统保存凭证的顺序，可以按凭证号顺序排列，也可以按日期顺序排列。选择此项制单时，凭证编号必须按日期顺序排列。

② 支票控制：若选择此项，在制单时使用银行科目编制凭证时，系统针对票据管理的结算方式进行登记，如果输入的支票号在支票登记簿中已存在，系统提供登记支票报销的功能。否则，系统提供支票登记簿的功能。

③ 可以使用应收受控科目：若科目为应收款系统的受控科目，为了防止重复制单，只允许应收系统使用此科目制单，总账系统制单时不能使用。如果希望在总账也能使用这些科

目填制凭证，则应当选择此项。

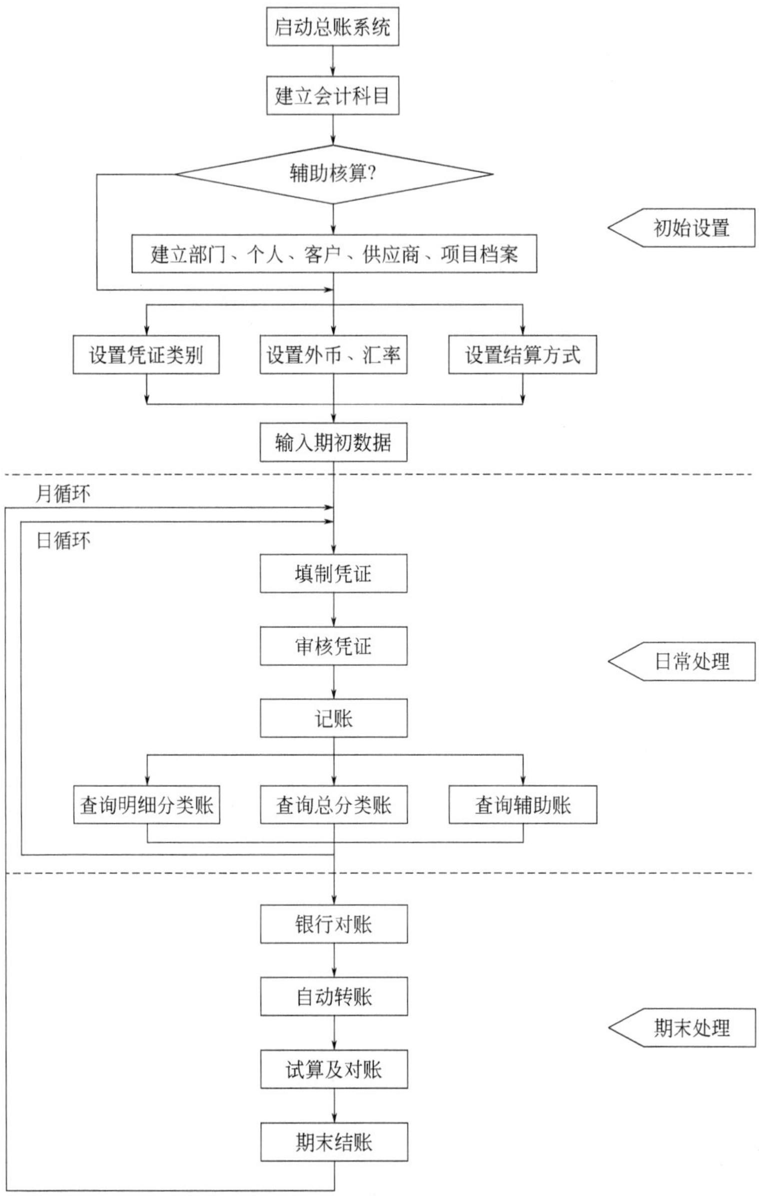

图 4-2 总账系统的操作流程

④ 可以使用应付受控科目：若科目为应付款系统的受控科目，为了防止重复制单，只允许应付系统使用此科目制单，总账系统制单时不能使用。如果希望在总账也能使用这些科目填制凭证，则应当选择此项。

⑤ 可以使用存货受控科目：若科目为存货系统的受控科目，为了防止重复制单，只允许存货系统使用此科目制单，总账系统制单时不能使用。如果希望在总账也能使用这些科目填制凭证，则应当选择此项。

2. 凭证控制

① 现金流量科目必录现金流量项目：选择此项后，在录入凭证时如果使用现金流量科目则必须输入现金流量项目及金额。

现金流量参照科目用来设置现金流量录入界面的参照内容和方式。“现金流量科目”选项选中时，系统只参照凭证中的现金流量科目；“对方科目”选项选中时，系统只显示凭证中的非现金流量科目。“自动显示”选项选中时，系统依据前两个选项将现金流量科目或对方科目自动显示在指定现金流量项目界面中，否则需要手工参照选择。

② 自动填补凭证断号：系统在“填制凭证”功能中一般按照凭证类别按月自动编制凭证编号，即“系统编号”，但有的企业需要系统允许在制单时手工录入凭证编号，即“手工编号”。如果选择凭证编号方式为系统编号，则在新增凭证时，系统按凭证类别自动查询本月的第一个断号默认为本次新增凭证的凭证号。如无断号则为新号，与原编号规则一致。

③ 批量审核凭证进行合法性校验：批量审核凭证时针对凭证进行二次审核，提高凭证输入的正确率，合法性校验与保存凭证时的合法性校验相同。

④ 凭证录入时结算方式和票据号必录：选择此项后，在录入凭证时如果使用银行科目或往来科目则必须输入结算方式和票据号。

⑤ 同步删除业务系统凭证：选中此项后，业务系统删除凭证时相应的将总账的凭证同步删除。否则，将总账凭证作废，不予删除。

3. 权限选项设置

（1）制单权限控制到科目：要在系统管理的“功能权限”设置中设置科目权限，再选择此项，权限设置有效。选择此项，则在制单时，操作员只能使用具有相应制单权限的科目制单。

（2）制单权限控制到凭证类别：要在系统管理的“功能权限”设置中设置科目权限，再选择此项，权限设置才有效。选择此项，则在制单时只显示此操作员有权限的凭证类别。同时在凭证类别参照中按人员的权限过滤出有权限的凭证类别。

（3）操作员进行金额权限控制：选择此项，可以对不同级别的人员进行金额大小的控制，例如财务主管可以对 10 万元以上的经济业务制单，一般财务人员只能对 5 万元以下的经济业务制单，这样可以减少由于不必要的责任事故带来的经济损失。

（4）只允许某操作员审核本部门操作员填制的凭证，则应选择“凭证审核控制到操作员”，同时要在系统管理的“数据权限”设置中设置用户权限，再选择此项，权限设置才有效。

（5）出纳凭证必须经由出纳签字：若要求现金、银行科目凭证必须由出纳人员核对签字后才能记账，则选择“出纳凭证必须经由出纳签字”。

（6）凭证必须经由主管会计签字：如要求所有凭证必须由主管签字后才能记账，则选择“凭证必须经主管签字”。

（7）如允许操作员查询他人凭证，则选择“可查询他人凭证”。如选择“控制到操作员”，则要在系统管理的“数据权限”设置中设置用户权限，再选择此项，权限设置有效。选择此项，则在凭证查询时，操作员只能查询相应人员的凭证。

（8）允许修改、作废他人填制的凭证：若选择了此项，在制单时可修改或作废别人填制的凭证，否则不能修改。如选择“控制到操作员”，则要在系统管理的“数据权限”设置中设置用户权限，再选择此项，权限设置有效。选择此项，则在填制凭证时操作员只能对相应人员的凭证进行修改或作废。

（9）明细账查询权限控制到科目：这里是权限控制的开关，在系统管理中设置明细账查询权限，必须在总账系统选项中打开才能起到控制作用。

（10）制单、辅助账查询控制到辅助核算：设置此项权限，制单时才能使用有辅助核算属性的科目录入分录，辅助账查询时只能查询有权限的辅助项内容。

（11）查询客户往来辅助账：默认在总账中查询客户往来辅助账。

（12）查询供应商往来辅助账：默认在总账中查询供应商往来辅助账。

四、初始设置—期初余额

期初余额录入是将手工会计资料录入到系统的过程之一。余额和累计发生额的录入要从最底层科目开始，上级科目的余额和累计发生数据由系统自动计算。红字余额应输入负号。一般情况下，系统中资产类科目的余额方向为借方，负债及所有者权益类科目的余额方向为贷方，但是有一部分调整科目，如“坏账准备”“累计折旧”等科目的余额方向与同类余额方向相反。在建立会计科目时，如果没有对这些科目的余额方向进行调整，就需要在期末余额录入中调整正确。

在初次使用总账系统时，用户应将经过整理的手工账目的各科目期初余额及发生额等相关数据录入系统中。若用户是在年初建账，则输入的期初余额就是年初余额。若用户是在会计年度中建账，则应输入建账月份的月初余额和年初到此时的各科目借贷方累计发生额，系统会自动倒算出年初余额。

期初余额的录入分两部分：科目期初余额录入、辅助核算期初余额录入。

1. 科目期初余额录入

对于没有设置辅助核算的科目，可以直接录入期初余额。

2. 辅助核算期初余额录入

在录入期初余额时，对于设置为辅助核算的科目，系统会自动地为其开设辅助账页。与此相对应，在输入期初余额时，这类科目期初余额是由辅助账的期初明细汇总生成的，也就是说不能直接输入科目期初余额。

3. 科目余额试算平衡

科目期初余额录入完毕后，使用软件提供的功能进行试算平衡，进行上下级科目间余额的试算平衡和一级科目余额试算平衡，以保证初始数据的正确性。期初余额试算不平衡，将不能记账，但可以填制凭证；已经记过账，则不能再录入、修改期初余额，也不能执行“结转上年余额”的功能。

任务设计

（1）设置总账系统参数；

（2）指定会计科目；

（3）录入期初余额。

操作步骤

一、引入账套数据

引入“C:\010 账套备份”的账套备份数据，或引入 U 盘中的“010 账套备份”的备份数据，系统日期为“2019-01-01”。

二、设置总账系统参数

【例 4-1】东方科技有限公司总账系统参数设置要求：制单不进行序时控制；支票控制；

不允许修改、作废他人填制的凭证；不允许使用应收、应付受控科目；凭证编号方式采用系统编号；取消“现金流量科目必录现金流量项目”选项；出纳凭证必须由出纳签字；外汇核算采用固定汇率；数量和单价小数位均为 2 位；其他均为系统默认。

操作步骤：

（1）在企业应用平台“业务工作”选项卡中，双击“财务会计”|“总账”，打开总账系统。

（2）在总账系统中执行“设置”|“选项”命令，打开“选项”对话框。

（3）单击“编辑”按钮。

（4）在“权限”选项卡中选中“出纳凭证必须经由出纳签字”复选框，取消选中“允许修改、作废他人填制的凭证”复选框，如图 4-3 所示。

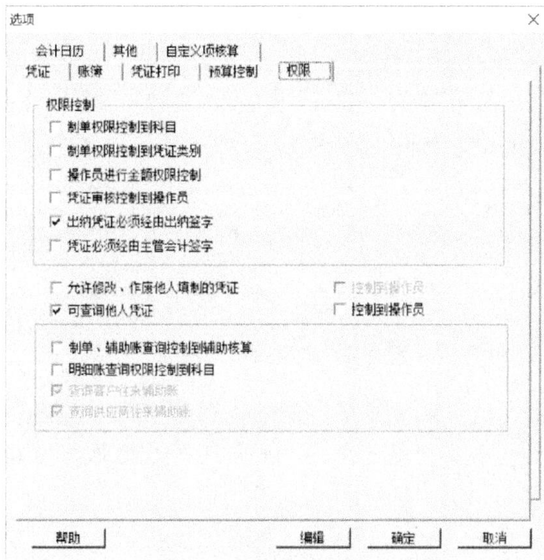

图 4-3　选项—权限设置

（5）在“凭证”选项卡中选中“支票控制”和“系统编号”复选框，取消选中“制单序时控制”和“现金流量科目必录现金流量项目”复选框，不选“可以使用应收受控科目”和“可以使用应付受控科目”复选框，如图 4-4 所示。

（6）在“会计日历”选项卡中，“数量小数位”调整为“2”、“单价小数位”调整为“2”。

（7）在“其他”选项卡中，外汇核算的汇率方式选中“固定汇率”。

（8）单击“确定”按钮保存并返回。

三、指定会计科目

【例 4-2】东方科技有限公司指定现金科目和银行科目。

操作步骤：

（1）在企业应用平台的“基础设置”选项卡中，单击“基础档案”|“财务”|“会计科目”命令，进入“会计科目”窗口。

（2）执行菜单栏“编辑”|“指定科目”命令，打开“指定科目”对话框（默认“现金科目”选项）。

（3）单击“>”按钮，将“1001 库存现金”从“待选科目”窗口选入“已选科目”窗口。

（4）单击“确定”按钮，指定现金科目操作完成。

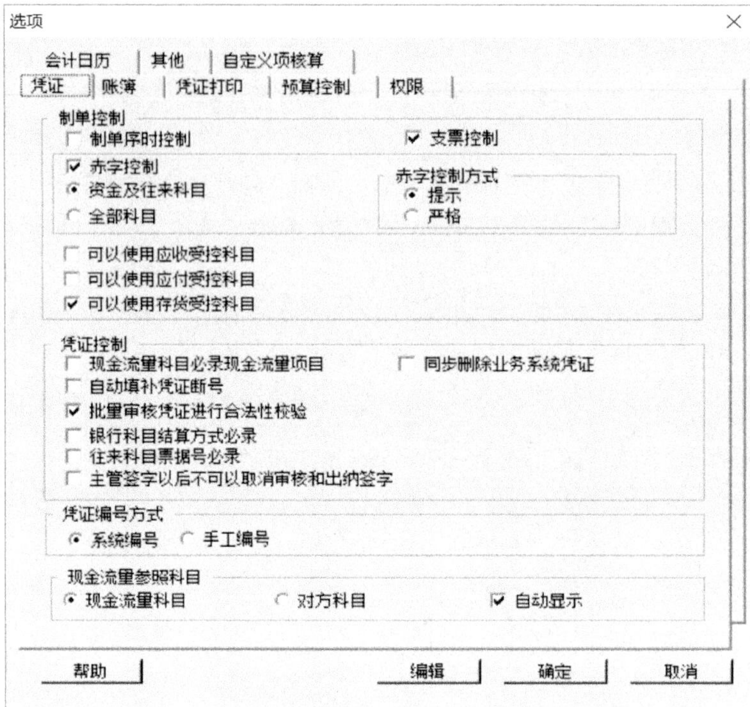

图 4-4　选项—凭证设置

（5）执行菜单栏“编辑”|“指定科目”命令，打开“指定科目”对话框。

（6）选中“银行科目”选项，单击“>”按钮将“1002 银行存款”科目从“待选科目”窗口选入“已选科目”窗口，如图 4-5 所示。

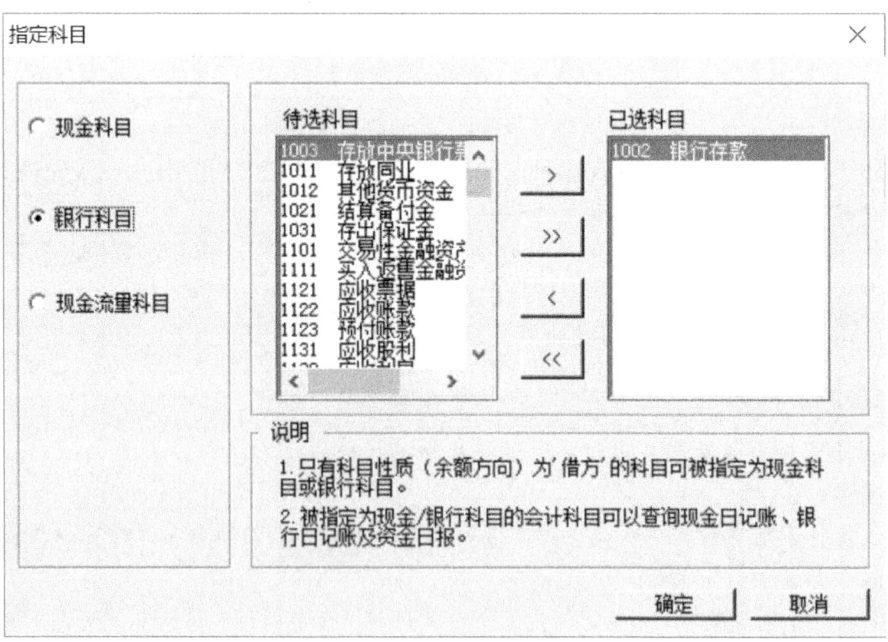

图 4-5　指定科目

（7）单击“确定”按钮返回。

温馨提示

① 只有指定现金科目及银行科目才能进行出纳签字的操作。

② 只有被指定现金科目及银行科目才能查询现金日记账和银行存款日记账。

③ 要求直接生成现金流量表的企业，还要求做到：①指定“库存现金”“银行存款”“其他货币资金”为“现金流量科目”；②总账系统参数设置时，在“凭证”选项卡中选中“现金流量科目必录现金流量项目”选项；③在填制凭证时如果经济业务涉及“现金流量科目”则必须输入现金流量项目及金额，只有经过上述 3 步操作后，在报表系统才可以生成现金流量表相应数据。

四、录入期初余额

【例 4-3】录入东方科技有限公司的期初余额，东方科技有限公司 2019 年 1 月 1 日期初余额如表 4-1、表 4-2、表 4-3、表 4-4、表 4-5、表 4-6 所示。

表 4-1 账户期初余额表

科目名称	币种 / 计量单位	数量	单价	借方金额	贷方金额
库存现金（1001）				3600.00	
银行存款（1002）				1212332.00	
——工行存款 (100201)				1212332.00	
——中行存款 (100202)	美元				
应收账款 (1122)				146444.00	
预付账款（1123）				30000.00	
其他应收款 (1221)				3000.00	
坏账准备（1231）					10000
原材料 (1403)				339200.00	
——甲材料 (140301)	吨	78	3200	249600.00	
——乙材料 (140302)	吨	32	2800	89600.00	
库存商品 (1405)				172320.00	
——A 产品 (140501)	件	240	400	96000.00	
——B 产品 (140502)	件	212	360	76320.00	
固定资产（1601）				5402000.00	
累计折旧（1605）					392070.00
无形资产（1701）				612280.00	
——专利权（170101）				612280.00	
短期借款（2001）					586000.00
应付账款（2202）					64280.00
预收账款					30000.00
应付职工薪酬（2211）					25780.00
——工资（221101）					25780.00
应交税费（2221）					9720.00

续表

科目名称	币种 / 计量单位	数量	单价	借方金额	贷方金额
——应交企业所得税 222103					9720.00
实收资本（4001）					6338046.00
盈余公积（4101）					234000.00
——法定盈余公积（410101）					234000.00
利润分配（4104）					231280.00
——未分配利润（410409）					231280.00
合计				7924980.00	7924980.00

表 4-2 应收账款明细余额表

日期	凭证号	客户	摘要	方向	金额
2018-12-15	转 10	北方	销售 A 产品	借	90400.00
2018-12-15	转 10	北方	代垫运费	借	1320.00
2018-12-18	转 12	昌达	销售 B 产品	借	52884.00
2018-12-18	转 12	昌达	代垫运费	借	1840.00

表 4-3 预收账款明细余额表

日期	凭证号	客户	摘要	方向	金额
2018-12-18	收 13	恒远	预收货款	贷	30000.00

表 4-4 其他应收款余额表

日期	凭证号	人员	摘要	方向	金额
2018-12-20	付 16	王路	预借差旅费	借	3000.00

表 4-5 应付账款余额表

日期	凭证号	供应商	摘要	方向	金额
2018-12-27	转 23	大明	购买乙材料	贷	63280.00
2018-12-27	转 23	大明	代垫费用	贷	1000.00

表 4-6 预付账款余额表

日期	凭证号	供应商	摘要	方向	金额
2018-12-18	转 13	沧海	预付货款	借	30000.00

操作步骤：

（1）在总账系统中，单击“设置”|“期初余额”，进入期初余额录入窗口。

（2）白色的单元为末级科目，可以直接输入期初余额。

（3）灰色的单元为非末级科目，不允许录入期初余额，待下级科目余额录入完成后自动汇总生成。

（4）在录入外币账户和数量金额账户余额时，需同时输入外币或数量。如原材料明细账、库存商品明细账需要录入数量与金额，如图 4-6 所示。

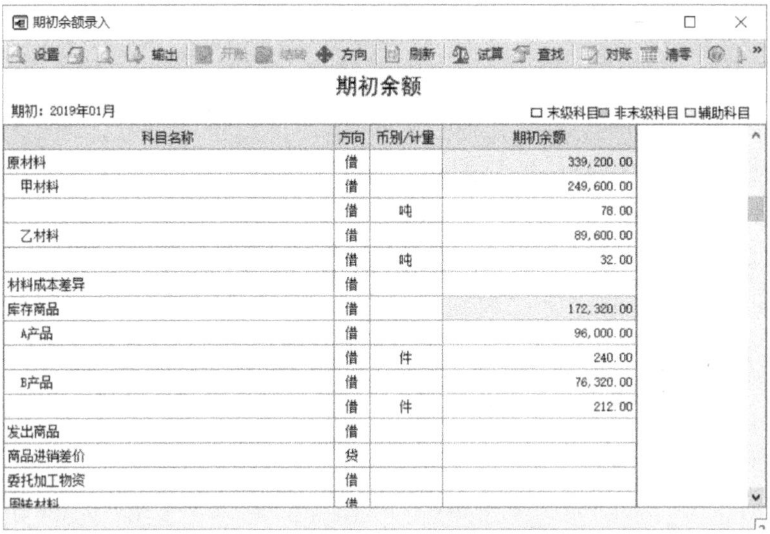

图 4-6 期初余额录入（数量金额账户）

（5）黄色的单元代表对该科目设置了辅助核算，不允许直接录入余额，需要在该单元格中双击进入“辅助期初余额”界面。

以“应收账款期初余额”录入为例，双击“应收账款”后面的黄色单元，系统弹出“辅助期初余额”窗口，单击“往来明细”菜单，进入“期初往来明细”界面。按照表 4-2 的资料，依次录入应收账款明细账期初数据，如图4-7所示。单击“汇总”，又返回到“辅助期初余额”窗口，显示出客户“北方公司”“昌达公司”期初余额，如图 4-8 所示。单击“退出”，返回总账期初余额表中，显示出“应收账款”总账余额（如此操作的目的：便于辅助账、明细账、总账三者核对，保证账账相符）。

图 4-7 辅助期初余额（1）

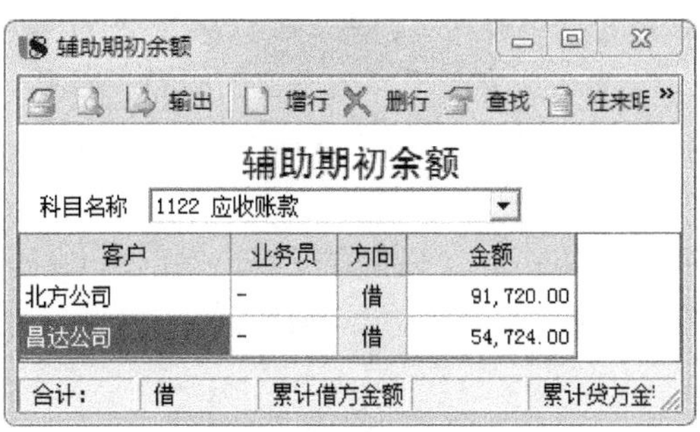

图 4-8 辅助期初余额（2）

应付账款、预付账款、预收账款、其他应收款期初数据，依照上述步骤进行操作。

（6）将所有科目余额录入完毕后，单击“试算”按钮，系统进行试算平衡。试算结果如图 4-9 所示。

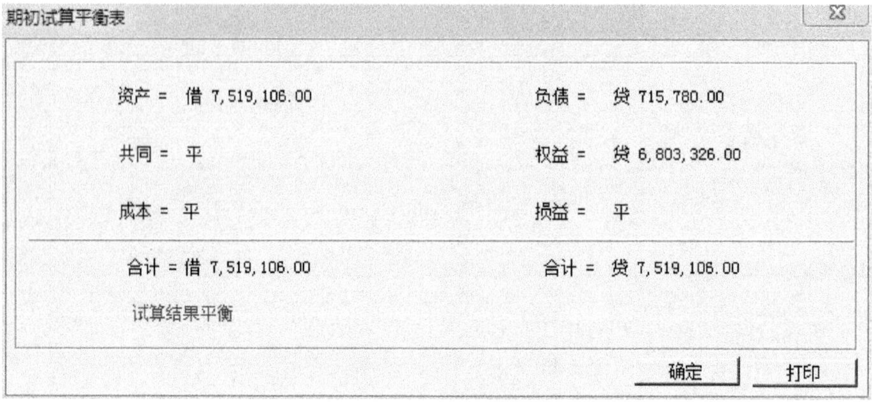

图 4-9 期初试算平衡表

（7）单击“确定”按钮。

温馨提示

① 只需录入末级科目的余额，非末级科目的余额由系统自动计算生成。

② 如果要修改余额的方向，可以在未录入余额的情况下单击“方向”按钮改变余额方向。

③ 总账科目与其下级科目的方向必须一致。如果所录明细余额的方向与总账余额方向相反，则用“–”号表示。

④ 如果录入余额的科目有辅助核算的内容，则在录入余额时必须录入辅助核算的明细内容，而修改时也应修改明细内容。

⑤ 如果某一科目有数量（外币）核算的要求，录入余额时还应输入该余额的数量（外币）。

⑥ 系统只能对月初余额的平衡关系进行试算，而不能对年初余额进行试算。

⑦ 如果期初余额试算不平衡，可以填制凭证但不允许记账。

⑧ 凭证记账后，期初余额变为只读状态，不能再修改。

五、账套备份

（1）以系统管理员 admin 进入系统管理。

（2）执行“账套”|“输出”命令，打开“账套输出”对话框，选择需要输出的账套 010，单击“确认”按钮，稍候，系统提示“请选择账套备份路径”对话框。

（3）选择“C:\”盘前的“+”号，选择“账套备份”文件夹，“在“账套备份”文件夹中新建“（4-1）任务一备份”文件夹。

（4）单击“确定”，将账套输出到“（4-1）任务一备份”文件夹中。

（5）备份完成后，系统弹出“输出成功 !”信息提示对话框，单击“确定”按钮返回。

任务二　总账管理系统日常业务处理

任务描述

总账中的初始化设置完成以后，就可以进行日常账务处理了。日常业务处理的任务是通过输入和处理各种记账凭证，完成记账工作，查询和打印输出各种日记账、明细账和总分类账，同时对辅助账进行管理。具体包括：常用摘要和常用凭证的设置；凭证的填制、修改、删除；出纳签字和会计凭证的审核、记账；凭证和账簿的查询等。

预备知识

初始化设置完成后，可以开始进行日常账务处理。日常业务包括填制凭证、修改凭证、审核凭证、凭证查询、记账等。

一、填制凭证

记账凭证是登记账簿的依据，是总账系统的唯一数据源，填制凭证也是最基础和频繁的工作。计算机处理账务后，电子账簿的准确与完整依赖于记账凭证，因而要确保记账凭证输入的准确完整。在实际工作中，可直接在计算机上根据审核无误准予报销的原始凭证填制记账凭证（即前台处理），也可以先由人工制单而后集中输入（即后台处理）。企业采用哪种方式应根据本单位实际情况，一般来说业务量不多、基础较好和使用网络版的企业可采用前台处理方式，而在第一年使用或人机并行阶段，则比较适合采用后台处理方式。

1. 填制凭证方法

记账凭证的内容一般包括两部分：一是凭证头部，包括凭证类别、凭证编号、凭证日期和附件张数等；二是凭证正文部分，包括摘要、会计分录和金额等。如果输入会计科目有辅助核算要求，则应输入辅助核算内容；如果一个科目同时兼有多种辅助核算，则同时要求输入各种辅助核算的有关内容。

选择“业务工作”|“财务会计”|“总账”|“凭证”|“填制凭证”，双击“填制凭证”，屏幕显示“填制凭证”界面。单击“增加”按钮或按 F5 键，增加一张新凭证，进行相应内容填制。

（1）凭证类别。可以输入凭证类别字，也可以参照输入。

（2）凭证编号。一般情况下，由系统分类按月自动编制，即每类凭证每月都从 0001 号开始。对于网络用户，如果是几个人同时制单，系统先提示一个参考凭证号，真正的凭证编号只有在凭证保存时才给出；如果只有一个人制单或使用单用户版制单时凭证号即是正在填制的凭证的编号。系统同时也自动管理凭证页号，系统规定每页凭证有五条记录，当某号凭证不只一页，系统将自动在凭证号后标上分单号，如“收—0001 号 0002 / 0003”表示收款凭证第 0001 号凭证共有三张分单，当前光标所在分录在第二张分单上。如果在启用账套时或在“账簿选项”中设置凭证编号方式为“手工编号”，则用户可在此处手工录入凭证编号。

（3）制单日期。即填制凭证的日期。系统自动选取登录系统的日期为记账凭证填制的日期，如果日期不对，可进行修改或参照输入。

（4）摘要。输入本笔经济业务内容的概要说明，要求简洁明了，不能为空。

（5）科目。必须输入末级科目。科目可以输入科目编码、中文科目名称、英文科目名称或助记码。

（6）辅助信息。当科目具有辅助核算时，系统提示输入相应的辅助信息。如果需要对所有录入的辅助项进行修改时，可双击所要修改的项，系统显示辅助信息录入窗，可进行修改。

对于要进行数量核算的科目，屏幕提示用户输入“数量”“单价”。系统根据数量 × 单价自动计算出金额，并将金额先放在借方，如果方向不符，可按空格键调整金额方向。

对于进行外币核算的科目，系统自动将凭证格式改为外币式，如果系统有其他辅助核算，则先输入其他辅助核算后，再输入外币信息。

当科目为银行科目，则屏幕提示输入“结算方式”“票号”及“发生日期”。其中，“结算方式”输入银行往来结算方式，“票号”应输入结算号或支票号，“票据日期”应输入该笔业务发生的日期，“票据日期”主要用于银行对账。

对于要使用“支票登记簿”的企业，若希望在制单时同时进行支票登记，则应在“凭证选项”中设置“支票控制”选项。在制单时，如果所输的结算方式应使用支票登记簿，则在录入银行科目后会弹出“辅助项”界面。需要在“辅助项”界面输入“结算方式”和“票号”，然后单击“确定”按钮，系统会自动弹出“此支票尚未登记，是否登记？”，单击“是”。弹出“票号登记”界面，需要在“票号登记”界面输入“领用日期”“领用部门”“姓名”“收款人”“用途”和“限额”等，然后单击“确定”按钮，系统弹出“凭证已成功保存！”，凭证填制完毕。

（7）金额。即该笔分录的借方或贷方本币发生额金额不能为零，但可以是红字，红字金额以负数形式输入。

凭证内容录入完毕，按“保存”按钮或 F6 键保存这张凭证，否则放弃当前增加的凭证。

如果使用了应收系统来管理所有客户往来业务，那么所有与客户发生的业务，都应在应收系统中生成相应的凭证，而不能在“填制凭证”功能中制单。如果使用了应付系统来管理所有供应商往来业务，那么所有与供应商发生的业务都应在应付系统中生成相应的凭证。

2. 生成和调用常用凭证

（1）可以将某张凭证作为常用凭证存入常用凭证库中，以后可按所存代号调用这张常用凭证。

（2）在填制一张与“常用凭证”相类似或完全相同的凭证时，可调用此常用凭证，这样会加快凭证的录入速度。调用方法为：在制单时通过“填制凭证”界面“常用凭证”后的下拉菜单选取“调用常用凭证”功能，从中选择要调用的常用凭证即可调出指定常用凭证。若调出的常用凭证与业务有出入或缺少部分信息，可直接将其修改成所需的凭证。

3. 修改凭证

在填制凭证中，通过按“首页”“上页”“下页”“末页”按钮翻页查找或按“查询”按钮输入查询条件，找到要修改的凭证，将光标移到需修改的地方进行修改即可。可修改内容包括摘要、科目、辅助项、金额及方向、增删分录等。有些项目的修改受到“账簿选项”中设置的限制，若某笔涉及银行科目的分录已录入支票信息，并对该支票做过报销处理，修改该分录将不影响“支票登记簿”中的内容。修改完毕后，按“保存”按钮保存当前修改，按“放弃”按钮放弃当前凭证的修改。

外部系统传过来的凭证不能在总账系统中进行修改，只能在生成该凭证的系统中进行修改。

4. 作废 / 恢复凭证

当某张凭证不想要或出现不便修改的错误时，可将其作废。进入“填制凭证”界面后，找到要作废的凭证。单击“作废 / 恢复”按钮，凭证上显示“作废”字样，表示已将该凭证作废，作废凭证仍保留凭证内容及凭证编号。作废凭证不能修改，不能审核。在记账时，不对作废凭证进行数据处理，相当于一张空凭证。在账簿查询时，也查不到作废凭证的数据。若当前凭证已作废，还可再次单击“作废 / 恢复”按钮，取消作废标志，并将当前凭证恢复为有效凭证。

5. 整理凭证

凭证整理就是删除所有作废凭证，并对未记账凭证重新编号。若本月已有凭证记账，那么，本月最后一张已记账凭证之前的凭证将不能作凭证整理，只能对其后面的未记账凭证作凭证整理。若想作凭证整理，应先利用“恢复记账前状态”功能恢复本月月初的记账前状态，再做凭证整理。

6. 制作红字冲销凭证

冲销某张已记账凭证，在“填制凭证”界面，单击“冲销凭证”按钮，制作红字冲销凭证。输入制单月份和将冲销哪个月的哪类多少号凭证，则系统自动制作一张红字冲销凭证。通过红字冲销法增加的凭证，应视同正常凭证进行保存管理。

7. 查看凭证有关信息

总账系统的填制凭证功能不仅是各账簿数据的输入口，同时也提供了强大的信息查询功能，以便随时了解经济业务发生的情况，保证填制凭证的正确性。通过“填制凭证”界面中的“查询”功能，可以查询符合条件的凭证信息。

二、审核凭证

审核是指具有审核权限的操作员按照会计制度规定，对制单员填制的记账凭证进行合法性检查。记账凭证的准确性是进行正确核算的基础，因此无论是直接在计算机上根据已审核的原始凭证编制记账凭证，还是直接将手工编制并审核的凭证输入系统（因为又经过了手工的操作处理），都需要经过他人的审核后，才能作为正式凭证进行记账处理。

为确保登记到账簿的每一笔经济业务的准确性和可靠性，制单员填制的每一张凭证都必须经过审核员的审核。根据会计制度规定，审核与制单不能为同一人。

审核凭证是对制单员填制的记账凭证进行检查核对，主要审核记账凭证是否与原始凭证相符、会计分录是否正确等。审查认为错误或有异议的凭证，应交与填制人员修改后再审核，只有具有审核权的人才能进行审核操作。

凭证一经审核，就不能修改、删除，只有取消审核签字后才进行修改或删除，取消审核签字只能由审核人自己进行。采用手工制单的用户，在凭单上审核完后还须对录入机器中的凭证进行审核。作废凭证不能被审核，也不能被标错，已标错的凭证不能被审核，若想审核需先取消标错。

三、出纳签字

出纳凭证由于涉及企业现金的收入与支出，应加强管理。出纳人员可通过出纳签字功能对制单员填制的带有现金银行科目的凭证进行检查核对，主要核对出纳凭证的出纳科目的金额是否正确，审查认为错误或有异议的凭证，应交与填制人员修改后再核对。

是否要对出纳凭证进行出纳签字管理，取决于“权限选项”中的设置。凭证一经签字，就不能被修改、删除，只有取消签字后才可以进行修改或删除。取消签字只能由出纳人员自己进行。

四、记账

记账凭证经审核签字后，即可用来登记总账和明细账、日记账、部门账、往来账、项目账以及备查账等。记账一般采用向导方式，使记账过程更加明确，记账工作由计算机自动进行数据处理，不用人工干预。

记账过程不得中断，一旦断电或其他原因造成中断后，系统将自动调用“恢复记账前状态”恢复数据，然后再重新记账。

以下情况不允许记账。

（1）在第一次记账时，若期初余额试算不平衡，系统将不允许记账。

（2）所选范围内的不平衡凭证，不允许记账。

（3）所选范围内的未审核凭证，不允许记账。

（4）上月未结账，本月不允许记账。

五、出纳管理

出纳管理是总账管理系统为出纳人员提供的一套管理工具。包括出纳签字、现金和银行存款日记账的输出、支票登记簿的管理以及银行对账功能，并可对银行长期未达账提供审计。

1. 日记账及资金日报表

日记账是指现金和银行存款日记账。日记账由计算机登记，日记账的作用只是用于输出。只要建立会计科目时“日记账”选项打上“√”标记，即表明该科目要登记日记账。

（1）现金日记账

只有在“会计科目”功能中使用“指定科目”功能，指定“现金总账科目”及“银行总账科目”，才能查询“现金日记账”及“银行存款日记账”。既可以按日查询，也可以按月查询现金及银行存款日记账。查询日记账时还可以查询包含未记账凭证的日记账。

（2）银行存款日记账

查询银行存款日记账，必须预先指定银行存款科目。银行日记账的查询与现金日记账的查询基本相同，所不同的只是银行日记账设置有“结算号”栏，主要是对账用的。

（3）资金日报表

资金日报表是反映现金、银行存款日发生额及余额情况的报表。手工方式下，资金日报表由出纳员逐日填写，反映当天营业终止时现金、银行存款的收支情况及余额。电算化方式下，资金日报表主要用于查询、输出或打印资金日报表，提供当日借、贷金额合计和余额，以及发生的业务量等信息。

2. 支票登记簿

在手工记账时，出纳员通常利用支票领用登记簿登记支票领用情况，为此总账管理系统特为出纳员提供了“支票登记簿”功能，以供其详细登记支票领用人、领用日期、支票用途、是否报销等情况。

3. 银行对账

银行对账是企业出纳人员最基本的工作之一。企业的结算业务大部分要通过银行进行，但由于企业与银行的账务处理和入账时间不一致，往往会发生双方账面不一致的情况，即出现所谓的“未达账项”。为了能够准确掌握银行存款的实际金额，了解实际可以动用货币的资金数额，防止记账发生差错，企业必须定期将银行存款日记账与银行出具的对账单进行核对，并编制银行存款余额调节表。

银行对账是货币资金管理的主要内容。在总账系统中，银行对账的科目在科目设置时定义为“银行账”辅助账类。银行对账业务流程如图 4-10 所示。

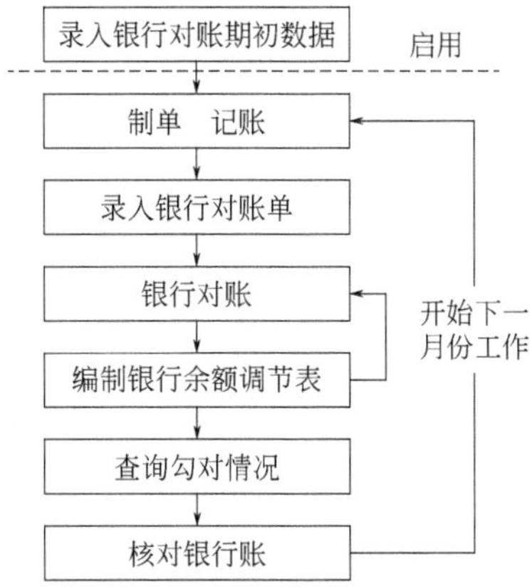

图 4-10 银行对账业务流程

（1）录入银行对账期初数据

许多企业在使用总账系统时，通常先不使用银行对账模块，比如某企业 2018 年 1 月开始使用总账系统，而银行对账功能是在 5 月才开始使用，那么银行对账就应该有一个启用日期，该启用日期应当是使用银行对账功能前最后一次手工对账的截止日期。用户应在此录入最后一次对账企业方与银行方的调整前余额，以及启用日期之前的企业日记账和银行对账单的未达项。

（2）录入银行对账单

要实现计算机自动对账操作，每月月末对账前，须将银行开出的银行对账单输入计算机。本功能用于平时录入银行对账单。在指定账户（银行科目）后，可录入本账户下的银行对账单。

（3）银行对账

银行对账可以采用自动对账与手工对账相结合的方式。

自动对账即由计算机根据对账依据将银行存款日记账未达账项与银行对账单进行自动核对和勾销。对账依据通常是“结算方式 + 票据号 + 方向 + 金额”或“票据号 + 金额”。对于已核对成功的银行业务，系统将自动在银行存款日记账和银行对账单双方标注两清标志，并视为已达账项，否则，视其为未达账项。由于自动对账是以银行存款日记账和银行对账单完全相同的对账依据为条件，所以为了保证自动对账的正确和彻底，必须保证对账数据的规范合理。

手工对账是对自动对账的补充。采用自动对账后，可能还有一些特殊的已达账没有核对出来，而被视为未达账项，为了保证对账更加彻底和正确，可通过手工对账进行调整和勾销。

下面四种情况，只有第一种情况能自动核销已对账的记录，后三种情况均须通过手工对账进行强制核销。

① 对账单文件中一条记录和银行日记账未达账项文件中的一条记录完全相同。

② 对账单文件中一条记录和银行日记账未达账项文件中的多条记录完全相同。

③ 对账单文件中多条记录和银行日记账未达账项文件中的一条记录完全相同。

④ 对账单文件中多条记录和银行日记账未达账项文件中的多条记录完全相同。

（4）编制银行余额调节表

在对银行账进行两清勾对后，计算机自动整理汇总未达账和已达账，生成“银行存款余额调节表”，以检查对账是否正确。该余额调节表为截止到对账截止日期的余额调节表，若无对账截止日期，则为最新余额调节表。如果余额调节表显示账面余额不平，应查“银行期初录入”中的相关项目是否平衡、“银行对账单”录入是否正确、“银行对账”中勾对是否正确、对账是否平衡，如不正确应进行调整。

（5）查询勾对情况、核对银行账

对账结果查询，主要用于查询企业日记账和银行对账单的对账结果。它是对余额调节表的补充，可进一步了解对账后对账单上勾对的明细情况（包括已达账项和未达账项），从而进一步查询对账结果。检查无误后，可通过核销银行账来核销已达账。

银行对账不平时，不能使用核销功能，核销不影响银行日记账的查询和打印。核销错误可以进行反核销。

六、账表查询

企业发生的经济业务，经过制单、审核、记账等程序后，形成了正式的会计账簿。除了前面介绍的现金和银行存款的查询和输出外，账簿管理还包括基本会计核算账簿的查询输出，以及各种辅助账的查询和输出。

1. 基本会计核算账簿管理

基本会计核算账簿管理包括总账、余额表、明细账、序时账、多栏账的查询及打印。

（1）总账的查询及打印

总账查询可以查询各总账科目的年初余额、各月发生额合计和月末余额，以查询所有 2 ～ 6 级明细科日的年初余额、月发生额合计和月末余额。

（2）余额表的查询及打印

发生额及余额表用于查询统计各级科目的本月发生额、累计发生额和余额等，可输出某月或某几个月的所有总账科目或明细科目的期初余额、本期发生额、累计发生额、期末余额。因此建议利用“发生额及余额表”代替总账。

（3）明细账的查询及打印

明细账查询用于平时查询各账户的明细发生情况及按任意条件组合查询明细账。在查询过程中可以包含未记账凭证。

（4）序时账的查询及打印

序时账实际就是以流水账的形式反映单位的经济业务，查询打印比较简单。

（5）多栏账的查询及打印

此功能用于查询多栏明细账。在查询多栏账之前，必须先定义查询格式。进行多栏账栏目定义有两种方式：自动编制栏目、手动编制栏目。一般先进行自动编制再进行手动调整，可提高录入效率。

2. 各种辅助核算账簿管理

辅助核算账簿管理包括个人往来、部门核算、项目核算账簿的总账、明细账查询输出，以及部门收支分析和项目统计表的查询输出。当供应商往来和客户往来采用总账管理系统核算时，其核算账簿的管理在总账管理系统中进行；否则，应在应收款、应付款管理系统中进行。

任务设计

（1）常用摘要设置；
（2）设置常用凭证；
（3）根据东方科技 1 月份部分经济业务，填制会计凭证；
（4）调用常用凭证生成记账凭证；
（5）出纳签字；
（6）删除错误凭证；
（7）凭证审核；
（8）修改错误凭证；
（9）记账；
（10）查询已记账的凭证；
（11）查询“6602 管理费用”总账、“6602 管理费用”明细账、“6602 管理费用”多栏账、“1403 原材料”明细账、部门辅助账；
（12）查询发生额及余额表；
（13）查询“6602 管理费用”明细账；
（14）查询“6602 管理费用”多栏账；
（15）查询现金日记账、银行存款日记账、资金日报表；
（16）登记支票登记簿；
（17）月末进行银行对账。

操作步骤

一、引入账套数据

从“C:\010 账套备份\（4-1）任务一备份”引入任务一备份数据，或引入 U 盘中“010 账套备份\（4-1）任务一备份”的账套备份数据。

二、设置常用摘要

【例 4-4】设置东方科技有限公司的常用摘要，该公司的常用摘要如表 4-7 所示。

表 4-7　常用摘要

编号	名称	编号	名称
1	购买材料	4	计提固定资产折旧
2	报销差旅费	5	结转本月制造费用
3	销售产品	6	产品完工验收入库

操作步骤：

（1）在企业应用平台“基础设置”选项卡中，执行“基础档案”|“其他”|“常用摘要”命令，打开“常用摘要”对话框。

（2）单击“增加”按钮，按表4-7录入常用摘要，如图4-11所示。

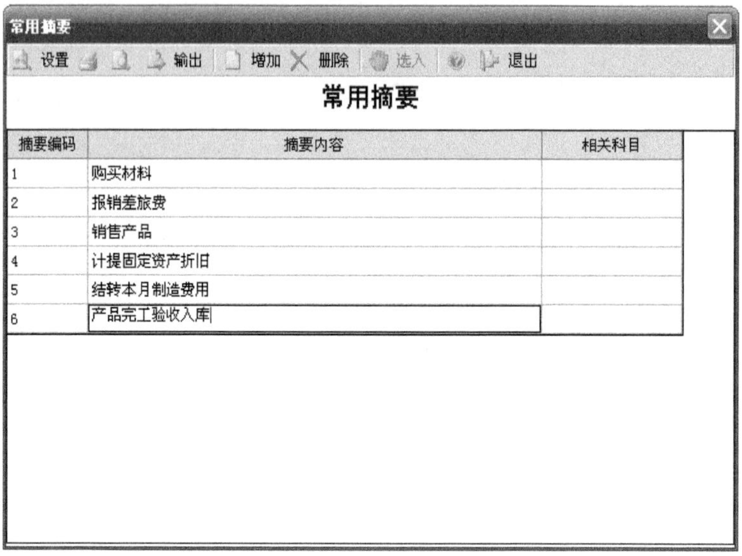

图 4-11　常用摘要设置

三、设置常用凭证

【例4-5】设置东方科技有限公司常用凭证，该公司的常用凭证如表4-8所示。

表 4-8　常用凭证

01	计提固定资产折旧
02	从工商银行提取现金
03	用工行存款购入甲材料

操作步骤：

（1）在企业应用平台“业务工作”选项卡中执行“财务会计”|“总账”|“凭证”|“常用凭证”命令，进入“常用凭证”窗口。

（2）单击“增加”按钮，按资料“01 计提固定资产折旧”录入常用凭证。

（3）录入编码“01”，录入说明“计提固定资产折旧”，单击“凭证类别”栏的下三角按钮，选择“转账凭证”。

（4）单击“详细”按钮，进入“常用凭证—转账凭证”窗口。

（5）单击“增分”按钮，录入科目编码“660203”，系统弹出辅助信息窗口，选择部门“总务部”，再单击“增分”，依次在各行输入科目“660203”（部门“财务部”）“660203”（部门“采购部”）“6601”“1602”，如图4-12所示。

（6）单击“退出”按钮，“01 计提固定资产折旧”的常用凭证设置完成。

（7）单击“增加”按钮，按资料“02 从工商银行提取现金”录入常用凭证。录入编码“02”，录入说明“从工商银行提取现金”，单击“凭证类别”栏的下三角按钮，选择“付款凭证”。单击“详细”按钮，进入“常用凭证—付款凭证”窗口。单击“增分”按钮，录入科目编码“1001”，再单击“增分”，录入科目“100201”，系统弹出辅助信息窗口，结算方式选择“201”，单击“确定”。如图 4-13 所示。

图 4-12　常用凭证设置（1）

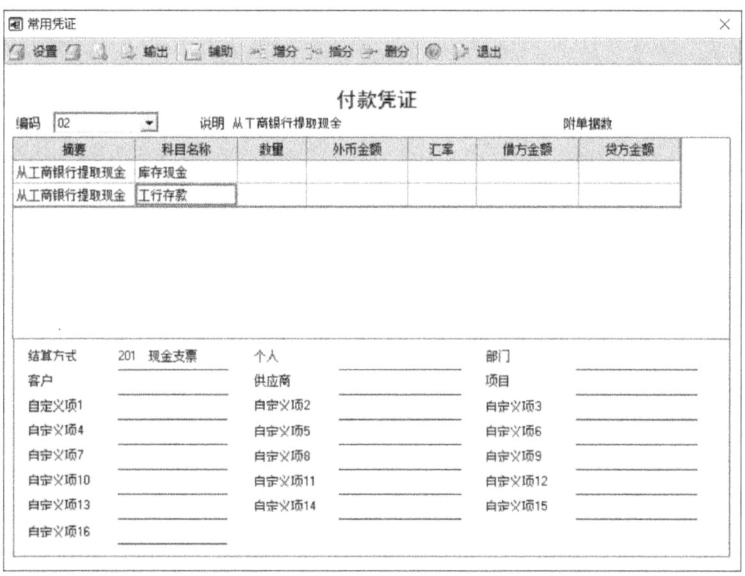

图 4-13　常用凭证设置（2）

（8）单击“退出”按钮，“02 从工商银行提取现金”的常用凭证设置完成。

（9）同理，设置“03 用工行存款购入甲材料”常用凭证。单击“退出”完成所有常用凭证的设置。如图 4-14 所示。

温馨提示

① 在填制凭证时，可以执行“常用凭证”按钮后的下拉菜单，选择“调用常用凭证”，

调用事先定义的常用凭证，或在填制凭证功能中按 F4 键调用常用凭证。

② 常用凭证的“说明”必须详细而不能产生歧义，如：不能将“说明”写为“从银行提取现金”，因为这样让人产生“从哪个银行？”这样的歧义。

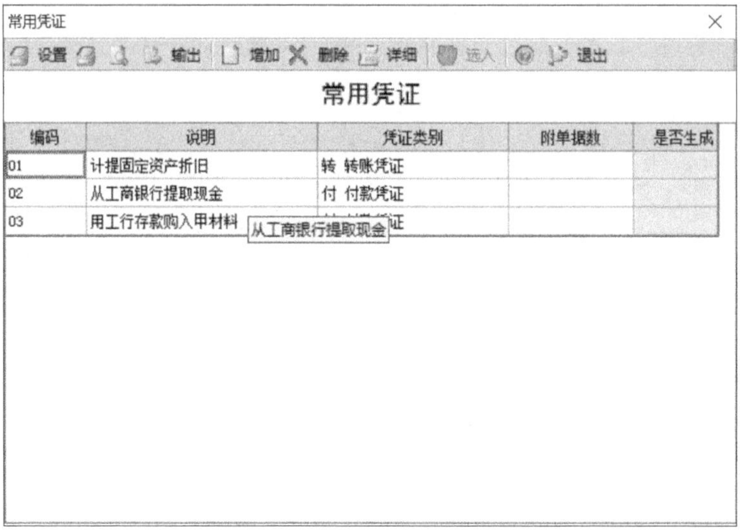

图 4-14 常用凭证设置（3）

③ 调用的常用凭证可以修改。

四、填制记账凭证

1. 填制带有“银行辅助项”的凭证

【例 4-6】 2019 年 1 月 2 日，从工行提取现金 3500 元备用，结算方式为现金支票，票号 XZ5101。

操作步骤：

（1）在企业应用平台中，单击“重注册”，以“02（李明）”操作员身份进入企业应用平台，操作日期为 2019-1-31。

（2）在“业务工作”选项卡中，执行“财务会计”|“总账”|“凭证”|“填制凭证”命令，进入“填制凭证”窗口。

（3）单击按钮，或者按 F5 键。单击凭证类别的参照按钮，选择“付款凭证”。修改凭证日期为“2019.01.02”。

（4）在摘要栏录入“提取现金”。

（5）按回车键，或用鼠标单击“科目名称”栏，单击科目名称栏的参照按钮（或按 F2 键），选择“资产”类科目“1001 库存现金”，或者直接在科目名称栏输入“1001”，回车，光标停在“借方金额”栏，输入金额“3500”。

（6）按回车键（复制上一行的摘要），再按回车键，或用鼠标单击“科目名称”栏第二行，单击科目名称栏的参照按钮，选择“资产”类科目“100201 银行存款 / 工行存款”，或者直接在科目名称栏输入“100201”，回车。弹出“辅助项”对话框，如图 4-15 所示。

（7）结算方式参照按钮“201 现金支票”或者直接输入“201”，票号输入“XZ5101”，点击“确定”按钮，记账凭证上显示辅助项票号“201-XZ5101”及日期。按回车键，用鼠标单击“贷方金额”栏，录入贷方金额“3500”，或直接按“=”键。

（8）单击“保存”按钮或单击“票号”处，系统则会自动弹出一个对话框，设置“此支票尚未登记，是否登记？”。如图 4-16 所示。

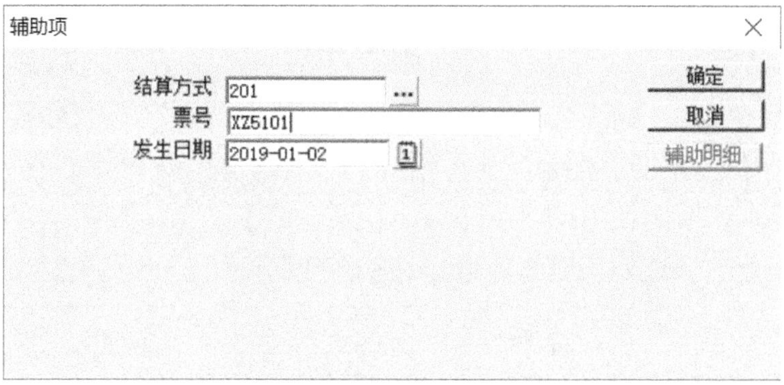

图 4-15 辅助核算—银行结算

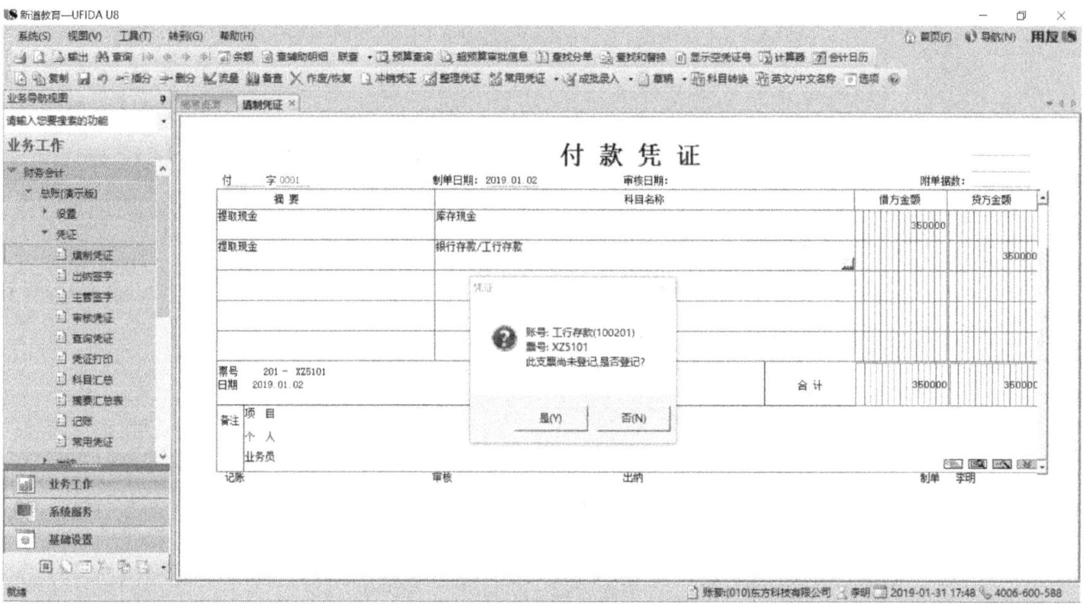

图 4-16 填制凭证

（9）单击“是”，弹出“票号登记”界面。需要在“票号登记”界面输入“领用日期”系统自带，“领用部门”选择“财务部”，“姓名”录入“杨梅”，“用途”录入“备用”，“限额”系统自带，完成票号登记，单击“确定”按钮。

（10）单击“”按钮，系统弹出“凭证已成功保存！”信息提示框，单击“确定”按钮返回，如图 4-17 所示。

温馨提示

① 检查当前操作员，如果当前操作员不是“李明”，则应以重注册的方式更换操作员为“李明”。

② 凭证填制完成后，可以单击“”按钮保存凭证，也可以单击“”按钮保存并增加下一张凭证。

③ 凭证填制完成后，在未审核前可以直接修改。

④ 如果凭证的金额录错了方向，可以直接按空格键改变余额方向。

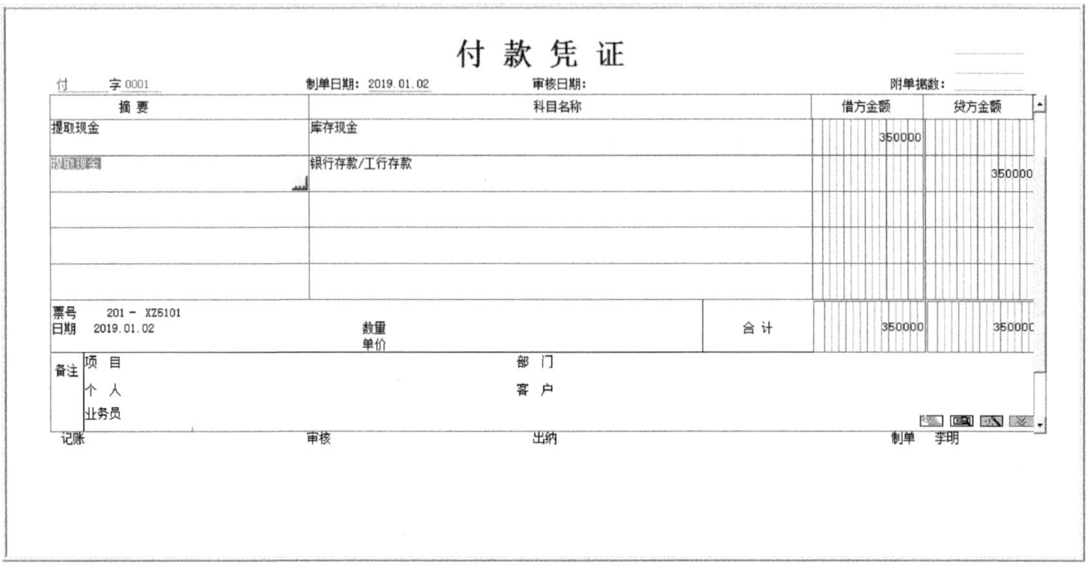

图 4-17 填制凭证（1）

⑤ 凭证日期应满足总账选项中的设置，如果默认系统的选项，则不允许凭证日期逆序。

2. 填制带有“辅助核算—个人往来”“辅助核算—部门核算”的凭证

【例 4-7】2019 年 1 月 3 日，采购员王路报销差旅费 2800 元，原预借 3000 元，余款退回现金。

操作步骤：

（1）在“填制凭证”窗口，单击 按钮。

（2）单击凭证类别的参照按钮，选择“收款凭证”；修改凭证日期为“2019.01.03”。

（3）在摘要栏录入“2”（即调用第 2 号常用摘要），或者直接录入“报销差旅费”。

（4）按回车键，或用鼠标单击“科目名称”栏，单击科目名称栏的参照按钮，选择“资产”类科目“1001 库存现金”，或者直接在科目名称栏输入“1001”，回车，光标停在“借方金额”栏，输入金额“200”。

（5）按回车键，复制上一行的摘要，再按回车键，或用鼠标单击“科目名称”栏第二行，单击科目名称栏的参照按钮，选择“损益”类科目“660201 管理费用 / 差旅费”，或者直接在科目名称栏输入“660201”，回车，系统自动弹出“辅助项”对话框，选择“采购部”，如图 4-18 所示。单击“确定”，录入金额“2800”。

图 4-18 辅助核算—部门核算

（6）按回车键（复制上一行的摘要），再按回车键，或用鼠标单击“科目名称”栏，单击科目名称栏的参照按钮，选择“资产”类科目“1221 其他应收款”，或者直接在科目名称栏输入“1221”，回车，系统自动弹出“辅助项”对话框。

（7）部门选择“采购部”，个人选择“王路”，如图 4-19 所示，单击“确定”。

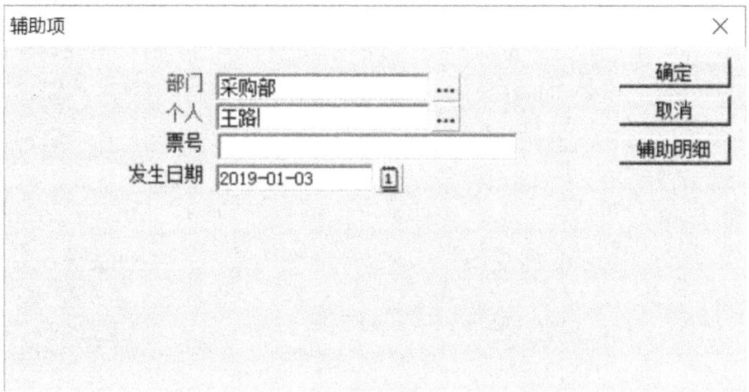

图 4-19 辅助核算—个人往来

（8）用鼠标单击“贷方金额”栏，录入贷方金额“3500”，或直接按“=”键。

（9）单击“”按钮，系统弹出“凭证已成功保存！”信息提示框，单击“确定”按钮返回，如图 4-20 所示。

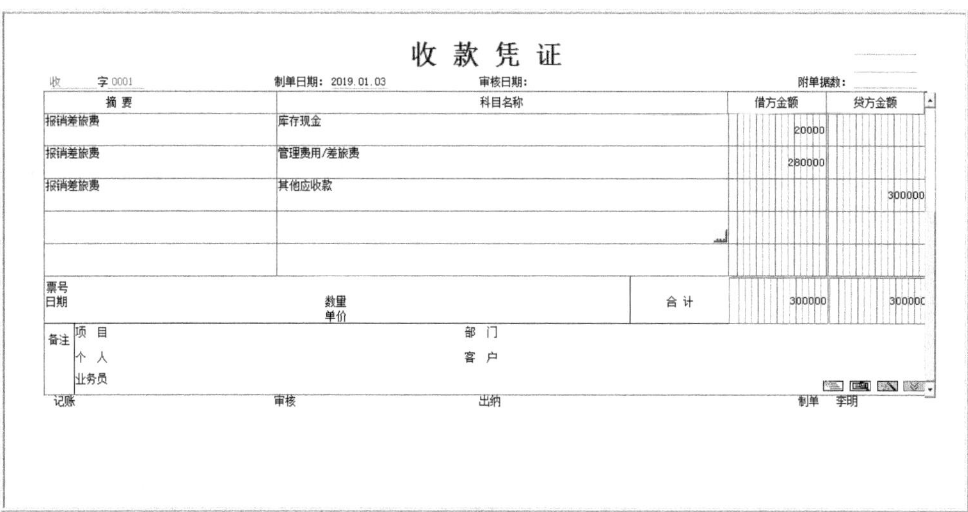

图 4-20 填制凭证（2）

3. 填制带有“辅助核算—项目核算”“辅助核算—数量核算”的凭证

【例 4-8】2019 年 1 月 5 日，仓库发出材料如表 4-9 所示，用于生产产品。

表 4-9 发出材料汇总表

材料	单位	单价	A 产品		B 产品		合计	
			数量	金额	数量	金额	数量	金额
甲材料	吨	3200	20	64000	15	48000	35	112000
乙材料	吨	2800	6	16800	8	22400	14	39200
合计				80800		70400		151200

操作步骤：

（1）在“填制凭证”窗口，单击按钮。

（2）单击凭证类别的参照按钮，选择“转款凭证”；修改凭证日期为“2019.01.05”。

（3）在摘要栏录入“生产产品领用材料”。

（4）按回车键，或用鼠标单击“科目名称”栏，单击科目名称栏的参照按钮，选择“成本”类科目“500101 生产成本 / 直接材料”，或者直接在科目名称栏输入“500101”，回车，光标停在“借方金额”栏，系统自动弹出“辅助项”对话框，选择“A 产品”，如图 4-21 所示。单击“确定”，录入金额“80800”。

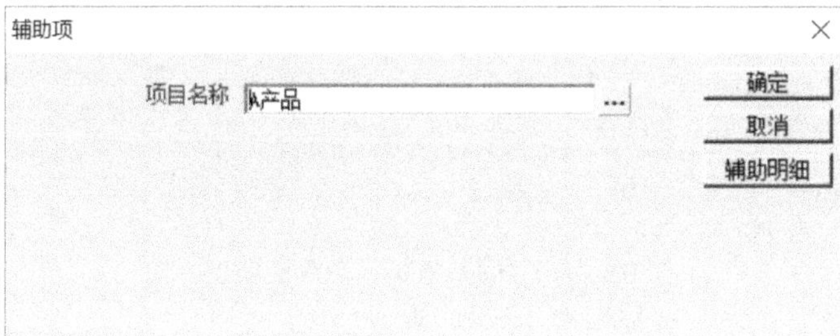

图 4-21　辅助核算—项目核算

（5）按回车键，再按回车键，或用鼠标单击“科目名称”栏（第二行），单击科目名称栏的参照按钮，选择“成本”类科目“500101 生产成本 / 直接材料”，或者直接在科目名称栏输入“500101”，回车，光标停在“借方金额”栏，系统自动弹出“辅助项”对话框，选择“B 产品”，单击“确定”，录入金额“70400”。

（6）按回车键，再按回车键，或用鼠标单击“科目名称”栏（第三行），单击科目名称栏的参照按钮，选择“资产”类科目“140301 原材料 / 甲材料”，或者直接在科目名称栏输入“140301”，回车，系统自动弹出“辅助项”对话框，数量录入“35”，单价录入“3200”，如图 4-22 所示。单击“确定”，自动生成金额“112000”在借方，按“空格键”，调整金额到贷方。

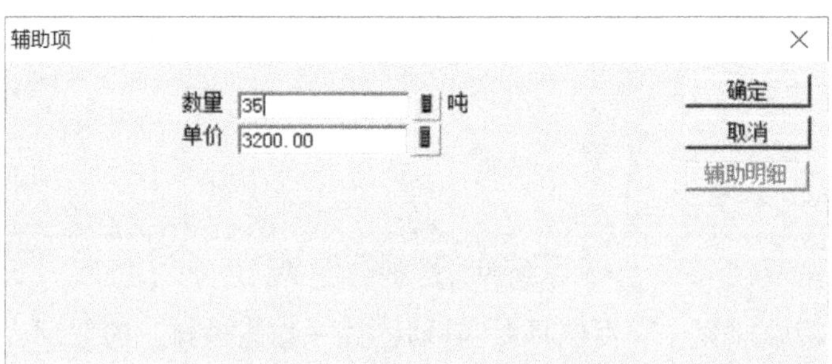

图 4-22　辅助核算—数量核算

（7）按回车键，再按回车键，或用鼠标单击“科目名称”栏（第四行），单击科目名称栏的参照按钮，选择“资产”类科目“140302 原材料 / 乙材料”，或者直接在科目名称栏输入“140302”，回车，系统自动弹出“辅助项”对话框，数量录入“14”，单价录入“2800”，单击“确定”，自动生成金额“39200”在借方，按“空格键”，调整金额到贷方。

（8）单击“”按钮，系统弹出“凭证已成功保存！”信息提示框，单击“确定”按钮返回，如图 4-23 所示。

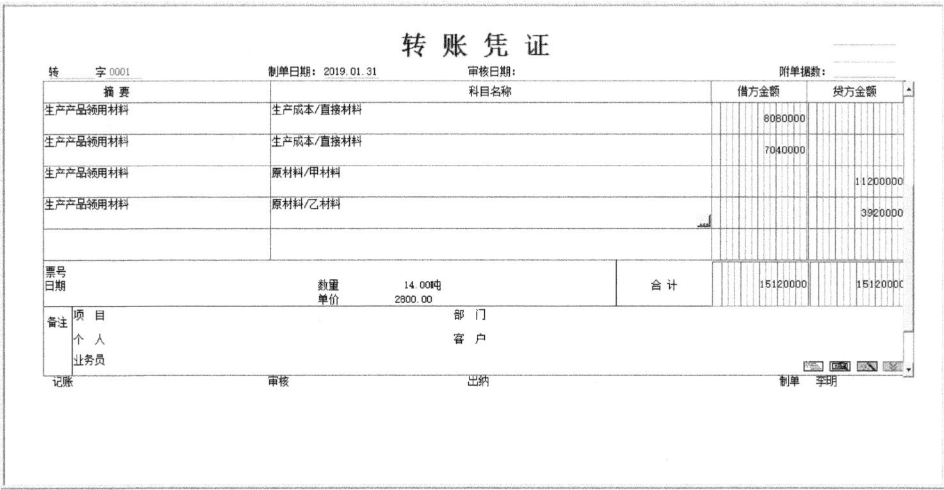

图 4-23　填制凭证（3）

4. 填制其他凭证

【例 4-9】东方科技有限公司 2019 年 1 月发生的另外部分经济业务如下：

（1）10 日，使用工行存款缴纳所得税 9720 元，结算方式为转账支票，票号 ZZ6101。

（2）12 日，收到中行通知，收到股东投资的 10000 美元，全部作为实收资本。结算方式为汇兑，票号 HD7101。

（3）15 日，总务部门购买办公用品 600 元，使用现金支付。

（4）18 日，开出工行转账支票（票号 ZZ6102），支付广告费 2000 元。

（5）23 日，向沧海公司采购甲材料 20 吨，无税单价 3200 元，税率 13%，材料已入库，已开出工行转账支票支付价税款，票号 ZZ6103。

（6）26 日，开出工行转账支票向灾区捐款 50000 元，票号 ZZ6104。

（7）28 日，向恒远公司销售 A 产品 40 件，无税单价 800 元，税率 13%，商品已出库，当日收到工行进账通知，对方已支付全部货款，结算方式为汇兑，票号为 HD7102。

参照【例 4-6】【例 4-7】【例 4-8】的填制方法，填制本例经济业务的记账凭证，如图 4-24、图 4-25、图 4-26、图 4-27、图 4-28、图 4-29、图 4-30 所示。

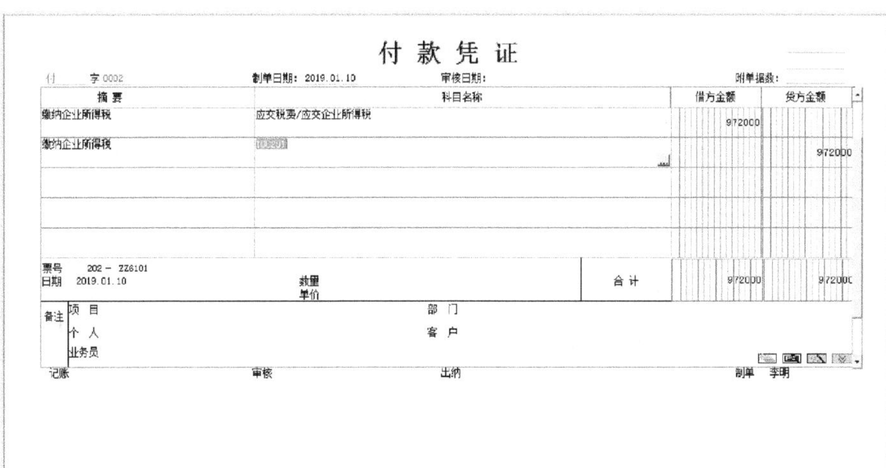

图 4-24　填制凭证（4）

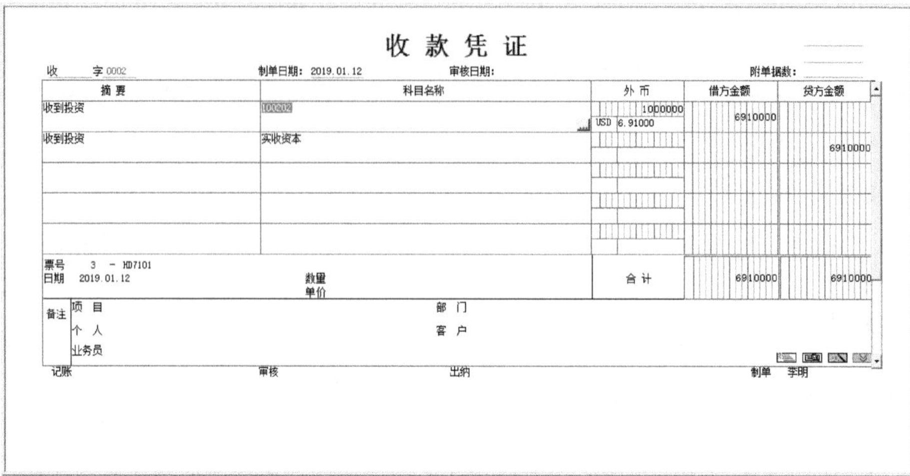

收 款 凭 证

收 字 0002 制单日期：2019.01.12 审核日期： 附单据数：

摘要	科目名称	外币	借方金额	贷方金额
收到投资	100202	1000000 USD 6.91000	6910000	
收到投资	实收资本			6910000
票号 3 - HD7101 日期 2019.01.12	数量 单价	合计	6910000	6910000

备注 项目 部门 个人 客户 业务员

记账 审核 出纳 制单 李明

图 4-25 填制凭证（5）

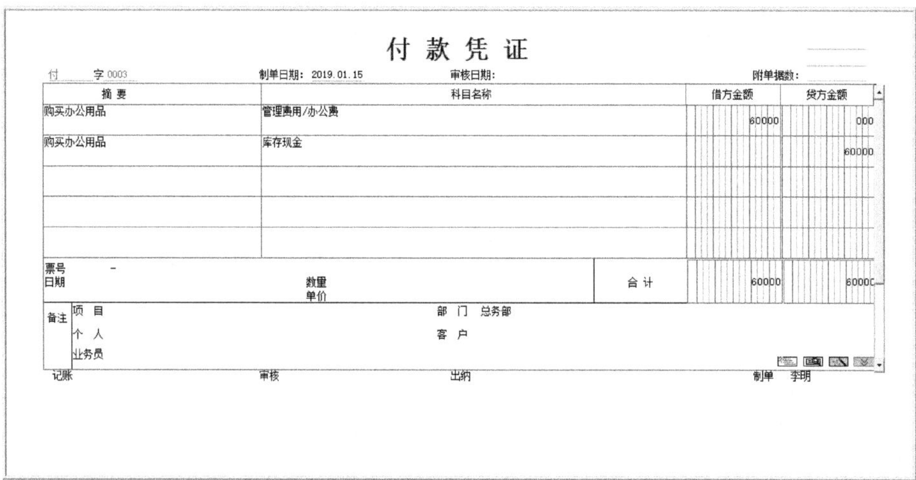

付 款 凭 证

付 字 0003 制单日期：2019.01.15 审核日期： 附单据数：

摘要	科目名称	借方金额	贷方金额
购买办公用品	管理费用/办公费	60000	000
购买办公用品	库存现金		60000
票号 - 日期	数量 单价 合计	60000	60000

备注 项目 部门 总务部 个人 客户 业务员

记账 审核 出纳 制单 李明

图 4-26 填制凭证（6）

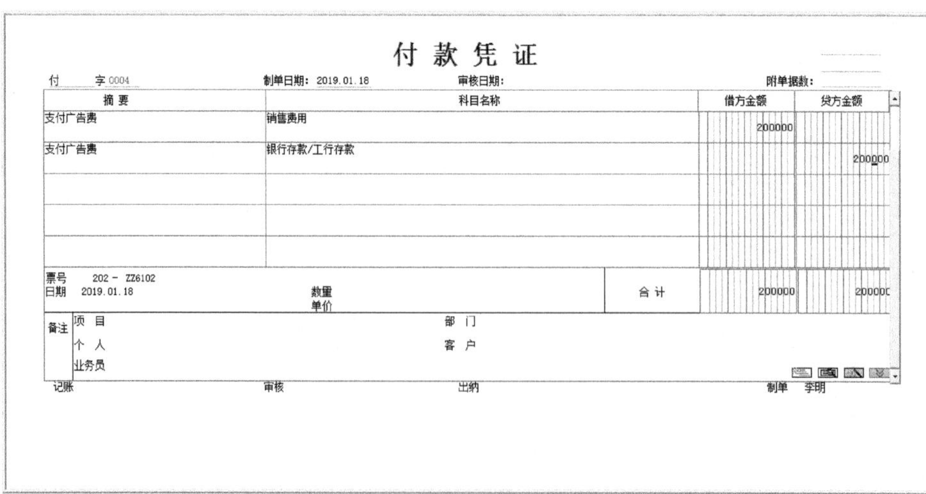

付 款 凭 证

付 字 0004 制单日期：2019.01.18 审核日期： 附单据数：

摘要	科目名称	借方金额	贷方金额
支付广告费	销售费用	200000	
支付广告费	银行存款/工行存款		200000
票号 202 - ZZ6102 日期 2019.01.18	数量 单价 合计	200000	200000

备注 项目 部门 个人 客户 业务员

记账 审核 出纳 制单 李明

图 4-27 填制凭证（7）

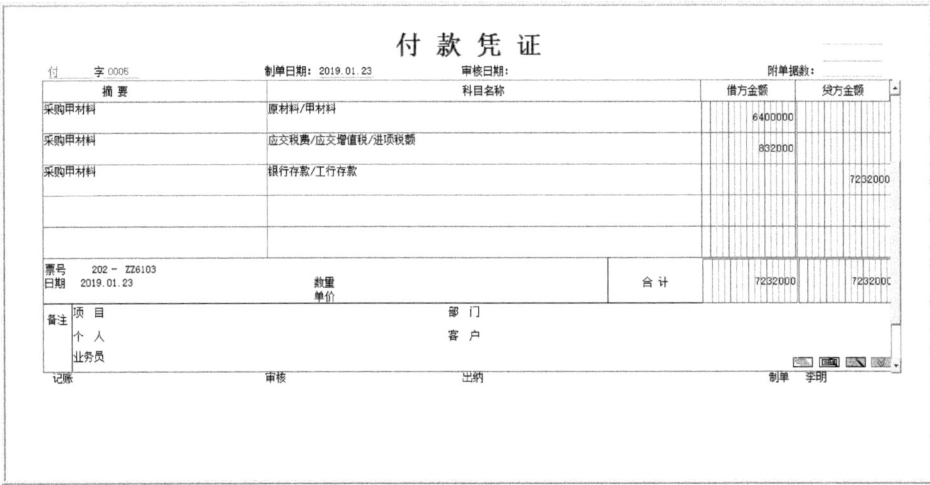

付 款 凭 证

付　字 0005　制单日期：2019.01.23　审核日期：　附单据数：

摘要	科目名称	借方金额	贷方金额
采购甲材料	原材料/甲材料	6400000	
采购甲材料	应交税费/应交增值税/进项税额	832000	
采购甲材料	银行存款/工行存款		7232000
票号 202 - ZZ6103 日期 2019.01.23	数量 单价　　合 计	7232000	7232000

备注　项 目　　部 门
个 人　　客 户
业务员

记账　审核　出纳　制单 李明

图 4-28　填制凭证（8）

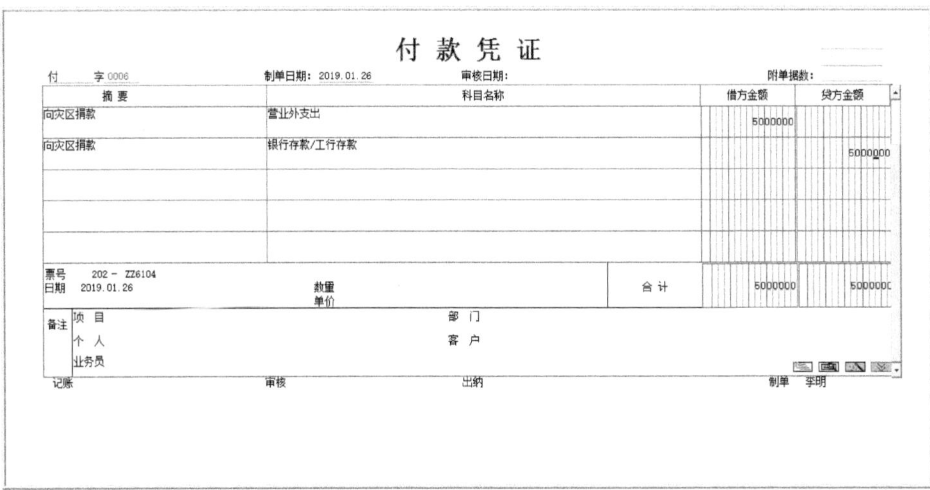

付 款 凭 证

付　字 0006　制单日期：2019.01.26　审核日期：　附单据数：

摘要	科目名称	借方金额	贷方金额
向灾区捐款	营业外支出	5000000	
向灾区捐款	银行存款/工行存款		5000000
票号 202 - ZZ6104 日期 2019.01.26	数量 单价　　合 计	5000000	5000000

备注　项 目　　部 门
个 人　　客 户
业务员

记账　审核　出纳　制单 李明

图 4-29　填制凭证（9）

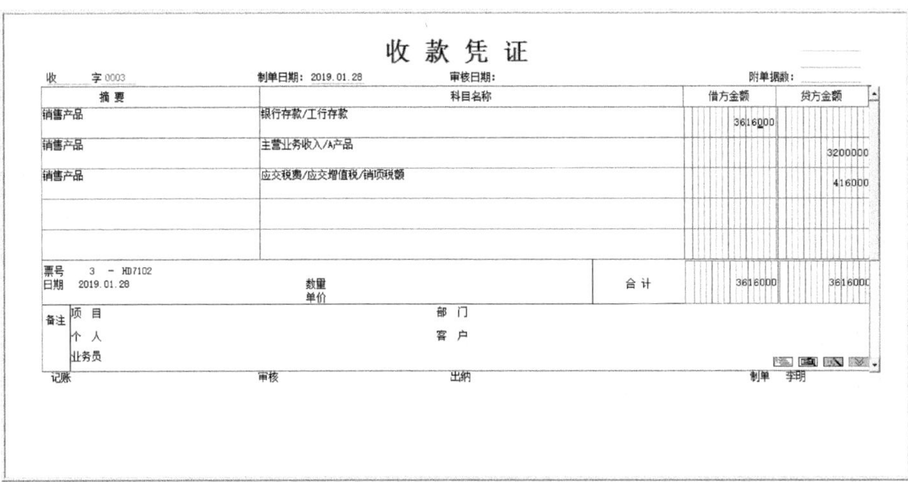

收 款 凭 证

收　字 0003　制单日期：2019.01.28　审核日期：　附单据数：

摘要	科目名称	借方金额	贷方金额
销售产品	银行存款/工行存款	3616000	
销售产品	主营业务收入/A产品		3200000
销售产品	应交税费/应交增值税/销项税额		416000
票号 3 - HD7102 日期 2019.01.28	数量 单价　　合 计	3616000	3616000

备注　项 目　　部 门
个 人　　客 户
业务员

记账　审核　出纳　制单 李明

图 4-30　填制凭证（10）

温馨提示

① 在凭证填制时如果使用含有辅助核算内容的会计科目，则应选择相应的辅助核算内容，否则将不能查询到辅助核算的相关资料。

② “=”键意为取当前光标位置的借贷方差额。每张凭证只能使用一次。

③ 如果在设置凭证类别时已经设置了不同种类凭证的限制类型及限制科目，则在填制凭证时，如果凭证类别选择错误，则在进入新的状态时系统会提示凭证不能满足的条件，凭证不能保存。

五、出纳签字

【例 4-10】以出纳员杨梅身份对出纳凭证进行签字。

操作步骤：

（1）在企业应用平台中，单击“重注册”，以“03（杨梅）”操作员身份进入企业应用平台，操作日期为 2019-1-31。

（2）在“业务工作”选项卡中，执行“财务会计”|“总账”|“凭证”|“出纳签字”命令，打开“出纳签字”窗口。

（3）单击“确定”按钮，打开“出纳签字”列表窗口，如图 4-31 所示。

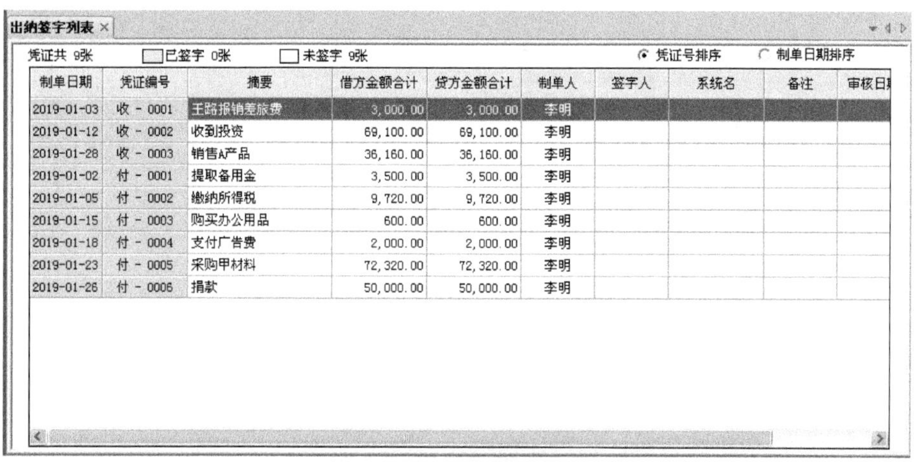

制单日期	凭证编号	摘要	借方金额合计	贷方金额合计	制单人	签字人	系统名	备注	审核日
2019-01-03	收 - 0001	王路报销差旅费	3,000.00	3,000.00	李明				
2019-01-12	收 - 0002	收到投资	69,100.00	69,100.00	李明				
2019-01-28	收 - 0003	销售A产品	36,160.00	36,160.00	李明				
2019-01-02	付 - 0001	提取备用金	3,500.00	3,500.00	李明				
2019-01-05	付 - 0002	缴纳所得税	9,720.00	9,720.00	李明				
2019-01-15	付 - 0003	购买办公用品	600.00	600.00	李明				
2019-01-18	付 - 0004	支付广告费	2,000.00	2,000.00	李明				
2019-01-23	付 - 0005	采购甲材料	72,320.00	72,320.00	李明				
2019-01-26	付 - 0006	捐款	50,000.00	50,000.00	李明				

图 4-31　出纳签字列表

（4）打开待签字的第 1 号“收款凭证”。

（5）单击“签字”按钮，记账凭证下面明确经济责任一行的出纳右边出现“杨梅”，显示出已签字，如图 4-32 所示。

（6）单击“下张”按钮，再单击“签字”按钮，直到已经填制的所有收付凭证都完成签字。

（7）出纳签字，既可以一张一张地“签字”，也可以“成批出纳签字”，如图 4-33 所示。选择“成批出纳签字”，系统弹出主要显示“本次共选择 [9] 张凭证进行签字”等，单击“确定”，完成“成批出纳签字”。

（8）单击“退出”按钮，返回“出纳签字”列表窗口，所有出纳凭证“杨梅”均已签字，如图 4-34 所示。

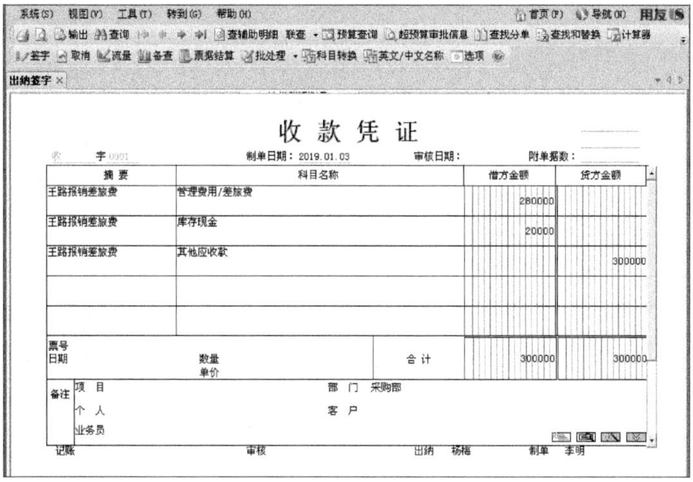

图 4-32　出纳签字

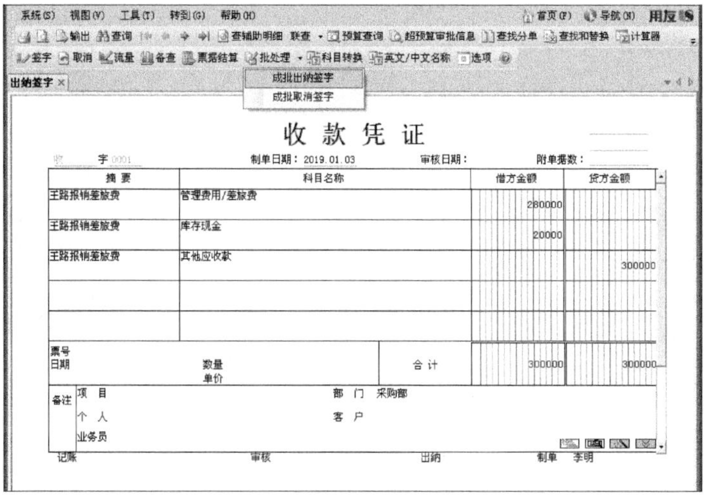

图 4-33　成批出纳签字

凭证共 9张　已签字 9张　未签字 0张　⊙ 凭证号排序　○ 制单日期排序

制单日期	凭证编号	摘要	借方金额合计	贷方金额合计	制单人	签字人	系统名	备注	审核日期	年度
2019-1-3	收 - 0001	报销差旅费	3,000.00	3,000.00	李明	杨梅				2019
2019-1-12	收 - 0002	收到投资	69,100.00	69,100.00	李明	杨梅				2019
2019-1-28	收 - 0003	销售产品	36,160.00	36,160.00	李明	杨梅				2019
2019-1-2	付 - 0001	提取现金	3,500.00	3,500.00	李明	杨梅				2019
2019-1-10	付 - 0002	缴纳企业所得税	9,720.00	9,720.00	李明	杨梅				2019
2019-1-15	付 - 0003	购买办公用品	600.00	600.00	李明	杨梅				2019
2019-1-18	付 - 0004	支付广告费	2,000.00	2,000.00	李明	杨梅				2019
2019-1-23	付 - 0005	采购甲材料	72,320.00	72,320.00	李明	杨梅				2019
2019-1-26	付 - 0006	向灾区捐款	50,000.00	50,000.00	李明	杨梅				2019

图 4-34　已签字过的出纳签字列表

温馨提示

① 出纳签字的操作既可以在“凭证审核”前进行，也可以在“凭证审核”后进行。

② 进行出纳签字的操作员应已在系统管理中被赋予了出纳的权限。

③ 要进行出纳签字的操作应满足以下三个条件：在总账系统的“选项”中已经设置了“出纳凭证必须经由出纳签字”；已经在会计科目中进行了“指定科目”的操作；凭证中所使用的会计科目已经在总账系统中设置为“日记账”辅助核算内容的会计科目。

④ 如果发现已经进行了出纳签字的凭证有错误，应在取消出纳签字后再在填制凭证功能中进行修改。

六、凭证审核

【例 4-11】以账套主管张山身份对所有凭证进行审核。

操作步骤：

（1）在企业应用平台中，单击“重注册”，以“01(张山)”操作员身份进入企业应用平台，操作日期为 2019-1-31。

（2）在“业务工作”选项卡中，执行“财务会计”|“总账”|“凭证”|“审核凭证”命令，打开“审核凭证”对话框。

（3）单击“确定”按钮，进入“审核凭证”列表窗口，如图 4-35 所示。

凭证审核列表

凭证共 10张　已审核 0 张　未审核 10 张　凭证号排序　制单日期排序

制单日期	凭证编号	摘要	借方金额合计	贷方金额合计	制单人	审核人	系统名	备注	审核日
2019-01-03	收 - 0001	王路报销差旅费	3,000.00	3,000.00	李明				
2019-01-12	收 - 0002	收到投资	69,100.00	69,100.00	李明				
2019-01-28	收 - 0003	销售A产品	36,160.00	36,160.00	李明				
2019-01-02	付 - 0001	提取备用金	3,500.00	3,500.00	李明				
2019-01-05	付 - 0002	缴纳所得税	9,720.00	9,720.00	李明				
2019-01-15	付 - 0003	购买办公用品	600.00	600.00	李明				
2019-01-18	付 - 0004	支付广告费	2,000.00	2,000.00	李明				
2019-01-23	付 - 0005	采购甲材料	72,320.00	72,320.00	李明				
2019-01-26	付 - 0006	捐款	50,000.00	50,000.00	李明				
2019-01-10	转 - 0001	发出材料	151,200.00	151,200.00	李明				

图 4-35　出纳签字列表

（4）单击确定，打开待审核的“收字 0001”号凭证。

（5）单击“审核”按钮，系统自动翻页到第 2 张待审核凭证，再单击“审核”按钮，依次审核本月所填凭证。记账凭证下面明确经济责任一行的审核右边出现“张山”，审核签名后的凭证如图 4-36 所示。

（6）审核凭证，既可以一张一张地“签名”，也可以“成批审核凭证”，如图 4-37 所示。选择“成批审核凭证”，系统弹出“本次共选择 [10] 张凭证进行审核”等，单击“确定”，完成“成批审核凭证”。

（7）在审核凭证时，如若发现凭证有误，要单击“标错”按钮，在凭证上作上“有错”

标志，在弹出的“填写凭证错误原因”对话框中输入错误原因。

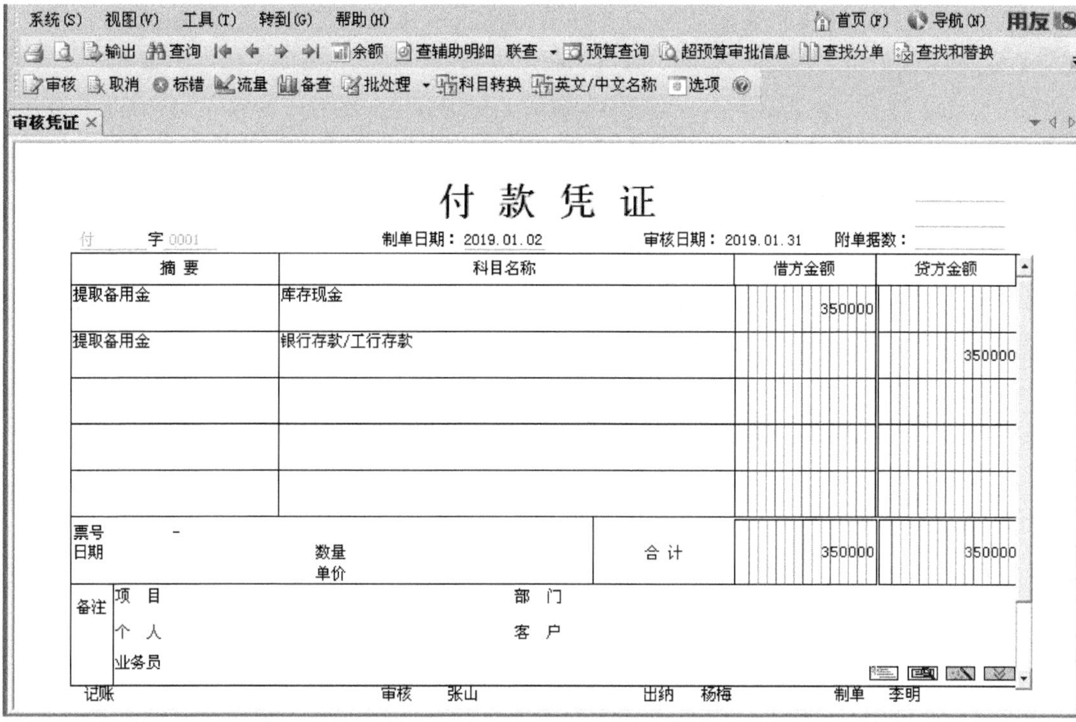

图 4-36 审核签名后的凭证

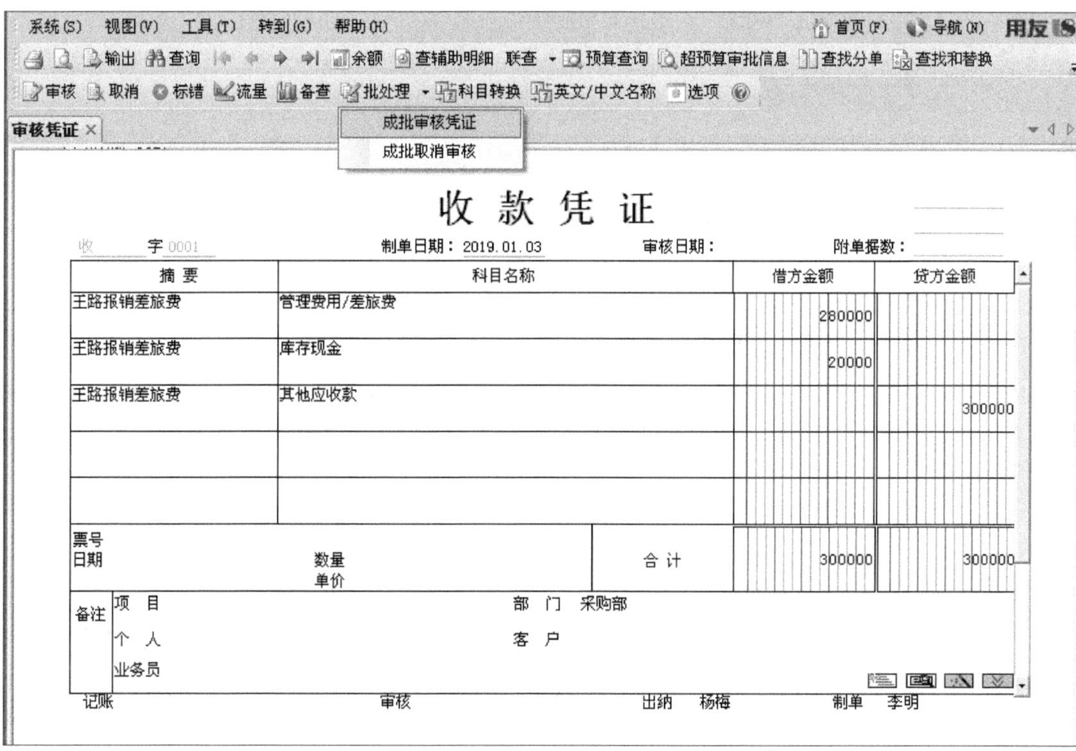

图 4-37 成批审核凭证

七、调用常用凭证生成记账凭证

【例 4-12】东方科技有限公司 2019 年 1 月份的折旧如表 4-10 所示。以李明身份调用常用凭证填制记账凭证。

表 4-10 东方科技有限公司 2019 年 1 月份的折旧额 单位：元

编号	名称	折旧额	编号	名称	折旧额
1	总务部	200	4	采购部	50
2	财务部	100	5	销售部	100
3	生产部	500			

操作步骤：

（1）在企业应用平台中，单击“重注册”，以“02（李明）”操作员身份进入企业应用平台，操作日期为 2019-1-31。

（2）在“填制凭证”界面，点击“常用凭证”后的下拉菜单，选取“调用常用凭证”，弹出“调用常用凭证”对话框。

（3）在常用凭证代号栏输入“01”，或单击“…”，打开“常用凭证”对话框，如图 4-38 所示。

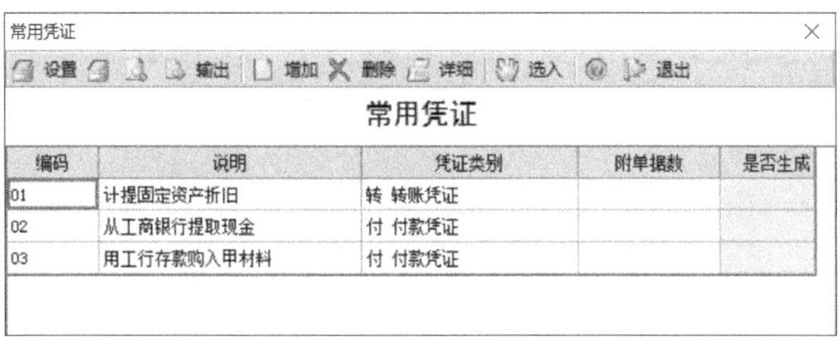

图 4-38 常用凭证调用

（4）单击“选入”，返回“填制凭证”窗口。

（5）在第一行借方金额栏输入“200”，在第二行借方金额栏输入“100”，在第三行借方金额栏输入“500”，在第四行借方金额栏输入“100”，在第五行借方金额栏输入“500”，在第六行贷方金额栏输入“1400”，或者按“=”，单击“ ”按钮保存凭证，如图 4-39 所示。

【例 4-13】2019 年 1 月 31 日，杨梅从工商提取现金 2000 元，备用。以李明身份调用常用凭证填制记账凭证。

操作步骤：

（1）在“填制凭证”界面，点击“常用凭证”后的下拉菜单，选取“调用常用凭证”，弹出“调用常用凭证”对话框。

（2）在常用凭证代号栏输入“02”，打开“常用凭证”对话框。

（3）在第一行借方金额栏输入“2000”，在第二行贷方金额栏输入“2000”，或者按“=”，单击“ ”按钮保存凭证，如图 4-40 所示。

八、修改错误凭证

【例 4-14】审核时发现，计提折旧的凭证第三行（采购部的折旧额实为 50 元）录入

500，需要修改。

图 4-39　调用常用凭证生成凭证（1）

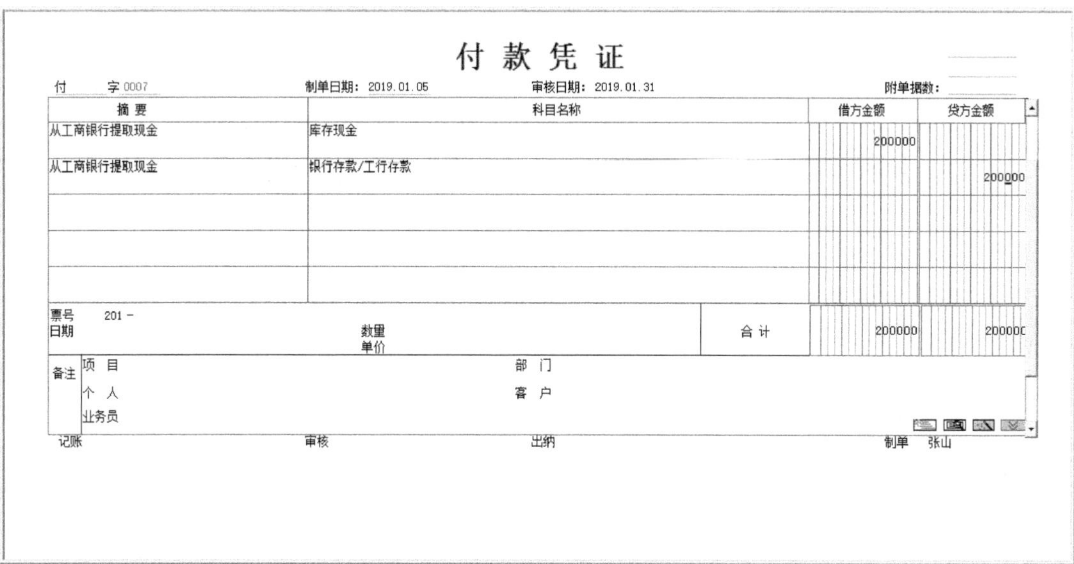

图 4-40　调用常用凭证生成凭证（2）

操作步骤：

（1）在企业应用平台中，单击“重注册”，以“02(李明)”操作员身份进入企业应用平台，操作日期为 2019-1-31。

（2）在“业务工作”选项卡中，执行“财务会计”|“总账”|“凭证”|“填制凭证”命令，打开“填制凭证”窗口。

（3）单击“◀”“▶”按钮，找到“转字 0002”凭证。

（4）修改第三行借方金额为“50”。

（5）单击保存按钮，弹出对话框“凭证已成功保存”，如图 4-41 所示。

图 4-41 修改错误凭证

温馨提示

① 未审核的凭证可以直接修改，但是凭证类别不能修改。

② 已进行出纳签字而未审核的凭证如果发现有错误，可以由原出纳签字的操作员在“出纳签字”功能中取消出纳签字后，再由原制单人在填制凭证功能中修改凭证。

③ 如果在总账系统的选项中选中“允许修改、作废他人填制的凭证”，则在填制凭证功能中可以由非原制单人修改或作废他人填制的凭证，被修改凭证的制单人将被修改为现在的修改凭证的人。

④ 如果在总账系统的选项中没有选中“允许修改、作废他人填制的凭证”，则只能由原制单人在填制凭证的功能中修改或作废凭证。

⑤ 已审核的凭证如果发现有错误，应由原审核人在“审核凭证”功能中取消审核签字后，再由原制单人在填制凭证功能中修改凭证。

⑥ 被修改的凭证应在保存后退出。

⑦ 凭证的辅助项内容如果有错误，可以在单击含有错误辅助项的会计科目后，将鼠标移到错误的辅助项所在位置，当出现笔头状光标时双击此处，弹出辅助项录入窗口，直接修改辅助项的内容，或者按 Ctrl+S 键调出辅助项录入窗口后进行修改。

九、删除错误凭证

【例 4-15】 删除“付字 0007”凭证、“转字 0002”凭证，因为“转字 0002”凭证的折旧是估算数据，应当通过固定资产管理系统进行本月折旧；“付字 0007”凭证不需要提取现金，多余操作。

操作步骤：

（1）在企业应用平台中，单击“重注册”，以“02（李明）”操作员”操作员身份进入企业应用平台，操作日期为 2019-1-31。

（2）在“业务工作”选项卡中，执行“财务会计”|“总账”|“凭证”|“填制凭证”命令，

打开“填制凭证”窗口。

（3）单击“◀”“▶”按钮，找到“付字 0007”凭证。

（4）执行“制单 | 作废 / 恢复”命令，将该张凭证打上“作废”标志，如图 4-42 所示。

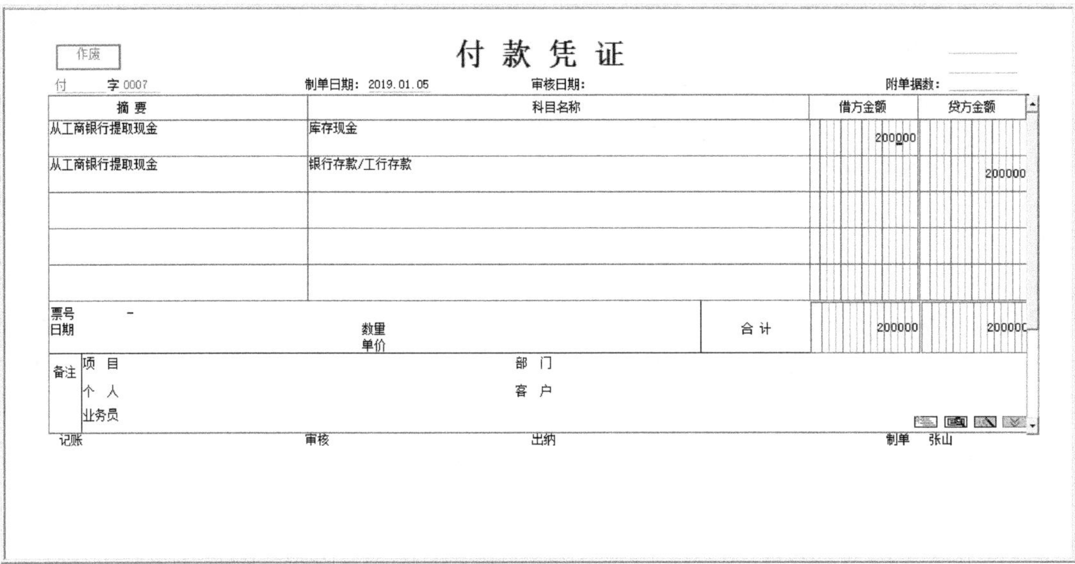

图 4-42　作废凭证

（5）单击“◀”“▶”按钮，找到“转字 0002”凭证。执行“制单 | 作废 / 恢复”命令，将该张凭证打上“作废”标志。

（6）执行“制单 | 整理凭证”命令，选择凭证期间“2019.01”，单击“确定”按钮，打开“作废凭证表”对话框。

（7）单击“全选”，如图 4-43 所示。

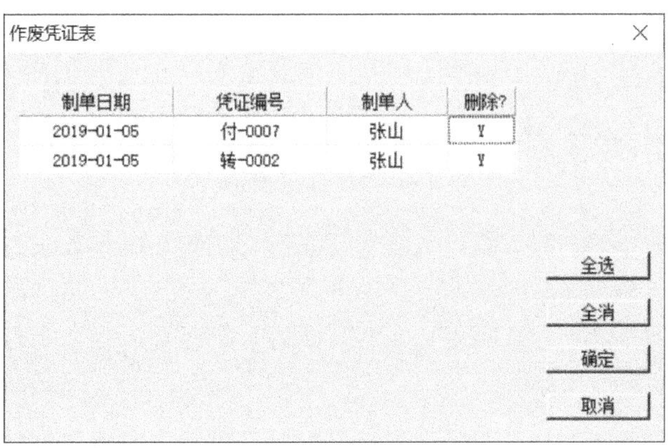

图 4-43　作废凭证表

（8）单击“确定”按钮，系统弹出“是否还需整理凭证断号”信息提示框。

（9）单击“是”按钮，系统完成对凭证号的重新整理。

温馨提示

① 未审核的凭证可以直接删除，已审核或已进行出纳签字的凭证不能直接删除，必须

在取消审核及取消出纳签字后再删除。

② 若要删除凭证，必须先进行“作废”操作，而后再进行整理。如果在总账系统的选项中选中“自动填补凭证断号”及“系统编号”，那么在对作废凭证整理时，若选择不整理断号，则再填制凭证时可以由系统自动填补断号。否则，将会出现凭证断号。

③ 对于作废凭证，可以单击“作废 / 恢复”按钮，取消“作废”标志。

④ 作废凭证不能修改、不能审核，但可参与记账。

⑤ 只能对未记账凭证进行凭证整理。

⑥ 账簿查询时查不到作废凭证的数据。

十、记账

【例 4-16】2019 年 1 月 31 日，以张山身份对所有经济业务进行记账。

操作步骤：

（1）由操作员“01（张山）”执行“财务会计”|“总账”|“凭证”|“记账”命令，打开“记账—记账选择”对话框。

（2）单击“全选”按钮，如图 4-44 所示。

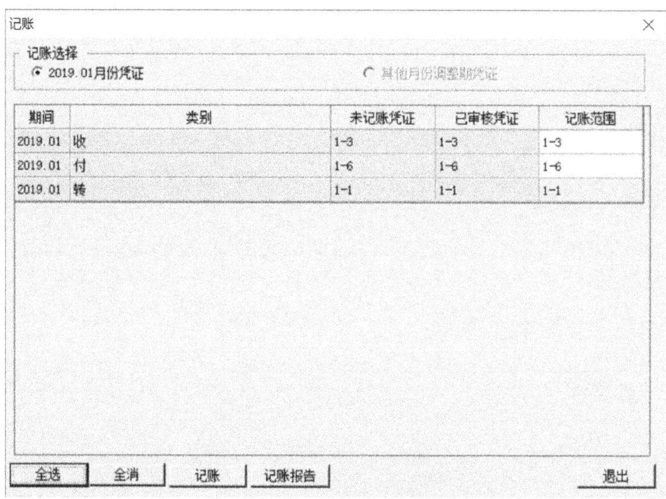

图 4-44 记账范围选择

（3）再单击“记账”，弹出“期初试算平衡表”，如图 4-45 所示。

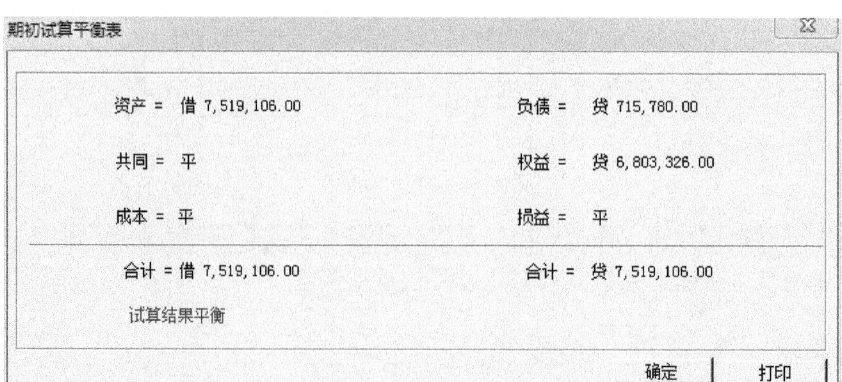

图 4-45 期初试算平衡表

（4）单击“确定”，出现记账进度条，随后弹出“记账完毕”对话框，如图 4-46 所示。

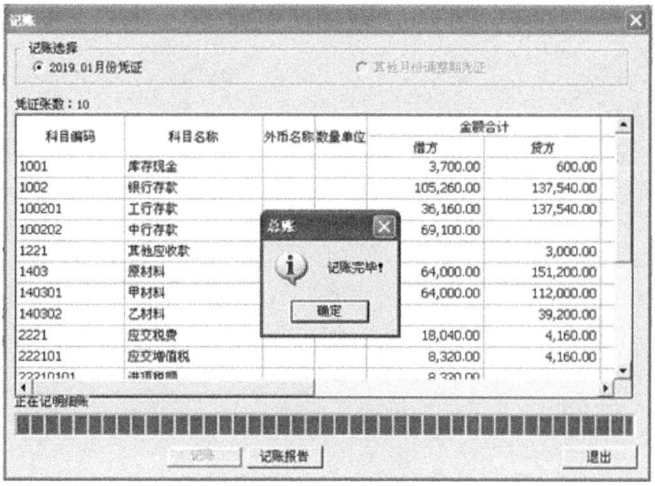

图 4-46 记账报告

（5）单击“确定”，单击“退出”按钮退出。

温馨提示

① 期初余额试算不平衡不允许记账，有未审核的凭证不允许记账，上月未结账本月不能记账。

② 如果不输入记账范围，系统默认为所有凭证。

③ 记账后不能整理断号。

④ 已记账的凭证不能在“填制凭证”功能中查询。

⑤ 若记账后因某种原因需要恢复记账前状态，需要账套主管在“对账”界面按 Ctrl+H 键激活“恢复记账前状态功能”，然后执行“总账”|“凭证”|“恢复记账前状态”功能，输入账套主管口令，即可恢复记账前状态。

十一、查询已记账凭证

【例 4-17】2019 年 1 月 31 日，以张山身份查询已记过账的“付字 0002”凭证。

操作步骤：

（1）由操作员“01（张山）”执行“财务会计”|“总账”|“凭证”|“查询凭证”命令，打开“凭证查询”窗口。

（2）选择“已记账凭证”，选择凭证类别为“付款凭证”，月份“2019.01”，在“凭证号”栏输入“5”，如图 4-47 所示。

（3）单击“确定”按钮，打开“查询凭证”列表窗口。

（4）双击，打开“付字 0005 号”付款凭证。

（5）单击“退出”按钮。

温馨提示

① 在“查询凭证”功能中既可以查询已记账凭证，也可以查询未记账凭证。而在填制

凭证功能中只能查询到未记账凭证。

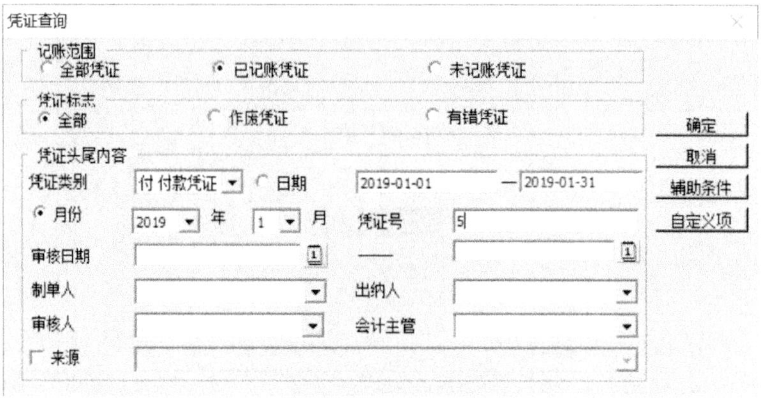

图 4-47 凭证查询

② 通过设置查询条件还可以查询“作废凭证”、“有错凭证”、某制单人填制的凭证、其他子系统传递过来的凭证以及一定日期区间、一定凭证号区间的记账凭证。

③ 已记账凭证除了可以在查询凭证功能中查询以外，还可以在查询账簿资料时双击对应的凭证进行查询。

④ 在“凭证查询”对话框中单击“辅助条件”按钮可以设定更多的查询条件。

十二、恢复记账

【例 4-18】2019 年 1 月 31 日，以张山身份恢复 1 月份的记账。

操作步骤：

（1）由操作员“01（张山）”执行“财务会计”|“总账”|“期末”|“对账”命令，打开“对账”窗口。

（2）选中已记账的月份“2019.01”，同时按下“Ctrl+H”，系统弹出“恢复记账前状态功能已被激活”，如图 4-48 所示。

图 4-48 凭证查询

（3）单击“确定”按钮，在“财务会计”|“总账”|“凭证”|“常用凭证”上方多了一个可操作项“恢复记账前状态”，打开“恢复记账前状态”，单击“确定”，输入口令“1”，

如图 4-49 所示。

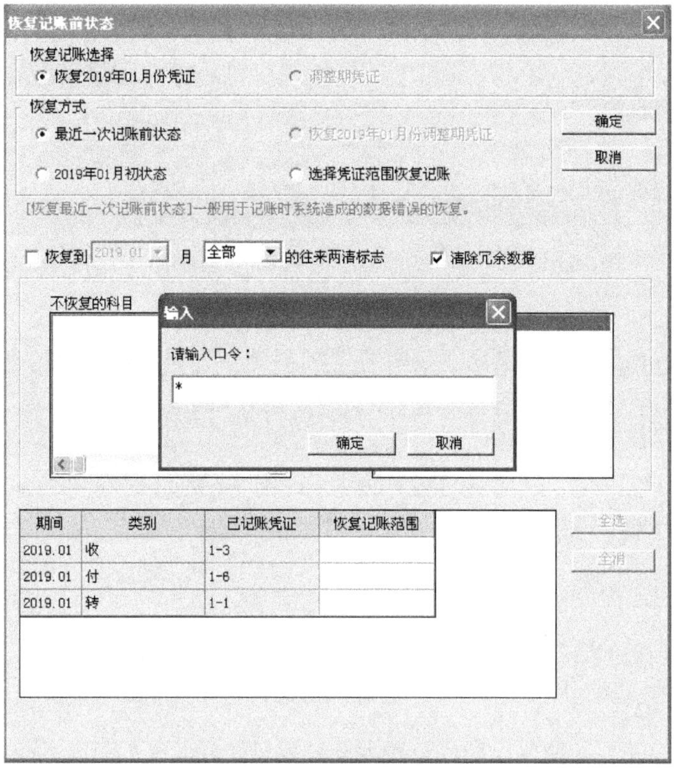

图 4-49 恢复记账前状态

（4）单击“确定”，出现“恢复记账完毕”，单击“确定”，完成恢复记账。

十三、查询账表

【例 4-19】 2019 年 1 月 31 日，账套主管张山查询“6602 管理费用”总账、“6602 管理费用”明细账、“6602 管理费用”多栏账、查询“660201 差旅费”部门辅助账、“1403 原材料”明细账、发生额及余额。

在查询账表前，由操作员“01（张山）”执行“财务会计”|“总账”|“凭证”|“记账”，进行记账。

操作步骤：

1. 查询“6602 管理费用”总账

（1）由操作员“01（张山）”执行“财务会计”|“总账”|“账表”|“科目账”|“总账”命令，打开“总账查询条件”对话框。

（2）直接录入或选择科目编码“6602”，单击“确定”按钮，进入“管理费用总账”窗口，如图 4-50 所示。

（3）单击“×”，退出。

温馨提示

① 在总账查询功能中，可以查询三栏式总账的年初余额、各月发生额合计和月末余额，而且可以查询到二至五级明细科目的年初余额、各月发生额合计和月末余额，还可以查询到

明细账中每项明细资料对应的记账凭证。

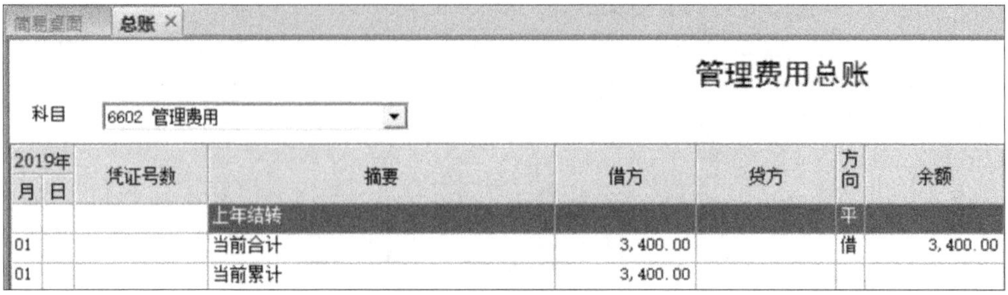

简易桌面 总账

管理费用总账

科目 6602 管理费用

2019年 月	日	凭证号数	摘要	借方	贷方	方向	余额
			上年结转			平	
01			当前合计	3,400.00		借	3,400.00
01			当前累计	3,400.00			

图 4-50 管理费用总账

② 在总账条件查询中可以通过录入科目范围查询一定科目范围内的总账。

③ 在总账查询功能中可以查询“包含未记账凭证”的总称。

④ 在明细窗口中，按“摘要”按钮可以设置“摘要选项”。

⑤ 在明细窗口中，按“过滤”按钮可以录入“明细账过滤条件”。

2. 查询“6602 管理费用”明细账

（1）在总账系统中执行“账表”|“科目账”|“明细账”命令，打开“明细账查询条件”对话框。

（2）直接录入或选择科目编码“6602”，单击“确定”按钮，进入“管理费用明细账”窗口，如图 4-51 所示。

简易桌面 明细账

管理费用明细账

科目 6602 管理费用

2019年 月	日	凭证号数	摘要	借方	贷方	方向	余额
01	03	收-0001	报销差旅费_采购部	2,800.00		借	2,800.00
01	15	付-0003	购买办公用品_总务部	600.00		借	3,400.00
01			当前合计	3,400.00		借	3,400.00
01			当前累计	3,400.00		借	3,400.00

图 4-51 管理费用明细账

（3）单击选中“付–0003”所在行，单击“凭证”按钮，打开第 6 号付款凭证。

（4）单击“×”，退出。

温馨提示

① 在明细账查询功能中，可以查询一定科目范围内的明细账。

② 可以查询月份综合明细账。

③ 可以查询到包含未记账凭证在内的明细账。

④ 可以按“对方科目展开”方式查询明细账。

⑤ 在明细账查询中可以联查到总账及相应的记账凭证。

⑥ 如果在总账系统的“选项”中选择了“明细账查询权限控制到科目”，则必须在“基础设置”的“数据权限”中设置相应的数据权限。如果某操作员不具备查询某科目明细账的

权限，则在明细账查询功能中就看不到无权查询的科目明细账的内容。

3. 查询“6602 管理费用”多栏账

（1）在总账系统中执行“账表”|“科目账”|“多栏账”命令，打开“多栏账”窗口。

（2）单击“增加”按钮，打开“多栏账定义”对话框。

（3）单击“核算科目”栏的下三角按钮，选择“6602 管理费用”，单击“自动编制”按钮，出现栏目定义的内容，如图 4-52 所示。

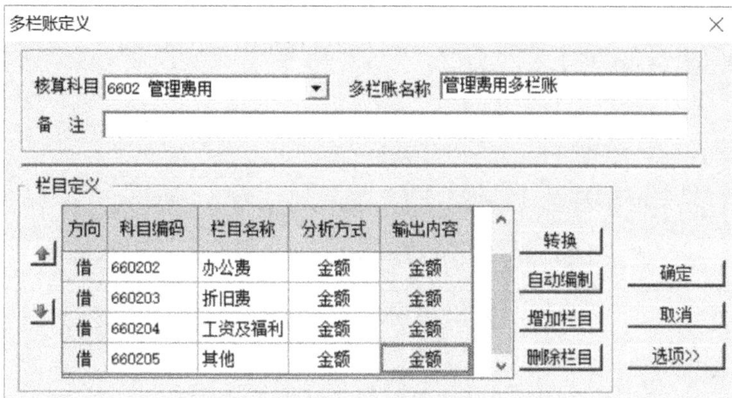

图 4-52　多栏账定义

（4）单击“确定”按钮，完成管理费用多栏账的设置。

（5）单击“查询”按钮，打开“多栏账查询”对话框。单击“确定”按钮，显示管理费用多栏账，如图 4-53 所示。

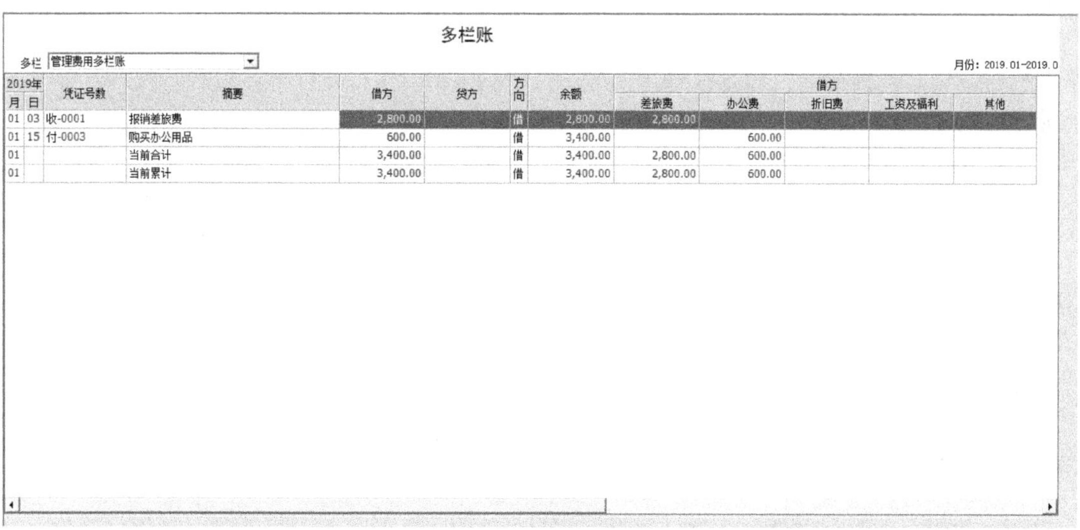

图 4-53　多栏账明细账

（6）单击“✕”，退出。

温馨提示

① 在总账系统中，普通多栏账由系统将要分析的科目的下级科目自动生成。

② 多栏账的栏目内容可以自定义，可以对栏目的分析方向、分析内容、输出内容进行

定义，同时可以定义多栏账格式。

③ 自定义多栏账可以根据实际管理需要将不同的科目及不同级次的科目形成新的多栏账，以满足多栏科目的综合管理。

4. 查询部门辅助账

（1）在总账系统中，执行“账表”|“部门辅助账”|“部门总账”|“部门科目总账”命令，打开“部门科目总账条件”对话框。

（2）选择部门为“采购部”，单击“确定”按钮，打开部门总账，如图 4-54 所示。

简易桌面　部门科目总账 ×

部门总账

科目　660201 差旅费

部门：－

部门编码	部门名称	方向	期初余额	本期借方发生	本期贷方发生	方向	期末余额
4	采购部	平		2,800.00		借	2,800.00
合计		平		2,800.00		借	2,800.00

图 4-54　部门科目总账

（3）单击“×”，退出。

温馨提示

① 在部门辅助账查询功能中，可以按科目、部门、科目和部门查询部门科目总账。

② 可以查询不同月份范围的部门科目总账。

③ 可以查询包含未记账凭证内容的部门科目总账。

④ 在部门科目总账中，可以单击“累计”按钮查询包含累计借贷方发生额的部门总账，单击“明细”按钮查询部门明细账的资料。

5. 查询明细账

（1）在总账系统中，执行“账表”|“科目账”|“明细账”命令，打开“明细账查询条件”对话框。

（2）直接录入或选择科目编码“1403”，单击“确定”按钮，进入“原材料明细账”窗口，如图 4-55 所示。

原材料明细账　　金额式

科目　1403 原材料　　月份：2019.01-2019.01

2019年 月	日	凭证号数	摘要	借方	贷方	方向	余额
			上年结转			借	339,200.00
01	05	转-0001	生产产品领用材料		112,000.00	借	227,200.00
01	05	转-0001	生产产品领用材料		39,200.00	借	188,000.00
01	23	付-0005	采购甲材料	64,000.00		借	252,000.00
01			当前合计	64,000.00	151,200.00	借	252,000.00
01			当前累计	64,000.00	151,200.00	借	252,000.00

图 4-55　原材料明细账

（3）单击“×”，退出。

6. 查询发生额及余额

（1）在总账系统中，执行“账表”|“科目账”|“余额表”命令，打开“发生额及余额查询条件”对话框。

（2）单击“确定”按钮，进入“发生额及余额表”窗口，如图 4-56 所示。

|金额式

发生额及余额表

月份：2019.01-2019.01

科目编码	科目名称	期初余额		本期发生		期末余额	
		借方	贷方	借方	贷方	借方	贷方
1001	库存现金	3,600.00		3,700.00	600.00	6,700.00	
1002	银行存款	1,212,332.00		105,260.00	137,540.00	1,180,052.00	
1122	应收账款	146,444.00				146,444.00	
1123	预付账款	30,000.00				30,000.00	
1221	其他应收款	3,000.00			3,000.00		
1231	坏账准备		10,000.00				10,000.00
1403	原材料	339,200.00		64,000.00	151,200.00	252,000.00	
1405	库存商品	172,320.00				172,320.00	
1601	固定资产	5,402,000.00				5,402,000.00	
1602	累计折旧		392,070.00				392,070.00
1701	无形资产	612,280.00				612,280.00	
资产小计		7,921,176.00	402,070.00	172,960.00	292,340.00	7,801,796.00	402,070.00
2001	短期借款		586,000.00				586,000.00
2202	应付账款		64,280.00				64,280.00
2203	预收账款		30,000.00				30,000.00
2211	应付职工薪酬		25,780.00				25,780.00
2221	应交税费		9,720.00	18,040.00	4,160.00	4,160.00	
负债小计			715,780.00	18,040.00	4,160.00	4,160.00	706,060.00
4001	实收资本		6,338,046.00		69,100.00		6,407,146.00
4101	盈余公积		234,000.00				234,000.00
4104	利润分配		231,280.00				231,280.00
权益小计			6,803,326.00		69,100.00		6,872,426.00
5001	生产成本			151,200.00		151,200.00	
成本小计				151,200.00		151,200.00	
6001	主营业务收入				32,000.00		32,000.00
6601	销售费用			2,000.00		2,000.00	
6602	管理费用			3,400.00		3,400.00	
6711	营业外支出			50,000.00		50,000.00	
损益小计				55,400.00	32,000.00	55,400.00	32,000.00

图 4-56　发生额及余额表

（3）单击“×”，退出。

温馨提示

① 在余额查询功能中，可以查询各级科目的本月期初余额、本期发生额及期末余额。

② 在发生额及余额表中，单击“累计”按钮，可以查询到累计借贷方发生额。

③ 在发生额及余额表中，单击“专项”按键，可以查询到带有辅助核算内容的辅助资料。

④ 可以查询某个余额查询范围内的余额情况。

⑤ 可以查询到包含未记账凭证在内的最新发生额及余额。

十四、出纳管理

【例 4-20】（1）出纳杨梅查询东方科技有限公司 2019 年 1 月份的现金日记账。

（2）出纳杨梅查询东方科技有限公司 2019 年 1 月份的银行存款日记账。

（3）出纳杨梅查询东方科技有限公司 2019 年 1 月 31 日“包含未记账凭证”和“有余额

无发生也显示”的资金日报表。

（4）出纳杨梅录入支票登记簿：1 月 28 日，采购部王路借转账支票一张，票号 ZZ6105，预计金额 5000 元。

（5）出纳杨梅对工行存款（100201）进行期初处理。单位日记账调整前余额 1212332.00 元，银行对账单调整余额 1192332.00 元。期初未达账项一笔，系企业已收银行未收款 20000 元，详细信息如表 4-11 所示。

表 4-11 期初未达账项

日期	结算方式	票号	借方金额
2018.12.16	转账支票		20000

（6）出纳杨梅录入银行——工行存款（100201）对账单，东方科技有限公司 2019 年 1 月 31 日工行存款（100201）对账单如表 4-12 所示。

表 4-12 工行存款（100201）对账单

日期	结算方式	票号	借方金额	贷方金额
2019-01-03	201	XZ5101		3500
2019-01-07	202	ZZ6101		9720
2019-01-25	202	ZZ6103		72320
2019-01-26	3	HD7103	3000	
2019-01-27	202	ZZ6104		50000
2019-01-28	3	HD7102	36160	

（7）出纳杨梅进行 2019 年 1 月份银行对账。

（8）出纳杨梅查看 2019 年 1 月份余额调节表及详细。

操作步骤：

以出纳员杨梅的身份进入总账管理系统。

1. 现金日记账查询

（1）执行“财务会计”|“总账”|“出纳”|“现金日记账”命令。打开“现金日记账查询条件”对话框。

（2）如图 4-57 所示，选择科目“1001 库存现金”，在“按月查”中选择 2019.01—2019.01，单击“确认”按钮。

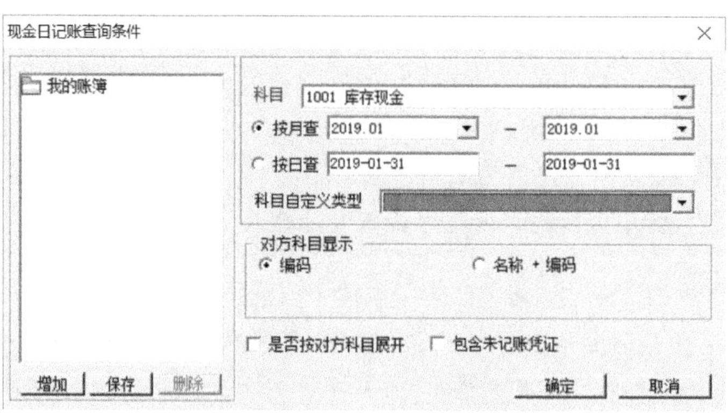

图 4-57 现金日记账查询条件

（3）如图 4-58 所示，显示“现金日记账”窗口，单击“总账”按钮可以查看该科目的三栏式总账，双击某一行或选择某一行后单击“凭证”按钮可以查看相对应的凭证。

现金日记账

金额式

科目　1001 库存现金　　月份：2019.01-2019.01

2019年 月	日	凭证号数	摘要	对方科目	借方	贷方	方向	余额
			上年结转				借	3,600.00
01	02	付-0001	提取现金	100201	3,500.00		借	7,100.00
01	02		本日合计		3,500.00		借	7,100.00
01	03	收-0001	报销差旅费	1221	200.00		借	7,300.00
01	03		本日合计		200.00		借	7,300.00
01	15	付-0003	购买办公用品	660202		600.00	借	6,700.00
01	15		本日合计			600.00	借	6,700.00
01			当前合计		3,700.00	600.00	借	6,700.00
01			当前累计		3,700.00	600.00	借	6,700.00
			结转下年				借	6,700.00

图 4-58　现金日记账

2. 银行存款日记账查询

执行“财务会计”|“总账”|“出纳”|“银行存款”日记账命令，其他操作与现金日记账查询相同，如图 4-59 所示。

银行日记账

金额式

科目　1002 银行存款　　月份：2019.01-2019.01

2019年 月	日	凭证号数	摘要	结算号	对方科目	借方	贷方	方向	余额
			上年结转					借	1,212,332.00
01	02	付-0001	提取现金_201_XZ5101_2019.01.02	现金支票-XZ5101	1001		3,500.00	借	1,208,832.00
01	02		本日合计				3,500.00	借	1,208,832.00
01	10	付-0002	缴纳企业所得税_202_ZZ6101_2019.01.10	转账支票-ZZ6101	222103		9,720.00	借	1,199,112.00
01	10		本日合计				9,720.00	借	1,199,112.00
01	12	收-0002	收到投资_3_HD7101_2019.01.12	汇兑-HD7101	4001	69,100.00		借	1,268,212.00
01	12		本日合计			69,100.00		借	1,268,212.00
01	18	付-0004	支付广告费_202_ZZ6102_2019.01.18	转账支票-ZZ6102	6601		2,000.00	借	1,266,212.00
01	18		本日合计				2,000.00	借	1,266,212.00
01	23	付-0005	采购甲材料_202_ZZ6103_2019.01.23	转账支票-ZZ6103	140301,22210101		72,320.00	借	1,193,892.00
01	23		本日合计				72,320.00	借	1,193,892.00
01	26	付-0006	向灾区捐款_202_ZZ6104_2019.01.26	转账支票-ZZ6104	6711		50,000.00	借	1,143,892.00
01	26		本日合计				50,000.00	借	1,143,892.00
01	28	收-0003	销售产品_3_HD7102_2019.01.28	汇兑-HD7102	600101,22210102	36,160.00		借	1,180,052.00
01	28		本日合计			36,160.00		借	1,180,052.00
01			当前合计			105,260.00	137,540.00	借	1,180,052.00
01			当前累计			105,260.00	137,540.00	借	1,180,052.00

图 4-59　银行存款日记账

3. 资金日报表查询

（1）执行“财务会计”|“总账”|“出纳”|“资金日报”命令，打开“资金日报表查询条件”对话框，如图 4-60 所示。

（2）输入日期“2019.01”。选中“包含未记账凭证”和“有余额无发生也显示”复选框，单击“确认”按钮。如图 4-61 所示，屏幕显示查询条件下的资金日报表。

图 4-60　资金日报表查询条件

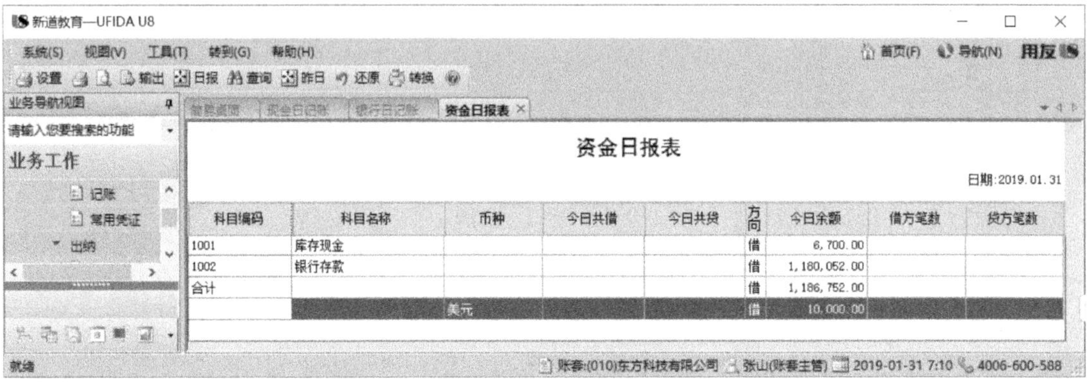

图 4-61　资金日报表

4. 录入支票登记簿

（1）执行“财务会计”|“总账”|“出纳”|“支票登记簿”命令。打开“支票登记簿”操作界面。

（2）单击“增加”按钮，依次录入领用时间：“2019.01.28”、领用部门：“采购部”、领用人：“王路”、支票号：“ZZ6105”、预计金额：“5000”，如图 4-62 所示。

图 4-62　支票登记簿

（3）单击“×”，退出。

5. 银行对账期初数据录入

（1）执行“财务会计”|“总账”|“出纳”|“银行对账”|“银行对账期初录入”命令。打开“银行科目选择”对话框。

（2）选择科目“工行存款 (100201)”，单击“确认”按钮，打开“银行对账期初”窗口。

（3）进入“银行对账期初”窗口，在单位日记账的“调整前余额”栏录入“1212332.00”；在银行对账单的“调整前余额”栏录入“1192332.00”。

（4）单击“日记账期初未达项”按钮，进入“企业方期初”窗口。单击“增加”按钮，在“凭证日期”栏录入或选择“2018.12.28”，在“结算方式”栏录入或选择“202”，在“借方金额”栏录入“20000”。单击“保存”按钮，如图 4-63 所示。

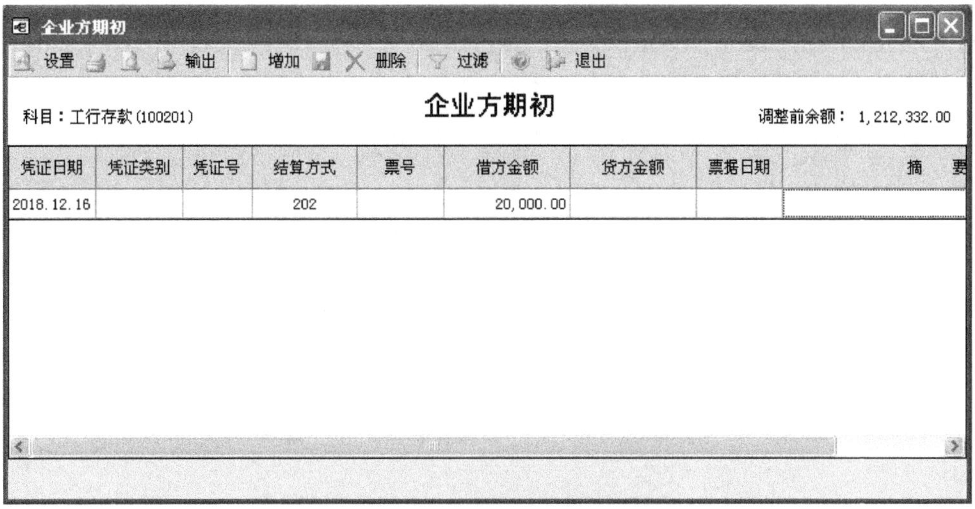

图 4-63　输入企业对账期初数据

（5）单击“退出”按钮，返回“银行对账期初”窗口，如图 4-64 所示。

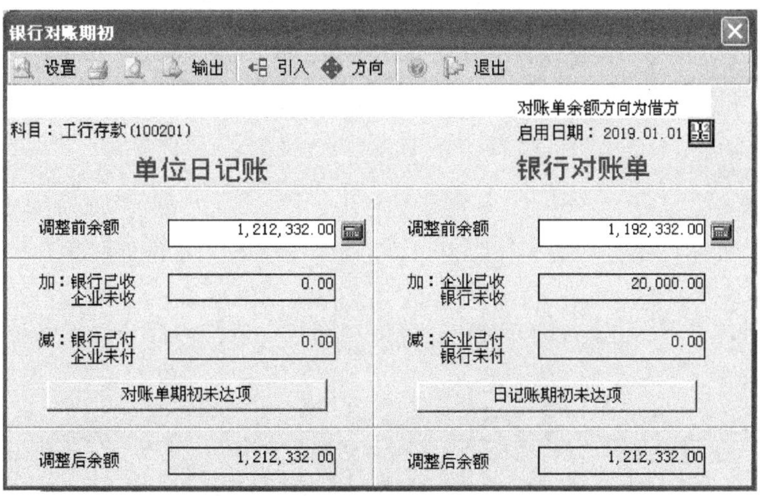

图 4-64　调整后银行对账期初数据

（6）单击“退出”。

温馨提示

① 第一次使用银行对账功能前，系统要求录入日记账及对账单未达账项，在开始使用银行对账功能之后不再使用。

② 在录入完单位日记账、银行对账单期初未达账项后，不能随意调整启用日期，尤其

是向前调，这样可能会出现启用日期后的期初数不再能参与对账的问题。

6. 输入银行对账单

（1）执行“财务会计”|“总账”|“出纳”|“银行对账”|“银行对账单”命令。打开“银行科目选择”对话框。

（2）选择科目“工行存款(100201)”，单击“确认”按钮，打开“银行对账单”窗口。

（3）单击“增加”按钮，在“日期”栏录入或选择“2019.01.03”，在“结算方式”栏录入或选择“201”，在“票号”栏录入“XZ5101”，在“贷方金额”栏录入“3500”。

（4）依次录入银行对账单其他信息，单击“保存”按钮，如图4-65所示。

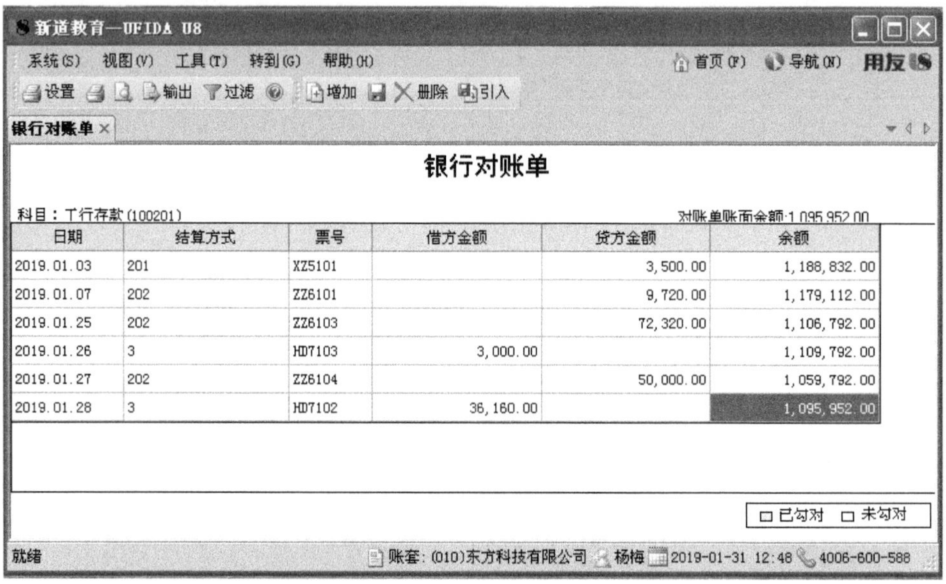

图4-65 录入银行对账单

（5）单击“×”，退出。

7. 银行对账

（1）执行“财务会计”|“总账”|“出纳”|“银行对账”|“银行对账”命令。打开“银行科目选择”对话框。

（2）选择科目“工行存款(100201)”，单击“确认”按钮，打开“银行对账”窗口，如图4-66所示。

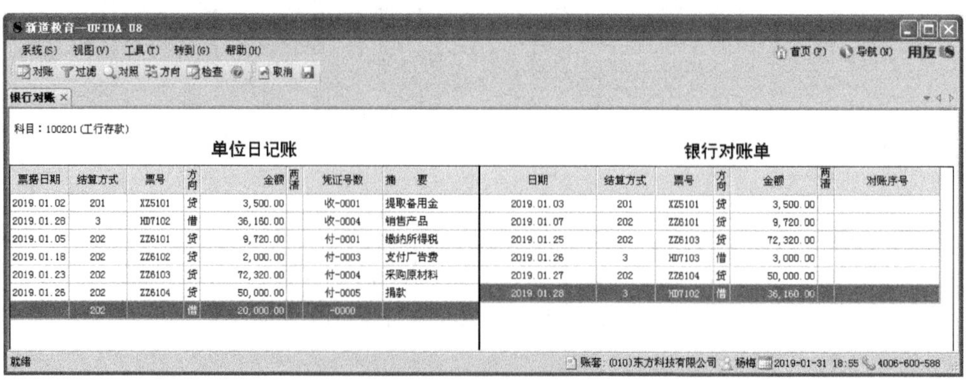

图4-66 银行对账窗口

（3）单击“对账”按钮，打开“自动对账”对话框，输入截止日期“2019.01.31”，默认系统提供的其他对账条件，如图 4-67 所示。

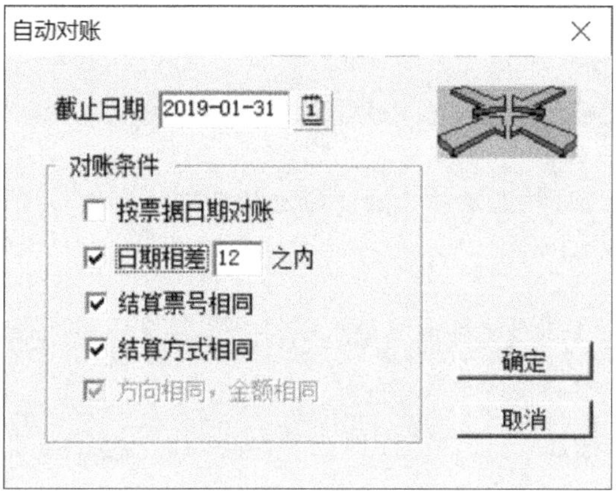

图 4-67　自动对账

（4）单击“确定”按钮，显示自动对账结果。如图 4-68 所示。

单位日记账

票据日期	结算方式	票号	方向	金额	两清	凭证号数	摘　要
2019.01.02	201	XZ5101	贷	3,500.00	○	收-0001	提取备用金
2019.01.28	3	HD7102	借	36,160.00	○	收-0004	销售产品
2019.01.05	202	ZZ6101	贷	9,720.00	○	付-0001	缴纳所得税
2019.01.18	202	ZZ6102	贷	2,000.00		付-0003	支付广告费
2019.01.23	202	ZZ6103	贷	72,320.00	○	付-0004	采购原材料
2019.01.26	202	ZZ6104	贷	50,000.00	○	付-0005	捐款
	202		借	20,000.00		-0000	

银行对账单

日期	结算方式	票号	方向	金额	两清	对账序号
2019.01.03	201	XZ5101	贷	3,500.00	○	2019013100002
2019.01.07	202	ZZ6101	贷	9,720.00	○	2019013100003
2019.01.25	202	ZZ6103	贷	72,320.00	○	2019013100005
2019.01.26	3	HD7103	借	3,000.00		
2019.01.27	202	ZZ6104	贷	50,000.00	○	2019013100004
2019.01.28	3	HD7102	借	36,160.00	○	2019013100001

图 4-68　银行对账结果

温馨提示

① 对账条件中的方向、金额相同为必选条件，对账截止日期可输入可不输入。

② 对于已达账项，系统自动在银行存款日记账和银行对账单双方的“两清”栏上打上圆圈标志。

③ 在自动对账不能完全对上的情况下，可采用手工对账。在自动对账窗口，对于一些应勾对而未勾对上的账项，可分别双击“两清”栏，直接进行手工调整勾销。手工对账两清的记录标志为“Y”，以区别于自动对账标志。

8. 查询余额调节表

（1）执行系统菜单“出纳→银行对账→余额调节表查询”功能，打开“银行存款余额调节表”窗口。

（2）执行“财务会计”|“总账”|“出纳”|“银行对账”|“余额调节表查询”命令，打开“银行存款余额调节表”窗口，如图 4-69 所示。

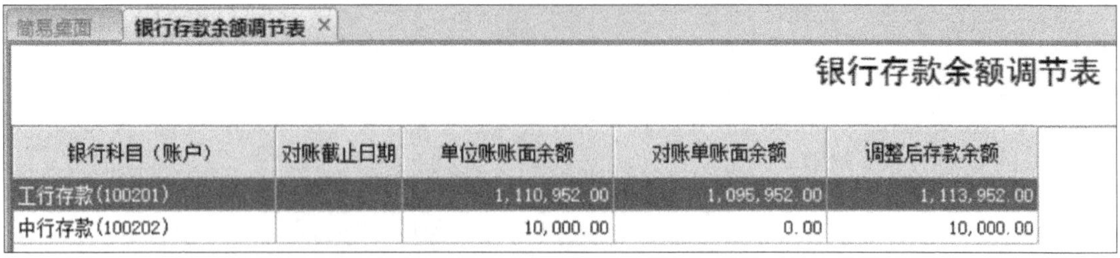

银行存款余额调节表

银行科目（账户）	对账截止日期	单位账账面余额	对账单账面余额	调整后存款余额
工行存款(100201)		1,110,952.00	1,095,952.00	1,113,952.00
中行存款(100202)		10,000.00	0.00	10,000.00

图 4-69　银行存款余额调节表（1）

（3）单击“查看”按钮，打开“银行存款余额调节表”窗口，如图 4-70 所示。

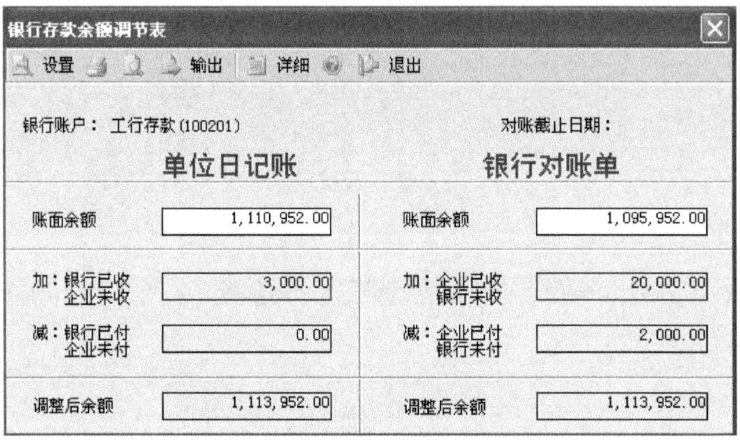

图 4-70　银行存款余额调节表（2）

（4）单击“详细”按钮，打开“余额调节表（详细）”窗口，如图 4-71 所示。

图 4-71　余额调节表（详细）

十五、账套备份

（1）以系统管理员 admin 进入系统管理。

（2）执行“账套”|“输出”命令，打开“账套输出”对话框，选择需要输出的账套 010，单击“确认”按钮，稍候，系统提示“请选择账套备份路径”对话框。

（3）选择“C:\”盘前的“+”号，选择“账套备份”文件夹，单击“新建文件夹，新建“（4-2）任务二备份”文件夹。

（4）单击“确定”，将账套输出到“（4-2）任务二备份”文件夹中。

（5）备份完成后，系统弹出“输出成功！”信息提示对话框，单击“确定”按钮返回。

任务三 总账管理系统期末业务处理

任务描述

总账系统期末业务是指将本月所发生的经济业务全部登记入账后所要做的工作。主要包括期末转账、对账和结账等。期末会计业务与日常业务相比较，数量不多，但业务种类繁杂且时间紧迫。在手工会计工作中，每到会计期末，会计人员的工作非常繁忙。而在计算机处理方式下，由于各会计期间的许多期末业务具有较强的规律性，由计算机代替人来处理这些有规律的业务，不但可以减少会计人员的工作量，也可以加强财务核算的规范性。

预备知识

一、转账设置

转账分为外部转账和内部转账。外部转账是指将其他管理系统生成的凭证转入总账系统中，内部转账是指在总账系统内部把某个或某几个会计科目中的余额或本期发生额结转到一个或多个会计科目中。实现自动转账包括转账设置和转账生成两部分。

转账设置主要包括：自定义转账、对应结转、销售成本结转、汇兑损益结转、期间损益结转。

1. 自定义转账设置

自定义转账功能可以完成的转账业务主要有：①“费用分配”的结转，如工资分配等；②“费用分摊”的结转；③“税金计算”的结转；④“提取各项费用”的结转；⑤各项辅助核算的结转。

如果集成使用应收款管理系统、应付款管理系统，则在总账系统中不能按客户、供应商辅助项进行结转，只能按科目总数进行结转。

2. 对应结转设置

对应结转不仅可进行两个科目的一对一结转，还提供科目的一对多结转功能。对应结转的科目可为上级科目，但其下级科目的科目结构必须一致（相同明细科目），如有辅助核算，则两个科目的辅助账类也必须一一对应。

3. 销售成本结转设置

销售成本结转设置主要用来辅助没有启用供应链管理系统的企业完成销售成本的计算和结转。

4. 汇兑损益结转设置

本功能用于期末自动计算外币账户的汇兑损益，并在转账生成中自动生成汇兑损益转账凭证。

5. 期间损益结转设置

本功能用于在一个会计期间终止将损益类科目的余额结转到本年利润科目中，从而及时反映企业利润的盈亏情况。

二、转账生成

设置完转账凭证后，每月月末只需执行本功能即可由计算机快速生成转账凭证，在此生成的转账凭证将自动追加到未记账凭证中去，通过审核、记账后才能真正完成结转工作。

由于转账凭证中定义的公式基本上取自账簿，因此，在进行月末转账之前，必须将所有未记账凭证全部记账，否则，生成的转账凭证中的数据可能不准确。特别是对于一组相关转账分录，必须按顺序依次进行转账生成、审核、记账。

任务设计

（1）进行“自定义结转”设置、“对应结转”设置、“销售成本结转”设置、“汇兑损益结转”设置、“期间损益结转”设置。

（2）生成“自定义结转”转账凭证、“销售成本结转”转账凭证、“汇兑损益结转”凭证、“期间损益结转”转账凭证。

（3）对账。

（4）结账。

操作步骤

一、引入账套数据

从“C:\010 账套备份\（4-2）任务二备份”引入任务二备份数据，或引入 U 盘中“010 账套备份\（4-2）任务二备份”的账套备份数据。

二、定义转账凭证

1.“自定义转账”凭证设置

【例 4-21】计算本期短期借款利息，月利率为 0.2%。操作员 02（李明）完成自定义转账设置，转账序号为 0001，转账说明为“计提短期借款利息”。

操作步骤：

（1）以“02（李明）”身份注册进入总账系统，执行“期末”|“转账定义”|“自定义转账”命令，打开“自定义转账设置”窗口。

（2）单击“增加”按钮，打开“转账目录”设置对话框。输入转账序号“0001”，转账说明“计提短期借款利息”，选择凭证类别“转账凭证”，如图 4-72 所示。

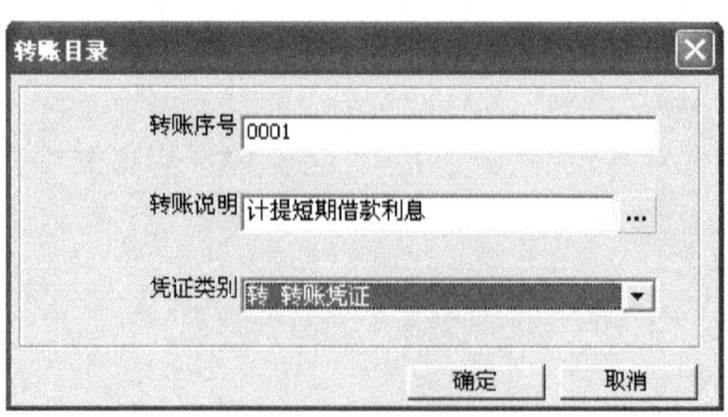

图 4-72 转账目录

（3）单击“确定”按钮，继续定义转账凭证分录信息。

（4）单击“增行”，选择科目编码“6603 财务费用”，方向“借”，双击金额公式栏，选择参照按钮，打开“公式向导”对话框。

（5）选择“期末余额”函数，单击“下一步”按钮，继续公式定义。

（6）选择科目“2001 短期借款”，其他取系统默认，如图 4-73 所示。

图 4-73　公式向导（1）

（7）单击“完成”按钮，金额公式带回自定义转账界面。将光标移至公式末尾，输入“*0.002”，回车确认。

（8）单击“增行”，选择科目编码“2231 应付利息”，方向“贷”，双击“金额”公式栏，选择参照按钮，打开“公式向导”对话框，选择“取对方科目计算结果”函数，如图 4-74 所示。

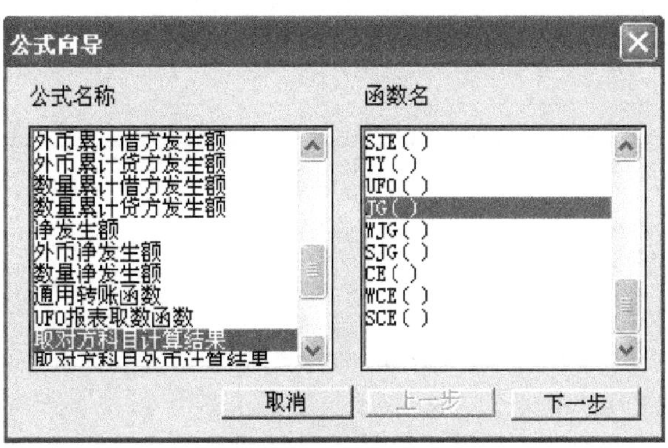

图 4-74　公式向导（2）

（9）单击“下一步”按钮，系统弹出“公式向导”对话框，单击“完成”按钮，完成公式定义，如图 4-75 所示。

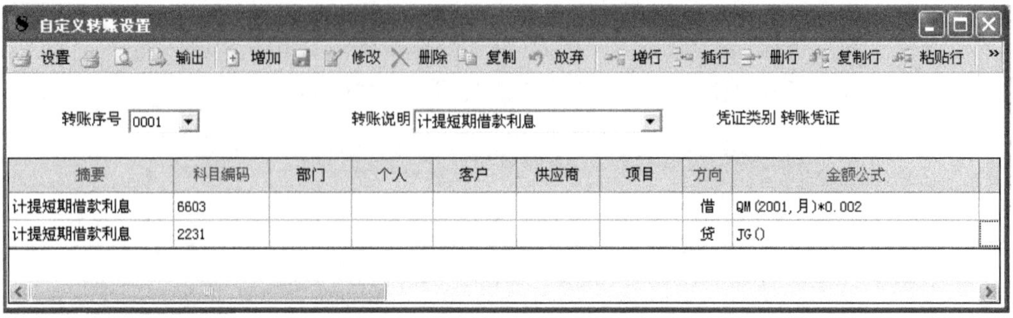

图 4-75 自定义转账设置

（10）单击“保存”按钮，再单击“退出”按钮。

2. 对应结转设置

【例 4-22】结转本月未交增值税。操作员 02（李明）完成对应结转设置，转账序号为0002，转账说明为“结转本月未交增值税”。

操作步骤：

（1）执行“期末”|“转账定义”|“对应结转”命令，打开“对应结转设置”窗口。

（2）录入编号“0002”，单击凭证类别栏的下三角按钮，选择“转账凭证”，输入摘要“结转本月未交增值税”，在“转出科目编码”输入“22210104”或单击参照按钮，选择“22210104 转出未交增值税”。

（3）单击“增行”按钮，在“转入科目编码”栏输入“222102”或单击参照按钮选择“222102 应交税费——未交增值税”，结转系数为“1”，如图 4-76 所示。

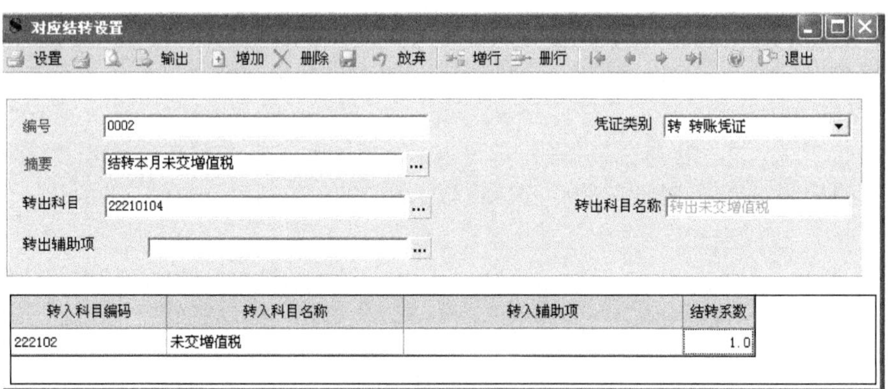

图 4-76 对应结转设置

（4）单击“保存”按钮，单击“退出”按钮退出。

温馨提示

① 对应结转不仅可以进行两个科目一对一结转，还可以进行科目的一对多（一个转出科目对多个转入科目）的结转。

② 对应结转的科目可为上级科目，但其下级科目的科目结构必须一致（相同明细科目），

如果有辅助核算，则两个科目的辅助账类也必须一一对应。

③ 对应结转只能结转期末余额。

3. 销售成本结转设置

【例 4-23】结转销售产品成本。操作员 02（李明）完成销售成本结转设置。

操作步骤：

（1）执行“期末”|“转账定义”|“销售成本结转”命令，打开“销售成本结转设置”窗口。

（2）单击凭证类别栏的下三角按钮，选择“转账凭证”，输入库存商品科目“1405”或单击参照按钮，选择“1405 库存商品”；输入商品销售收入科目“6001”或单击参照按钮，选择“6001 主营业务收入”；输入商品销售成本科目“6401”或单击参照按钮，选择“6401 主营业务成本”，如图 4-77 所示。

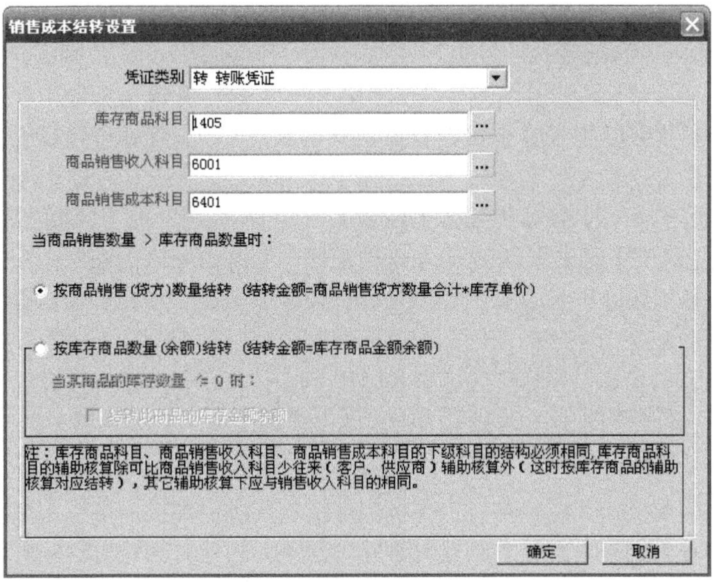

图 4-77　销售成本结转设置

（3）单击“确定”，完成设置。

温馨提示

① 库存商品科目、销售收入科目、销售成本科目可以有部门、项目核算，但不能有往来核算。

② 当库存商品科目的期末数量余额小于商品销售收入科目的贷方数量发生额时，若不希望结转后造成库存商品科目余额为负数，可选择按库存商品科目的期末数量余额结转。

4. 汇兑损益结转设置

【例 4-24】1 月 31 日，美元汇率为 6.92。操作员 02（李明）完成汇兑损益结转设置。

操作步骤：

（1）执行“基础设置”|“基础档案”|“财务”|“外币设置”命令，打开“外币设置”窗口。

（2）美元调整汇率录入“6.92”，如图 4-78 所示。

（3）单击“退出”。

（4）执行“业务工作”|“总账”|“期末”|“转账定义”|“汇兑损益”命令，打开“汇

总损益结转设置”窗口。

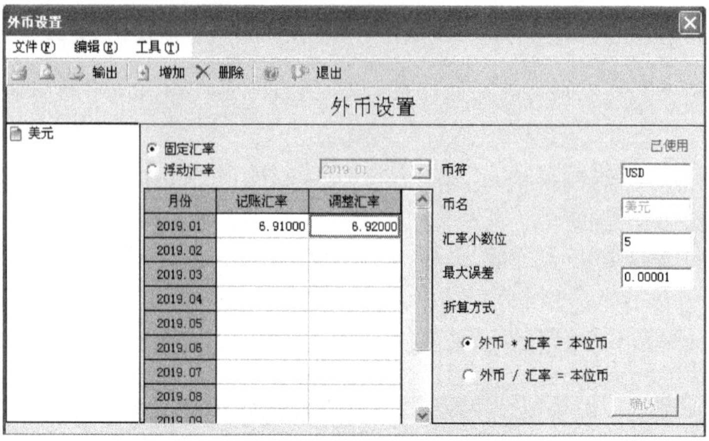

图 4-78 期末外汇汇率设置

（5）单击凭证类别栏的下三角按钮，选择“收款凭证”（选择收款凭证或付款凭证，取决于期末汇率的高低，期末汇率高于期末初汇率，选择收款凭证；反之，选择付款凭证），输入汇兑损益入账科目“6061”或单击参照按钮，选择“6061 汇兑损益”。在所列各外币核算科目的“是否计算汇兑损益”栏双击，选择“Y”。如图 4-79 所示。

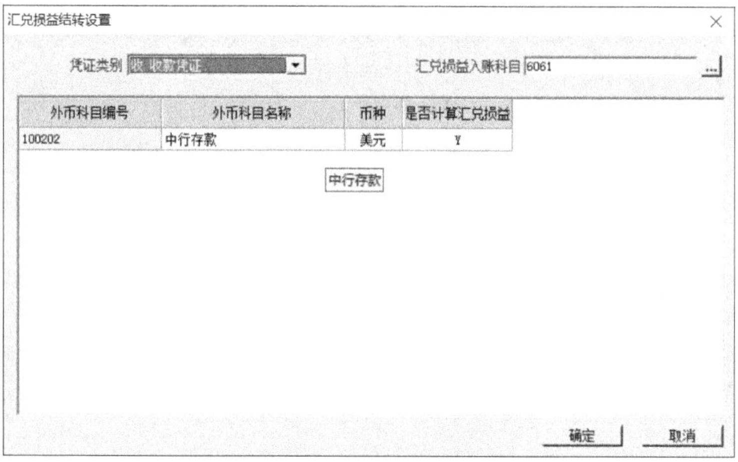

图 4-79 汇兑损益结转设置

（6）单击“确定”，完成设置。

5. 期间损益结转设置

【例 4-25】2019 年 01 月 31 日，将损益类账户结转到“本年利润”。操作员 02（李明）完成期间损益结转设置。

操作步骤：

（1）执行“期末”|“转账定义”|“期间损益”命令，打开“期间损益结转设置”窗口。

（2）单击凭证类别栏的下三角按钮，选择“转账凭证”，输入本年利润科目“4103”或单击参照按钮，选择“4103 本年利润”，如图 4-80 所示。

（3）单击“确定”按钮，完成设置。

图 4-80 期间损益结转设置

三、生成转账凭证

【例 4-26】2019 年 01 月 31 日，转账生成自定义转账凭证、销售成本结转转账凭证、汇兑损益转账凭证、期间损益结转转账凭证。

操作步骤：

1. 转账生成自定义转账凭证

（1）执行“期末”|“转账生成”命令，打开“转账生成”窗口。

（2）单击“自定义转账”单选按钮。

（3）单击“全选”按钮（或者选中要结转的凭证所在行），单击“确定”按钮，生成计提短期借款利息的转账凭证，如图 4-81 所示。

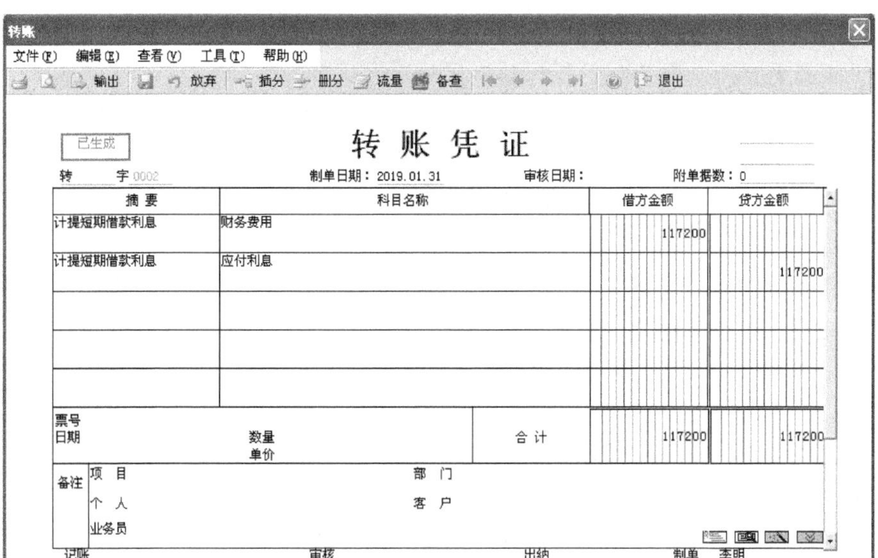

图 4-81 生成自定义转账凭证

（4）单击“保存”按钮，凭证上出现“已生成”标志，单击“退出”按钮退出。

2. 转账生成销售成本结转转账凭证

（1）执行“期末”|“转账生成”命令，打开“转账生成”窗口。

（2）单击“销售成本结转”单选按钮。

（3）单击“确定”按钮，弹出“2019.01 月或之前月有未记账，是否继续结转”对话框，如图 4-82 所示。

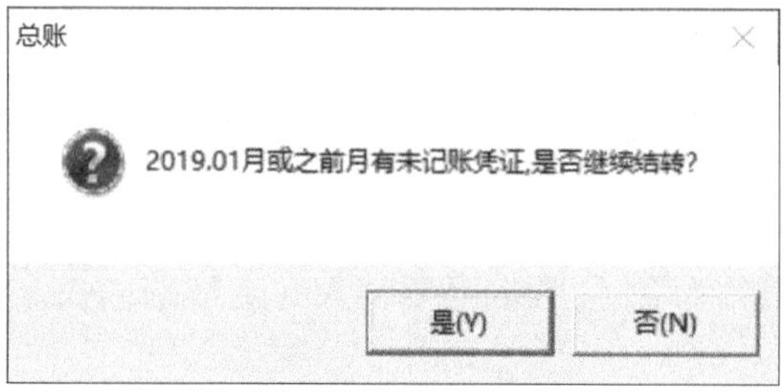

图 4-82　未记账提示

（4）单击“是”，弹出“销售成本结转一览表”窗口，如图 4-83 所示。

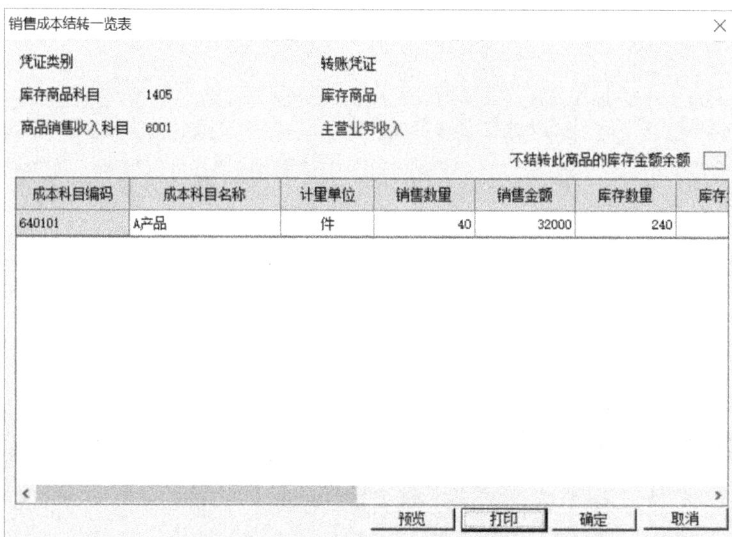

图 4-83　销售成本结转一览表

（5）单击“确定”，生成结转销售成本凭证，如图 4-84 所示。

（6）单击“保存”，生成并保存凭证。

（7）在“转账生成”窗口中单击“退出”按钮退出。

3. 转账生成汇总损益结转凭证

（1）执行“期末”|“转账生成”命令，打开“转账生成”窗口。

（2）单击“汇总损益结转”单选按钮。

（3）单击“全选”按钮，弹出“2019.01 月或之前月有未记账，是否继续结转”对话框。

（4）单击“是”，弹出“汇总损益试算表”窗口，如图 4-85 所示。

（5）单击“确定”，生成汇总损益结转凭证，如图 4-86 所示。

（6）单击“保存”，生成并保存凭证。

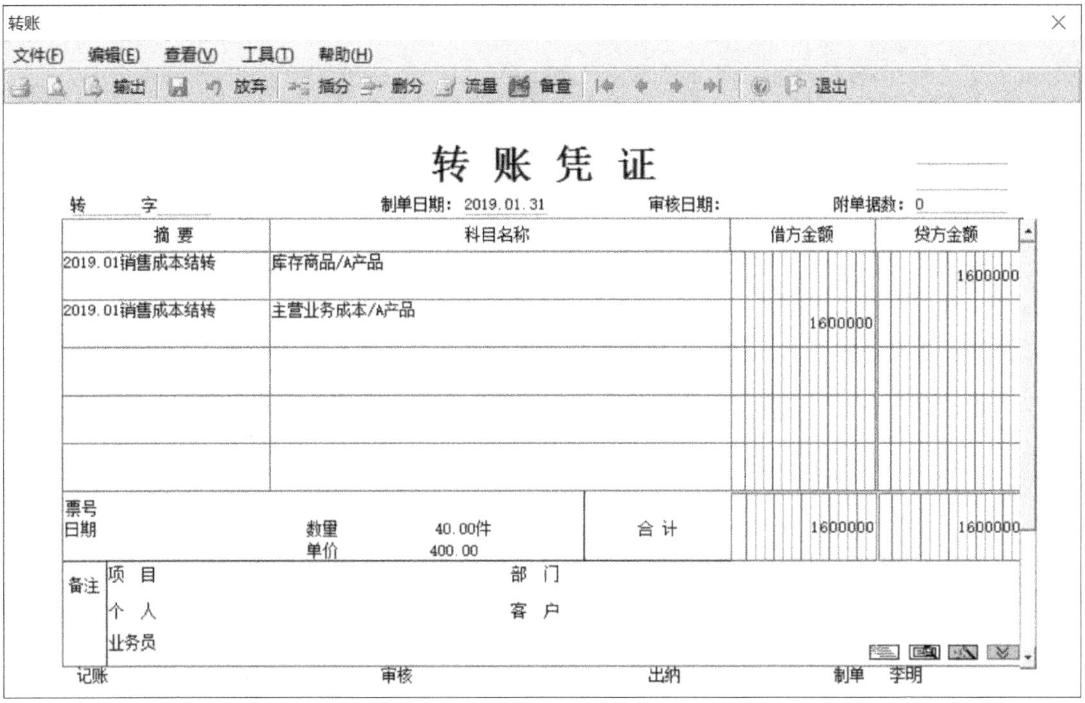

图 4-84 结转销售成本凭证

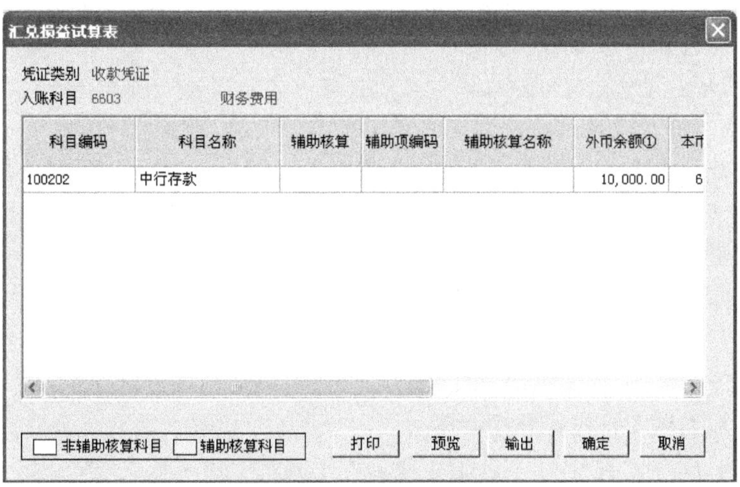

图 4-85 汇总损益试算表

（7）在“转账生成”窗口中，单击“退出”按钮退出。

温馨提示

① 由于期末业务的数据来源为账簿，因此，为了保证数据准确，应在所有业务都记账后再进行期末转账业务的操作。

② 在操作过程中出现“2019.01 月之前有未记账，是否继续结转”的提示，如果确认未记账的业务对此时正在结转的业务没有影响则可以选择继续，否则停止当前的操作，在将未记账凭证记账后再进行期末结转业务的操作。

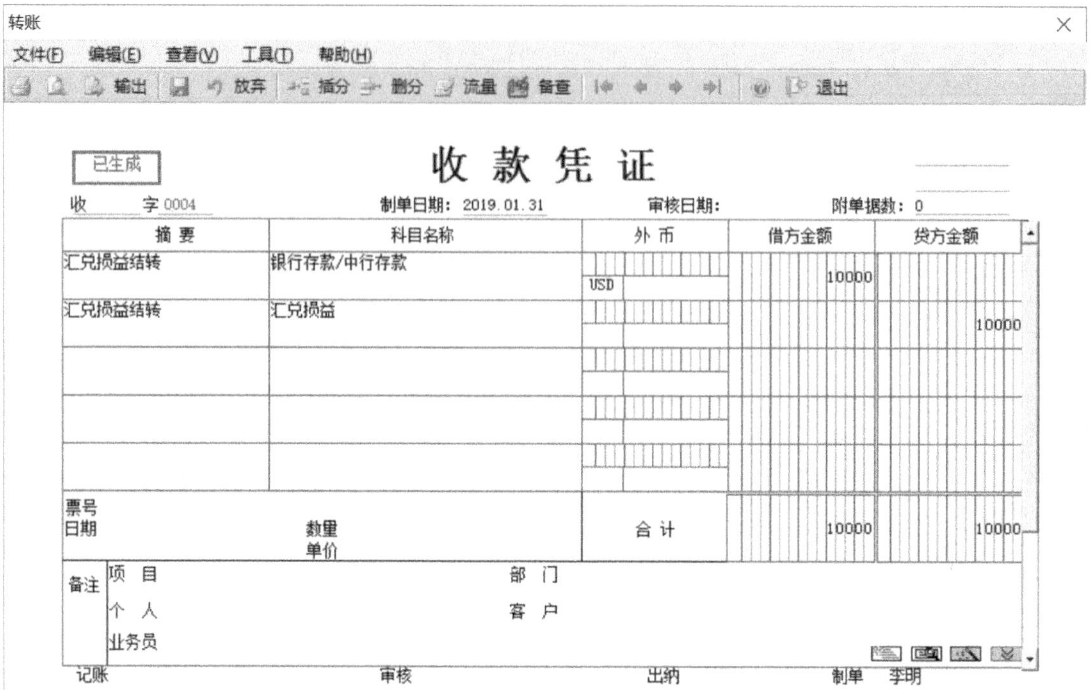

图 4-86　汇总损益结转凭证

③ 转账凭证生成的工作应在期末进行，如果有多种转账业务，特别是涉及多项转账业务，一定要注意转账的先后次序。

④ 通过转账生成功能生成的转账凭证必须保存，否则将视同放弃。

⑤ 在生成期间损益结转之前，需要将本月所有未记账凭证进行记账，以保证损益类科目的完整性。因此，由主管先对上述已生成但尚未审核记账的凭证进行审核、记账，然后执行“转账生成”功能，生成期间损益结转凭证。

4. 转账生成期间损益结转转账凭证

（1）单击“重注册”，由操作员“03（杨梅）”进入总账系统，执行“总账”|“凭证”|“出纳签字”命令，对收款凭证进行签字。

（2）单击“重注册”，由操作员“01（张山）”进入总账系统，执行“总账”|“凭证”|“审核凭证”命令，对上述 3 张凭证进行审核。

（3）执行“总账”|“凭证”|“记账”命令，完成对上述 3 张凭证的记账。

（4）单击“重注册”，由操作员“02（李明）”进入总账系统，执行“总账”|“期末”|“转账生成”。

（5）在“转账生成”窗口中，单击“期间损益结转”单选按钮。

（6）单击“全选”，单击“确定”按钮，生成期间损益结转凭证，如图 4-87 所示。

（7）单击“重注册”，由操作员“01（张山）”进入总账系统，执行“总账”|“凭证”|“审核凭证”命令，审核期间损益结转凭证。

（8）执行“总账”|“凭证”|“记账”命令，完成记账。

四、对账

（1）执行“总账”|“期末”|“对账”，打开“对账”对话框。

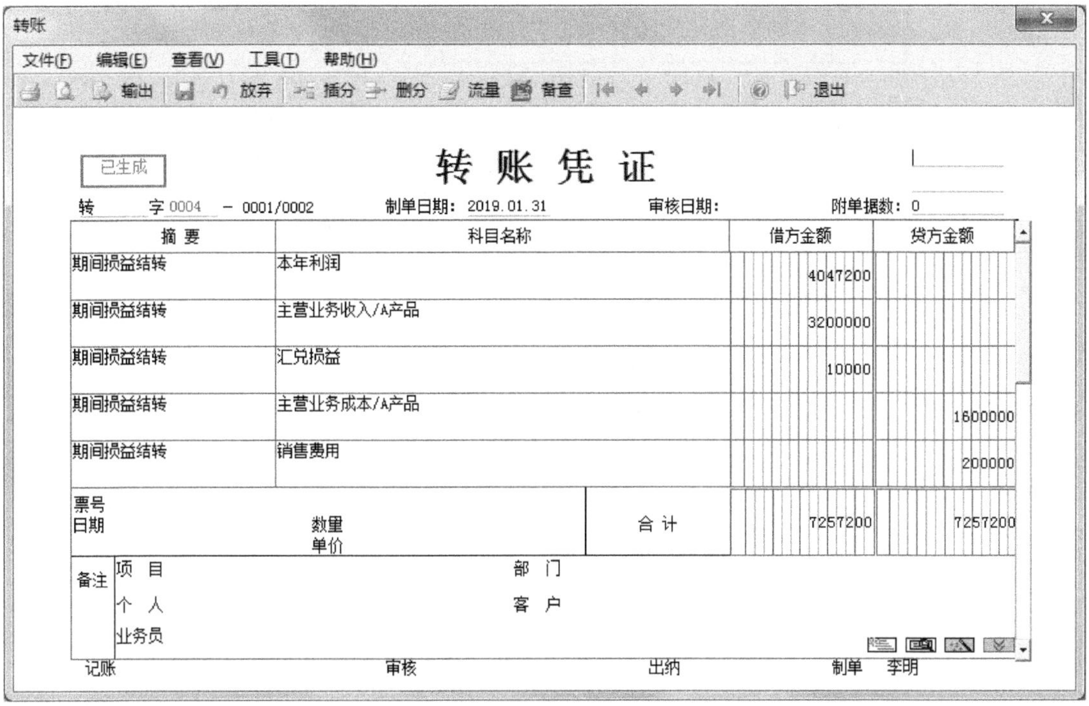

图 4-87 期间损益凭证生成

（2）单击“试算”按钮，出现“2019.01 试算平衡表”，如图 4-88 所示。

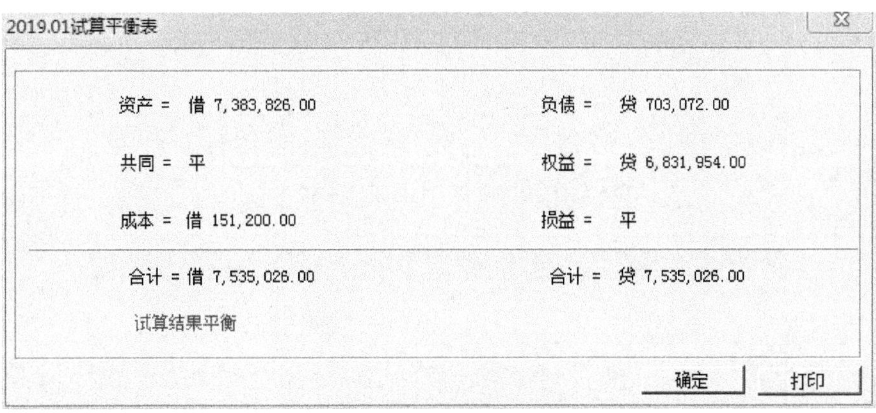

图 4-88 试算平衡表

（3）单击“确定”按钮，单击“选择”按钮，在 2019.01“是否对账”栏出现“Y”标志，选中要对账的月份。

（4）单击“对账”按钮，系统开始对账，并显示对账结果，如图 4-89 所示。

（5）单击“退出”按钮退出。

五、结账

（1）执行“总账”|“期末”|“结账”，打开“结账”对话框。

（2）单击“下一步”按钮，打开“结账”窗口，进行“核对 2019 年 1 月账簿”。

（3）单击“对账”按钮，系统进行对账。当对账完毕后，单击“下一步”按钮，打开“结账—月度工作报告”对话框，如图 4-90、图 4-91 所示。

图 4-89　对账结果

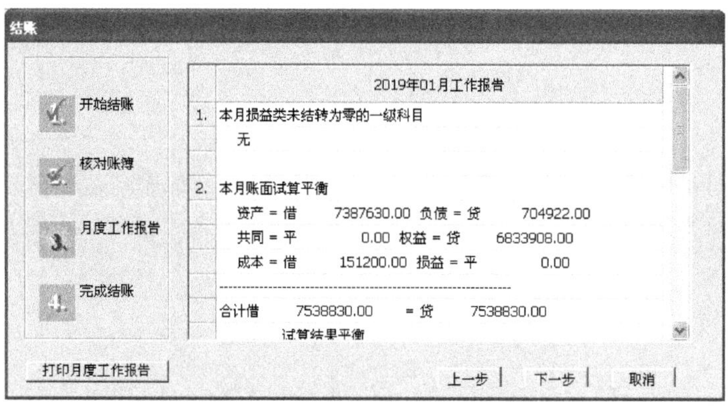

图 4-90　2019 年 01 月工作报告（1）

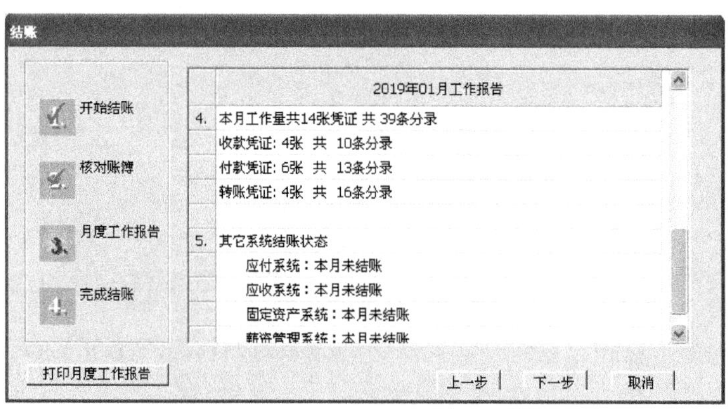

图 4-91　2019 年 01 月工作报告（2）

（4）单击“下一步”按钮，出现“2019 年 1 月未通过工作检查，不可以结账”提示信息，如图 4-92 所示。

（5）单击“重注册”，由操作员“01(张山)”进入系统，执行“基础设置”|“基本信息”|“系统启用”命令，把已启用尚未用的“应收系统”“应付系统”“固定资产系统”“薪资管理系统”

全部关毕。

图 4-92 未通过工作检查

（6）重复进行上述（1）～（3）步骤。

（7）单击“下一步”按钮，出现“2019 年工作检查完成，可以结账”提示信息，如图 4-93 所示。

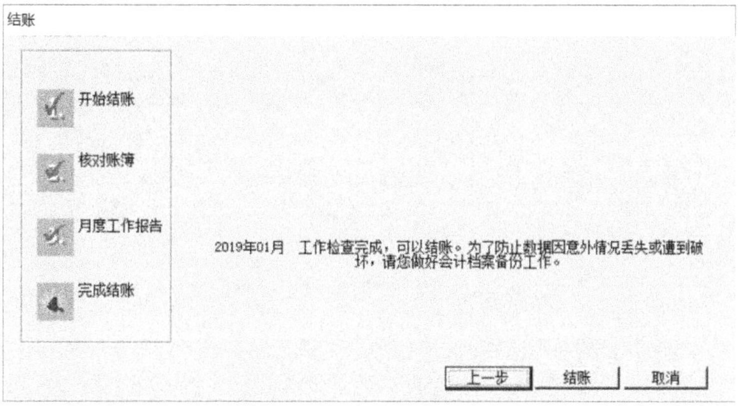

图 4-93 工作检查完成

（8）单击“结账”按钮，完成结账操作。

温馨提示

① 结账前要进行数据备份。

② 结账后除查询外，不能再对本月业务进行任何操作。

③ 如果某种原因需要取消本月结账，需要账套主管在“结账”界面按 Ctrl+Shift+F6 键激活“取消结账”功能；输入口令，即可取消结账标记。

特别注意：结账后编制会计报表是正常程序，所以我们在此处进行了结账。但进行薪资管理、固定资产管理、应收款管理、应付款管理等各个子系统操作时，务必先进行“取消结账”。如果原来在“凭证”选项卡中选中“制单序时控制”，还需要取消“制单序时控制”。

六、账套备份。

（1）以系统管理员 admin 进入系统管理。

（2）执行“账套”|“输出”命令，打开“账套输出”对话框，选择需要输出的账套101，单击“确认”按钮，稍候，系统提示“请选择账套备份路径”。

（3）选择“C:\”盘前的“+”号，选择“账套备份”文件夹，单击“新建文件夹”，新建“（4-3）任务三备份”文件夹。

（4）单击“确定”，将账套输出到“（4-3）任务三备份”文件夹中。

（5）备份完成后系统弹出“输出成功！”信息提示对话框，单击“确定”按钮返回。

项目五

会计报表管理系统

知识目标

了解会计报表处理系统中常用的基本概念，掌握报表系统处理流程。掌握报表格式设计、单元公式定义及从账务处理系统中获取数据生成报表的方法。

技能目标

能够熟练掌握自定义报表的主要操作，包括报表格式设置、公式设置的方法以及报表数据的计算方法。能掌握使用报表模板生成报表数据的方法。了解修改报表单元公式、设置关键字的方法。

项目导航

会计信息系统的各个子系统，如账务处理子系统、采购与应付子系统、存货子系统、销售与应收子系统、薪资子系统、固定资产子系统等，都能生成各种管理报表，但这些报表大多局限于各个子系统自身相关的业务，着眼于相关的管理与决策需要。与此不同的是会计报表子系统，它并非是对经营交易或事项的直接处理，而是用于法定会计报表或内部管理报表的编制，更多的是着眼于整个企业生产经营活动的综合反映，是会计核算工作的总结。因此，会计报表子系统直接面向内外报表使用者的会计信息需要，取决于各个子系统会计核算的结果，进行相应的加工处理。专门提供各种会计报表的子系统，是会计信息系统中的一个重要子系统。

会计报表能够集中地揭示该会计期间经营活动和财务收支的全貌。会计报表管理系统的主要任务就是设计报表的格式和编制公式，从账务处理系统或其他系统中取得有关会计信息，自动编制会计报表，并对会计报表进行审核、汇总，生成各种分析图表，并按预定格式输出各种会计报表。

任务一　报表管理系统初始设置

任务描述

用友 ERP-U8V10.1 软件的会计报表处理系统提供了一些固定的财务账表以便用户查询，但如果用户需要一些特殊格式的报表，而软件中已有的报表格式又无法满足用户要求，用户可以自定义所需要的报表格式，利用它可以编制出用户所需的报表，可以在报表数据的基础上生成其他相关图表，使结果更加直观形象。用友 UFO 电子表格系统为用户提供了多个行业的各种标准财务报表格式。用户可以套用系统提供的标准报表格式，并在其基础上根据自己单位的具体情况进行局部修改，免去从头至尾建立报表、定义格式公式的繁琐工作。

报表管理系统的主要内容包括：报表格式设计、报表公式定义、报表的数据处理及报表的输出、图表功能等。

预备知识

一、报表管理系统概述

报表管理系统主要为总账、财务系统、供应链管理系统统一提供数据输出功能。主要包括文件管理、格式设计、公式设计、数据处理、图表生成等功能。

1. 文件管理

报表管理系统提供了各类文件管理功能，除能完成一般的文件管理外，其数据文件还能够被转换成不同的文件格式：如 TXT 文件、MDB 文件、DBF 文件、XLS 文件等。此外，通过报表管理系统提供的“导入”和“导出”功能，可以实现与其他流行财务软件之间的数据交换。

2. 报表格式设计

报表格式设计相当于手工会计环境下绘制或取得一张空白的会计报表。格式设计包括定义报表尺寸(报表的行数和列数)、设置组合单元、绘制表格线、输入报表项目(包括表头、表体和表尾项目)、设置行高及列宽、定义单元格风格(包括字形、字体、字号、颜色、图案等)、设置单元属性(包括表样、字符和数值属性)和确定关键字位置等。同时，报表管理系统还内置有多种套用格式和多个行业的标准财务报表模板。这些功能方便了用户标准报表的制作，对于用户内部常用的管理报表，报表管理系统还提供了自定义模板功能。

3. 报表公式定义

报表公式决定了报表的数据来源及报表数据计算等，报表公式包括取数公式、计算公式、审核公式和舍位平衡公式等。报表管理系统提供了绝对单元公式和相对单元式，可以方便、迅速地定义计算公式、审核公式、舍位平衡式；还提供了种类丰富的函数，在系统向导的引导下轻松地从用友账务及其他子系统中提取数据并生成财务报表。

4. 数据处理

报表管理系统的数据处理功能可以固定格式管理大量数据不同的表页，并在每张表页之间建立有机的联系。此外，还提供了表页的排序、查询、审核、舍位平衡和汇总等功能。

5. 图表生成

报表管理系统可以方便地对数据进行图形组织和分析，制作包括直方图、立体图、圆饼图、折线图等多种分析图表，并能编辑图表的位置、大小、标题、字体、颜色、打印输出等。

二、报表管理系统的业务操作流程

报表管理系统的业务操作流程如图 5-1 所示。

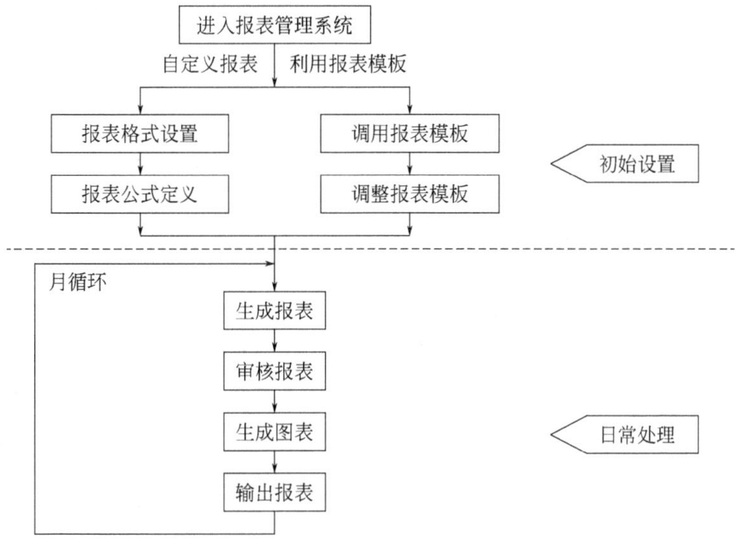

图 5-1　报表管理系统的操作流程

三、报表管理系统的相关概念

1. 格式状态和数据状态

会计报表处理系统将报表处理过程分为两大部分来处理，即报表格式及公式定义工作和报表数据处理工作两个阶段。这两部分工作是在不同状态下进行的，实现状态切换的是“格式 / 数据”切换按钮，点取这个按钮可以在格式状态和数据状态之间切换。

（1）格式状态。在报表格式设计状态下进行有关报表格式设计的操作，如表尺寸、行高列宽、单元属性、单元风格、组合单元、关键字以及定义报表的单元公式（计算公式）、审核公式及舍位平衡公式。在格式状态下所看到的只是报表的格式，而报表的数据全部隐藏，在格式状态下所做的操作对该报表文件中的所有表页都发生作用，在格式状态下不能进行数据的录入、计算等操作。

（2）数据状态。在数据状态下进行报表的数据处理工作，如输入数据、增加或删除表页、执行审核和舍位平衡操作、制作图形、汇总与合并报表等。数据状态下所做的操作只对本表页有效，该状态下不能修改报表的格式，用户看到的是报表的全部内容，包括格式和数据。

报表工作区的左下角有一个“格式 / 数据”按钮。单击这个按钮可以在“格式状态”和“数据状态”之间切换。

温馨提示

会计报表处理系统中的格式和数据是分开管理的，它们的输入由不同的功能完成，编辑报表格式时不能对数据进行操作，数据处理时不能编辑报表格式。格式和数据状态的转换可单击 UFO 报表右下角的“格式 / 数据”按钮，约定为格式状态。

2. 单元

单元是组成报表的最小单位。单元名称由所在行、列的行号及列号标识。行号由 1 ～ 9999 表示，列标用字母 A ～ IU 表示。例如，C8 表示第 3 列第 8 行交汇的那个单元。单元属性包括：单元类型、对齐方式、字体颜色、表格边框等。单元类型有数值单元、字符单元、表样单元 3 种。

（1）数值单元。用于存放报表的数据，在数据状态下输入。数值单元必须是数字，可以直接输入或由单元中存放的单元公式运算生成。建立一个新表时，所有单元的缺省类型为数值型。

（2）字符单元。字符单元也是报表的数据，也应在数据状态下输入。字符单元的内容可以是汉字、字母、数字及各种键盘输入的符号组成的一串字符，可以直接输入，也可由单元公式生成。

（3）表样单元。表样单元是报表的格式，是在格式状态下定义一个没有数据的空表所需的所有文字、符号或数字。一旦单元被定义为表样，那么其输入的内容对所有表页都有效。表样单元只能格式状态下输入和修改，在数据状态下只能显示而无法修改。

3. 组合单元

组合单元是指由相邻的两个或更多的单元组成的区域，这些单元必须是同一种单元类型（数值、字符、表样），会计报表处理系统在处理报表时将组合单元视为一个单元。组合单元的名称可以用该区域的名称或区域中的任一单元的名称来表示。如把 A2 到 A3 定义为一个组合单元，那么这个组合单元用“A2：A3”“A2”或“A3”表示均可。

4. 区域

区域由一张表页上的相邻单元组成，自起点单元至终点单元是一个完整的长方形矩阵。在会计报表处理系统中，区域是二维的，最大的区域是整个表页，最小的区域是一个单元。表示区域时是将起点单元和终点单元用“ ：”连接起来，如 A6 到 C10 的长方形区域表示为“A6：CIO”。

5. 表页

表页是由若干列组成的一个二维表，每一张表页是由许多单元组成的。一个相同格式的报表会产生不同的数据，在会计报表处理系统中可以将格式相同而数据不同的报表用表页的形式加以管理，把不同的数据存放在不同的表页里。一个 UFO 报表最多可容纳 99999 张表页。表页在报表中的序号在表页下方以标签的形式出现，称为“页标”。页标用“第 1 页”～“第 99999 页”表示，如果当前表为第 2 页，则可以表示为 @2。

6. 关键字

关键字是一种特殊的单元，可以唯一标识一个表页，用于在大量表页中快速选择表页。例如，一个资产负债表的表文件可存放一年 12 个月的资产负债表（甚至多年的多张表），要对某一张表页的数据进行定位，就要设置一些定位标志，在报表系统中被称为关键字。

报表系统共提供了六种关键字，它们是“单位名称”“单位编号”“年”“季”“月”“日”，除此之外，报表系统还增加了一个自定义关键字，当定义名称为“周”和“旬”时有特殊意义，可以在业务函数中代表取数日期。

关键字的显示位置在格式状态下设置，关键字的值则在数据状态下录入，每个报表可以定义多个关键字。

7. 二维表和三维表

确定某一数据位置的要素称为“维”。在一张有方格的纸上填入一个数，这个数的位置可通过行（X 轴）和列（Y 轴）即二维来描述，那么这个表就是二维表。

如果将多个相同格式的二维表页放在一起，要从多个三维表中查找一个数据，又需增加一个要素，即表名。所以在会计报表处理系统中，确定某个数据的所有位置要素包括表名、列、行、表页，三维表的表间操作即称为“四维运算”。如要查找资产负债表的第 5 页的 B8 单元的数据，则可表示为：“资产负债表” B8@5。

8. 固定区及可变区

固定区是指组成一个区域的行数和列数是固定的。在固定区域内，其单元总数一经设定后是不变的。

可变区是指一个区域的行数或列数是不固定的。可变区的最大行数或最大列数是在格式设计中设定的，且在一个报表中只能设置一个可变区，或是行可变区或是列可变区。行可变区是指可变区中的行数是可变的；列可变区是指可变区中的列数是可变的。设置可变区后，屏幕只显示可变区的第一行或第一列，其他可变行或列隐藏在表体内。以后操作时，可变行数、列数可以随着需要而增减。

有可变区的报表称为可变表，没有可变区的报表称为固定表。

9. 函数

企业常用的财务报表数据一般来源于总账系统或报表系统本身，取自于报表的数据又可以分为从本表取数和从其他报表的表页取数。报表系统中，取数是通过函数实现的。

（1）自总账取数的公式可以称之为账务函数。账务函数的基本格式为：函数名（< 科目编码 >，< 会计期间 >，[< 方向 >]，[< 账套号 >]，[< 会计年度 >]，[< 编码 1>]，[< 编码 2>]）。

① 方向即“借”或“贷”，可以省略。

② 账套号为数字，缺省时默认为 999 账套。

③ 会计年度即数据取数的年度，可以省略。

④ 编码 1 与编码 2 与科目编码的核算账类有关，可以取科目的辅助账，如职员编码、项目编码等，如无辅助核算则省略。

常见账务取数函数如表 5-1 所示。

表 5-1　常见账务取数函数

总账函数	金额式	数量式	外币式
期初额函数	QC（）	SQC（）	WQC（）
期末额函数	QM（）	SQM（）	WQM（）
发生额函数	FS（）	SFS（）	WFS（）
累计发生额函数	LFS（）	SLFS（）	WLFS（）
条件发生额函数	TFS（）	STIRS（）	WTFS（）
对方科目发生额函数	DFS（）	SDFS（）	WDFS（）
净额函数	JE（）	SJE（）	WJE（）

（2）自本表本表页取数的函数。主要有以下几个。

数据合计：PTOTAL（）

平均值：PAVG（）

最大值：PMAX（）

最小值：PMIN（）

（3）自本表其他表页取数的函数。对于取自本表其他表页的数据，可以用某个关键字作为表页定位的依据或者直接以页标号作为定位依据，指定取某张表页的数据。可以使用 SELECT（）函数从本表其他表页取数。

例：如果 C1 单元数据取自上个月 C2 单元的数据：C1=SELECT（C2，月 @= 月 +1）。

例：如果 C1 单元数据取自第二张表页的 C2 单元的数据：C1=C2@2。

（4）自其他报表取数的函数。对于取自其他报表的数据，可以用“报表 -[. REP]-> 单元”格式指定要取数的某张报表的单元。

四、报表格式设计

自定义报表格式的设计步骤如下。

第一步：启动 UFO，建立报表。启动 UFO 后，选择“文件”|“新建”命令，可进入报表的格式状态。

第二步：设计报表的格式。报表的格式在格式状态下设计。

（1）设置表尺寸：即设定报表的行数和列数，可根据所要定义的报表大小计算该表所需的行数、列数，然后再进行设置。确定报表的行数时，应包括表头、表体和表尾占用的行数。

（2）定义行高和列宽。可以用两种方式：使用菜单命令和使用鼠标。使用鼠标把鼠标移动到两个行标或列标之间，鼠标变为行高或列宽指示形状，拖动鼠标直到满意的行高或列宽，松开鼠标按钮即可。

（3）画表格线。选取要画线的区域，点取”格式”菜单，在下拉菜单中点取“区域画线”，弹出“区域画线”对话框。在“画线类型”和“样式”中选择一种即可。如果想删除区域中的表格线，则重复前面步骤，在对话框中选相应的画线类型样式为“空线”即可。要画斜线，选择“正斜线”或“反斜线”和线形。

（4）定义单元属性。设置单元类型及数据格式、对齐方式、字型、字体、字号及颜色、边框样式等内容。新建的报表，所有单元的单元类型均默认为数值型，但在单元格内输入项目内容后，其单元类型自动转变为表样属性。定义为字符和数值属性的单元，可在数据处理状态下输入数据，输入的数据只对本表页有效。定义为表样属性的单元，在格式状态下输入内容后将对所有的表页有效。

（5）定义组合单元。如标题应在一个单元内输入。

（6）设置可变区。

（7）输入项目内容。项目内容指报表的固定文字内容，主要包括标题、表头、表体项目、表尾等。

（8）定义关键字。UFO 共提供了 6 个关键字，包括单位名称、单位编号、年、季、月、日，另外还包括一个自定义关键字，可以根据实际需要任意设置相应的关键字。关键字的显示位置在格式状态下设置，关键字的值在数据状态下录入，每个报表可以定义多个关键字。

第三步：定义各类公式。

（1）计算公式

UFO 提供了丰富的计算公式，可以完成几乎所有的计算要求。

UFO 的计算公式有 3 种方式：

① 单元公式，存储在报表单元中，按“=”即可定义。

② 命令窗中的计算公式，在命令窗中一条一条书写，按回车计算。

③在计算公式中，可以取本表页的数据，可以取其他表页中的数据，也可以取其他报表

的数据，例如从几张基础数据表中提取数据，计算后形成分析表。

单元公式可以给一个单元定义，也可以给一个区域定义公式，称为区域公式。

例如：在利润表中，求累计数公式可以写为：D5:D20=C5:C20+SELECT（D5:D20, 年@= 年 and 月 @= 月 +1）

在可变区中不能定义单元公式，要计算可变区的内容，可以在命令窗中或批命令中定义可变区公式。

与 Excel 类似，UFO 提供了相对公式，在单元前面加“?”即可。

例如：相对公式 a10=ptotal（?a1:?a9），复制到 b10 单元后，公式自动变为 b10=ptotal（?b1:?b9）

（2）自动求和

不必自己编辑求和公式，由系统自动生成。这一功能是通过“常用工具栏”实现的，即进行向下、向右求和。

（3）单元公式的计算方式

如果在格式状态下定义了单元公式，进入数据状态之后，当前表页的单元公式将自动运算并显示结果。当单元公式中引用单元的数据发生变化时，公式也随之自动运算并显示结果。

要重新计算所有表页的单元公式，请在数据状态下点取“数据”菜单中的“整表重算”。在计算过程中，按 <Esc> 键可以终止计算。

（4）审核公式

经常使用的各类财经报表中的每个数据都有明确的经济含义，各个数据之间一般都有一定的勾稽关系。如在一个报表中，小计等于各分项之和，而合计又等于各个小计之和等。在实际工作中，为了确保报表数据的准确性，我们经常用这种报表之间或报表之内的勾稽关系对报表进行勾稽关系检查。一般来讲，我们称这种检查为数据的审核。

UFO 系统对此特意提供了数据的审核公式，它将报表数据之间的勾稽关系用公式表示出来，我们称之为审核公式。

① 定义报表审核关系

在报表格式设计状态下，用鼠标选取菜单“数据”—“编辑公式”—“审核公式…”命令，调出“定义审核关系”对话框。

在“编辑框”中按照对话框右侧的格式范例输入审核公式。

审核公式编辑完毕，检查无误后选择“确认”，系统将保存此次审核公式的设置。

按“ESC”键或选择“取消”将放弃此次操作。

② 审核公式的格式

在审核公式对话框和批命令中审核公式的格式是：

[< 算术表达式 >< 关系表达式 >< 算术表达式 >,] *

< 算术表达式 >< 关系表达式 >< 算术表达式 >

[FOR< 页面筛选条件 > [;< 可变区筛选条件 >]]

[RELATION< 页面关联条件 > [,< 页面关联条件 >] *]

MESSAGE “< 提示信息 >”

[[< 算术表达式 >< 关系表达式 >< 算术表达式 >,] *

< 算术表达式 >< 关系表达式 >< 算术表达式 >

[FOR< 页面筛选条件 > [;< 可变区筛选条件 >]]

[RELATION< 页面关联条件 > [,< 页面关联条件 >] *]

MESSAGE "< 提示信息 >"] *

简捷操作：RELATION 可以简写为 RELA，MESSAGE 可以简写为 MESS。

③ 本表内的审核公式

假设我们要审核调查表"as02.rep"。该表有以下审核关系，希望审核时达到这样的效果：

C9=C5+C6+C7+C8，若此项关系不平，则提示"一季度小计不等！"

D9=D5+D6+D7+D8，若此项关系不平，则提示"二季度小计不等！"

E9=E5+E6+E7+E8，若此项关系不平，则提示"三季度小计不等！"

F9=F5+F6+F7+F8，若此项关系不平，则提示"四季度小计不等！"

G9=G5+G6+G7+G8，若此项关系不平，则提示"合计不等于各项小计之和！"

该表的审核公式为：

C9=C5+C6+C7+C8

MESSAGE "一季度小计不等！"

D9=D5+D6+D7+D8

MESSAGE "二季度小计不等！"

E9=E5+E6+E7+E8

MESSAGE "三季度小计不等！"

F9=F5+F6+F7+F8

MESSAGE "四季度小计不等！"

G9=G5+G6+G7+G8

MESSAGE "合计不等于各项小计之和！"

（5）舍位平衡公式

报表数据在进行进位时，以"元"为单位的报表在上报时可能会转换为以"千元"或"万元"为单位的报表，原来满足的数据平衡关系可能被破坏，因此需要进行调整，使之符合指定的平衡公式。

报表经舍位之后，重新调整平衡关系的公式称为舍位平衡公式。其中，进行进位的操作叫做舍位，舍位后调整平衡关系的操作叫做平衡调整公式。

① 定义舍位平衡公式

在报表格式设计状态下，选取菜单"数据"—"编辑公式"—"舍位公式…"，调出"舍位平衡公式"对话框。

舍位平衡公式编辑完毕，检查无误后选择"完成"，系统将保存此次舍位平衡公式的设置。按"ESC"键或选择"取消"将放弃此次操作。

在各编辑框中输入如下各项。

舍位表名：和当前文件名不能相同，默认在当前目录下。

舍位范围：舍位数据的范围要把所有要舍位的数据包括在内。

舍位位数：1～8 位。舍位位数为 1，区域中的数据除 10；舍位位数为 2，区域中的数据除 100；以此类推。

平衡公式：倒序写，首先写最终运算结果，然后一步一步向前推。每个公式一行，各公式之间用逗号","隔开，最后一条公式不用写逗号。公式中只能使用"+""-"符号，不能使用其他运算符及函数。等号左边只能为一个单元（不带页号和表名）。一个单元只允许在等号右边出现一次。

② 舍位平衡公式的格式

以下是舍位平衡公式的标准格式：

REPORT “< 舍位表文件名 >”; RANGE< 区域 >[,< 区域 >]*WEI< 位数 >

[FORMULA< 平衡公式 >[,< 平衡公式 >]*[FOR< 页面筛选条件 >]]

温馨提示

平衡公式中涉及的数据应完全包含在参数 < 区域 > 所确定的范围之内，否则平衡公式无意义。

③ 对报表进行舍位平衡操作

当报表编辑完毕，需要对报表进行舍位平衡操作时，可进行以下操作。进入数据处理状态。用鼠标选取菜单“数据” | “舍位平衡”命令。系统按照所定义的舍位关系对指定区域的数据进行舍位，并按照平衡公式对舍位后的数据进行平衡调整，将舍位平衡后的数据存入指定的新表或他表中。打开舍位平衡公式指定的舍位表，可以看到调整后的报表。

五、套用格式

第一步：启动 UFO，建立报表。启动 UFO 后，选择“文件” | “新建”命令或单击“新建”图标，可进入报表的格式状态。

第二步：套用格式。选取要套用格式的区域，选择“格式”菜单中的“套用格式”，将弹出“套用格式”对话框。在对话框中选取一种套用格式。

六、套用报表模板

第一步：启动 UFO，建立报表。启动 UFO 后，选择“文件” | “新建”命令或单击“新建”图标，可进入报表的格式状态。

第二步：套用报表模板。选择“格式”菜单中的“报表模板”，将弹出“报表模板”对话框。在其中选取行业和财务报表名。确认后，生成一张空的标准财务报表。

温馨提示

当前报表套用标准财务报表模板后，原有内容将丢失。

任务设计

（1）自定义设置货币资金表；

（2）套用报表模板，生成资产负债表、利润表。

操作步骤

一、自定义设置货币资金表

【例 5-1】为东方科技设计 2019 年 1 月 31 日的货币资金表，货币资金表的具体格式如

表 5-2 所示。

表 5-2 货币资金表

编制单位：东方科技有限公司　　2019 年 1 月 31 日　　单位：元

项　　目	期 初 数	期 末 数
库存现金		
银行存款		
合计		

操作步骤：

以账套主管 01（张山）的身份进入 010 账套东方科技有限公司。执行“业务工作”|“财务会计”|“UFO 报表”命令，打开“UFO 报表”窗口。系统弹出“日积月累”对话框，点击“关闭”，可以进行“UFO 报表”操作。

1. 定义表尺寸

（1）在“UFO 报表”窗口点击“文件”菜单，在下拉菜单中点取“新建”，点击“格式 / 数据”按钮，进入格式状态。

（2）点击“格式”菜单，在下拉菜单中点击“表尺寸”，弹出“表尺寸”对话框，如图 5-2 所示。在对话框中输入报表的行数 6 和列数 3，点击“确认”。

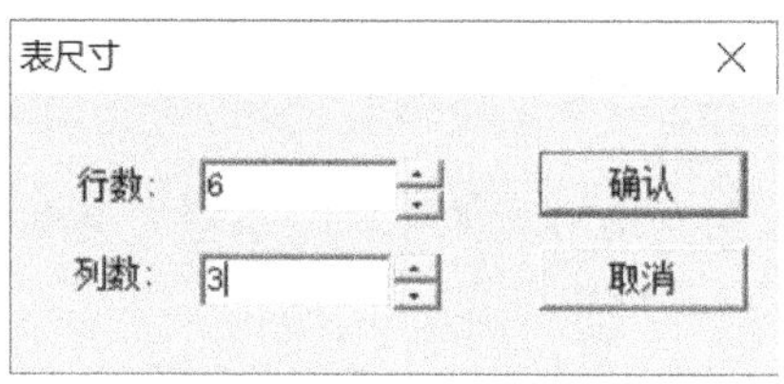

图 5-2　定义表尺寸

2. 定义行高和列宽

（1）菜单命令

① 点击“格式 / 数据”按钮，进入格式状态。

② 选定要调整行高或列宽的行或列，点击“格式”菜单，在下拉菜单中点击“行高”或“列宽”，出现“行高”和“列宽”对话框，如图 5-3、图 5-4 所示。选中所选区域，在对话框中输入希望的行高或列宽值。

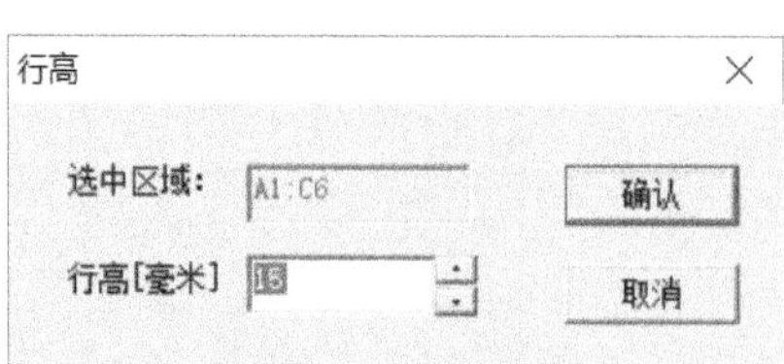

图 5-3　定义行高

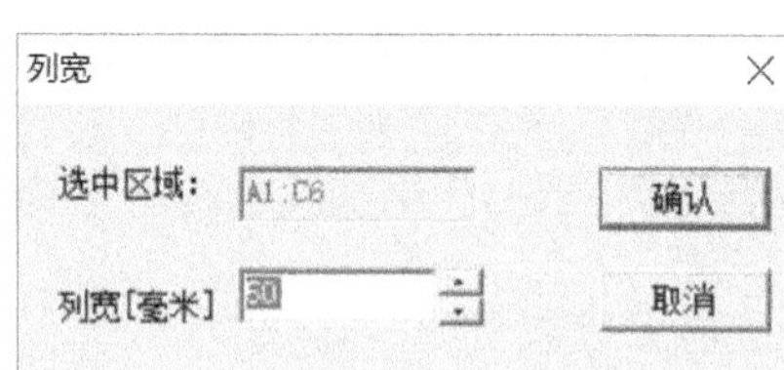

图 5-4　定义列宽

（2）使用鼠标

可把鼠标移动到两个行标或列标之间，鼠标变为行高或列宽指示形状，拖动鼠标直到满意的行高或列宽，松开鼠标按钮即可。

3. 区域画线

（1）选中 A3 到 C6 单元。

（2）点击“格式”菜单，在下拉菜单中点击“区域画线”，将弹出“区域画线”对话框，如图 5-5 所示。在“画线类型”和“样式”中选择“网线”，单击“确认”按钮。

4. 定义组合单元

（1）选中 A1 到 C1 单元。

（2）点击“格式”菜单，在下拉菜单中点击“组合单元”，弹出“组合单元”对话框，如图 5-6 所示。点击“设置组合”按钮设置组合单元。

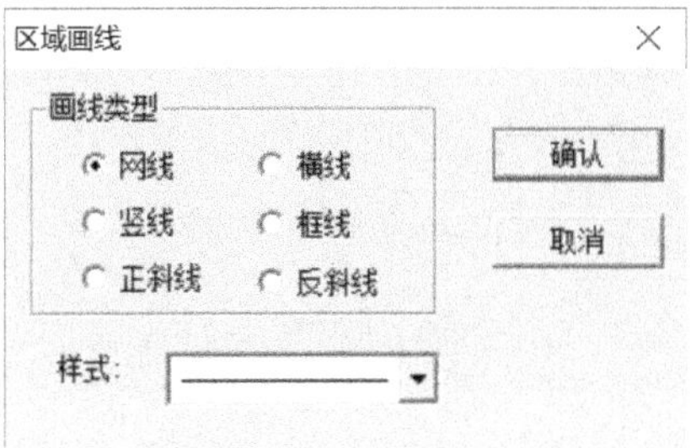

图 5-5　区域画线

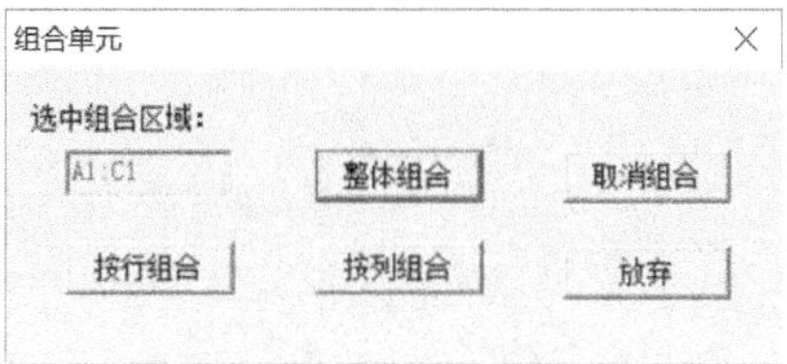

图 5-6　设置组合单元

5. 输入项目内容

（1）在 A1 单元格中输入“货币资金表”，然后单击“居中”按钮。

（2）在 C2 单元格中输入“单位：元”，再在表格内输入相关文字内容，如图 5-7 所示。

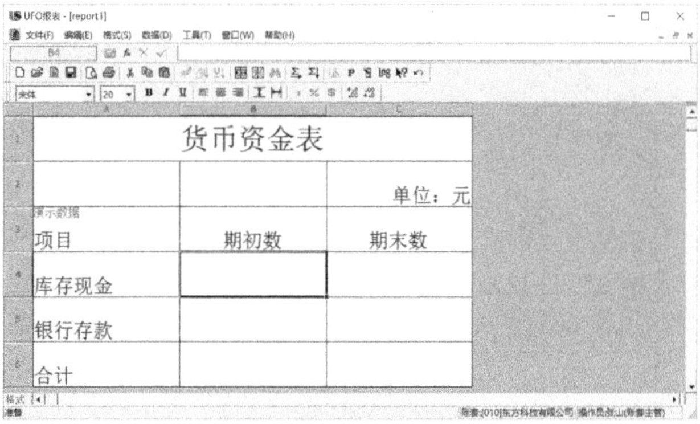

图 5-7　输入项目内容

6. 定义关键字

（1）选中 A2 单元定义关键字，单击“数据”—“关键字”—“设置”，系统弹出“设置关键字”对话框，如图 5-8 所示。

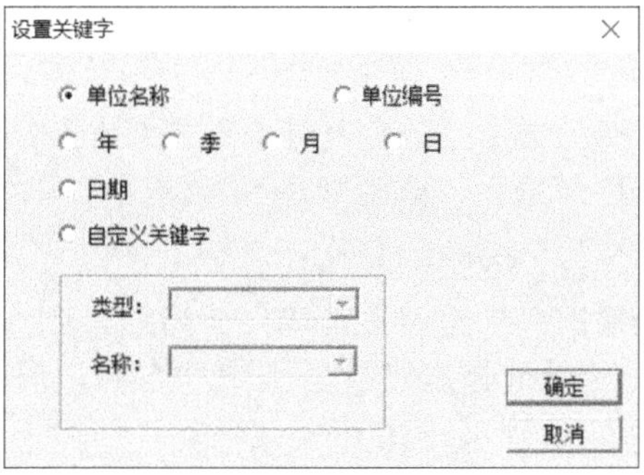

图 5-8　设置关键字

（2）在该对话框中选择“单位名称”。

（3）单击“确认”按钮。

（4）在 A2 单元出现红色的“单位名称：××××××”。重复同样的操作，将“年”和“月”两个关键字加入。当关键字窗口“年”“月”“日“与“单位名称”叠在一起时，可单击“数据”—“关键字”—“偏移”来调整关键字位置，如图 5-9 所示。

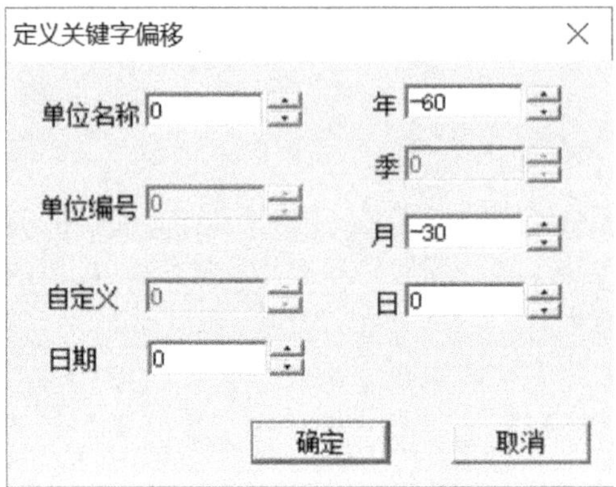

图 5-9　定义关键字偏移

（5）上述操作完成后，屏幕所显示的货币资金表格式如图 5-10 所示。

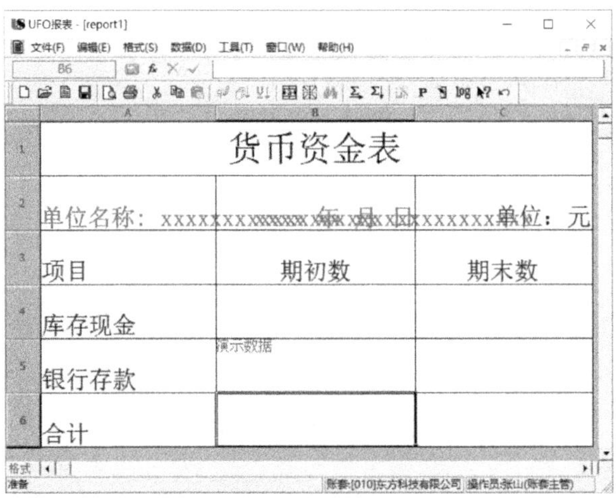

图 5-10　货币资金表（格式）

（6）单击工具栏上的“保存”按钮或单击“文件”菜单下的“保存”选项，即可保存该报表。

7. 定义单元公式

（1）选中 B4 单元，即“库存现金”的期初数，单击“数据”—“编辑公式”—“单元公式”，系统弹出“定义公式”对话框。单击“函数向导”按钮，弹出“函数向导”窗口，选择“用友账务函数”—“期初（QC）”，如图 5-11 所示。

（2）点击下一步，系统弹出“用友财务函数”窗口，如图 5-12 所示。

（3）点击“参照”按钮，系统弹出“财务函数”窗口，输入或选择相应信息：账套号“010”、会计年度为“2019”、科目为“1001”、期间为“月”、方向为“借方”或默认，如图 5-13 所示。

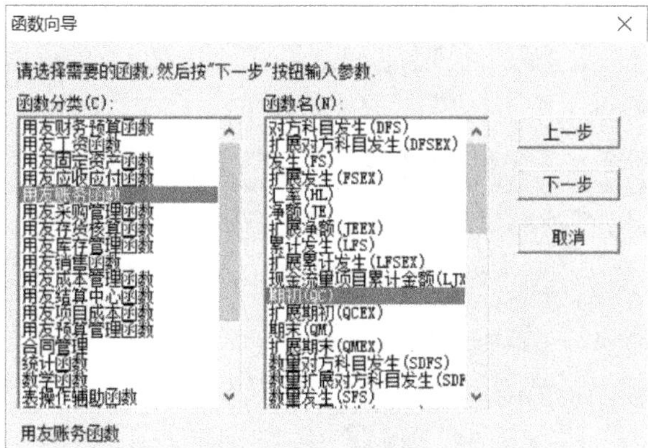

图 5-11　函数向导

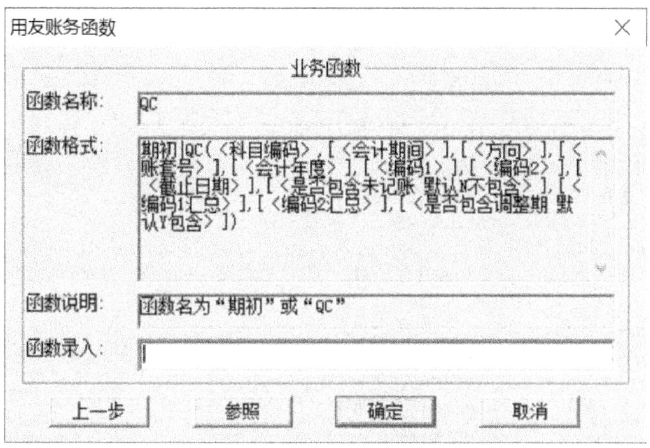

图 5-12　用友财务函数

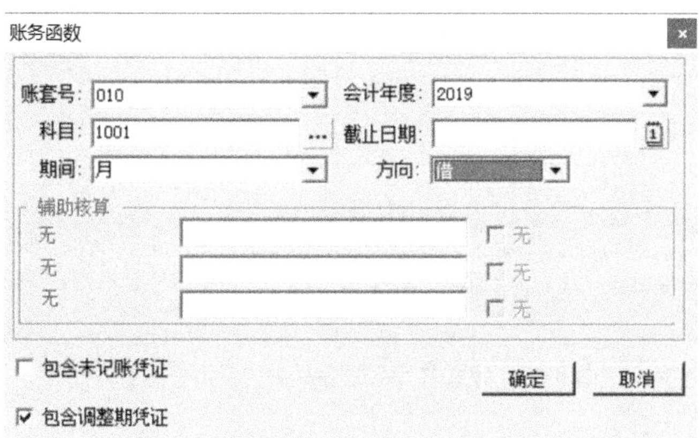

图 5-13　财务函数

（4）单击“确定”按钮，“用友财务函数”窗口如图 5-14 所示。

（5）单击“确定”按钮，系统弹出返回到“定义公式”对话框，如图 5-15 所示。

（6）单击“确定”按钮，定义单元 B4 的公式完成，如图 5-16 所示。

（7）也可以在步骤（5）“定义公式”对话框直接输入现金期初函数公式：B4=QC（"1001",月," 借 ","010",2019,,,,,,）。

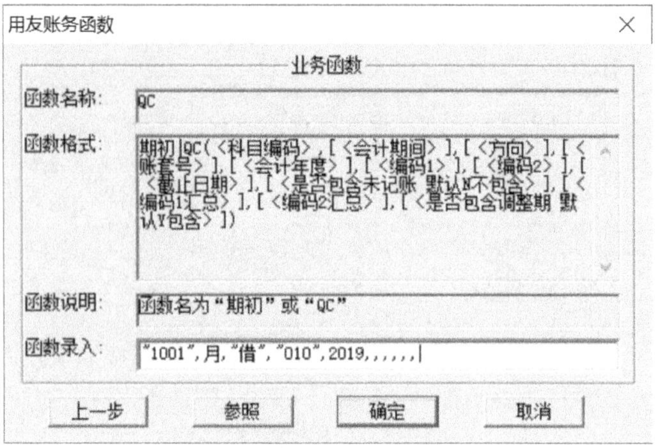

图 5-14 用友财务函数

图 5-15 公式定义

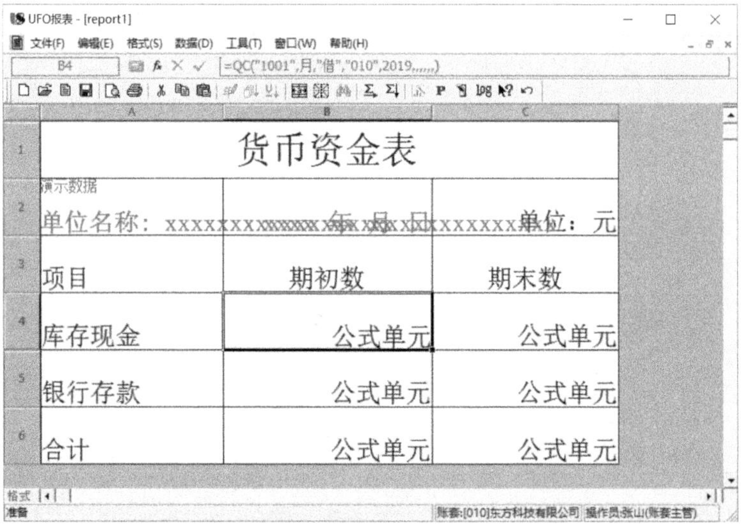

图 5-16 定义单元公式完成后的货币资金表

（8）单击“确认”按钮。

（9）按照上述方法依次对其他单元公式时行设置，其他单元的计算公式如下。

QC（"1001", 月 ," 借 ","010",2019,,,,,,）

C4=QM（"1001", 月 ," 借 ","010",2019,,,,,,）

B5=QC（"1002", 月 ," 借 ","010",2019,,,,,,）

C5=QM（"1002", 月 ," 借 ","010",2019,,,,,,）

B6=B4+B5

C6=C4+C5

二、套用报表模板

【例 5-2】套用报表生成东方科技有限公司 2019 年 1 月 31 日的资产负债表。

操作步骤：

（1）以账套主管 01（张山）的身份进入 010 账套东方科技有限公司。执行“业务工作”|“财务会计”|“UFO 报表”命令，打开“UFO 报表”窗口。系统弹出“日积月累”对话框（“UFO 报表”关闭后再打开出现），点击“关闭”，可以进行“UFO 报表”操作。

（2）点击“文件”菜单，在下拉菜单中点击“新建”，点击“格式 / 数据”按钮，进入格式状态。

（3）点击“格式”菜单，在下拉菜单中点击“报表模板”，将弹出“报表模板”对话框。在其中选取行业为 2007 新会计制度科目，财务报表名为资产负债表。如图 5-17 所示。

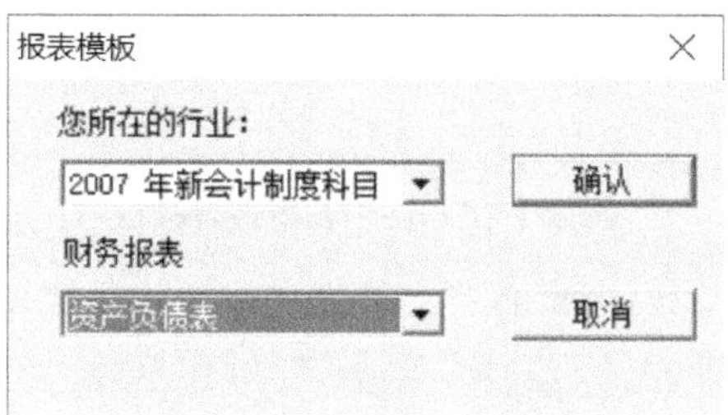

图 5-17　资产负债表套用报表模板

（4）点击“确认”按钮，系统弹出“模板格式将覆盖本表格式！是否继续？”对话框，点击“确认”按钮，生成一张空的资产负债表，如图 5-18 所示。

图 5-18　资产负债表模板

【例 5-3】套用报表生成东方科技有限公司 2019 年 1 月份的利润表。

操作步骤：

（1）以账套主管 01（张山）的身份进入 010 账套东方科技有限公司。执行“业务工作”|“财务会计”|“UFO 报表”命令，打开“UFO 报表”窗口。

（2）点击“文件”菜单，在下拉菜单中点击“新建”，点击“格式 / 数据”按钮，进入格式状态。

（3）点击“格式”菜单，在下拉菜单中点击“报表模板”，将弹出“报表模板”对话框。在其中选取行业为 2007 新会计制度科目，财务报表名为利润表。如图 5-19 所示。

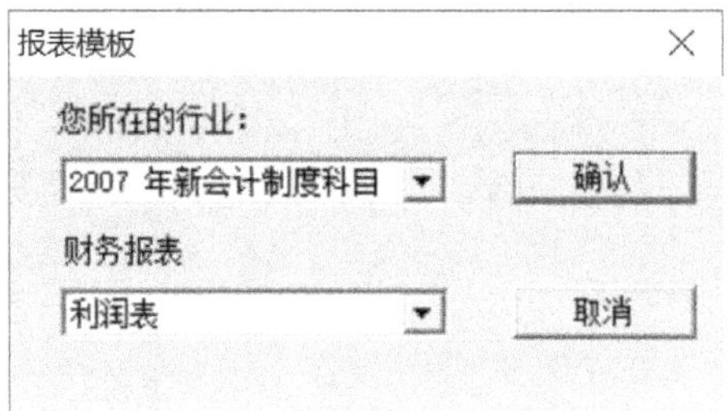

图 5-19 利润表套用报表模板

（4）点击“确认”按钮，系统弹出“模板格式将覆盖本表格式！是否继续？”对话框，点击“确认”按钮，生成一张空的利润表，如图 5-20 所示。

图 5-20 利润表模板

任务二 报表管理系统数据处理

任务描述

会计报表数据处理包括生产报表数据、审核报表数据和舍位平衡操作等工作，数据处理工作必须在数据状态下进行。处理时，计算机会根据已定义的单元公式、审核公式和舍位平衡公式自动进行取数、审核及舍位等操作。

报表数据处理一般是针对某一特定表页进行的，因此在数据处理时还涉及表页的操作，如增加、删除、插入、追加表页等。

报表的数据包括报表单元的数值和字符以及游离于单元之外的关键字。数值单元能生成数字，而字符单元既能生成数字，又能生成字符；数值单元和字符单元可以由公式生成，也可以由键盘输入，关键字则必须键盘输入。

预备知识

一、录入关键字

在格式状态下设置关键字，在数据状态下录入关键字的值，每张表页上的关键字的值最好不要完全相同（如果有两张关键字的值完全相同的表页，则利用筛选条件和关联条件寻找表页时，只能找到第一张表页）。

二、生成报表

生成报表又称编制报表，生成报表是在人工控制下由计算机自动完成的。

操作步骤：

（1）点击“格式 / 数据”按钮，进入数据状态。

（2）点击要录入关键字的值的表页的页标，使它成为当前表页。

（3）点击“数据”菜单中的“关键字”，在下拉菜单中点击的“录入”，将弹出“录入关键字”对话框。

（4）在“年”“季”“月”“日”编辑框中显示系统时间。在已定义的关键字编辑框中录入关键字的值。未定义的关键字编辑框为灰色，不能输入内容。确认后，关键字的值显示在相应的关键字所在单元中。

（5）系统出现“是否重算第 1 页”提示框，单击“是”按钮，系统会自动根据公式计算数据。

如果获得报表后又改变了单元公式或者修改了数据来源，就需要重新计算报表。操作步骤如下。

（1）执行“数据→表页重算”命令，打开“是否重算第 1 页”对话框。

（2）单击“是”按钮，系统自动重新计算报表。

编制报表时可以选择整表计算或表页重算。整表计算是将该表的所有表页全部重新进行计算，而表页重算仅是将该表页的数据重新进行计算。

以后月份再生成报表时，只需在数据状态下录入关键字即可。

三、报表输出

报表的输出包括报表的屏幕输出和打印输出，输出时可以针对报表格式输出，也可以针对某一特定表页输出。输出报表格式需在格式状态下操作，而输出表页需在数据状态下操作，输出表页时格式和报表数据一起输出。

任务设计

（1）对东方科技有限公司的货币资金表进行表页计算，生成 2019 年 1 月 31 日的报表数据；

（2）生成东方科技 2019 年 1 月 31 日的资产负债表；

（3）生成东方科技 2019 年 1 月份的利润表。

操作步骤：

【例 5-4】生成东方科技 2019 年 1 月 31 日的货币资金表。

操作步骤：

（1）点击“货币资金表”，使它成为当前表页。

（2）点击“格式 / 数据”按钮，进入数据状态。

（3）点击“数据”菜单中的“关键字”，在下拉菜单中点击“录入”，将弹出“录入关键字”对话框。录入关键字的内容，单位名称为“东方科技有限公司”、年为“2019”、月为“1”、日为“31”，如图 5-21 所示。

图 5-21　录入关键字

（4）点击“确认”按钮，系统弹出“是否重算第 1 页”提示框，单击“是”按钮，系统会自动根据公式计算数据，如图 5-22 所示。

【例 5-5】生成东方科技 2019 年 1 月 31 日的资产负债表。

操作步骤：

（1）进入“资产负债表”数据状态。进入报表数据处理状态，可以使用菜单，也可以直接使用“数据 / 格式”切换按钮。

方法一：选择“文件”|“打开”命令，在“打开”对话框中选择保存的资产负债表，单击“打开”按钮。

方法二：直接在资产负债表的格式状态下单击报表左下角的“数据 / 格式”按钮，进入报表的数据状态。

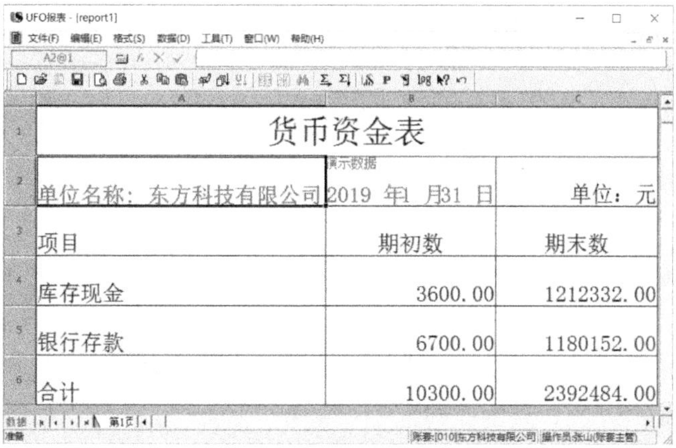

货币资金表		
单位名称：东方科技有限公司	2019 年1 月31 日	单位：元
项目	期初数	期末数
库存现金	3600.00	1212332.00
银行存款	6700.00	1180152.00
合计	10300.00	2392484.00

图 5-22　货币资金表

（2）点击“数据”菜单中的“关键字”，在下拉菜单中点击“录入”，将弹出“录入关键字”对话框，如图 5-23 所示。录入关键字的内容：年为“2019”、月为“1”、日为“31”。

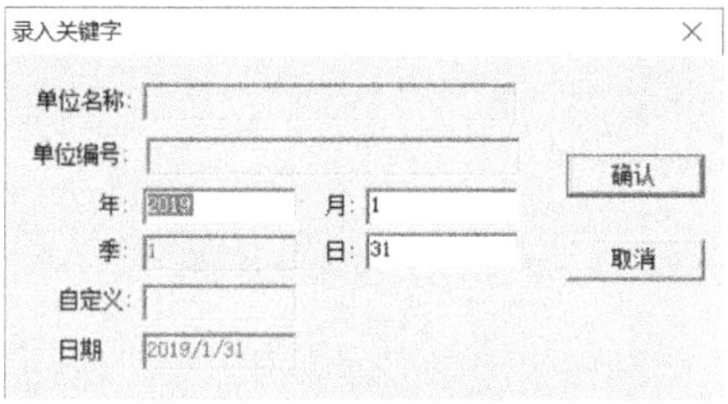

图 5-23　关键字录入

（3）点击“确认”按钮，系统弹出“是否重算第 1 页”提示框，单击“是”按钮，系统会自动根据公式计算数据，生成东方科技 2019 年 1 月 31 日资产负债表的数据。如图 5-24 所示。

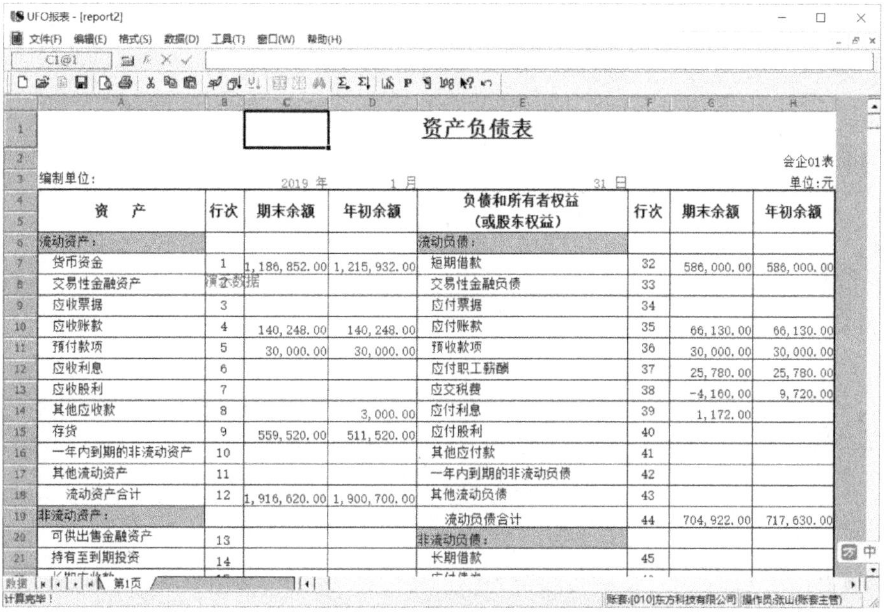

资产负债表

会企01表

编制单位:　　2019 年　1 月　31 日　　单位:元

资　产	行次	期末余额	年初余额	负债和所有者权益（或股东权益）	行次	期末余额	年初余额
流动资产:				流动负债:			
货币资金	1	1,186,852.00	1,215,932.00	短期借款	32	586,000.00	586,000.00
交易性金融资产				交易性金融负债	33		
应收票据	3			应付票据	34		
应收账款	4	140,248.00	140,248.00	应付账款	35	66,130.00	66,130.00
预付款项	5	30,000.00	30,000.00	预收款项	36	30,000.00	30,000.00
应收利息	6			应付职工薪酬	37	25,780.00	25,780.00
应收股利	7			应交税费	38	-4,160.00	9,720.00
其他应收款	8		3,000.00	应付利息	39	1,172.00	
存货	9	559,520.00	511,520.00	应付股利	40		
一年内到期的非流动资产	10			其他应付款	41		
其他流动资产	11			一年内到期的非流动负债	42		
流动资产合计	12	1,916,620.00	1,900,700.00	其他流动负债	43		
非流动资产:				流动负债合计	44	704,922.00	717,630.00
可供出售金融资产	13			非流动负债:			
持有至到期投资	14			长期借款	45		

图 5-24　资产负债表（数据）

【例 5-6】生成东方科技 2019 年 1 月份的利润表。

操作步骤：

（1）进入“利润表”数据状态。进入报表数据处理状态，可以使用菜单，也可以直接使用“数据 / 格式”切换按钮。

方法一：选择“文件”|“打开”命令，在“打开”对话框中选择保存的利润表，单击“打开”按钮。

方法二：直接在利润表的格式状态下单击报表左下角的“数据 / 格式”按钮，进入报表的数据状态。

（2）点击“数据”菜单中的“关键字”，在下拉菜单中点击“录入”，弹出“录入关键字”对话框，如图 5-25 所示。录入关键字的内容：年为“2019”、月为“1”。

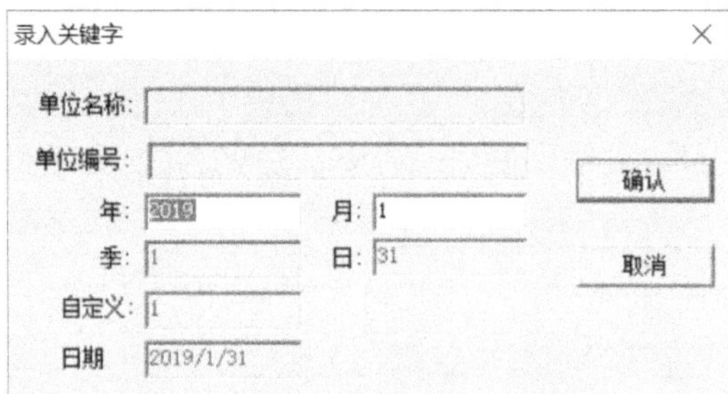

图 5-25 关键字录入

（3）点击“确认”按钮，系统弹出“是否重算第 1 页”提示框，单击“是”按钮，系统会自动根据公式计算数据，生成东方科技 2019 年 1 月份利润表的数据。如图 5-26 所示。

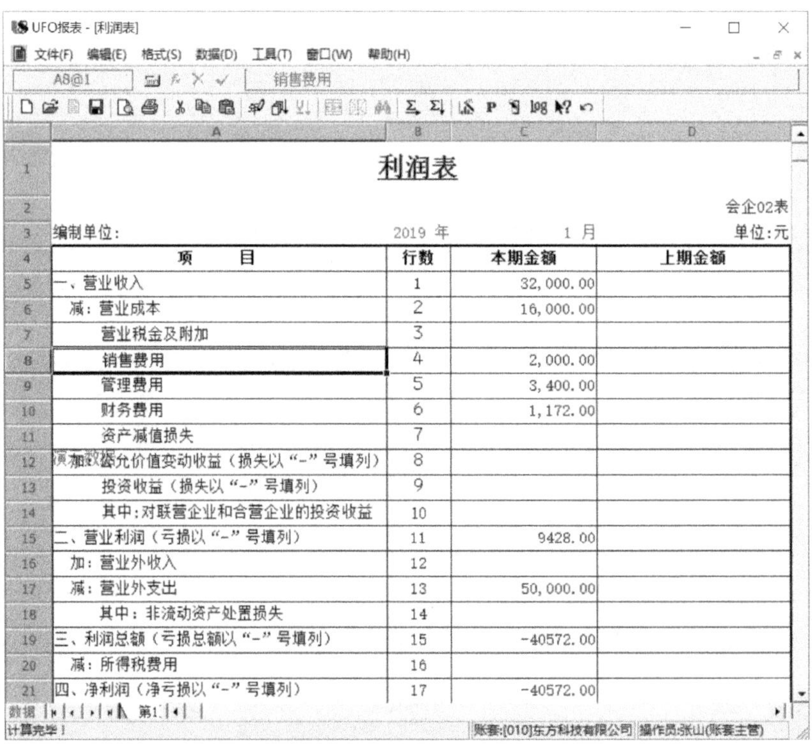

图 5-26 利润表（数据）

项目六

薪资管理系统

知识目标

了解薪资管理的作用及功能；了解企业人员薪资计算、发放的业务流程；认识企业薪资核算的复杂性；理解工资类别的含义和意义；理解单工资类别与多工资类别的业务流程；理解薪资计算前的基础设置的作用和意义；了解会计信息化中薪资管理与总账之间如何实现数据传递。

技能目标

熟练掌握单工资类别和多工资类别下不同业务处理流程，重点掌握多工资类别下公用目录设置、具体工资类别下工资项目、公式定义、工资分摊、月末处理等操作；熟练进行工资项目及公式的设置，能够根据企业薪资管理不同要求进行工资处理。

项目导航

在薪资管理系统实际应用中可以根据单位情况使用不同的应用模式，比如单工资类别、多工资类别，一次性发放工资、分次发放集中扣税等，还可以针对不同人员类别分别设置工资计算方法、工资费用分摊方法等。薪资管理系统业务处理包括基础设置、日常业务处理、月末处理三部分。基础设置是薪资计算前期应用准备，包括工资发放时涉及哪些工资项目、计算方法、工资代发银行、有发放工资的人员信息等，单工资类别与多工资类别在基础设置方法有很大的差异。日常业务处理包括每个月工资数据的计算、代扣代缴个人所得税、形成代发银行所需要的数据、根据工资发放的数据分摊工资费用、按照一定比例自动计提福利费、职工教育经费、工会经费、生成费用凭证。月末处理是为了保持业务连续性，对本月业务做一个完结，以便以后做下一月份的业务处理。同时为减轻工作量，月末处理把有变动的数据清零，把固定数据转入下个月份，下个月只需维护变动数据即可。

不同应用模式下的业务处理流程是本项目的难点和重点，我们将在下面的内容中加以详述。

任务一　薪资管理系统初始设置

任务描述

薪资是指用人单位依据国家有关规定和劳动关系双方的约定，以货币形式支付给员工的劳动报酬。合理的薪资管理可以起到对人力资源的合理配置与使用，提高劳动效率，调动和激发员工劳动积极性、创造性的作用，是人力资源管理的重要组成部分。手工进行薪资的计算，既耗费精力，又无法保证准确、及时，越来越不被人们所接受。使用薪资管理系统可以有效提高工资核算的准确性和及时性，提高工作效率，同时也为财务部门费用分配提供依据。

薪资系统初始设置是指初次使用薪资管理系统时把单位人员涉及的部门、人员类别、人员档案、代发银行信息、薪资发放项目、薪资计算公式等内容提前设置好，为后期的工资数据录入、工资数据计算、自动代扣个人所得税、各类工资报表查询及打印做准备。

预备知识

一、薪资管理系统的功能

薪资管理系统具有功能强大、涉及面广、操作方便的特点，普遍适用于企业、行政、事业单位及科研单位，并提供了同一企业多次发放工资合并扣税的解决方案。

本系统可以根据不同单位的需要设计工资项目、计算公式；可以方便地输入、修改各种工资数据和资料；可以自动计算个人所得税；可以给代发工资的银行提供代发数据；可以自动计算、汇总工资数据，对有关工资、福利费等各项费用进行分摊并生成凭证传递到账务处理。另外，系统还提供了多种工资报表形式，而且具有简便的工资查询方式，为企业多层次、多角度的薪资管理提供方便。

总而言之，薪资管理系统能使每月复杂、繁琐的工资核算变得轻松、简洁。

二、薪资管理系统的应用模式

不同单位薪资核算存在不同的核算模式。薪资管理系统提供单个工资类别和多个工资类别两种核算模式。单个工资类别是把单位中所有人员的工资统一进行计算和发放，多个工资类别则是根据情况针对不同类别、不同性质的薪资数据分别进行计算和发放，最终通过工资类别汇总达到集中查询、合并扣税。

单个工资类别与多个工资类别的薪资处理流程不同，单个工资类别处理与多个工资类别相比相对简单。

1. 单类别工资核算与管理的处理

如果企事业单位中所有员工的工资发放项目相同，工资计算方法也相同，可以对全部员工统一进行一次性集中薪资处理，可选用系统提供的单工资类别应用方案。单工资类别就是对所有人员的工资实行统一的核算与管理。具体操作流程如图 6-1 所示。

2. 多类别工资核算与管理的处理

多类别工资核算主要适用于以下两种情况：不同类别的人员工资发放项目不同、计算公式也不相同，如企业分别对在职人员、退休人员、离休人员分别发放工资；每月多次发放工资，如采用周薪制、工资和奖金分别发放等。

选择实行多个工资类别核算与管理的企业，其操作流程如图 6-2 所示。

三、薪资管理系统的初始设置

薪资系统初始设置是设置薪资计算之前的前期准备，初次使用薪资管理系统需要把单位人员所属部门、人员类别、人员档案、代发银行信息、薪资发放项目、薪资计算公式等内容提前设置好，为后期的工资数据录入、工资数据计算、自动代扣个人所得税、各类工资报表查询及打印做准备。

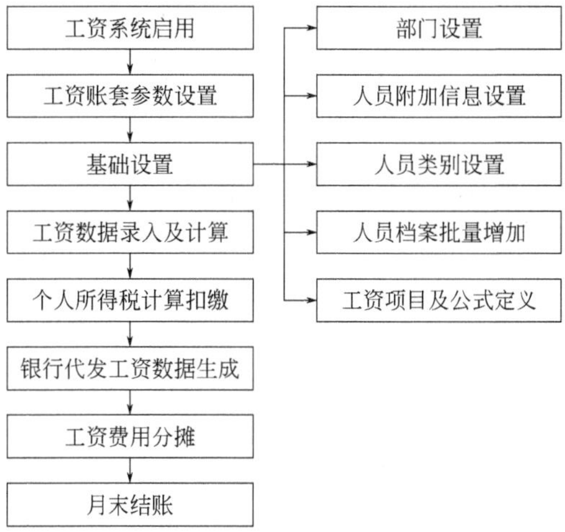

图 6-1　单类别工资核算操作流程

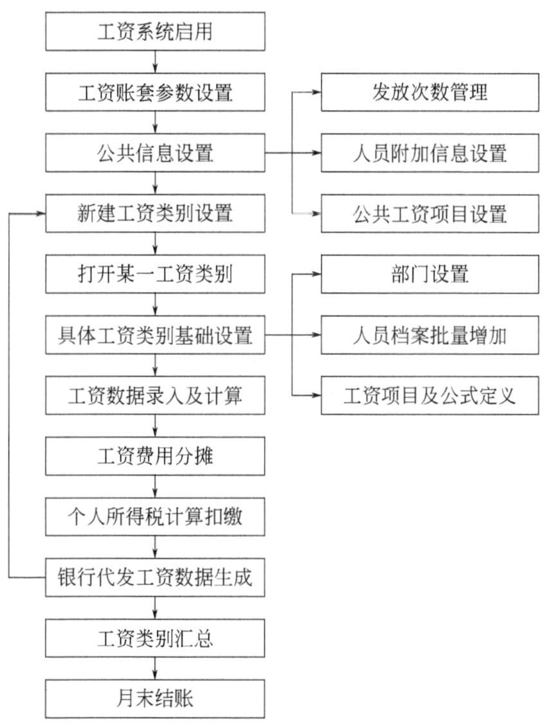

图 6-2　多类别工资核算操作流程

初始设置主要包括设置人员类别、人员档案、代发银行信息、薪资发放项目、薪资计算公式等内容，不同应用模式下初始设置的方法不尽相同，具体步骤见图 6-2。

任务设计

东方科技有限公司准备于 2019 年 1 月使用薪资管理系统核算并发放工资，该企业正式工与临时工不同时发放工资，临时工直接发放现金，正式工采用银行代发形式发放工资，所以决定分别进行核算，由于是第一次使用，需要针对不同类别分别设置人员档案、工资项目、计算公式等。根据此企业具体情况，我们为东方科技设计以下任务。

（1）根据东方科技情况，建立其工资套；

（2）为东方科技人员档案添加“民族”“身份证号”两项附加信息；

（3）在公共信息中添加工资项目；

（4）添加正式工工资和临时工工资两大工资类别；

（5）添加人员档案；

（6）进行工资公式设置。

操作步骤

一、薪资系统启用

执行“开始”|“程序”|“用友 ERP-U8V10.1”|“企业应用平台”进入企业应用平台窗口。选择“基础设置”|“基本信息”|“系统启用”|“薪资管理”，选择启用日期，点击“确定”。

二、建立工资套

建立工资套与系统管理中建设账套不同，是根据企事业单位薪资管理的要求，设置相应参数和需求，如是否扣零、是否代扣个人所得税等。首次进入薪资管理模块，系统将自动进入工资套的建账向导，引导用户完成工资套的建立工作。

【例 6-1】为东方科技建立工资套。根据东方科技情况，选择多工资类别核算方案；工资核算本位币为“人民币”；自动代扣个人所得税；扣零设置为不扣零；人员编码与公共平台的人员编码一致。

操作步骤：

（1）参数设置。点击“业务工作”|“人力资源”|“薪资管理”，进入“建立工资套”界面，“工资类别个数”选中“多个”、“币别”选择“人民币”，如图 6-3 所示。

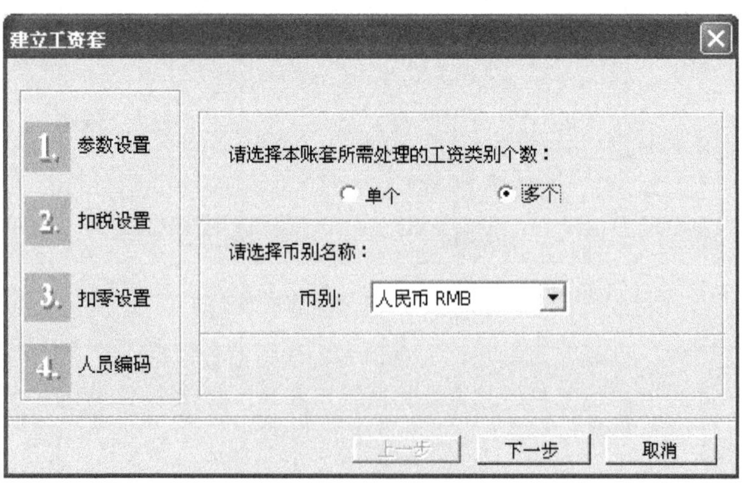

图 6-3 工资类别设置

系统提供币别参照供用户选择，若选择账套本位币以外的其他币别，则还需在工资类别参数维护中设置汇率。所选币种经过一次工资数据处理后不能再作修改。

（2）扣税设置。“代扣税”是选择在工资计算中是否进行扣税处理。如要从工资中代扣个人所得税，则用鼠标点击方框，打上勾。本例中选择“代扣个人所得税”，如图 6-4 所示。

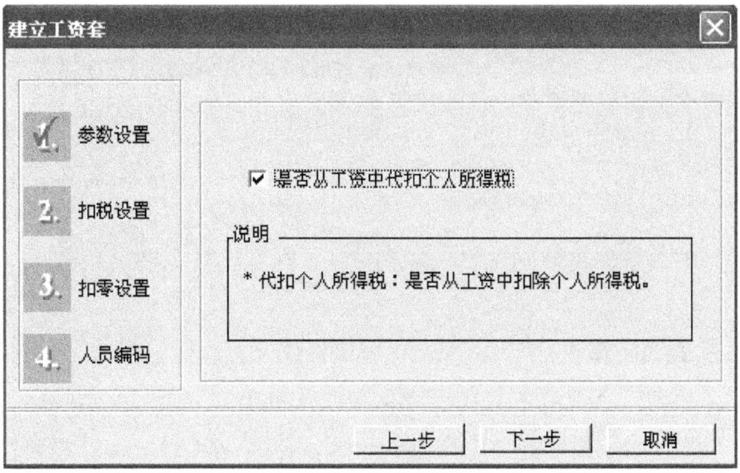

图 6-4 代扣税设置

（3）扣零设置。“扣零设置”主要适用于单位自己发工资计算、发放时遇到元、角、分时找零钱不方便，可以暂时把零钱扣掉，攒够整钱后再一起发，扣零的标准有扣零至元（元及元以下暂不发放）、扣零至角、扣零至分。如果是银行代发工资，可不使用此功能，如图 6-5 所示。

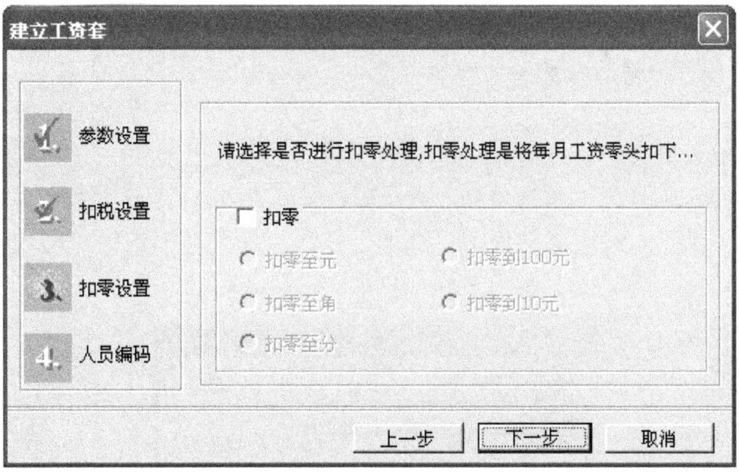

图 6-5 不扣零设置

（4）人员编码。系统要求和基础档案中的人员编码一致，如图 6-6 所示。

设置完毕后，点击“完成”按钮，即完成了工资系统的建账工作。由于在前面的参数设置中选择了“多个”工资类别，此时系统会启动建立工资类别向导。点击“取消”按钮，暂不输入工资类别，在公共信息设置完毕后再建立工资类别。

在建立工资账套时设置的这些参数，后期还可以根据工作的需要对其进行修改调整。但需要注意的是，对于多工资类别的账套，必须在建立工资类别并打开的状态下，才能对参数进行修改。

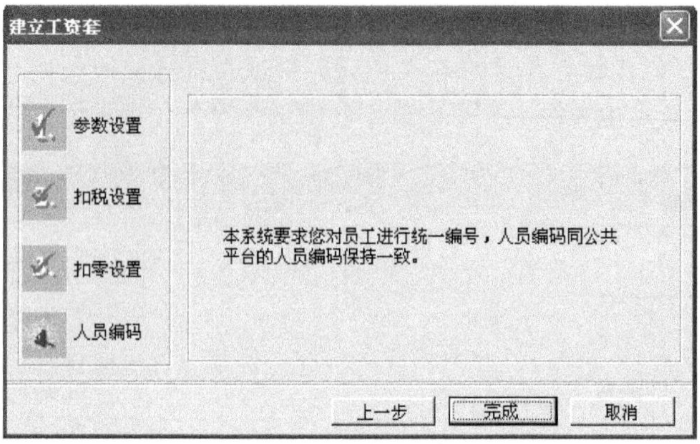

图 6-6　人员编码

三、公共信息基础设置

建立工资账套以后，要对整个系统运行所需的一些基础信息进行设置，包括部门设置、人员类别设置、人员附加信息设置、工资项目设置、银行名称设置等。需要注意的是基础设置是在工资类别未设置或关闭所有的工资类别的情况下进行的。

1. 人员附加信息设置

各企业管理要求及精细程度不同，对人员档案管理的具体内容、项目也有所区别。有的企业的人员管理除了记录人员编号、人员姓名、所在部门、人员类别等基本信息外，为了管理的需要还要求管理其他辅助信息。工资系统不仅可以管理核算单位的人员工资，而且还可以通过人员附加信息设置增加人员的附加信息，丰富人员档案的内容，实现简单的人事档案管理的作用。

【例 6-2】为东方科技的人员档案增加“民族”“身份证号”附加信息。

操作步骤：

点击主菜单“设置”|“人员附加信息设置”项即进入人员附加信息设置界面，单击“增加”按钮，在“信息名称”文本框中输入人员附加信息名称，或从“参照”下拉列表中选择项目，如选择“民族”，然后再次单击“增加”按钮，保存新增内容。同理增加其他项目，如图 6-7 所示。

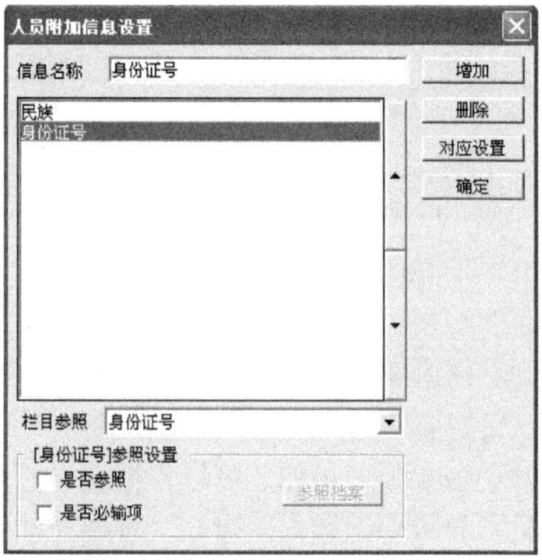

图 6-7　人员附加信息设置

温馨提示

① 在用的人员附加信息不允许删除。信息名称长度不得超过 5 个汉字或 10 个字符。

② 设置完成后，可利用列表右侧的上、下箭头调整项目的先后顺序。

2. 工资项目设置

工资数据反映在工资项目中。工资项目设置包括项目名称、类型、宽度等，实际工作中可根据核算需要自由设置工资项目。系统提供了一些固定项目，是工资账套中必不可少的，主要包括“应发合计”“扣款合计”“实发合计”三项，若在工资建账时设置了“扣零处理”，则系统在工资项目中自动生成“本月扣零”和“上月扣零”两个指定名称的项目。若选择了自动“扣税处理”，则系统在工资项目中自动生成“代扣税”项目。这些项目不能删除和重命名。其他项目可根据实际情况定义或参照增加。如基本工资、岗位工资等。

值得注意的是：必须将所有工资类别所涉及的工资项目全部在此设置完毕，它将形成各个工资类别中工资项目的全部选项。

【例 6-3】设置各个工资类别所使用的全部工资项目。东方科技的工资项目如表 6-1 所示。

表 6-1　工资项目

工资项目名称	类型	长度	小数	增减项
基本工资	数字	8	2	增项
奖金	数字	8	2	增项
交补	数字	8	2	增项
餐补	数字	8	2	增项
扣税基数	数字	8	2	其他
养老保险	数字	8	2	减项
住房公积金	数字	8	2	减项
事假天数	数字	8	1	其他
事假扣款	数字	8	2	减项
病假天数	数字	8	1	其他
病假扣款	数字	8	2	减项

操作步骤：

（1）在薪资管理界面中点击“设置”|“工资项目设置”项，即进入工资项目设置界面。

（2）此时单击“增加”即可设置工资项目。系统提供若干常用工资项目供参考，可选择输入，如图 6-8 所示。对于系统未提供的工资项目，可在选择输入后重命名。点击“增加”或按回车键，可继续设置新的工资项目。

（3）设置工资项目的类型、长度、小数位数和工资增减项，具体做法是用鼠标双击各栏目，系统会弹出下拉框或增减按钮，供选择。

（4）单击界面上的向上、向下移动按钮，调整工资项目的排列顺序。

（5）设置完毕后点击“确认”按钮，即可完成工资项目设置，如图 6-9 所示。

（6）若点击“取消”按钮，则取消当前操作并返回主界面。

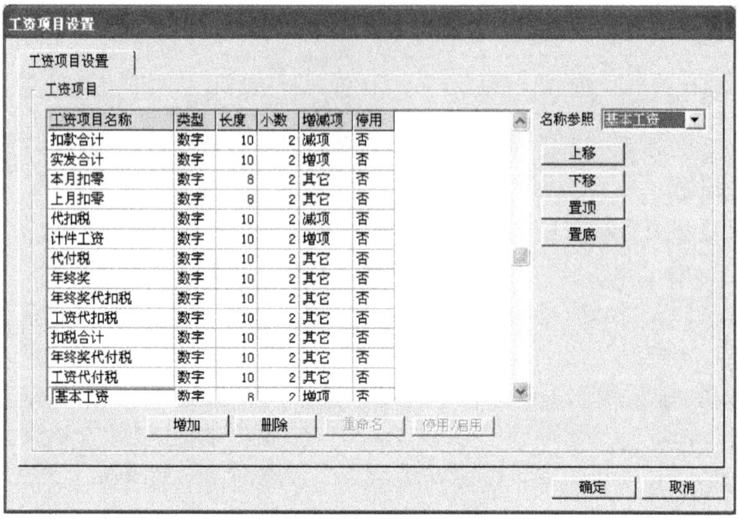

图 6-8 工资项目设置

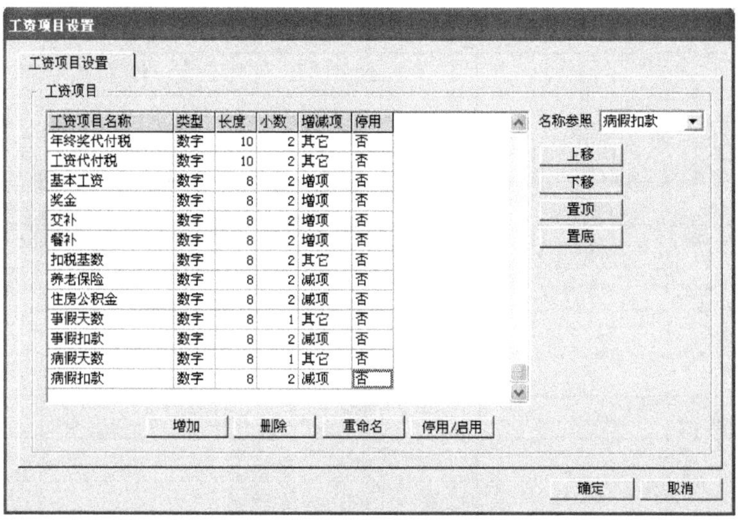

图 6-9 工资项目设置完成

温馨提示

① 设置的工资项目如果是数字型，则其长度包含了小数位长度和小数点位（小数点位占 1 位）的长度，如长度为 5，小数位长度为 1，则在最终的数据表示中整数位最多为 3 位。

② 工资项目名称必须唯一，一经使用，数据类型不允许修改。

③ 工资项目修改、删除时，需将光标放在选项上，单击“重命名”或“删除”按钮即可。

④ 如果工资项目类型为字符型，则小数位不可用。如果增减项选择为“其他”项，则不直接参与应发合计与扣款合计。

四、新建工资类别

【例 6-4】为东方科技添加正式工工资和临时工工资两大工资类别。

操作步骤：

（1）在薪资管理主界面点击“工资类别”菜单下的“新建工资类别”，则进入新建工资类别向导。在工资类别名称栏，输入新建工资类别名称，如“正式工工资”，类别名称最长不得超过 15 个汉字或 30 个字符，如图 6-10 所示。若点击“取消”，则放弃新建工资类别，并返回初始界面。

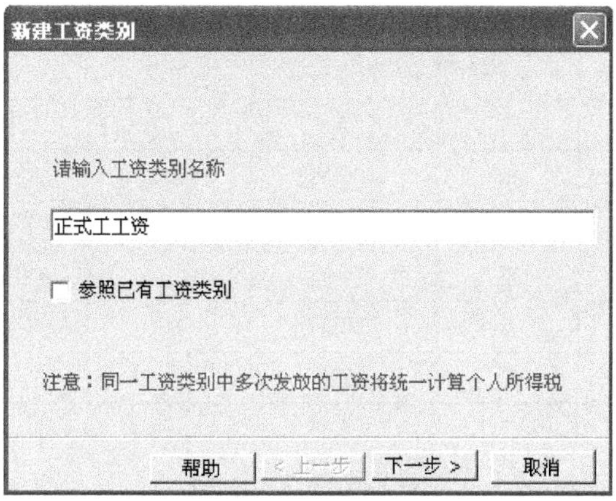

图 6-10 新建工资类别

（2）点击“下一步”则进入向导第二步。在部门选择框中，选择新建工资类别所包含的部门，单击该部门即被选中。如果选中“选定下级部门”，则表示如选中上级部门，其所属的下级部门将被全部选中；如果点空“选定下级部门”，若要选择下级部门，需打开“树形结构”再对下级部门进行选择。单击“+”号即可将“树形结构”打开。点击”上一步”返回新建工资类别向导第一步，可修改工资类别名称。

（3）点击“完成”，则完成新建工资类别工作，并返回初始界面。

如果要对某一工资类别执行删除、打开或关闭操作，只需在“工资类别”菜单下，分别选择执行相应的“删除工资类别”“打开工资类别”或“关闭工资类别”功能即可。

温馨提示

① 只有账套主管才有权删除工资类别，且工资类别删除后数据不可再恢复。

② 已被使用的部门不能再取消选择。选择树形结构的末级部门应先选择上级部门。只有选中末级部门才能进行人员的数据录入。

③ 工资类别建立后，还需要对不同的工资类别分别设定启用日期。启用日期确定后将无法再修改。

五、设置人员档案

处理薪资数据之前要先有待发工资人员的信息，包括的人员姓名、编号、部门、人员类别、职称学历等。当打开某一工资类别后，在“设置”菜单下就会出现“人员档案”，点击即可进入该功能。

【例 6-5】为东方科技添加人员档案，东方科技的人员档案如表 6-2 所示。

1. 增加人员

薪资管理中的人员档案与基础信息中的人员档案共享，可以通过批增的功能把职员档案批量增加。

表 6-2 人员档案

职员编号	职员名称	性别	所属部门	人员类别	银行名称	银行代发账号
10101	孙宁	男	总务部	10101	工商银行	78945678900
10102	张立	男	总务部	10101	工商银行	78945671200
20101	张山	男	财务部	10101	工商银行	78945673400
20102	杨梅	女	财务部	10101	工商银行	78945675600
20103	李明	男	财务部	10101	工商银行	78945677800
30101	李军	男	一车间	10102	工商银行	78945679000
30102	陈杰	男	一车间	10103	工商银行	78945678912
30201	张民	男	二车间	10102	工商银行	78945678934
40101	王路	女	采购部	10104	工商银行	78945678981
50101	陈明	男	销售部	10105	工商银行	78945678989

操作步骤：

（1）在薪资管理主界面点击“工资类别”|“打开工资类别”，选择“正式工工资类别”后点“确定”。

（2）点击“设置”|“批增”，选择“在职人员”，点击“确定”按钮，如图 6-11 所示。

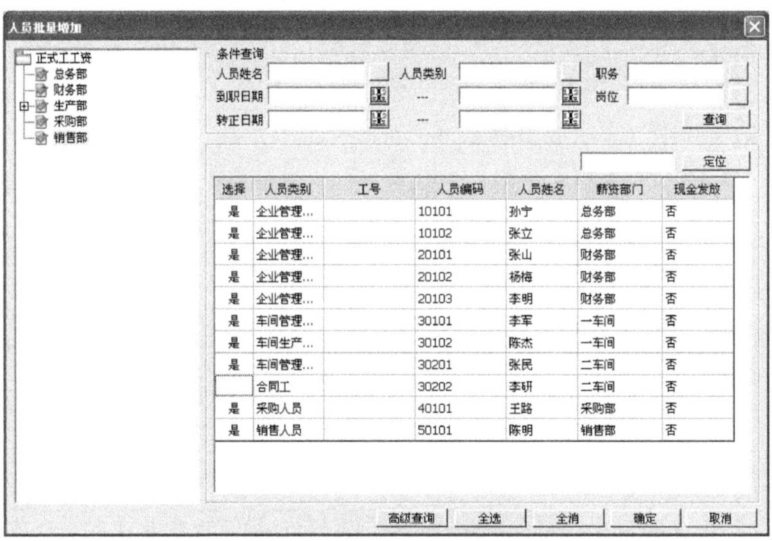

图 6-11 批量增加职员档案

2. 修改人员

从职员档案中批增后需要根据薪资管理的要求选择代发银行名称、个人账号、“性别”等附加信息。

操作步骤：

（1）点击要修改的人员。

（2）点击工具栏上的“修改”图标，修改或添加相关信息后点“确定”即可，如图 6-12 所示。

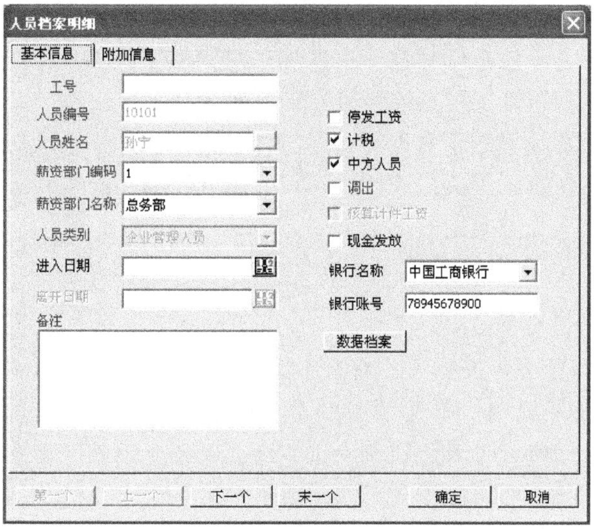

图 6-12　修改孙宁档案信息

（3）其他人员信息修改如上步骤进行操作。

3. 删除人员

删除人员一般发生在没有工资变动的情况下，即新增且尚未录入人员的工资数据。或者为新的会计年度第一月，并且已将所要删除人员的工资数据清空，则对该人员可以执行删除操作。

操作步骤：

（1）点击要删除的人员。

（2）点击工具栏上的“删除”图标即可。

人员删除后，其所有档案信息也被删除且不可再恢复。

六、设置工资项目和计算公式

不同的工资类别，工资发放项目可能不相同，计算公式也不尽相同，在公共信息基础设置中的工资项目设置已经把单位各个工资类别所需要的全部工资项目设置好。针对具体工资类别，要把该工资类别中涉及的工资项目从公共信息中选择出来，并且针对该工资类别中的不同人员设置计算公式。

【例 6-6】为东方科技设置工资项目并设置工资公式。东方科技正式工工资类别的工资项目设置如表 6-1 所示，其工资项目公式设置如下。

① 事假扣款 = 基本工资 /22× 事假天数

② 病假扣款 = 基本工资 /44× 病假天数

③ 交补：销售人员 150 元，其他人员 50 元

④ 住房公积金 =（基本工资 + 奖金）×0.10

⑤ 养老保险 =（基本工资 + 奖金）×0.05

⑥ 扣税基数 = 基本工资 + 奖金 + 交补 – 养老保险 – 住房公积金

1. 工资项目选择

操作步骤：

（1）单击“设置”菜单下的“工资项目设置”，打开“工资项目设置”对话框。

（2）单击“工资项目设置”页签，点击“增加”，在工资项目列表末增加一空行。

（3）从“名称参照”下拉框选择输入需要增加进来的工资项目，选择的项目增加到空行中。点击“增加”或按回车键，可继续设置新的工资项目。

这里只能选择工资套设置的工资项目，无法人工输入。如果需要对工资套中的公共工资项目进行维护，则需将所有工资类别关闭，再在工资套中将所有项目设置完毕。“名称参照”中列出了事先建立的所有工资类别的工资项目。

温馨提示

① 工资类别中的工资项目只能从公共工资项目中选择，不能手工录入。

② 工资项目不能重复选择，工资项目的类型、长度、小数位数、增减项等特征均不能更改。如要修改，应关闭所有工资类别，点击“设置”菜单下的“工资项目设置”。

③ 添加人员档案之前不能进行公式设置。

④ 系统提供的工资固定项目不允许删除；不能删除已输入数据的工资项目和已设置计算公式的工资项目。

2. 设置工资项目的计算公式

设置工资项目计算公式即是定义工资项目之间的运算关系。例如：事假扣款 = 基本工资 / 22× 事假天数。通过公式，可直观地表达出工资项目的实际运算过程，灵活地进行工资计算处理。应根据各工资项目之间的运算关系尽可能多地将工资项目的计算公式定义出来，这样可以减少人工的工作量。定义公式可通过选择工资项目、运算符、关系符、函数等组合完成。在“工资项目设置”页签方式下点击“公式设置”页签，即可进入该功能。

（1）设置事假扣款公式。事假扣款 = 基本工资 /22× 事假天数（说明事假扣款按日工资来扣，假设一个月有 22 个工作日）

操作步骤：

① 进入公式设置页签，如图 6-13 所示。

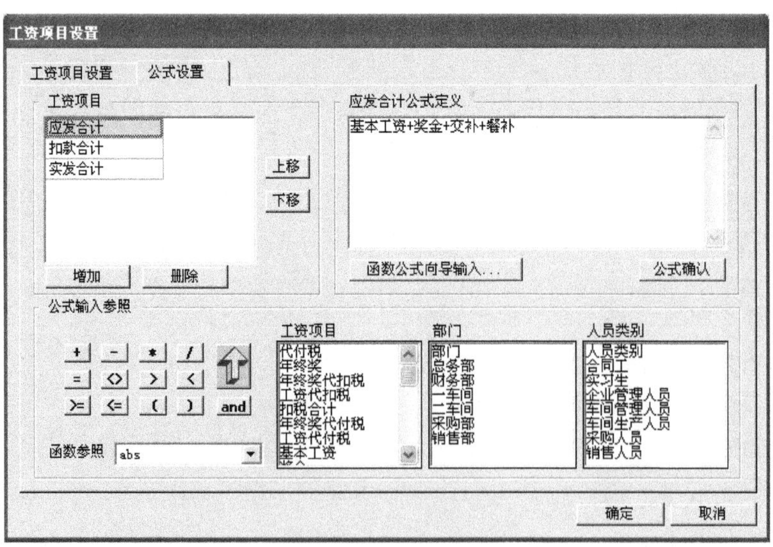

图 6-13 公式设置窗口

② 点击窗口左上方名称栏中的“增加”按钮，然后点击“工资项目”参照框，选择“事

假扣款”工资项目。

③ 点击右侧公式定义区，可直接录入该工资项目的计算公式。也可通过点击窗口下部的“公式输入参照”各栏目：运算符、函数、工资项、部门、人员类别等，辅助完成计算公式的定义过程，如图 6-14 所示。

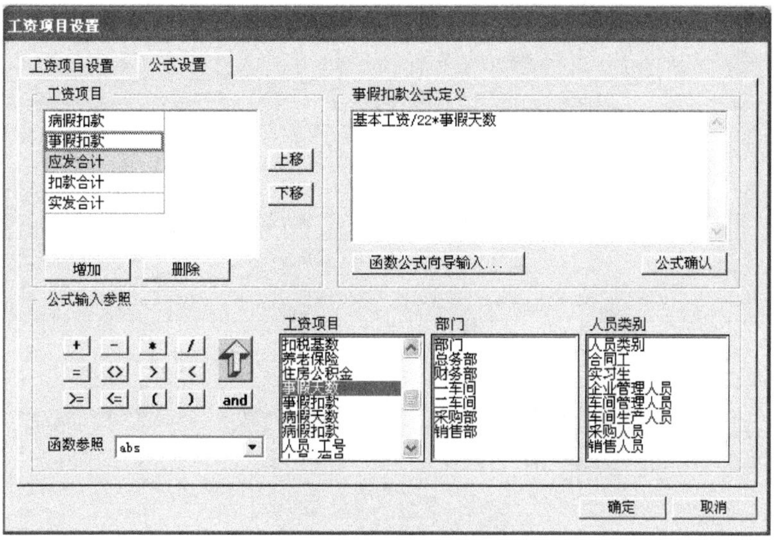

图 6-14　事假扣款公式定义

④ 公式定义完成后，单击“公式确认”按钮，系统将对公式进行合法性检查，如果不正确将给出错误提示。

（2）设置交补公式。东方科技规定，销售部门员工的交补是 150 元，其他人员的交补为 50 元。

操作步骤：

① 接（1），点击窗口左上方名称栏中的“增加”按钮，然后点击“工资项目”参照框，选择“交补”。

② 从函数参数中选择 iff，如图 6-15 所示，单击“下一步”按钮，打开设置函数窗口，单击“逻辑表达式”参照按钮，从参照下拉列表中选择“人员类别 = ‘销售人员’”。

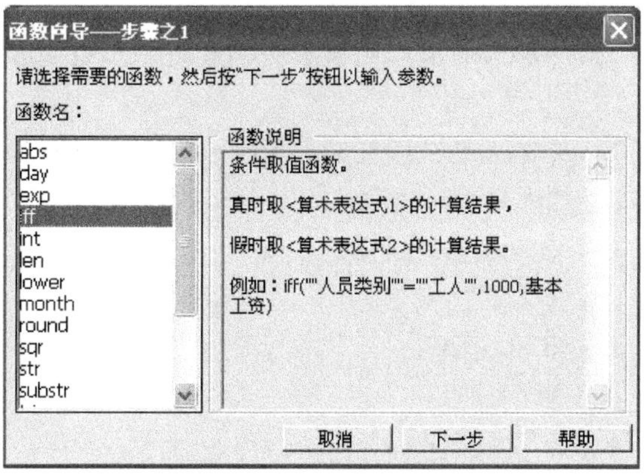

图 6-15　选择 iff 函数

③ 单击“确认”按钮，在算术表达式 1 中输入“150”，算术表达式 2 中输入“50”，如

图 6-16 所示。

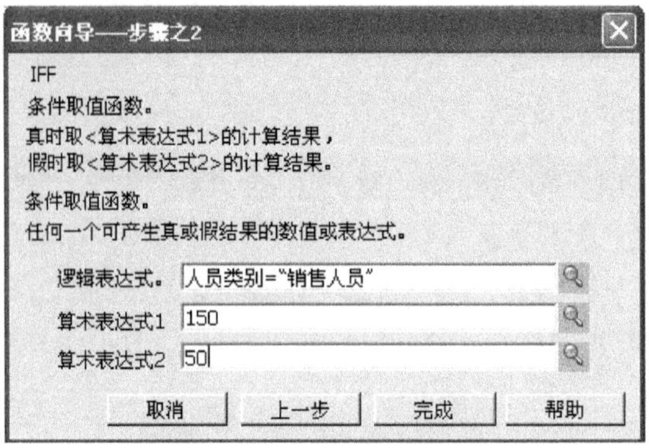

图 6-16　销售人员类别设置

④ 公式定义完成后，单击“公式确认”按钮，如图 6-17 所示，系统将对公式进行合法性检查，如果不正确将给出错误提示，所有公式定义完毕后需要单击“确定”。

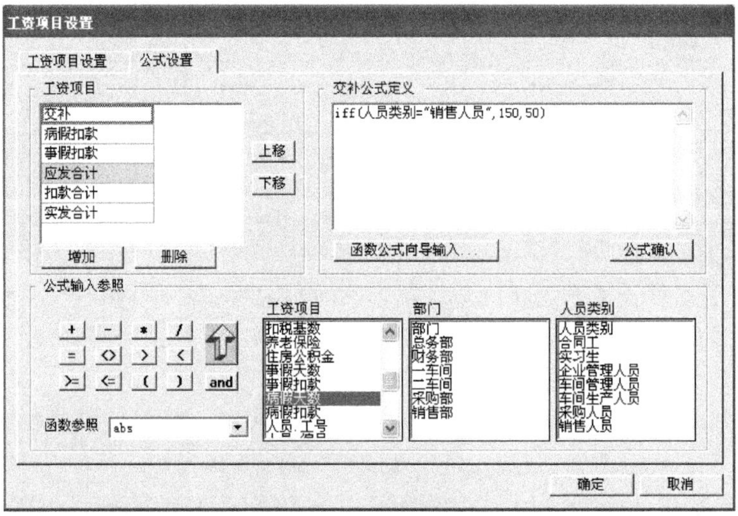

图 6-17　交补公式定义

【学中做】对东方科技临时工工资类别进行基础设置。

（1）增加人员李研，部门为二车间，把李研的档案增加至临时工工资类别，并选择用现金发放工资。

（2）择奖金以外的工资项目加入临时工工资类别中，公式设置如下：

① 事假扣款 = 基本工资 /22 × 事假天数

② 病假扣款 = 基本工资 /44 × 病假天数

③ 交补：销售人员 150 元，其他人员 50 元

④ 住房公积金 = 基本工资 ×0.10

⑤ 养老保险 = 基本工资 ×0.05

⑥ 扣税基数 = 基本工资 + 交补 – 养老保险 – 住房公积金

注意：对临时工工资类别基础设置时，先把“正式工工资类别”关闭，即在薪资管理主界面点击“工资类别”菜单下的“关闭工资类别”，把“正式工工资类别”关闭。然后再打

开“临时工工资类别”，即在薪资管理主界面点击“工资类别”菜单下的“打开工资类别”，选择“临时工工资”，就可以进行“临时工工资类别”的人员、项目、公式等的基础设置，临时工工资与正式工资基础设置相似，不再赘述。

任务二　薪资管理系统日常业务处理

任务描述

薪资管理系统日常业务处理的主要内容是录入员工出勤情况，根据出勤情况计算缺勤扣款；录入每个员工基本工资、岗位工资等基础数据，计算每个员工应发工资、扣款合计、实发工资；根据计税基数计算代扣个人所税；根据工资代发银行要求生成银行代发一览表；根据业务需要查询、打印各种工资表。

预备知识

个人工资数据是薪资管理系统中基本的原始数据，它的正确性直接影响到以后数据计算的准确性，所以在前面的工作做完后，在第一次使用薪资系统时，还必须将所有人员的薪资发放基本数据录入计算机，以后月份只对有变动的数据进行维护，如缺勤情况的录入、奖金的录入、代扣水电费等。需要说明的是，这里只需输入不能应用公式计算得到的原始数据项，例如“基本工资”等，其余各项可由系统根据计算公式自动计算生成。

单工资类别因为是单位所有员工的薪资统一核算，所以直接根据每个员工薪资情况，录入、维护、计算每个月份的工资预提及发放情况即可。

多工资类别应用模式下需要根据工资类别设置情况，分别录入、维护、计算每工资类别员工的工资预提及发放情况，如某单位分为正式工工资和临时工工资两个工资类别，则需要对正式工、临时工薪资分别核算，通过工资类别汇总查询整个企业的工资发放情况。

任务设计

（1）录入工资数据并计算汇总；

（2）设置个人所得税率及扣税基数，计算并形成正式工扣缴个人所得税申报表；

（3）生成当月的正式工工资银行代发一览表。

操作步骤

一、工资数据管理及维护

【例 6-7】录入工资数据并计算汇总，东方科技有限公司 2019 年 1 月份正式工的工资数据如表 6-3 所示。

操作步骤：

单击“业务处理”下的“工资变动”模块，进入工资变动界面，显示所有人员的所有工资项目，在此直接录入数据。操作录入非常简便，在此只对如何快速、准确录入数据作一个说明，如图 6-18 所示。

表 6-3　2019 年 1 月份正式工的工资数据　　单位：元

人员编号	姓名	基本工资	奖金	餐补	事假天数 / 天	病假天数 / 天
10101	孙宁	6500	800	154	0	0
10102	张立	6000	1000	154	0	0
20101	张山	5800	1800	154	0	0
20102	杨梅	5500	1000	154	0	0
20103	李明	5600	1000	154	0	0
30101	李军	4200	1000	154	0	0
30102	陈杰	3000	800	154	0	0
30201	张民	4000	800	140	0.5	0
40101	王路	3200	1600	154	0	0
50101	陈明	3000	2000	154	0	0

图 6-18　基本工资和奖金录入

（1）使用“页编辑”录入。按下“编辑”按钮，可以对选定的个人进行快速录入。“上一人”“下一人”按钮可变更人员，录入或修改其他人员的工资数据。

（2）使用“定位”功能。如果需要录入某个指定部门或人员的数据，可先点击“定位”按钮，让系统自动定位到需要的部门或人员上，然后录入。界面及条件选择同人员档案信息查询类似。

（3）使用“过滤”功能。如果只做工资项目中的某一个或几个项目更改，可将要改的项目过滤出来，以便修改，如图 6-19 所示。

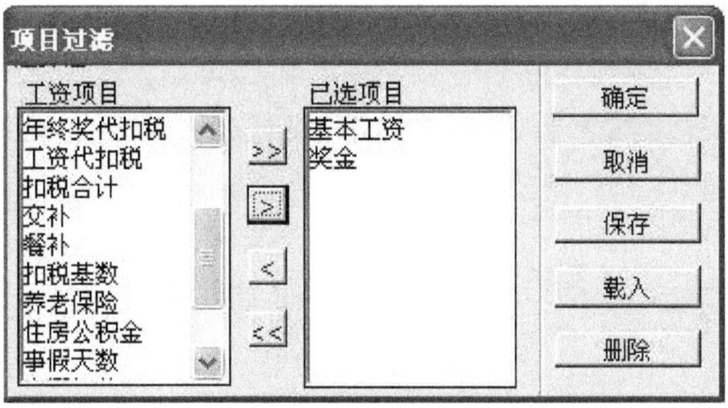

图 6-19　项目过滤器

（4）使用“替换”功能。如果要对同一工资项目作统一变动，可使用“替换”按钮，利用替换界面中的替换条件可以将符合条件的人员的某个工资项目的数据统一替换成某个数据。例如，本月把采购部人员餐补统一替换为 210 元，替换设置如图 6-20 所示。

图 6-20　工资项数据替换

温馨提示

① 每修改一个人员的工资数据，应点击“确认”按钮，以保存本次修改结果。

② 若进行数据替换的工资项目已设置了计算公式，则在重新计算时以计算公式为准。

③ 如果选择了在工资中代扣个人所得税，则在数据录入的过程中，系统将自动进行扣税计算。

④ 在修改了某些数据、重新设置了计算公式、进行了数据替换或在个人所得税中执行了自动扣税操作之后，最好点击“计算”按钮，对个人工资数据重新进行计算，以保证数据的正确性，如图 6-21 所示。

⑤ 若对工资数据的内容进行了变更，在执行了重算工资后，为保证数据的准确性，可点击“汇总”功能对工资数据进行重新汇总。在退出工资变动时，如未执行“工资汇总”，系统会自动提示进行汇总操作。

⑥ 通常实发合计、应发合计、扣款合计在修改完数据后不自动计算合计项，如要检查合计项是否正确，可先执行重算工资。不过，如果单击鼠标右键，看到“动态计算”前打上了“√”标志，则在数据或项目发生变动后，不必点击重新计算按钮，系统会自动予以计算

并生成新的数据表。也就是说，当光标离开当前行时，若当前行发生数据变动，则系统会自动予以计算。

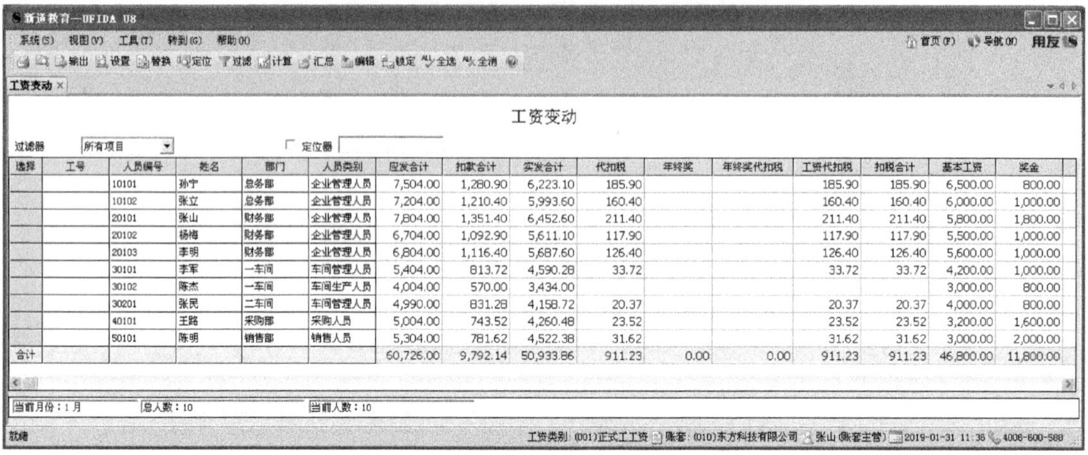

工资变动

选择	工号	人员编号	姓名	部门	人员类别	应发合计	扣款合计	实发合计	代扣税	年终奖	年终奖代扣税	工资代扣税	扣税合计	基本工资	奖金
		10101	孙宁	总务部	企业管理人员	7,504.00	1,280.90	6,223.10	185.90			185.90	185.90	6,500.00	800.00
		10102	张立	总务部	企业管理人员	7,204.00	1,210.40	5,993.60	160.40			160.40	160.40	6,000.00	1,000.00
		20101	张山	财务部	企业管理人员	7,804.00	1,351.40	6,452.60	211.40			211.40	211.40	5,800.00	1,800.00
		20102	杨梅	财务部	企业管理人员	6,704.00	1,092.90	5,611.10	117.90			117.90	117.90	5,500.00	1,000.00
		20103	李明	财务部	企业管理人员	6,804.00	1,116.40	5,687.60	126.40			126.40	126.40	5,600.00	1,000.00
		30101	李军	一车间	车间管理人员	5,404.00	813.72	4,590.28	33.72			33.72	33.72	4,200.00	1,000.00
		30102	陈杰	一车间	车间生产人员	4,004.00	570.00	3,434.00						3,000.00	800.00
		30201	张民	二车间	车间管理人员	4,990.00	831.28	4,158.72	20.37			20.37	20.37	4,000.00	800.00
		40101	王路	采购部	采购人员	5,004.00	743.52	4,260.48	23.52			23.52	23.52	3,200.00	1,600.00
		50101	陈明	销售部	销售人员	5,304.00	781.62	4,522.38	31.62			31.62	31.62	3,000.00	2,000.00
合计						60,726.00	9,792.14	50,933.86	911.23	0.00	0.00	911.23	911.23	46,800.00	11,800.00

图 6-21 完成工资计算后的显示

二、计算个人所得税

这里的个人所得税计税与申报实际上只是一个查询功能，所有的计算都已由计算机代替。用户只需要自定义所得税率，系统自动计算个人所得税。

1. 设置扣税基数

【例 6-8】设置扣税基数，东方科技有限公司按照扣税基数计算个人所得税，基数为 5000，附加费用 0。

个人所得税计算前需要先确定扣税基数，方法是点击“设置”|“选项”|“扣税设置”，点击“编辑”选择扣税基数所对应的工资项目，如图 6-22 所示。

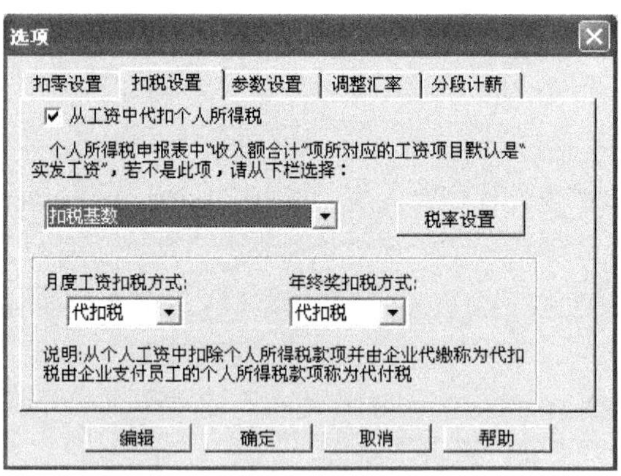

图 6-22 设置个人所得税计税基数

2. 选择申报表模板

在薪资管理主界面，点击“业务处理”菜单下的“扣缴个人所得税”，选择所在的地区，选择报表类型，点击“打开”按钮。用户可查看标准栏目，若标准栏目不能满足要求，也可从系统提供的可选栏目中选择新栏目，如图 6-23、图 6-24 所示。

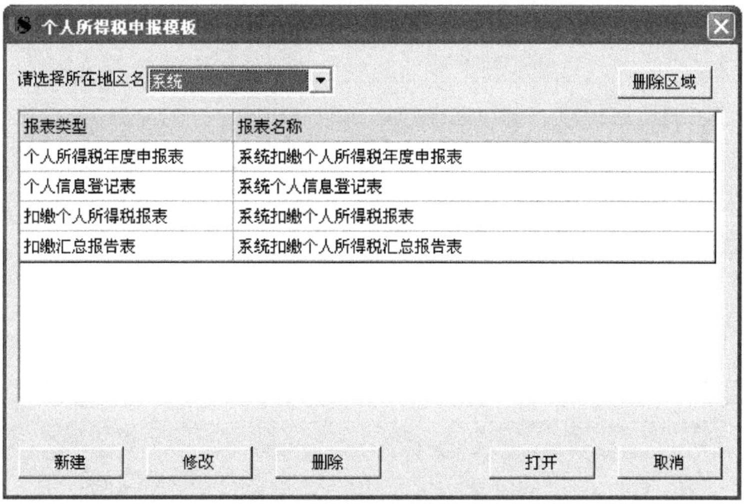

图 6-23　申报表模板选择

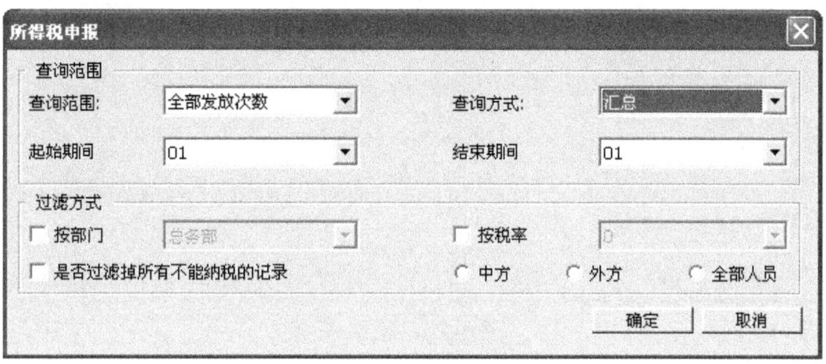

图 6-24　所得税申报

温馨提示

① 修改格式仅指增加栏目后格式的变动。

② 个人所得税申报表栏目只能选择系统提供的项目，不提供由用户自定义的项目。

③ 当跨地区企业扣税起征点不同时，可采用以下方法解决：首先，在工资项目设置中设置“扣税起征额”项目，类型为“其他项”；其次，输入每个人的扣税起征点金额或计算公式；再次，在本功能中选择“扣税起征额”作为对应扣税项目；最后，在税率表定义中将“基数”调整为零。

【例 6-9】设置个人所得税率，个人所得税率表如表 6-4 所示。按照扣税基数计算个人所得税，基数为 5000，附加费用 0，计算并形成正式工扣缴个人所得税申报表。

3. 设置个人所得税税率表

系统计算所得税的依据是收入减费用乘以税率。如果单位的扣除费用及税率与国家规定不一致，可单击“税率表”按钮进行修改，确认后系统会自动重新计算，并将此设置保存到下次修改。

在个人所得税扣缴申报表界面点击“税率”图标或从编辑菜单中选择“税率表定义”，均可进入税率表定义功能，如图 6-25 所示。

表 6-4　个人所得税率表

级次	全月应纳税所得额	税率 /%	速算扣除数
1	不超过 3000 元的部分	3	0
2	超过 3000 元至 12000 元的部分	10	210
3	超过 12000 元至 25000 元的部分	20	1410
4	超过 25000 元至 35000 元的部分	25	2660
5	超过 35000 元至 55000 元的部分	30	4410
6	超过 55000 元至 80000 元的部分	35	7160
7	超过 80000 元的部分	45	15160

图 6-25　税率表

税率表定义界面初始为国家颁布的工资、薪金所得所适用的 7 级超额累进税率，税率为 3% ～ 45%, 级数为 7 级，系统默认费用基数为 5000 元，附加费用为 0 元，单位可根据地区情况自行修改或选择。

用户可根据单位需要调整费用基数 (即为扣减费用额，从工资中减去基数，剩下的才进行缴税) 和附加费用 (对于外方人员工资扣缴个人所得税，除了要减去 5000 元费用外，还要减除附加费用 0 元) 以及税率，可增加级数也可删除级数。

当用户增加新的一级时，其上一级的上限等于其上一级的下限加 1，由系统自动累加。其新增级数的下限即等于上一级的上限，用户可根据需要调整上一级的上限，则新的级数的下限将随之改变。系统税率表初始界面的速算扣除数 (即计算应纳税额的常数) 由系统给定，用户可进行修改。如果用户增加新的一级，则该级的速算扣除数由用户输入。当用户调整某一级的上限时，该级的下限也随之改变。

用户点击“确认”按钮 , 系统将根据用户的设置自动计算并生成新的个人所得税申报表。用户点击“打印”按钮 , 可打印税率表。

温馨提示

① 级数及下限不允许改动。

② 系统设定的上一级的上限与下一级的下限相同。

③ 用户在删除时 , 不能跨级删除 , 必须从末级开始删除；税率表只剩一级时将不允许再

删除。

④ 对于外币工资类别，用户要输入外币汇率。

⑤ 若想快速查找某个人或某些人的申报表，可利用系统提供的“定位”和“数据过滤”按钮来进行。

4. 个人所得税计算

当税率定义完成确认后，系统将根据用户的设置自动计算并生产新的个人所得税申报表，如图 6-26 所示。若用户修改了“税率表”或重新选择了“收入额合计项”，则在退出个人所得税功能后需要到数据变动功能中执行重新计算功能，否则系统将保留修改个人所得税前的数据状态。

系统扣缴个人所得税年度申报表

2019年1月 -- 2019年1月

总人数：10

姓名	证件号码	所得项目	所属期间…	所属期间…	收入额	减费用额	应纳税所…	税率	速算扣除数	应纳税额	已扣缴税款
孙宁		工资	20190101	20191231			1255.00	3	0.00	37.65	37.65
张立		工资	20190101	20191231			1000.00	3	0.00	30.00	30.00
张山		工资	20190101	20191231			1510.00	3	0.00	45.30	45.30
杨梅		工资	20190101	20191231			575.00	3	0.00	17.25	17.25
李明		工资	20190101	20191231			660.00	3	0.00	19.80	19.80
李军		工资	20190101	20191231			0.00	0	0.00	0.00	0.00
陈杰		工资	20190101	20191231			0.00	0	0.00	0.00	0.00
张民		工资	20190101	20191231			0.00	0	0.00	0.00	0.00
王路		工资	20190101	20191231			0.00	0	0.00	0.00	0.00
陈明		工资	20190101	20191231			0.00	0	0.00	0.00	0.00
合计							5000.00		0.00	150.00	150.00

图 6-26　个人所得税申报表

三、工资发放

工资发放可以企业自己发工资，也可委托银行代发工资，目前普遍使用银行代发工资方式。

1. 工资分钱清单

工资分钱清单是指按单位计算的工资发放分钱票额清单，会计人员根据此表从银行取款并发给各部门。执行此功能必须在个人数据输入调整完之后，如果个人数据在计算后又作了修改，必须重新执行本功能，以保证数据正确。本功能有部门分钱清单、人员分钱清单、工资发放取款单三部分。该企业临时工工资适合工资分钱清单功能，正式工工资采取银行代发工资，一般无需进行工资分钱清单的操作。

【例 6-10】 设置东方科技有限公司部门分钱清单、人员分钱清单、工资发放取款单。

① 票面额设置。在工资系统主界面点击“业务处理”中的“工资分钱清单”，即可进入该功能界面，同时打开“票面额设置”对话框，如图 6-27 所示。票面额设置即设置工资分钱清单的票面组合，用户可根据单位需要自由设置。还可在工资分钱清单界面单击“设置”按钮或利用快捷菜单中“票面额设置”按钮重新进入该功能。进行票面额设置时，首先要选择分

钱月份，再选择票面组合，确定后，系统根据实发工资项目自动计算出各种面额的张数。

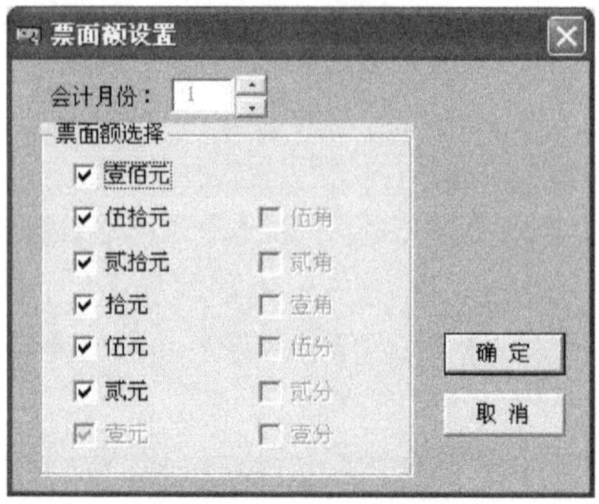

图 6-27　票面额设置

② 部门分钱清单。部门分钱清单可查看最上一级至明细级部门的分钱数，这里只受功能权限控制，不受数据权限控制。用户需要选择部门级别，即以哪级部门为末级进行统计并计算生成分钱清单。由于各部门的级别不同，若选定的级别大于已有的级别，则该部门按末级分发，如图 6-28 所示。

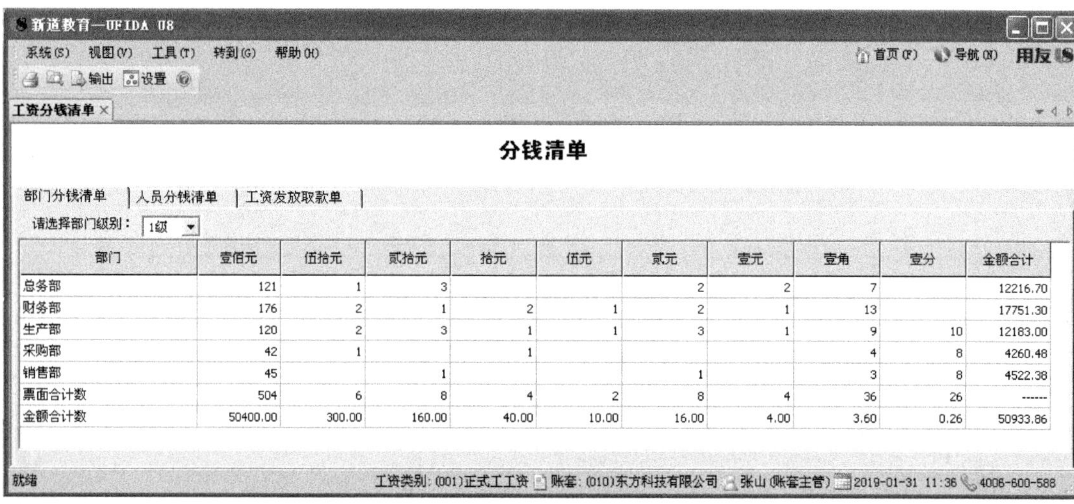

部门	壹佰元	伍拾元	贰拾元	拾元	伍元	贰元	壹元	壹角	壹分	金额合计
总务部	121	1	3			2	2	7		12216.70
财务部	176	2	1	2	1	2	1	13		17751.30
生产部	120	2	3	1	1	3	1	9	10	12183.00
采购部	42	1		1				4	8	4260.48
销售部	45		1			1		3	8	4522.38
票面合计数	504	6	8	4	2	8	4	36	26	------
金额合计数	50400.00	300.00	160.00	40.00	10.00	16.00	4.00	3.60	0.26	50933.86

图 6-28　分钱清单

③ 人员分钱清单。根据用户所选部门，系统按所选部门级次自动显示该部门（若有子级部门，包括子级部门）下所有人员的分钱清单。用户在工资分钱清单主界面点击人员分钱清单的页签即可进入该功能。用户需按部门参照按钮显示选择部门，系统根据用户选择显示该部门人员工资分钱情况。

④ 工资发放取款单。系统按单位整体计算票面分钱总数，利于出纳员按票面取款，以便发放。用户在工资分钱清单主界面点击“工资发放取款单”页签，即进入该功能。

2. 银行代发

目前社会上许多单位发放工资时都采用职工凭工资卡去银行取钱的方式。银行代发业务，是指每月末由单位向银行提供银行给定的文件格式软盘，由银行代发工资。这样做既可减轻财务部门发放工资的工作量，又可避免财务部门去银行提取大笔款项所要承担的风险，同时还可提高对员工个人工资的保密程度。

在系统主界面点击“业务处理”菜单下的“银行代发”，即进入该功能界面。

【例 6-11】设置银行代发文件格式与银行代发磁盘输出格式，并输出东方科技有限公司2019 年 1 月份银行代发正式工工资的文件。

（1）银行代发文件格式设置

银行代发文件格式是根据银行要求设置数据所包含的项目及其项目的数据类型、长度和取值范围等。

操作步骤：

① 当第一次进入银行代发功能后，系统将自动显示“银行文件格式设计”对话框，可立即进行设置。以后再进入该功能时，可在“银行代发”窗口中点击“格式”图标按钮或右键菜单项下的“文件格式设置”，设置银行文件格式，如图 6-29 所示。

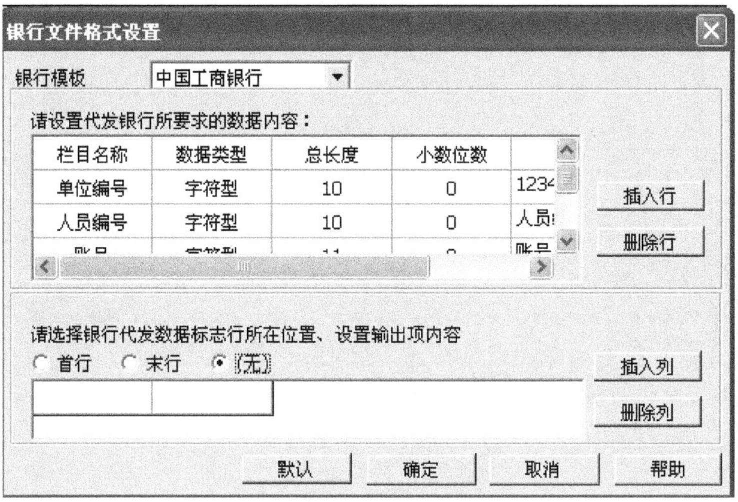

图 6-29 银行文件格式设计

② 首先需从银行模板下拉框中选中要代发工资的银行。系统提供的银行模板可进行修改。

③ 在栏目名称处点击“插入行”或“删除行”，可增加或删除代发项目，插入新的银行代发项目字段时，系统提供字段类型的参照和数据来源的参照，双击它们系统会出现参照按钮。

④ 若选择了标志行在首行或末行输出，点击“插入列”，则在标志行设置栏的当前列后就会插入一空白列，将光标移到“数据内容栏”，系统会在它的栏尾显示参照按钮，参照数据来源于数字型工资项目。如果选择参照项，系统会默认此栏内容为选中工资项目所有人员的合计数，并同时提供人数总计、空格特殊项参照。如果不选择参照项目，用户可自由输入数据内容。

⑤ 点击“确认”按钮，系统会保存设置，并生成银行代发一览表，如图 6-30 所示。

温馨提示

① 若输入的字段类型与数据内容不匹配，系统将给出提示“数据类型不符转换吗？”，若点取“是”，则系统会自动将字段类型转换成与数据内容相符的格式；若点取“否”，则

系统可返回到设置操作界面以进行修改。

单位编号	人员编号	账号	金额	录入日期
1234934325	10101	78945678900	6371.35	20190131
1234934325	10102	78945671200	6124.00	20190131
1234934325	20101	78945673400	6618.70	20190131
1234934325	20102	78945675600	5711.75	20190131
1234934325	20103	78945677800	5794.20	20190131
1234934325	30101	78945679000	4624.00	20190131
1234934325	30102	78945678912	3434.00	20190131
1234934325	30201	78945678934	4179.09	20190131
1234934325	40101	78945678981	4284.00	20190131
1234934325	50101	78945678989	4554.00	20190131
合计			51,695.09	

图 6-30 银行代发一览表

② 如果数据内容输入的不是工资项目，则系统会自动将输入的内容作为该栏目的数据。

③ 标志行即为银行要求的一个与其他数据内容格式不一致的特殊行，可作一些特定项目的输出，如“单位账号”“人员总数”“金额合计”等。标志行若有单位账号、银行代发金额合计数、发放日期、代发工资人数等，则单位账号、发放日期必须由用户输入；金额合计数、代发工资人数从参照中选择，系统会自动进行计算。标志行在银行代发一览表中不能预览。

（2）银行代发磁盘输出格式设置，并输出东方科技有限公司 2019 年 1 月份银行代发工资的文件。

银行代发磁盘输出格式即是指按银行要求数据以何种文件形式存放在磁盘中，且文件中各数据项目如何存放和区分。

操作步骤：

① 在银行代发一览表界面点击“方式”图标按钮或右键菜单项中的“文件输出方式设置”，即可进入银行代发磁盘文件设置功能，如图 6-31 所示。

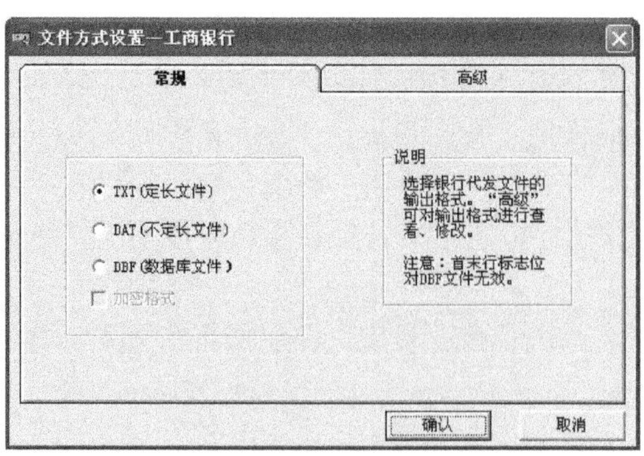

图 6-31 银行代发磁盘文件输出格式设置

②按银行规定在“常规”页签中选择文件类型。在“高级”页签可对磁盘文件的格式进

行查看和修改。对于 TXT 文件，即扩展名为 TXT 的固定宽度的文本文件，系统默认“字符型补位符”（即当数据项目长度小于设定长度时补齐位数的符号如“0”、空格）“数值型补位符”为必选项目，用户可在其后的下拉框中选择银行规定的补位符，如选“0”。对所选择的各种文件格式，系统都有一些默认值，若对其他可选项有要求可单击选取它们。“数值型是否输出小数点”“数值型是否要千位分隔符”“项目间分隔符”等为可选项，选择它们之后可在相应的下拉框中选定银行规定的形式。

对于 DAT 文件，即扩展名为 DAT 的带分隔符的文本文件，系统默认“数值型是否输出小数点”“项目间分隔符”（即各个数据项目间相互分开的符号如逗号、竖线）“括项目符号”（即将数据各项目区分开的符号如双引号、双括号）为必选项目，可在相应的下拉框中选择银行规定的符号。“字符型补位符”“数值型补位符”为可选项，可在其后的下拉框中选择银行规定的补位符或分隔符。

对于 DBF 文件，即扩展名为 DBF 的数据库文件，所有的设置均为不可修改设置。

③ 点击“确认”，则系统记录下生成磁盘文件的格式设置，返回银行代发主界面，如图 6-32 所示。

单位编号	人员编号	账号	金额	录入日期
1234934325	10101	78945678900	6371.35	20190131
1234934325	10102	78945671200	6124.00	20190131
1234934325	20101	78945673400	6618.70	20190131
1234934325	20102	78945675600	5711.75	20190131
1234934325	20103	78945677800	5794.20	20190131
1234934325	30101	78945679000	4624.00	20190131
1234934325	30102	78945678912	3434.00	20190131
1234934325	30201	78945678934	4179.09	20190131
1234934325	40101	78945678981	4284.00	20190131
1234934325	50101	78945678989	4554.00	20190131
合计			51695.09	

图 6-32　TXT 格式的银行代发一览表

④ 前述设置完毕后，可以点击“磁盘输出”按钮，按银行要求的方式保存文件，即完成了东方科技有限公司 2019 年 1 月份银行代发工资文件的输出。

任务三　薪资管理系统期末处理

任务描述

薪资管理系统期末处理主要包括设置工资分摊类型；生成转账凭证，月末处理；结转上年数据等。

预备知识

一、工资分摊设置

企业发生的薪资、福利、教育经费、工会经费，可以按照用途不同进行费用的分摊以便财务入账。由于不同单位财务入账的费用科目、费用项目不同，所以允许单位视情况自行设置，单位费用分摊的数据是否正确，取决于分摊标准设置是否正确。工资分摊标准设置包括依据的部门、人员类别、分摊的工资项目，分摊的比例及将来入账科目。

二、生成转账凭证

工资分配及费用分摊的结果，就是生成总账入账用的凭证，以避免二次录入。生成的凭证是否正确取决于工资分摊标准设置是否正确。

三、月末处理

月末处理是将当月数据经过处理后结转至下月。每月工资数据处理完毕后均需进行月末结转。结账后，本月工资明细表为不可修改状态，同时自动生成下月工资明细表，新增或删除人员将不会对本月数据产生影响。由于在工资项目中，有的项目是变动的，即每月的数据均不相同，在每月月末处理时，均需将其数据清零，下月直接输入该项目数据。

任务设计

（1）工资分摊设置；

（2）生成薪资结转凭证；

（3）进行月末处理。

操作步骤

【例 6-12】根据相关会计制度分摊正式工应付工资（100%）、福利费（14%）、工会经费（2%）费用，生成转账凭证，并进行相应的月末处理工作。

1. 工资分摊设置

操作步骤：

（1）在首次进入工资分摊功能时，系统会弹出设置对话框，如图 6-33 所示。

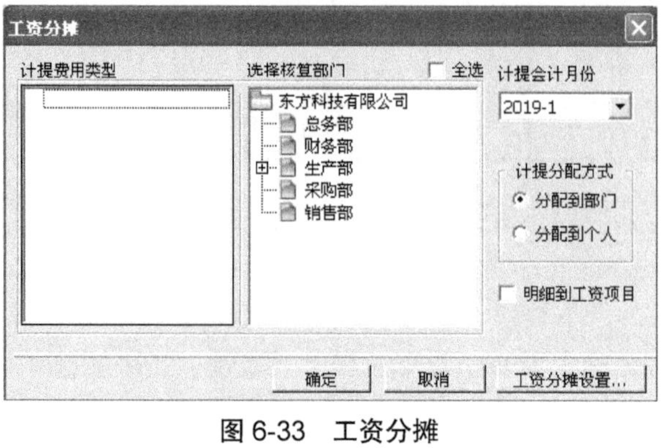

图 6-33 工资分摊

（2）用户可输入分摊计提月份，并点击“工资分摊设置”按钮，进入工资总额及计提基数设置界面，如图 6-34 所示，在计提类型名称栏目录入“正式工应付工资”，分摊比例“100%”。

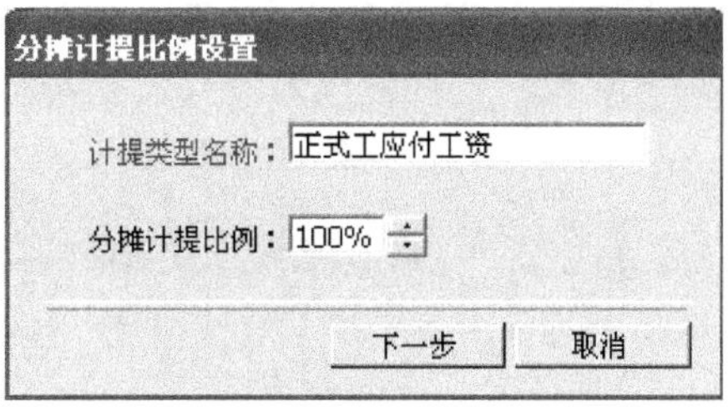

图 6-34　应付工资分摊类型

（3）单击“下一步”，打开“分摊构成设置”对话框，分别选择分摊构成的各个项目内容，如图 6-35 所示，根据情况选择部门、人员类别、工资项目、入账科目。

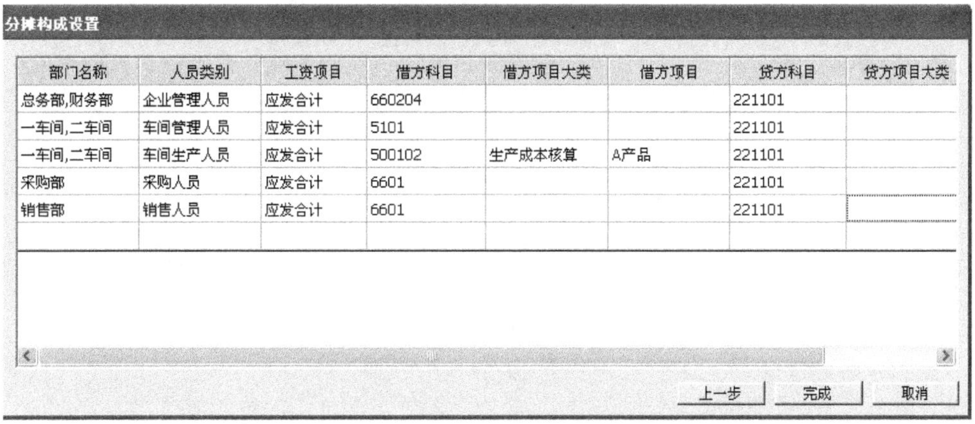

部门名称	人员类别	工资项目	借方科目	借方项目大类	借方项目	贷方科目	贷方项目大类
总务部,财务部	企业管理人员	应发合计	660204			221101	
一车间,二车间	车间管理人员	应发合计	5101			221101	
一车间,二车间	车间生产人员	应发合计	500102	生产成本核算	A产品	221101	
采购部	采购人员	应发合计	6601			221101	
销售部	销售人员	应发合计	6601			221101	

图 6-35　分摊构成设置

（4）单击“完成”按钮，返回到“分摊类型设置”对话框，继续增加其他内容。

2. 分摊工资并生成转账凭证

完成以上工资总额及计提基数的设置后，在工资分摊窗口选取计提费用类型和分摊核算的部门，单击“确定”即可进入分配一览表界面，如图 6-36 所示。

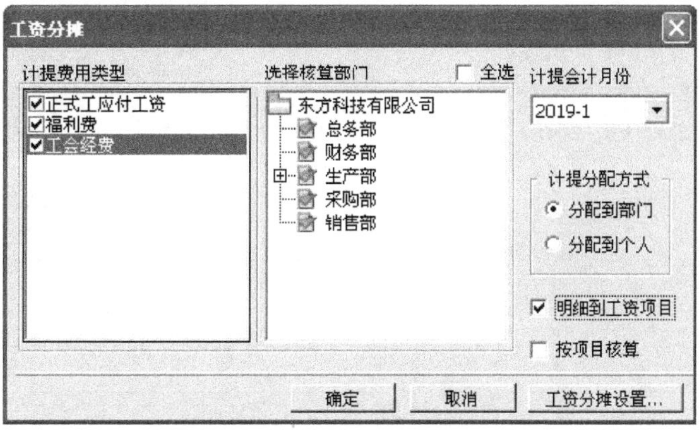

图 6-36　应付工资分摊类型

每月月末分配工资费用时，根据工资分配汇总表贷记“应付工资”科目，借记各有关科目。进入分配一览表界面，系统显示已定义的工资总额及计提项目的所有页签，在各页签双击所属部门后的借方和贷方科目栏，选择输入相应的入账科目，如图 6-37 所示。点击“制单”按钮，系统会自动生成一张凭证，查看无误后单击“保存”，如图 6-38 所示。该张凭证在总账系统中可查询得到。如果要对计提比例进行修改，可进入相应的页签，单击右键选取计提比例作修改。

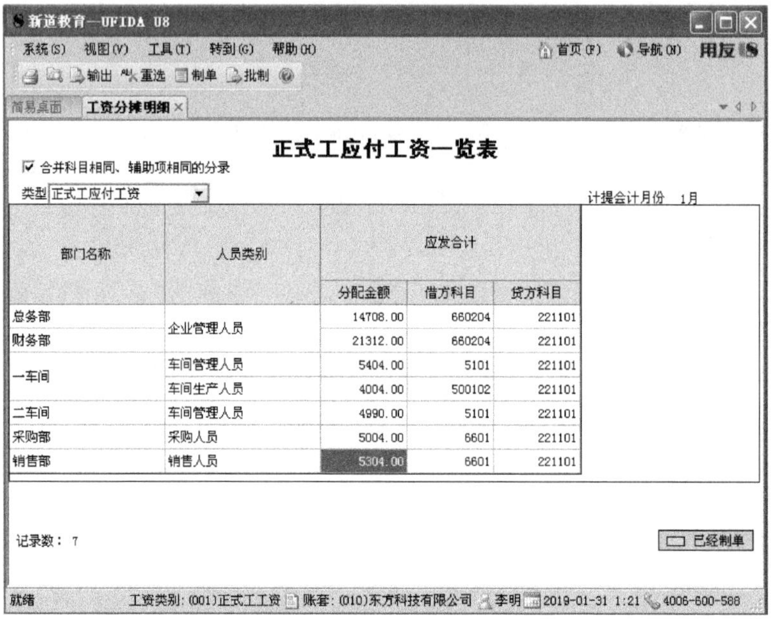

图 6-37　应付工资一览表

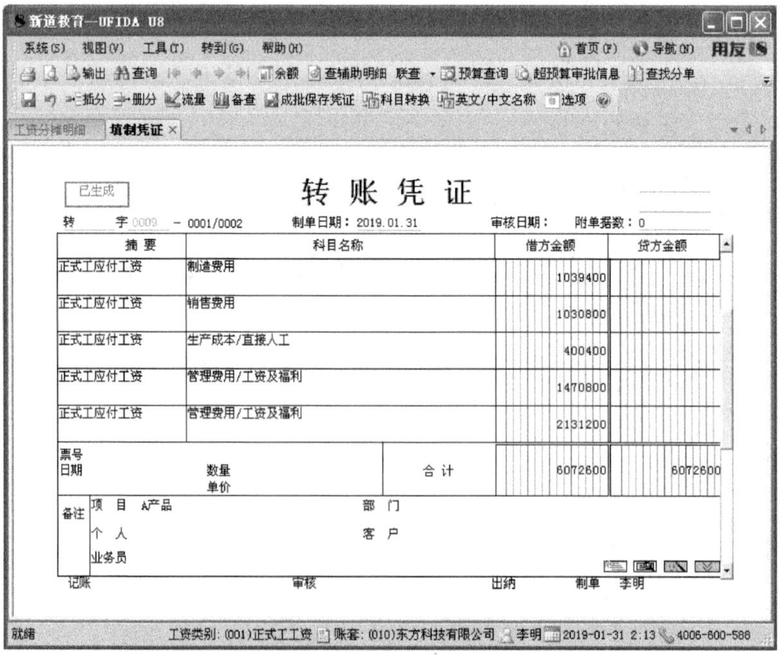

图 6-38　应付工资凭证

温馨提示

① 科目编号只能输入数字或字符。

② 若本套工资未与账务系统连接，则“制单”功能无效。

③ 生成凭证的操作员必须是总账系统中有制单权限的人，并且日期必须不小于当前总账系统会计期的最大凭证日期。

④ 凭证查询。已制作过凭证的部门不能重复制单。薪资管理系统传输到账务系统的凭证可通过凭证查询来修改、删除和冲销等。

⑤ 临时工工资数据处理方法同正式工资，工资发放前可使用工资发放清单功能进行查询。

3. 工资类别汇总

多个工资类别中，以部门编号、人员编号、人员姓名为标准，将此三项内容相同人员的工资数据做合计。例如您需要统计所有工资类别本月发放工资的合计数，或某个工资类别所有发放次数的合计数，或某些工资类别中的人员工资都由一个银行代发，希望生成一套完整的工资数据传到银行，则可使用此项功能。

操作步骤：

关闭所有打开的工资类别，在“数据维护”菜单中选择“工资类别汇总”项，选择要汇总的工资类别后点确定。在工资类别栏目框中选择需汇总的工资类别或发放次数，已选工资类别前的标有√。点按“确定“按钮后，将汇总所选工资类别的数据。

温馨提示

① 汇总仅针对与登录期间一致的所得期间工资类别或发放次数。涉及其他所得期间的，无法分所得期间计算应纳个人所得税。

② 汇总工资类别可以为月存数。所选工资类别或发放次数中必须有汇总月份的工资数据。

③ 如为第一次进行工资类别汇总，需在汇总工资类别中设置工资项目计算公式。如每次汇总的工资类别一致，则公式不需重新设置。如与上一次所选择的工资类别不一致，则需重新设置计算公式。

④ 汇总工资类别不能进行月末结算和年末结算。

4. 工资账表查询

薪资管理系统提供多种工资报表，如个人工资发放条、工资发放签名表、按部门汇总的部门工资汇总表等。查询方法是选择“统计分析”|“我的账表”，如图 6-39 所示。双击报表名称列表中的报表名称，如工资发放签名表，如图 6-40 所示。选择要查询的部门，点确定即可显示要查询的报表数据，如图 6-41 所示。

5. 月末处理

在系统“业务处理”菜单点击“月未处理”，即可进入该功能。点击“月末处理”后，系统将弹出选择框。点击“确认”按钮，即可进行月末结转，如图 6-42 所示。

系统将提示“月末处理后，本月工资将不许变动！继续月末处理吗？”，如果进行月末处理，点击“是（Y）”确定。若点击“取消”按钮，则退回薪资管理主界面。若点击“确认”按钮，系统将弹出对话框，提示是否要进行清零处理。若点击“否”按钮，则下月项目完全继承当前月数据；若点击“是”按钮，即进入清零项目选择界面。左边项目框显示用户设置的所有工资项目，右边项目框显示需要清空数据的项目，如病假天数、事假天数等，如图 6-43 所示。

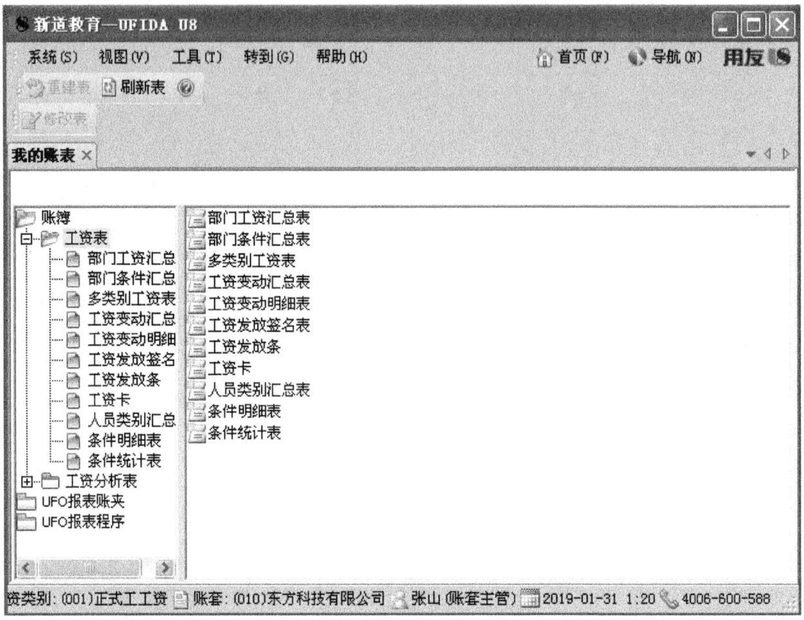

图 6-39　我的账表

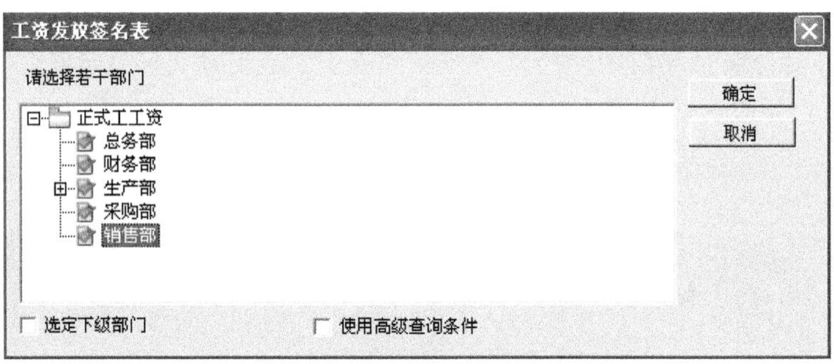

图 6-40　工资发放签名表部门选择

工资发放签名表

2019 年 01 月

部门：全部　会计月份　一月　人数：10

人员编号	姓名	应发合计	扣款合计	实发合计	本月扣零	上月扣零	代扣税	计件工资	代付税	年终奖	年终奖代扣税	年终奖代付税	工资代扣税	扣税合计	工资代付税	基本工资
10101	孙宁	7,504.00	1,132.65	6,371.35			37.65						37.65	37.65		6,500.00
10102	张立	7,204.00	1,080.00	6,124.00			30.00						30.00	30.00		6,000.00
20101	张山	7,804.00	1,185.30	6,618.70			45.30						45.30	45.30		5,800.00
20102	杨梅	6,704.00	992.25	5,711.75			17.25						17.25	17.25		5,500.00
20103	李明	6,804.00	1,009.80	5,794.20			19.80						19.80	19.80		5,600.00
30101	李军	5,404.00	780.00	4,624.00												4,200.00
30102	陈杰	4,004.00	570.00	3,434.00												3,000.00
30201	张民	4,990.00	810.91	4,179.09												4,000.00
40101	王路	5,004.00	720.00	4,284.00												3,200.00
50101	陈明	5,304.00	750.00	4,554.00												3,000.00
合计		60,726.00	9,030.91	51,695.09	0.00	0.00	150.00	0.00	0.00	0.00	0.00	0.00	150.00	150.00	0.00	46,800.00

制表：　审核：　复核：

图 6-41　工资发放签名表

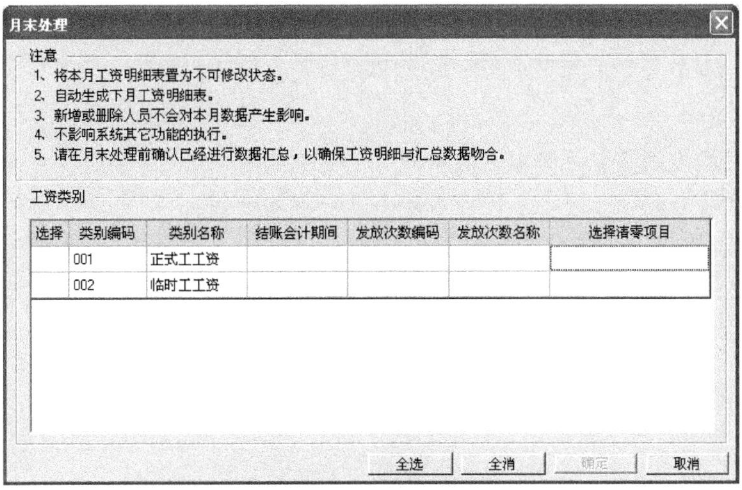

图 6-42　月末处理

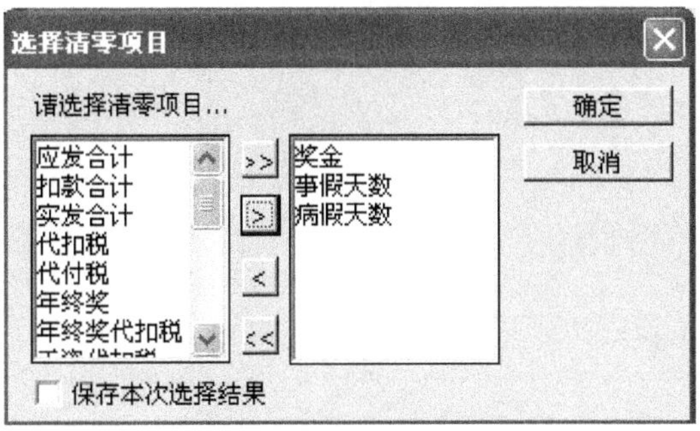

图 6-43　清零项目设置

用户选择后点击“确认”按钮，系统将进行数据结转，按用户设置将清零项目数据清空，其他项目继承当前月数据。在下月数据生成后系统会提示“结转完毕！”。

温馨提示

① 月末处理只可在会计年度的 1 ～ 11 月进行，12 月底直接进行年度结转。

② 月末结转只有在当月工资数据处理完毕后才可进行。

③ 若系统设置有多个工资类别，则应分别打开工资类别进行月末结算。

④ 若本月工资数据未汇总，系统将不允许进行月末结转。

⑤ 汇总工资类别不需进行月末处理。

⑥ 若本月无工资数据，用户进行月末处理时系统将给予操作提示：本月无工资数据，是否进行月末结转？

⑦ 进行月末处理后，当月数据将不能再变动。

⑧ 月末处理功能只有主管人员才能执行。

6. 年末结转

年末结转是指将工资数据经过处理后结转至下年。进行年末结转后新账套库将自动建立。在处理完所有工资类别的工资数据后，对多工资类别应关闭所有工资类别，然后在“系统管理”中选择“账套库”菜单下的“结转上年数据”进行年末结转。其他操作与月末处理类似。

温馨提示

① 年末结转只有在当月工资数据处理完毕后才可进行。
② 若当月工资数据未汇总，系统将不允许进行年末结转。
③ 若本月无工资数据，用户进行年末处理时系统将给予操作提示。
④ 进行年末结转后，本年各月数据将不允许再作变动。
⑤ 若用户跨月进行年末结转，系统将给予警告提示。
⑥ 年末处理功能只有主管人员才能执行。

项目七

固定资产管理系统

知识目标

了解固定资产管理子系统的主要功能；熟悉固定资产管理子系统的操作流程，主要掌握的操作内容包括：固定资产的初始设置、日常业务处理和期末处理。

技能目标

能够熟练进行固定资产系统控制参数、资产类别、部门及对应折旧科目、增减方式及对应入账科目、原始卡片录入等初始设置，能够熟练操作固定资产增减、计提折旧、生成各类凭证、对账、结账等固定资产日常业务及期末业务处理。

项目导航

固定资产管理系统适用于各类企业和行政事业单位进行设备管理、折旧计提等。同时可为总账系统提供折旧凭证，为成本管理系统和UFO报表提供数据支持，系统增加资产、减少资产以及原值和累计折旧的调整、折旧计提都要将有关数据通过记账凭证的形式传输到总账系统，同时通过对账保持固定资产账目的平衡。

固定资产管理在企业中分为两部分：一是固定资产卡片台账管理，负责登记固定资产增加、减少、折旧，记录使用部门、是否在用等所有有关固定资产的信息；二是固定资产的会计处理，包括确定固定资产的折旧方法和使用年限、每月计提固定资产折旧、固定资产清理等。

任务一　固定资产管理系统初始设置

任务描述

建立固定资产管理系统的目的在于改变手工固定资产管理系统的数据存储、组织和处理方式，提高数据处理的速度、精度和数据加工的深度，加强对企业固定资产的管理，保证成本计算的准确性和正确性。

固定资产管理系统主要功能是完成企业固定资产日常业务的核算和管理，生成固定资产卡片，按月反映固定资产的增加、减少、原值的变化以及其他变动，并输出相应的增减变动明细账，按月自动计提折旧，生成折旧分配凭证，同时输出一些与固定资产管理相关的报表和账簿。

固定资产管理系统的初始设置是根据用户单位的具体情况，建立一个适合的固定资产子账套的过程。初始设置主要包括设置控制参数、设置基础数据、录入期初固定资产原始卡片等内容。

预备知识

一、固定资产管理系统的业务处理流程

固定资产管理系统的业务处理流程如图 7-1 所示。

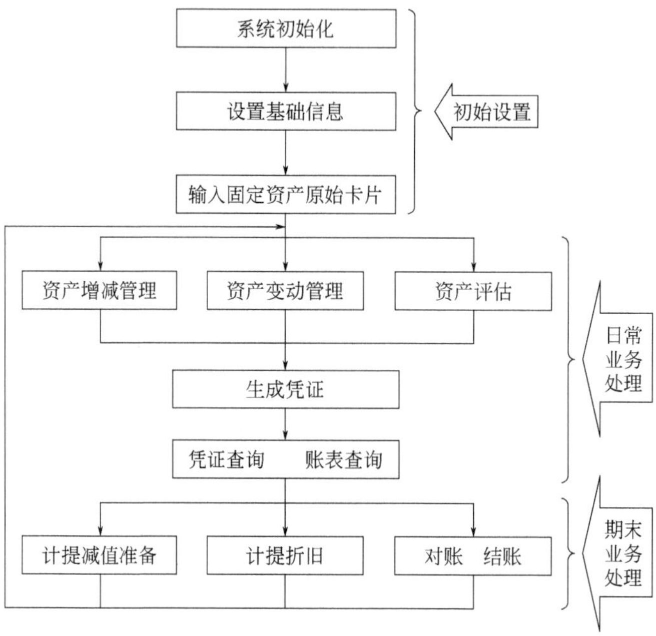

图 7-1 固定资产管理系统业务处理流程

二、固定资产管理系统与其他系统的主要关系

固定资产管理系统日常业务处理中形成的资产的增加、减少以及原值和累计折旧的调整、折旧计提都通过生成记账凭证的形式传输到总账管理系统，同时通过对账保持固定资产账目与总账的平衡，并可以修改、删除以及查询凭证。UFO 报表系统也可以通过相应的取数函数从固定资产管理系统中提取分析数据。

三、固定资产管理系统初始设置

固定资产管理系统初始设置是根据用户单位的具体情况，建立一个适合的固定资产子账套的过程。初始设置包括设置控制参数、设置基础数据、输入期初固定资产卡片。

1. 系统初始化

在系统管理模块建立新账套后运行固定资产系统并打开该账套，第一步要做的工作是系统初始化。系统初始化是使用固定资产系统管理资产的首要操作，是根据本单位的具体情况，建立一个适合本单位需要的固定资产子账套的过程。要设置的内容主要包括约定及说明、启用月份、折旧信息、编码方式、账务接口和完成设置六部分。其中约定及说明指在进

行初始化之前需认真阅读的条款内容，启用月份需要查看本账套固定资产开始使用的年份和会计期间，启用日期只能查看不可修改。要录入系统的期初资料一般指截至该期间期初的资料。固定资产账的开始使用期间不得大于系统管理中建立该套账的期间。

2. 基础设置

初始化工作完成后进行基础设置操作。基础设置操作包括卡片项目定义、卡片样式定义、折旧方法定义、类别设置、部门设置、使用状况定义、增减方式定义等部分。除资产类别设置没有预置内容外，其他部分都把常用的内容预置出来，如果符合要求，可不再设置。资产类别设置是必须经过的步骤。系统运行过程中，如果设置的内容不满足要求，可在系统允许的范围内重新设置。

（1）部门对应折旧科目

固定资产计提折旧后必须把折旧归入成本或费用，根据不同使用者的具体情况按部门或按类别归集。当按部门归集折旧费用时，某一部门所属的固定资产折旧费用将归集到一个比较固定的科目，所以部门对应折旧科目设置就是给部门选择一个折旧科目，录入卡片时，该科目自动显示在卡片中，不必一个一个输入，可提高工作效率。然后在生成部门折旧分配表时每一部门按折旧科目汇总，生成记账凭证。

（2）资产类别设置

固定资产的种类繁多，规格不一，要强化固定资产管理，及时准确作好固定资产核算，必须建立科学的固定资产分类体系，为核算和统计管理提供依据。企业可根据自身的特点和管理要求确定一个较为合理的资产分类方法。

（3）增减方式设置

增减方式包括增加方式和减少方式两类。增加的方式主要有：直接购入、投资者投入、捐赠、盘盈、在建工程转入、融资租入。减少的方式主要有：出售、盘亏、投资转出、捐赠转出、报废、毁损、融资租出等。

（4）折旧方法设置

折旧方法设置是系统自动计算折旧的基础。系统给出了常用的五种方法：不提折旧、平均年限法（一和二）、工作量法、年数总和法、双倍余额递减法。这几种方法是系统设置的折旧方法，只能选用，不能删除和修改。如果这几种方法不能满足您企业的使用需要，系统提供了折旧方法的自定义功能，可以定义自己合适的折旧方法的名称和计算公式。

3. 原始卡片录入

原始卡片录入是把使用系统前的原始资料录入系统，以保持固定资产管理和核算的连续性和完整性。鉴于原始资料可能较多，在一个月内不一定能录入完毕，所以本系统原始卡片录入不限于第一个月。也就是说如果第一个月到月底原始资料没有录入完毕，可以有两种选择，一是一直以该月日期登录，直到录入完毕，再进行以下各部分操作；另一种做法是，月底前在没有完成全部原始卡片的情况下，继续以下各部分操作，以后各月陆续进行录入。由于固定资产系统和其他系统的制约关系，本系统不结账，总账不能结账，所以在特定情况下，必须执行第二种做法。

任务设计

（1）设置固定资产账套参数；

（2）设置资产类别；

（3）对部门及对应折旧科目进行设置；

（4）固定资产增减方式的对应入账科目；

（5）固定资产原始卡片。

操作步骤

一、注册固定资产管理系统

【例 7-1】2019 年 1 月 1 日启用了用友 ERP-U8V10.1 管理软件中固定资产管理系统，注册东方科技有限公司固定资产管理系统。

操作步骤：

（1）执行“开始”|“程序”|“用友 ERP-U8V10.1”|“企业应用平台”命令，打开“登录”对话框。

（2）输入操作员“01”或“张山”，输入密码 1，在“账套”下拉列表中选择“东方科技有限公司”，单击“确定”按钮。

（3）在“业务工作”选项卡中单击“财务会计”|“固定资产”选项，系统弹出“这是第一次打开此账套，还未进行过初始化，是否进行初始化？”信息提示对话框，如图 7-2 所示。

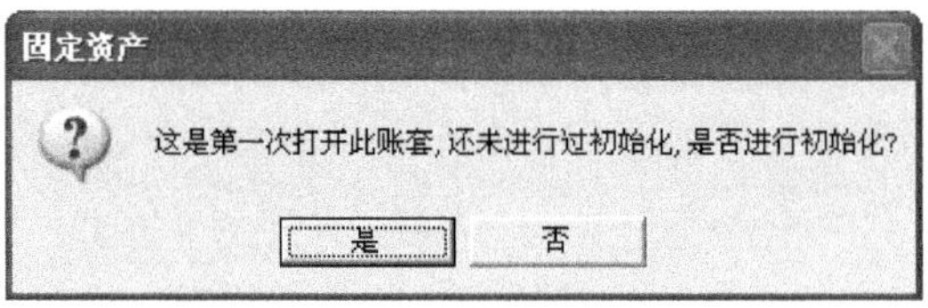

图 7-2 固定资产初始化提示

（4）单击“是”按钮，打开固定资产“初始化初始化账套向导”对话框。

二、初始设置

【例 7-2】设置东方科技有限公司固定资产管理系统参数，东方科技有限公司的固定资产管理系统参数如表 7-1 所示。

表 7-1 固定资产管理系统参数

控制参数	参数设置
约定与说明	我同意
启用月份	2019.01
折旧信息	本账套计提折旧；折旧方法：平均年限法；折旧汇总分配周期：1 个月，当（月初已计提月份 = 可使用月份 -1）时，将剩余折旧全部提足
编码方式	资产类别编码方式：2112；固定资产编码方式：按“类别编码 + 部门编码 + 序号”自动编码；卡片序号长度为 3
财务接口	与财务系统进行对账；固定资产对账科目：1601 固定资产；累计折旧对账科目：1602 累计折旧；对账不平不允许固定资产月末结账
补充参数	在对账不平情况下允许固定资产月末结账；月末结账前一定要完成制单登账业务；固定资产缺省入账科目：1601；累计折旧缺省入账科目：1602；减值准备缺省入账科目：1603；增值税进项税额缺省入账科目：22210101；固定资产清理缺省入账科目：1606

1. 固定资产初始化

初次启用固定资产管理系统需进行如下参数设置。

（1）在“固定资产初始化向导——约定与说明”对话框中，选择“我同意”，如图 7-3 所示。

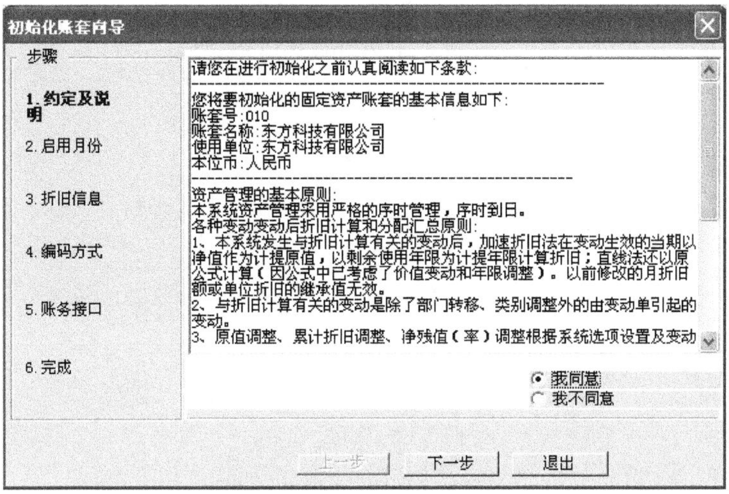

图 7-3　固定资产初始化账套向导

（2）单击“下一步”按钮，打开“固定资产初始化向导——启用月份”对话框；选择启用月份“2019-01”。

（3）单击“下一步”按钮，打开“固定资产初始化向导——折旧信息”对话框。

（4）选中“本账套计提折旧”复选框；选择折旧方法“平均年限法（一）”，折旧分配周期“1 个月”；选中“当（月初已计提月份 = 可使用月份 –1）时将剩余折旧全部提足”复选框，如图 7-4 所示。

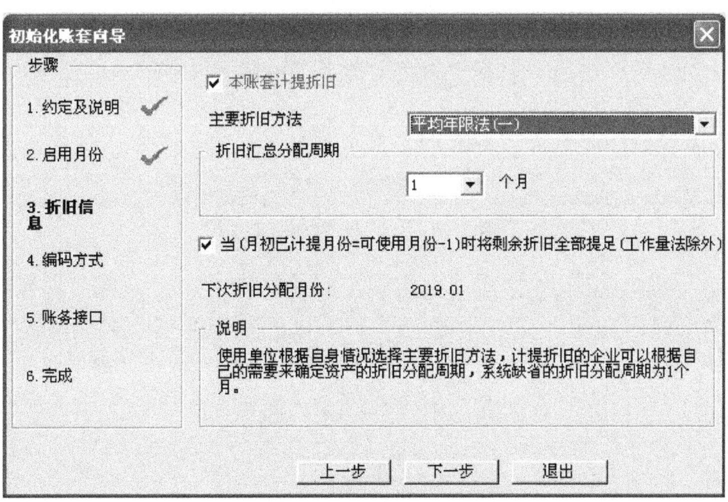

图 7-4　固定资产折旧信息

（5）单击“下一步”按钮，打开“固定资产初始化向导——编码方式”对话框。

（6）确定资产类别编码长度 2112；选择“自动编号”单选按钮，选择固定资产编码方式“类别编号 + 部门编号 + 序号”，选择序号长度 3，如图 7-5 所示。

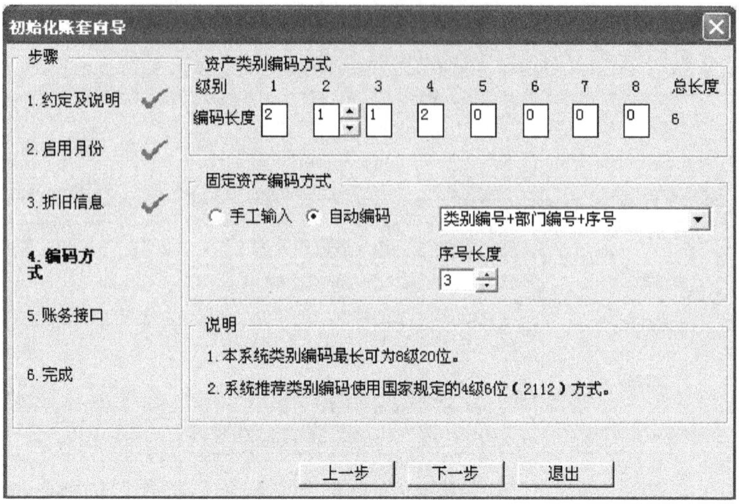

图 7-5 固定资产编码方式

（7）单击“下一步”按钮，打开“固定资产初始化向导——账务接口”对话框。

（8）选中“与账务系统进行对账”复选框；选择固定资产的对账科目“固定资产（1601）”，累计折旧的对账科目“累计折旧（1602）”，如图 7-6 所示。

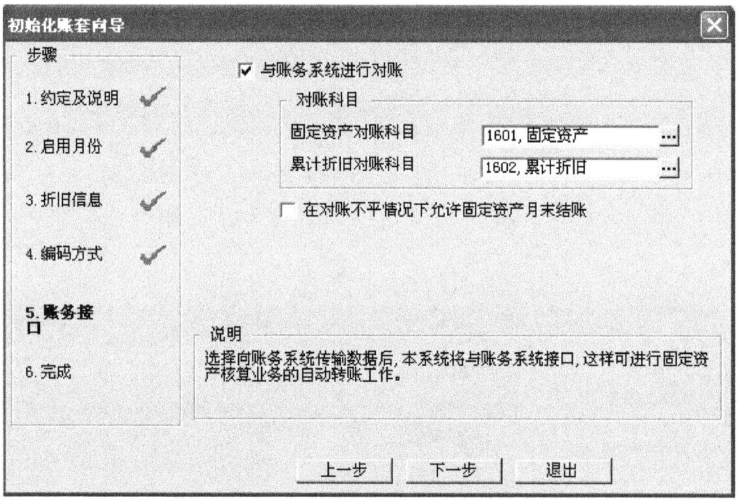

图 7-6 固定资产账务接口

（9）单击“下一步”按钮，打开“固定资产初始化向导——完成”对话框。

（10）单击“完成”按钮，完成本账套的初始化，系统弹出“是否确定设置的信息完全正确并保存对新账套的所有设置”信息提示对话框。单击“是”按钮，系统弹出“已成功初始化固定资产账套”信息提示对话框，单击“确定”按钮。

温馨提示

需注意系统初始化中有些参数一旦设置完成，退出初始化向导后是不能修改的，如果要改，只能通过“重新初始化”功能实现，重新初始化将清空原来对该账套所做的一切工作。所以如果觉得有些参数设置不能确定，点击“上一步”按钮重新设置。确实无误后，再点击

“完成”按钮保存退出。

2. 固定资产其他参数设置

（1）执行“固定资产”|“设置”|“选项”命令，进入“选项”窗口。

（2）单击“编辑”按钮，打开“与账务系统接口”选项卡。

（3）选中“与账务系统进行对账”“月末结账前一定要完成制单登账业务”复选框；选择默认入账科目“固定资产（1601）”“固定资产减值准备（1603）”，其他均按资料设置，单击“确定”按钮，如图 7-7 所示。

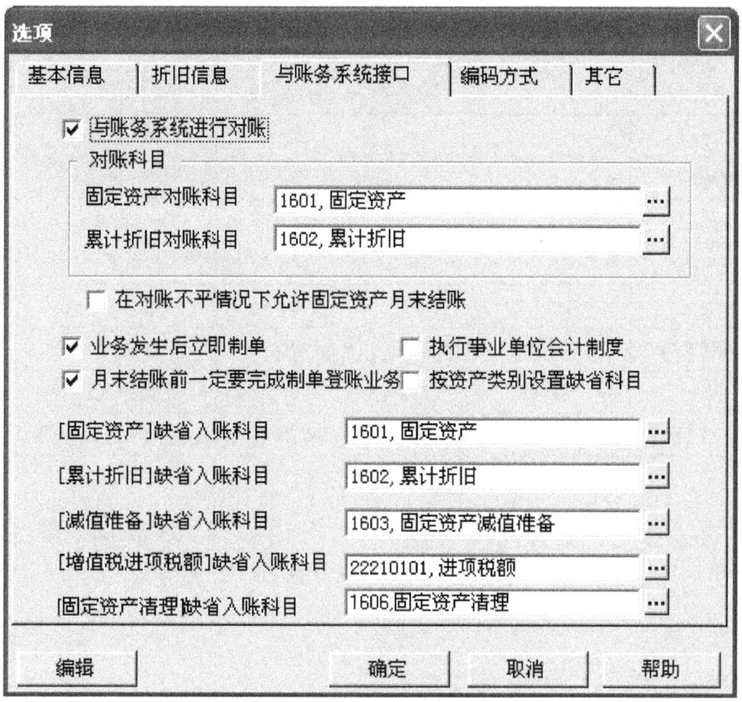

图 7-7 固定资产补充参数设定

温馨提示

① 资产类别编码方式设定以后，一旦某一级设置了类别，则该级的长度不能修改，没有使用过的各级长度可修改。

② 每一个账套资产的自动编码方式只能有一种，一经设定，该自动编码方式不得修改。

③ 与账务系统接口选项卡中，与账务系统进行对账的判断参数可修改。

④ 如选择“业务完成后立即制单”参数，则表示由用户来确定制单的时间。用户可根据实际情况对其进行设定，如没有勾选“业务发生后立即制单”，系统将把没有制单的原始单据的资料收集到批量制单部分，用户可以在批量制单部分统一完成。

⑤ 如选择“月末结账前一定要完成制单登账业务”，系统中的有些业务在存在对应的总账账套的情况下应制作凭证，把凭证传递到总账系统，但有可能一些经济业务在其他系统已制作凭证，为避免重复制单，可不在此判断框内打勾。如果想保证系统的严谨性，则在此判断框内打勾，表示一定要完成应制作的凭证，如有没有制作的凭证，本期间不允许结账。

⑥ 与账务系统接口选项卡中，对于固定资产缺省入账科目、累计折旧缺省入账科目等

参数，固定资产系统制作记账凭证时，凭证中上述科目的缺省值将由用户的设置确定，当这些设置为空时，凭证中缺省科目为空。

三、基础设置

1. 设置资产类别

【例 7-3】设置东方科技有限公司固定资产资产类别，东方科技有限公司的固定资产资产类别如表 7-2 所示。

表 7-2　固定资产资产类别

编码	类别名称	净残值率 /%	单位	计提属性	折旧方法	卡片样式
01	机器设备	4	台	正常计提	平均年限法（一）	含税卡片样式
011	生产用	4	台	正常计提	平均年限法（一）	含税卡片样式
012	非生产用	4	台	正常计提	平均年限法（一）	含税卡片样式
02	交通设备	5	辆	正常计提	工作量法	含税卡片样式
021	生产用	5	辆	正常计提	工作量法	含税卡片样式
022	非生产用	5	辆	正常计提	工作量法	含税卡片样式
03	房屋建筑物	3	栋	正常计提	平均年限法（一）	含税卡片样式
031	生产用	3	栋	正常计提	平均年限法（一）	含税卡片样式
032	非生产用	3	栋	正常计提	平均年限法（一）	含税卡片样式

操作步骤：

（1）执行“固定资产”|“设置”|“资产类别”，进入“资产类别”窗口。

（2）单击“增加”按钮，输入类别名称“机器设备”，净残值率“4%”；选择计提属性“正常计提”，折旧方法“平均年限法（一）”，卡片样式“含税卡片样式”，单击“保存”按钮，如图 7-8 所示。

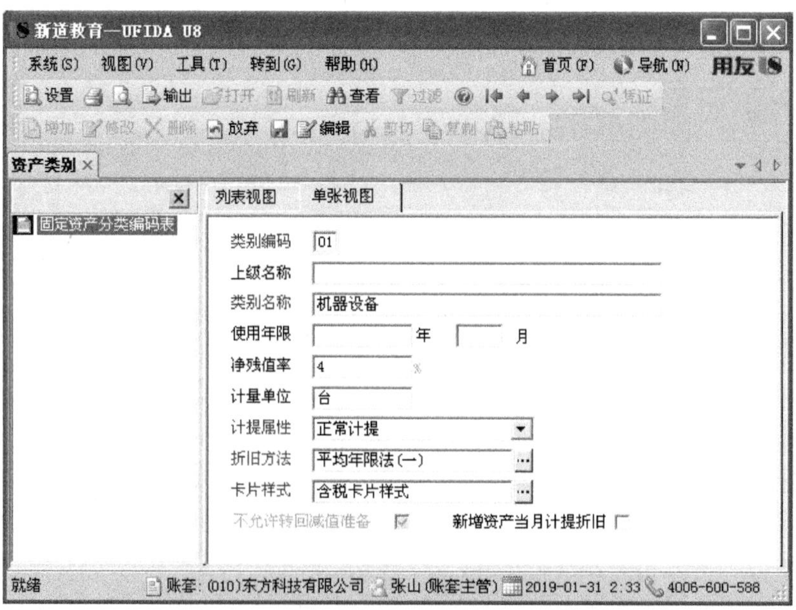

图 7-8　资产类别增加

（3）同理，完成其他资产类别的设置。

温馨提示

① 设置资产类别中的编码参数是为方便记忆和使用给资产类别所定的一个编号，编号由它的所有上级类别的编码和用户输入的本级编码共同组成，所有上级的编码已定义好了，在本级自动生成的编码中不允许修改。

② 类别名称即该项资产类别的名称，不可与本级资产类别同名。

③ 若使用年限参数值缺省则继承其上级所设置的使用年限。

④ 净残值如缺省则默认为其上级所设置的净残值率。

⑤ 计量单位即所定义的资产类别的计量单位，缺省的是继承其上级所设置的计量单位，可修改。

⑥ 卡片样式即从卡片样式目录中选择该资产类别对应的卡片样式，缺省为“通用”，用户可对其修改。

2. 设置部门对应折旧科目

【例 7-4】对东方科技有限公司固定资产资产部门及对应折旧科目进行设置，东方科技有限公司的固定资产使用部门及对应折旧科目如表 7-3 所示。

表 7-3 固定资产使用部门及对应折旧科目

部门	对应折旧科目
总务部、财务部、采购部	管理费用 / 折旧费
生产部	制造费用
销售部	销售费用

操作步骤：

（1）执行“固定资产”|“设置”|“部门对应折旧科目”，进入“部门对应折旧科目”窗口。

（2）选择部门，选择“总务部”，单击“修改”按钮。

（3）选择折旧科目“管理费用 / 折旧费（660203）”，单击“保存”按钮，如图 7-9 所示。

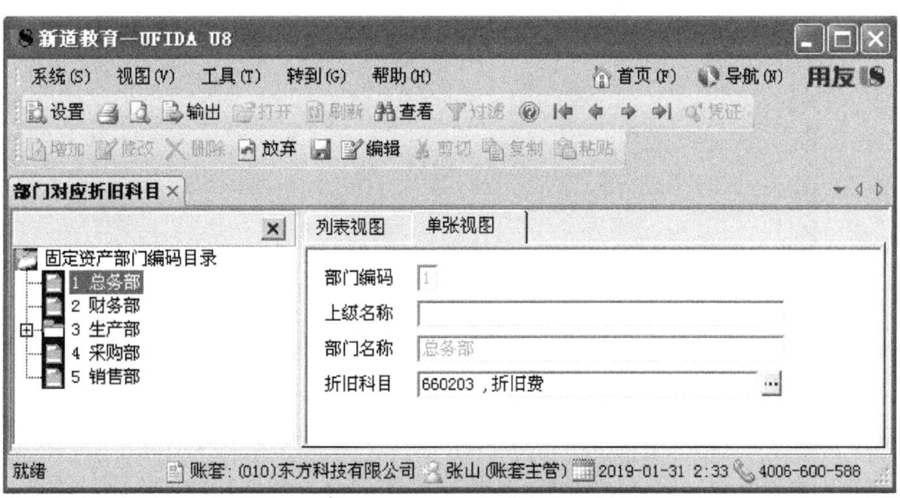

图 7-9 部门对应折旧科目设置

（4）同理，完成其他部门折旧科目的设置。

温馨提示

在使用本功能前，必须已建立好部门档案，可在基础设置中设置，也可在本系统的“部门档案”中完成。

3. 设置增减方式的对应科目

【例 7-5】对东方科技有限公司固定资产增减方式的对应入账科目进行设置，东方科技有限公司的固定资产增减方式对应入账科目如表 7-4 所示。

表 7-4　固定资产增减方式对应入账科目

增减方式目录	对应入账科目	增减方式目录	对应入账科目
增加方式		减少方式	
直接购入	100201，工行存款	出售	100201，工行存款
接受捐赠	6301，营业外收入	盘亏	6711，营业外支出
在建工程转入	1604，在建工程	报废	1606，固定资产清理

操作步骤：

（1）执行“固定资产”|“设置”|“增减方式”命令，进入“增减方式”窗口。

（2）在左侧列表框中单击“直接购入”增加方式，单击“修改”按钮。

（3）输入对应入账科目“工行存款（100201）”，单击“保存”按钮。

（4）同理设置毁损对应入账科目资料，完成后如图 7-10 所示。

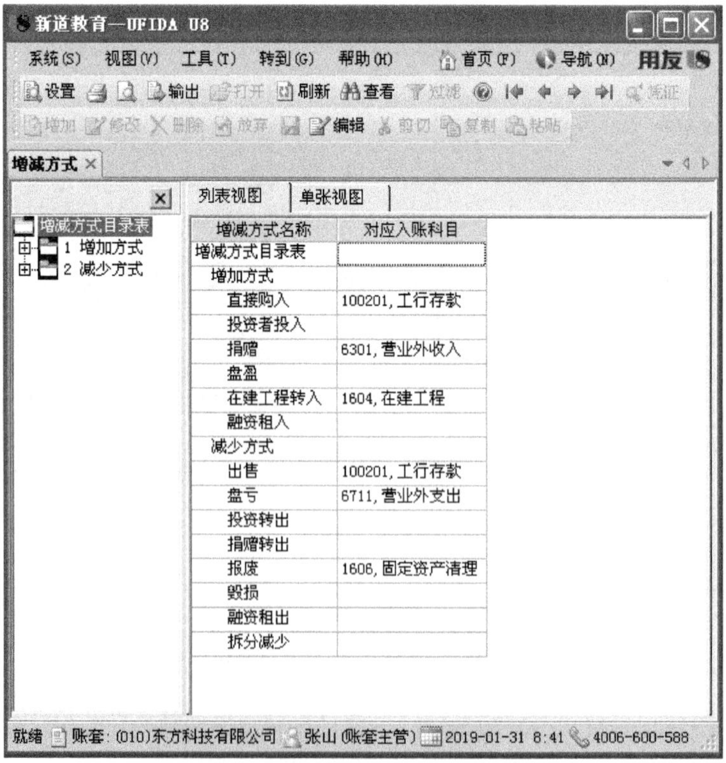

图 7-10　增减方式对应入账科目

四、录入固定资产原始卡片

【例 7-6】录入东方科技有限公司固定资产原始卡片并进行对账。东方科技有限公司的固定资产期初情况如表 7-5 所示。

表 7-5 固定资产期初情况

固定资产名称	类别编号	所在部门	增加方式	可使用年限	开始使用日期	原值 / 元	累计折旧 / 元	对应折旧科目名称
机床	011	一车间	直接购入	6	2017.10.01	375000	70000	平均年限法（一）
机床	011	二车间	直接购入	6	2017.10.01	375000	70000	平均年限法（一）
打印机	012	财务部	直接购入	5	2017.06.01	2000	570	平均年限法（一）
汽车	022	总务部	直接购入	5	2017.10.01	150000	33250	工作量法
一号楼	031	总务部、财务部、生产部、采购部、销售部，所占比例均为 20%	直接购入	20	2017.12.01	4500000	218250	平均年限法（一）

注：汽车预计工作量为 150000 千米，累计工作量为 33250 千米。

操作步骤：

（1）执行“固定资产”|“卡片”|“录入原始卡片”命令，进入“资产类别参照”窗口。

（2）选择固定资产类别“生产用（011）”，单击“确定”按钮，进入“固定资产卡片录入”窗口。输入固定资产名称“机床”。双击部门名称弹出“本资产部门使用方式”信息提示对话框，选择“单部门使用”选项，单击“确定”按钮。打开“部门参照”对话框，选择“一车间”。双击“增加方式”选择“直接购入”。双击“使用状况”，选择“在用”。输入开始使用日期“2017-10-01”。输入原值“375000.00”，累计折旧“70000.00”。输入可使用年限（月）“72”。其他信息自动算出，如图 7-11 所示。

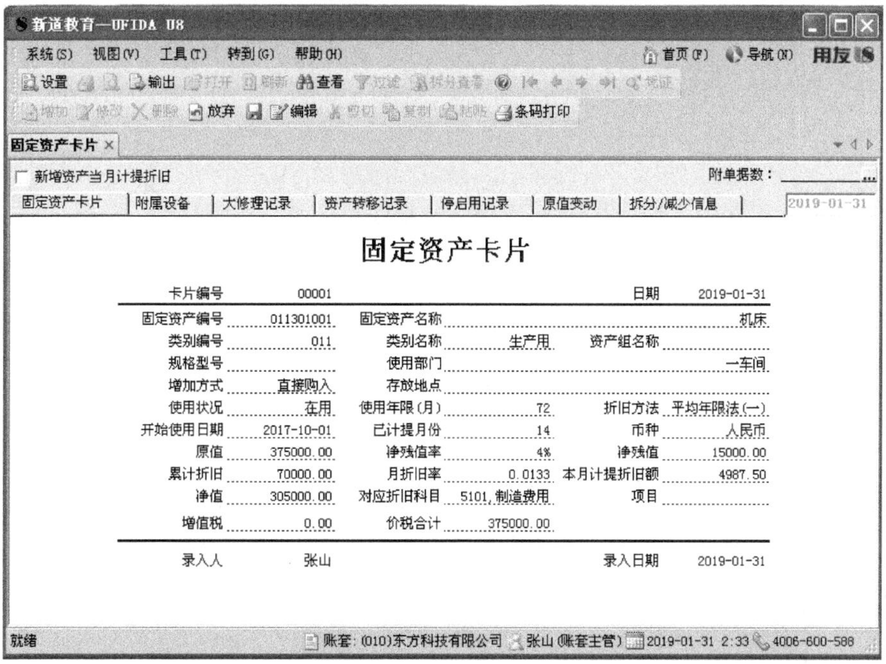

图 7-11 固定资产卡片录入

（3）单击“保存”按钮，系统弹出“数据成功保存！”信息提示对话框，单击“确定”按钮。

（4）同理，完成其他固定资产原始卡片的输入。

（5）执行“固定资产”|“处理”|“对账”命令，系统将固定资产系统录入的明细资料数据汇总并与财务核对，显示与财务对账结果，如图 7-12 所示，单击“确定”按钮返回。

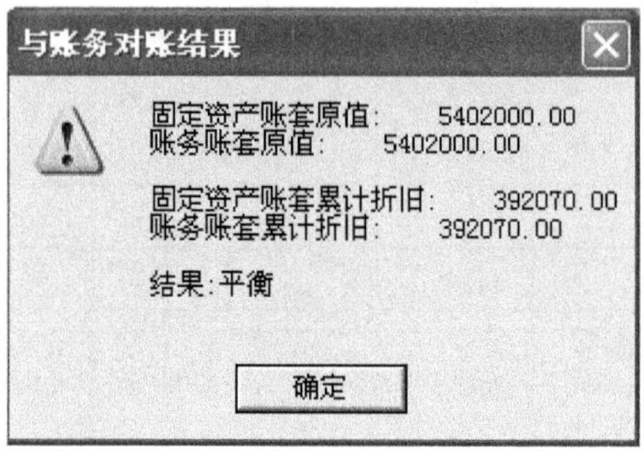

图 7-12　固定资产期初对账结果

温馨提示

① 卡片编号由系统根据初始化时定义的编码方案自动设定，不能修改，如删除一张卡片，又不是最后一张时，系统将保留空号。

② 系统将根据开始使用日期自动算出折旧，已计提折旧可以修改，需将使用期间停用等不计提折旧的月份扣除。

③ 与计算折旧有关的项目输入后，系统会按照输入的内容自动算出月折旧率和月折旧额并显示在相应项目内，用户可与手工计算的值比较，核对是否有误。

任务二　固定资产管理系统日常业务处理

任务描述

固定资产管理系统的日常业务处理部分主要包括卡片管理、资产增减管理、资产评估、资产盘点、账簿管理、生成凭证等。

预备知识

1. 卡片管理

对固定资产系统中所有卡片进行综合管理的功能操作，通过卡片管理可完成以下功能：卡片修改、卡片删除、卡片打印、显示快捷信息、联查卡片图片、查看单张卡片信息、查看卡片汇总信息。

2. 资产增减管理

（1）资产增加

“资产增加”即新增加固定资产卡片，在系统日常使用过程中，可能会购进或通过其他方式增加企业资产，该部分资产通过“资产增加”操作录入系统。当固定资产开始使用日期的会计期间 = 录入会计期间时，才能通过“资产增加”录入。例如单位新购入了一台设备，2019 年 1 月 3 日开始使用，录入系统时是 2019 年 1 月 15 日，则该卡片需通过资产增加录入。

（2）资产减少

资产在使用过程中，总会由于各种原因，如毁损、出售、盘亏等，退出企业，需要做资产的减少处理，该部分操作称为“资产减少”。本系统提供资产减少的批量操作，为同时清理一批资产提供方便。

3. 资产变动

已经入账的固定资产，当使用单位、使用状况、存放地点、单价、使用年限、折旧方法净残值（率）等信息项发生变化时，需要进行固定资产的变动处理。

本月录入的卡片和本月增加的资产不允许进行变动处理。因此，要进行资产变动必须先计提折旧并制单、结账后才能进行有关变动的处理。

4. 资产评估

企业在经营活动中，根据业务需要或国家要求需要对部分资产或全部资产进行评估和重估，而其中固定资产评估是资产评估很重要的部分。本系统将固定资产评估简称资产评估，主要完成的功能是：将评估机构的评估数据手工录入或定义公式录入到系统。根据国家要求手工录入评估结果或根据定义的评估公式生成评估结果。资产评估功能提供可评估的资产内容包括原值、累计折旧、净值、使用年限、工作总量、净残值率等。

5. 资产盘点

本系统提供对固定资产盘点的管理，具体包括：在卡片管理中打印输出固定资产盘点单；在资产盘点中选择按部门或按类别等对固定资产进行盘点，录入盘点数据，与账面上记录的盘点单进行核对，查核资产的完整性；对盘点单的管理。

6. 生成凭证

生成凭证有两种方式：在完成任何一笔需生成凭证的业务的同时，可以直接在录入完固定资产卡片后制作记账凭证传输到账务系统，这种制单方式的实现需在进行固定资产系统初始设置时进行相应的设置，下面将具体描述。也可以在当时不制单，而在某一时间（比如月底）利用本系统提供的另一功能“批量制单”完成制单工作。批量功能可同时将一批需制单业务连续制作凭证传输到账务系统，避免了多次制单的烦琐。这两种制单方式分属于日常和期末业务，凡是业务发生当时没有制单的，该业务自动排列在批量制单表中，表中列示应制单而没有制单的业务发生的日期、类型、原始单据号，缺省的借贷方科目和金额，以及制单选择标志。

具体来说，如固定资产管理系统在初始设置中，在“设置”|“选项”的“与账务系统接口”选项卡中勾选了“业务发生后立即制单”设置，则每次执行“卡片”|“资产增加”时，在录入完“固定资产卡片”后，单击“保存”按钮，即进入相应“填制凭证”窗口，在“填制凭证”窗口中选择凭证类别、修改制单日期、附件等之后，可单击“保存”按钮生成相关凭证。

在操作“卡片”|“资产减少”时，选择完减少方式，单击“确定”按钮，即可进入“填制凭证”窗口，在选择凭证类别及修改其他项目后，单击“保存”按钮即可生成相关凭证。

固定资产管理系统初始设置没有在“设置”|“选项”的“与账务系统接口”选项卡中

勾选"业务发生后立即制单"设置，不会在固定资产增减变动中自动进入"填制凭证"窗口，需要在"固定资产"|"处理"|"批量制单"中通过批量制单方式中生成相应凭证。

7. 账簿管理

固定资产管理系统在进行了固定资产的日常业务处理后，会直接生成相应的固定资产账簿资料，主要包括（部门、类别）明细账、（单个）固定资产明细账、固定资产登记簿、固定资产总账等。打开"固定资产"|"账表"|"我的账表"，双击"我的账表"就可以看到"账簿"选项卡，打开"账簿"选项卡就可以查询以上各类固定资产账簿资料。

其中，（部门、类别）明细账是查询某一类别或部门的固定资产在查询期间内发生的所有业务，包括资产增加、资产减少、原值变动、使用状况变化、部门转移、计提折旧等。（单个）固定资产明细账是查询单个资产在查询期间发生的所有业务，包括在该期间的资产增加或资产减少情况。固定资产登记簿可按资产所属类别或所属部门查询一定期间范围内发生的所有业务，包括资产增加、资产减少、原值变动、部门转移等。固定资产总账是按部门和类别反映在一个年度内的固定资产价值变化的账页。

任务设计

（1）新增固定资产；
（2）固定资产原值增加；
（3）对固定资产评估；
（4）对固定资产计提减值准备；
（5）对固定资产计提折旧；
（6）固定资产减少；
（7）对固定资产进行盘点。

操作步骤

一、引入账套数据

引入任务一做过固定资产初始设置的账套数据。

二、固定资产管理日常业务处理

【例 7-7】2019 年 1 月，东方科技有限公司发生以下涉及固定资产业务；对东方科技有限公司的固定资产进行日常业务处理。

（1）新增资产：2019 年 1 月 13 日，用"100201 工行存款"直接购入一台计算机交付给财务部使用，无税价 5000 元，税率为 13%，净残值率为 4%，预计使用年限为 5 年，采用平均年限法（一）计提折旧。结算方式为转账支票，票号为：ZZ6105。

（2）原值增加：2019 年 1 月 15 日，一号楼改造后增加原账面价值 10000 元，其中耗用"1605 工程物资"9000 元；"221101 应付职工薪酬"1000 元。

（3）资产评估：2019 年 1 月 20 日，对一车间使用的机床进行评估，评估结果为原值 370000 元，累计折旧 68000 元。

（4）计提减值准备：2019 年 1 月 30 日，对总务部使用的汽车进行测试，决定对其计提

1000 元减值准备。

（5）计提折旧：2019 年 1 月 31 日，计提本月折旧。汽车本月工作量为 2500 千米。

（6）资产减少：2019 年 1 月 31 日，财务部打印机毁损报废。

（7）资产盘点：2019 年 1 月 31 日，对资产进行盘点，发现财务部门使用的本月新购入计算机丢失。经查，决定 50% 的损失由该部门负责人张山赔偿，尚未收到赔偿款；另 50% 的损失由公司承担，计入营业外支出。

操作步骤：

（1）资产增加

① 执行“固定资产”|“卡片”|“资产增加”命令，进入“固定资产卡片”窗口。

② 选择资产类别：“非生产用（012）”，单击“确定”按钮，进入“固定资产卡片”窗口。

③ 输入固定资产名称“计算机”。双击部门名称弹出“本资产部门使用方式”信息提示对话框，选择“单部门使用”选项，单击“确定”按钮，打开“部门参照”对话框，选择“财务部”选项。双击“增加方式”选择“直接购入”。双击“使用状况”选择“在用”。输入原值“5000.00”，可使用年限“5 年”，开始使用日期“2019-01-13”，如图 7-13 所示。

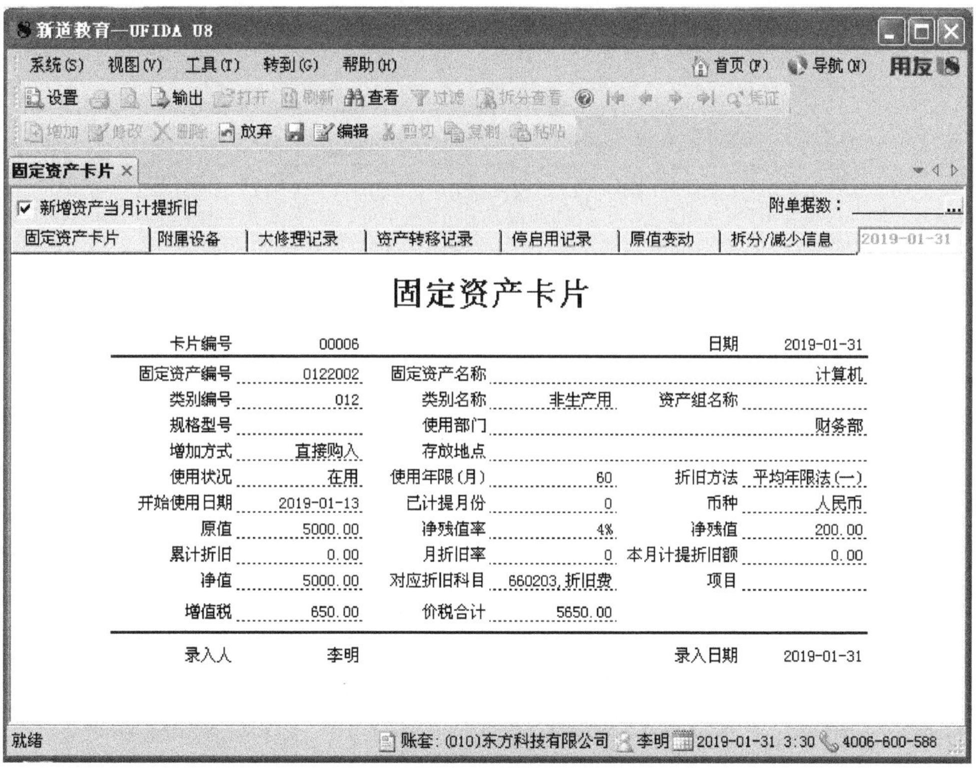

图 7-13　资产增加

温馨提示

① 新卡片第一个月不提折旧，折旧额为空或零。

② 原值录入的一定要是卡片录入月月初的价值，否则将会出现计算错误。

③ 如果录入的累计折旧、累计工作量不是零，说明是旧资产，该累计折旧或累计工作

量是在进入本企业前的值。

④ 已计提月份必须严格按照该资产在其他单位已经计提或估计已计提的月份数，不包括使用期间停用等不计提折旧的月份，否则不能正确计算折旧。

⑤ 卡片输入完成后，用户可不立即制单，月末进行批量制单。

（2）资产减少

① 执行“卡片”|“资产减少”命令，进入“资产减少”窗口中。

② 选择卡片编号 00003，单击“增加”按钮。

③ 选择减少方式“报废”，单击“确定”按钮，完成固定资产减少的操作，如图 7-14 所示。

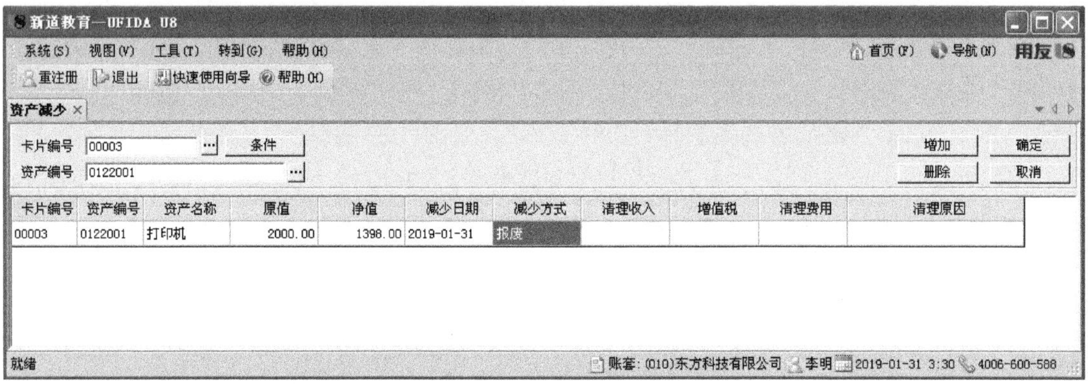

图 7-14 “资产减少”对话框

温馨提示

① 本账套需要进行折旧计提后才能减少资产。

② 所输入资产的清理信息可以通过该资产的附属页签“清理信息”查看。

③ 若当前账套设置了计提折旧，则需在计提折旧后才可执行资产减少。

④ 如果要减少的资产较少或没有共同点，则通过输入资产编号或卡片号，单击“增加”按钮，将资产添加到资产减少表中。

⑤ 如果要减少的资产较多并且有共同点，则通过单击“条件”按钮，输入一些查询条件，将符合该条件的资产挑选出来进行批量减少操作。

⑥ 如固定资产管理系统初始化设置时在“选项”中设置了“业务发生后立即制单”，则当需制单的业务发生时系统自动调出不完整的凭证供修改后保存。如在“选项”中未选中“业务发生后立即制单”，则可以利用系统提供的“批量制单”功能完成制单工作。

（3）资产变动管理

① 通过重新注册方式修改系统操作日期为 2019 年 1 月 15 日。

② 以“李明”身份重新登录固定资产管理系统。

③ 执行“固定资产”|“卡片”|“变动单”|“原值增加”命令，进入“固定资产变动单”窗口。

④ 选择卡片“一号楼”，输入增加金额“10000.00”，输入变动原因“改造”，如图 7-15 所示。

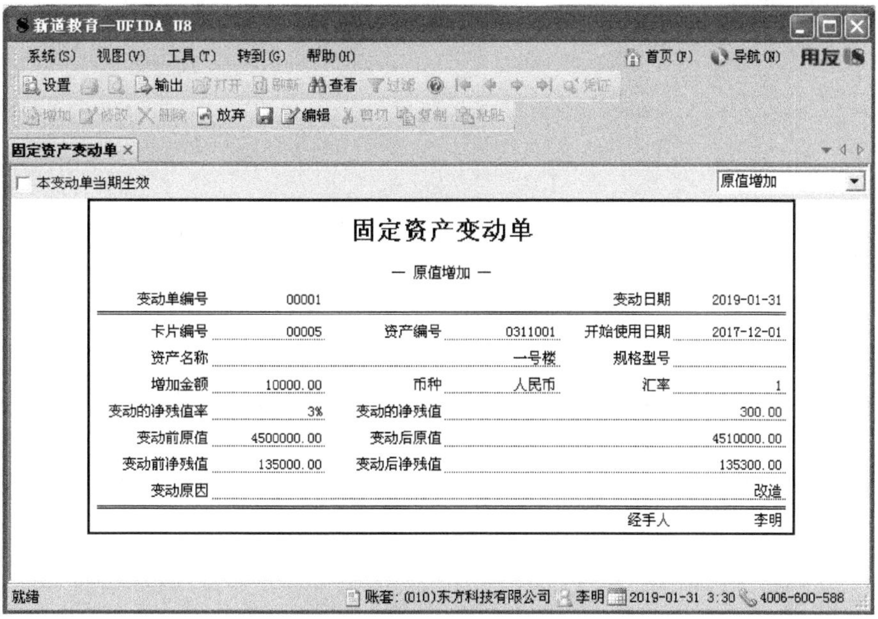

图 7-15　固定资产变动单录入

⑤ 单击“保存”按钮，提示“数据成功保存”。

温馨提示

如固定资产管理系统初始化设置时在“选项”中设置了“业务发生后立即制单”，则当需制单的业务发生时系统自动调出不完整的凭证供修改后保存。如在“选项”中未选中“业务发生后立即制单”，则可以利用系统提供的“批量制单”功能完成制单工作。这一制单方式将在后面“批量制单”中讲解。

（4）资产评估

① 执行“卡片”|“资产评估”，进入“资产评估”窗口。

② 单击“增加”|按钮，打开“评估资产选择”对话框。

③ 选择要评估的项目“原值”和“累计折旧”，如图 7-16 所示，单击“确定”按钮。

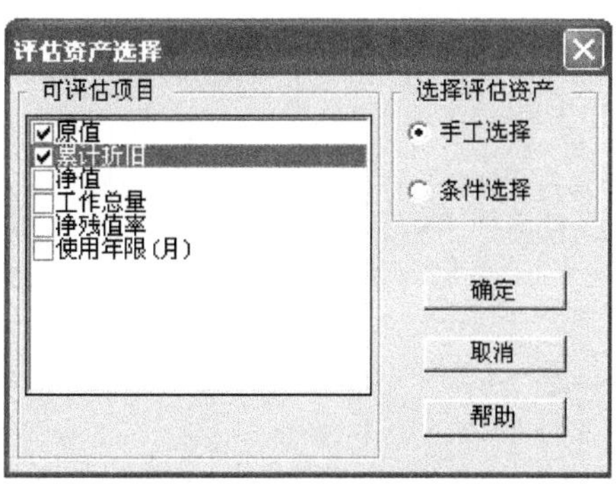

图 7-16　评估项目选择

④ 在“资产评估”窗口中选择要评估资产“机床”的卡片编号，输入评估后数据如图 7-17 所示。

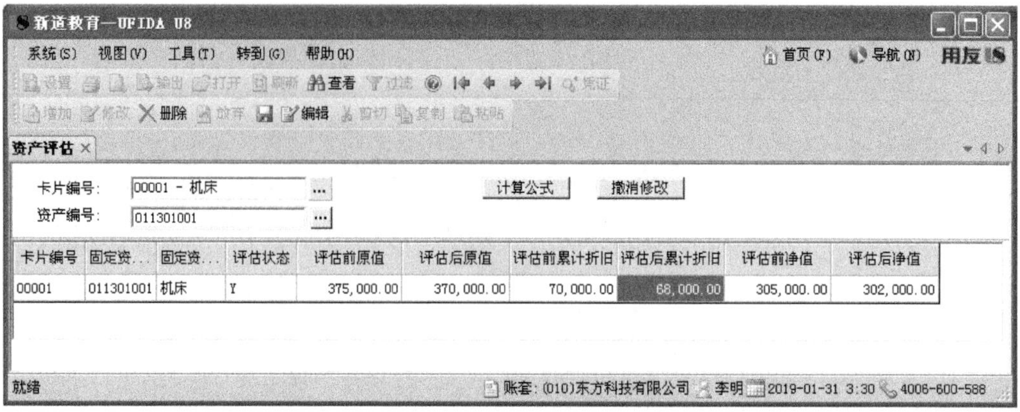

图 7-17　资产评估数据录入

⑤ 单击“保存”按钮，系统弹出“是否确认要进行资产评估？”信息提示对话框，单击“是”按钮。

温馨提示

① 只有当月制作的评估单才可以删除。

② 任一资产既做过变动单又做过评估单，必须先删除后边的操作。例如卡片编号为00002 的资产已经在评估后做过变动单，必须先删除变动单再删除评估单。

③ 原值、累计折旧和净值三个中只能而且必须选择两个，另一个通过公式“原值 – 累计折旧 = 净值”推算得到。

④ 评估后的数据必须满足以下公式：

原值 – 净值 = 累计折旧≥ 0

净值≥净残值率 × 原值

工作总量≥累计工作量

任务三　固定资产管理系统期末处理

任务描述

在固定资产管理系统中，期末业务处理的工作主要有：计提减值准备、计提折旧、批量制单处理、凭证查询、对账、月末结账与恢复月末结账前状态等。

预备知识

1. 计提减值准备

在期末或至少在每年年度终了，企业应对固定资产逐项进行检查。如果由于市价持续下跌或技术陈旧等原因导致固定资产可回收金额低于账面价值的，应当将可回收金额低于账面价值的差额作为固定资产减值准备。固定资产减值准备按单项资产计提。

2. 计提折旧

自动计提折旧是固定资产系统的主要功能之一。系统每期计提折旧一次，根据录入系统的资料自动计算每项资产的折旧，并自动生成折旧分配表，然后制作记账凭证，将本期的折旧费用自动登账。执行此功能后，系统将自动计提各个资产当期的折旧额，并将当期的折旧额自动累加到累计折旧项目。影响折旧计算的因素包括：原值变动、累计折旧调整、净残值（率）调整、折旧方法调整、使用年限调整、使用状况调整。

3. 批量制单处理

在完成任何一笔需制单的业务的同时，可以通过单击“制单”制作记账凭证传输到账务系统，也可以利用“批量制单”完成制单工作。

4. 凭证查询

本系统所制作传输到账务系统的记账凭证，可通过凭证查询功能查看和删除。系统可在两种情况下查看凭证：在查看已制作凭证的原始单据（卡片、变动单、分配表、评估单）时，从“处理”菜单中单击“凭证”可查看该单据的记账凭证。选择“固定资产”|“处理”|“凭着查询”，显示出系统制作传输到账务的所有凭证的列表，双击任一行，可查看该凭证。

5. 对账

系统在运行过程中，应保证本系统管理的固定资产的价值和账务系统中固定资产科目的数值相等。而两个系统的资产价值是否相等，通过执行本系统提供的对账功能实现，对账操作不限制执行的时间，任何时候均可进行对账。系统在执行月末结账时自动对账一次，给出对账结果，并根据初始化或选项中的判断确定不平情况下是否允许结账。只有系统初始化或选项中选择了与账务对账，本功能才可操作。

6. 月末结账与恢复月末结账前状态

固定资产管理系统完成本月全部制单业务后，可以进行月末结账，月末结账每月只能进行一次，结账后当期数据不能修改。如有错必须修改，可通过系统提供的“恢复月末结账前状态”功能反结账，然后再进行相应的修改。

任务设计

（1）期末计提相关固定资产折旧；

（2）通过“批量制单”功能进行有关凭证的生成处理；

(3) 查询已生成的固定资产凭证；

(4) 进行期末对账与结账处理；

(5) 查询相关账表。

操作步骤

一、引入账套数据

引入任务二做过固定资产日常业务的账套数据。

二、日常业务处理

【例 7-8】2019 年 1 月 31 日，东方科技有限公司进行如下固定资产业务的处理：

（1）期末计提相关固定资产折旧；

（2）通过“批量制单”功能进行有关凭证的生成处理；

（3）查询已生成的固定资产凭证；

（4）进行期末对账与结账处理；

（5）查询相关账表。

操作步骤：

（1）折旧处理

① 通过重新注册方式修改系统操作日期为 2019 年 1 月 31 日。

② 执行“固定资产”|“处理”|“计提本月折旧”命令，系统弹出“是否要查看折旧清单？”信息提示对话框，单击“是”按钮。

③ 系统继续弹出“本操作将计提本月折旧，并花费一定时间，是否要继续？”信息提示对话框。

④ 单击“是”按钮，进入“折旧清单”窗口，如图 7-18 所示。单击“退出”按钮，进入“折旧分配表”窗口，如图 7-19 所示。单击“凭证”按钮，选择“转账凭证”类别，修改其他需修改项目，单击“保存”按钮，生成计提固定资产折旧的凭证，如图 7-20 所示。

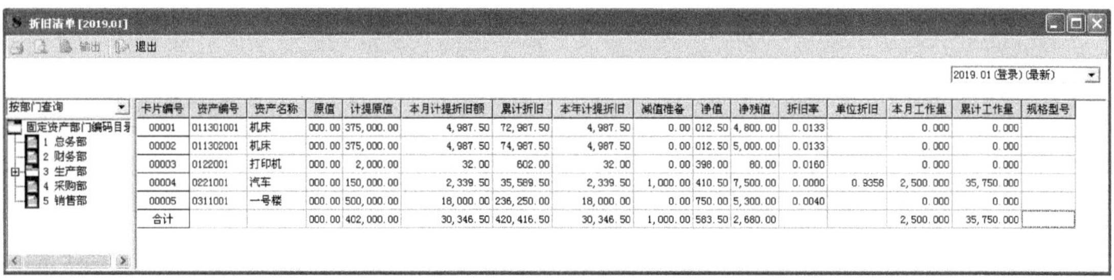

卡片编号	资产编号	资产名称	原值	计提原值	本月计提折旧额	累计折旧	本年计提折旧	减值准备	净值	净残值	折旧率	单位折旧	本月工作量	累计工作量	规格型号
00001	011301001	机床	000.00	375,000.00	4,987.50	72,987.50	4,987.50	0.00	012.50	4,800.00	0.0133		0.000	0.000	
00002	011302001	机床	000.00	375,000.00	4,987.50	74,987.50	4,987.50	0.00	012.50	5,000.00	0.0133		0.000	0.000	
00003	0122001	打印机	000.00	2,000.00	32.00	602.00	32.00	0.00	398.00	80.00	0.0160		0.000	0.000	
00004	0221001	汽车	000.00	150,000.00	2,339.50	35,589.50	2,339.50	1,000.00	410.50	7,500.00	0.0000	0.9358	2,500.000	35,750.000	
00005	0311001	一号楼	000.00	500,000.00	18,000.00	236,250.00	18,000.00	0.00	750.00	5,300.00	0.0040		0.000	0.000	
合计			000.00	402,000.00	30,346.50	420,416.50	30,346.50	1,000.00	583.50	2,680.00			2,500.000	35,750.000	

图 7-18 折旧清单

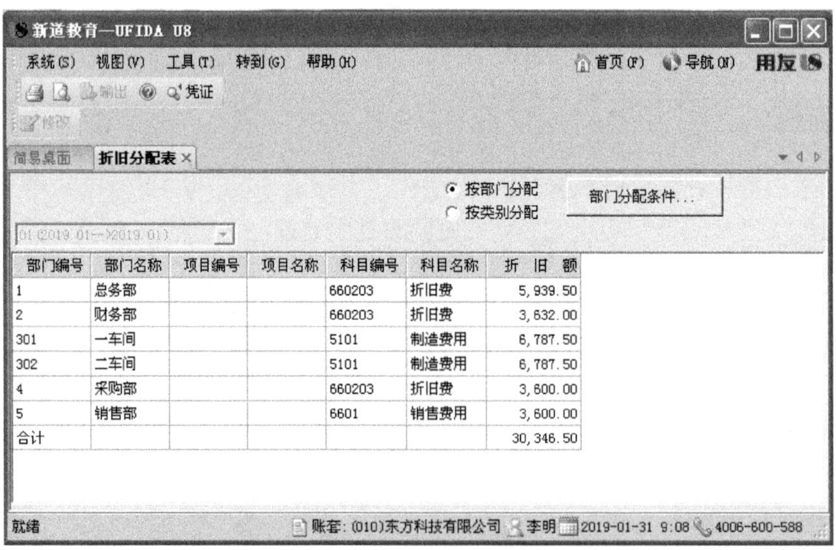

部门编号	部门名称	项目编号	项目名称	科目编号	科目名称	折 旧 额
1	总务部			660203	折旧费	5,939.50
2	财务部			660203	折旧费	3,632.00
301	一车间			5101	制造费用	6,787.50
302	二车间			5101	制造费用	6,787.50
4	采购部			660203	折旧费	3,600.00
5	销售部			6601	销售费用	3,600.00
合计						30,346.50

图 7-19 折旧分配表

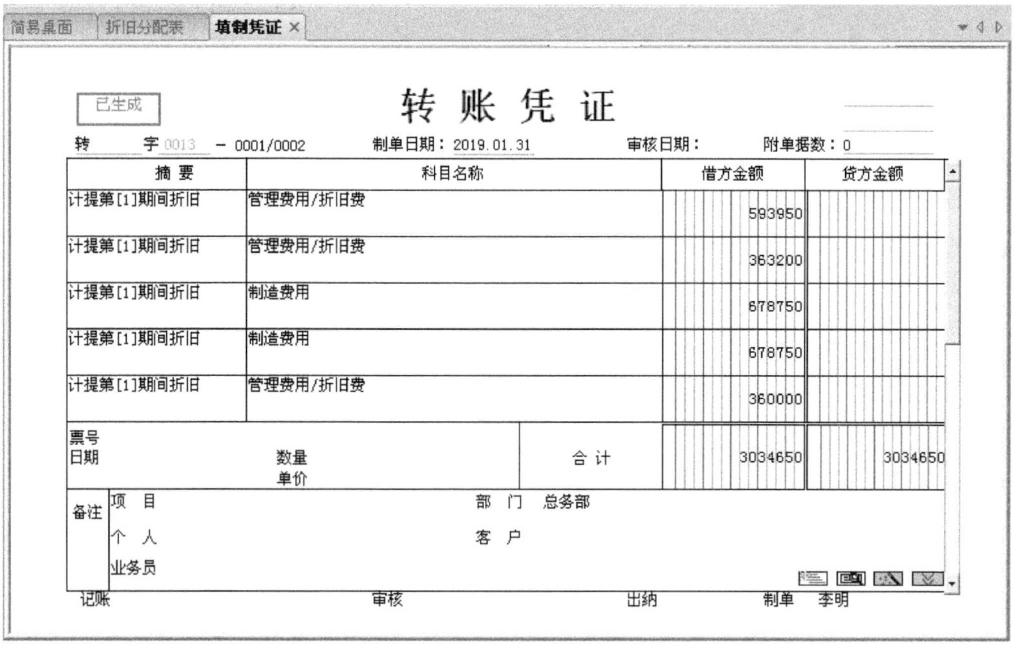

图 7-20　折旧凭证

温馨提示

① 本系统在一个期间内可以多次计提折旧，每次计提折旧后，只是将计提的折旧累加到月初的累计折旧，不会重复累计。

② 如果上次计提折旧已制单把数据传递到账务系统，则必须删除该凭证才能重新计提折旧。

③ 计提折旧后又对账套进行了影响折旧计算或分配的操作，必须重新计提折旧，否则系统不允许结账。

④ 如果自定义的折旧方法月折旧率或月折旧额出现负数，自动中止计提。

（2）批量制单处理

① 执行“固定资产”|“处理”|“批量制单”命令，进入“批量制单—制单选择”窗口，如图 7-21 所示。

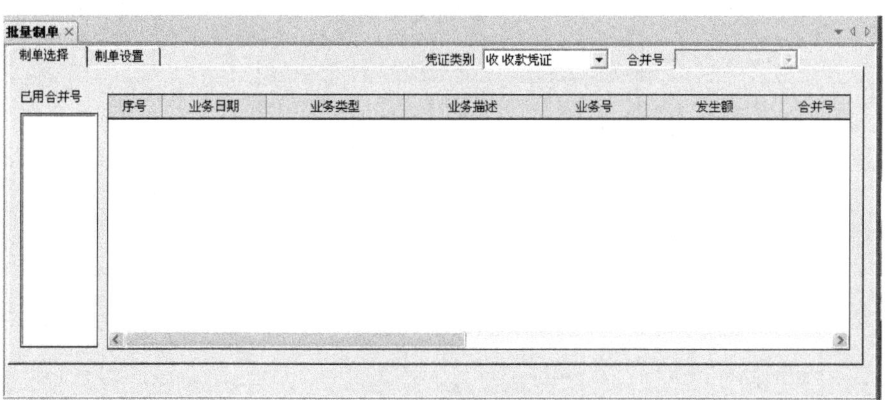

图 7-21　批量制单

② 若有业务，选择“制单设置”，打开“批量制单—制单设置”对话框。

③ 单击“制单”按钮，生成记账凭证，选择凭证类别。单击“保存”按钮。

④ 选择“退出”按钮，按照上述方法依次生成其他业务的有关凭证。

温馨提示

①“批量制单”功能可以同时将一批需要制单的业务连续制作凭证并传输到总账系统。

② 在固定资产系统中所生成的凭证可以在“凭证查询”功能中进行查询、修改和删除等操作。

③ 由固定资产系统传递到总账系统中的凭证，在总账系统中不能修改和删除。

（3）凭证查询

① 执行“固定资产”|“处理”|“凭证查询”命令，打开凭证查询对话框，如图 7-22 所示。

图 7-22 固定资产管理系统中凭证查询

② 单击需查询凭证的业务类型所在的行，如单击选中“业务类型”为“折旧计提”的业务所在的行，再单击“凭证”按钮；或双击需查询凭证的业务类型所在的行，如双击“折旧计提”业务所在的行，即可查看要查询的已生成的凭证。

（4）对账与结账处理

① 执行“固定资产”|“处理”|“对账”命令，即可实现“对账”功能，如图 7-23 所示。

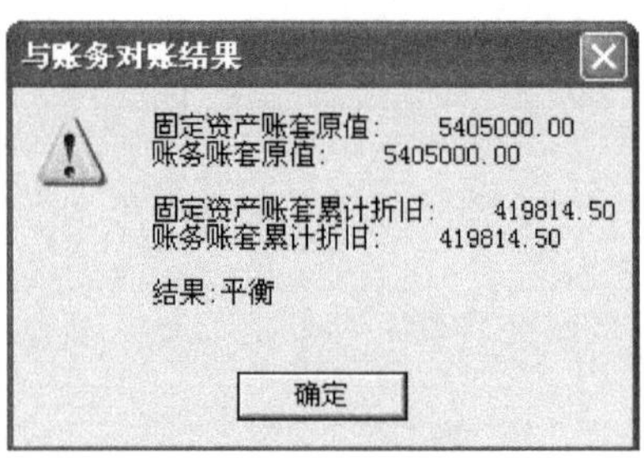

图 7-23 对账结果

② 执行“固定资产”|“处理”|“月末结账”命令，打开“月末结账”对话框，如图 7-24 所示。单击“开始结账”按钮，系统弹出“月末结账成功完成！”信息提示对话框，单击“确

定”按钮即可实现结账功能。

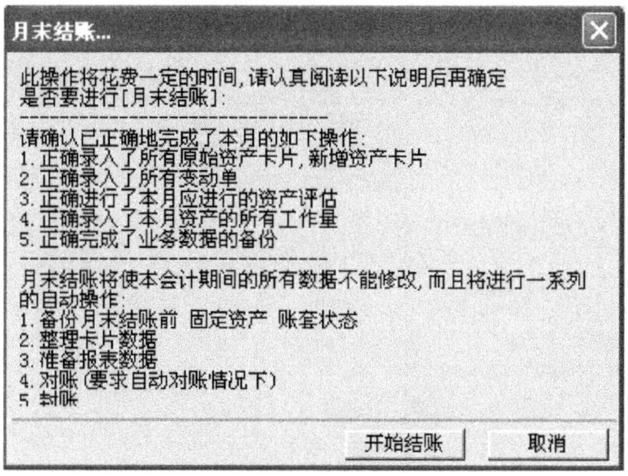

图 7-24　月末结账

③ 执行“固定资产”|“处理”|“恢复月末结账前状态”命令，系统弹出“是否继续？”信息提示对话框，如图 7-25 所示。单击“是”按钮，系统弹出“成功恢复月末结账前状态！”信息提示对话框，单击“确定”按钮，实现“恢复月末结账前状态”功能。

图 7-25　恢复结账前状态

温馨提示

① 只有系统初始化或选项中选择了与账务对账，本功能才可操作。

② 当总账记账完毕，固定资产系统才可以进行对账，对账平衡，开始月末结账。

③ 如果在财务接口中选中“在对账不平情况下允许固定资产月末结账”复选框，则可以直接进行月末结账。

④ 只要本会计期间做完月末结账工作，所有数据资料将不再进行修改。

⑤ 本会计期间不做完月末结账工作，系统将不允许处理下一个会计期间的数据。

⑥ 月末结账前一定要进行数据备份，否则数据一旦丢失，将造成无法挽回的后果。

⑦ 如果在结账后发现结账前操作有误，必须修改结账前的数据，则可以使用“恢复结账前状态”功能，又称“反结账”，即将数据恢复到月末结账前的状态，结账时所做的所有工作都被无痕迹删除。

⑧ 总账系统未进行月末结账，才可以使用恢复结账前状态功能。

⑨ 一旦成本系统提取了某期的数据，该期不能反结账。如当前账套已做年末处理，则不允许恢复月初状态功能。

（5）账表管理

账表管理的应用以固定资产账簿、固定资产分析表为例。

① 固定资产账簿可以在“固定资产”|“账表”|“我的账表”|“账簿”中查询，如图 7-26 所示。

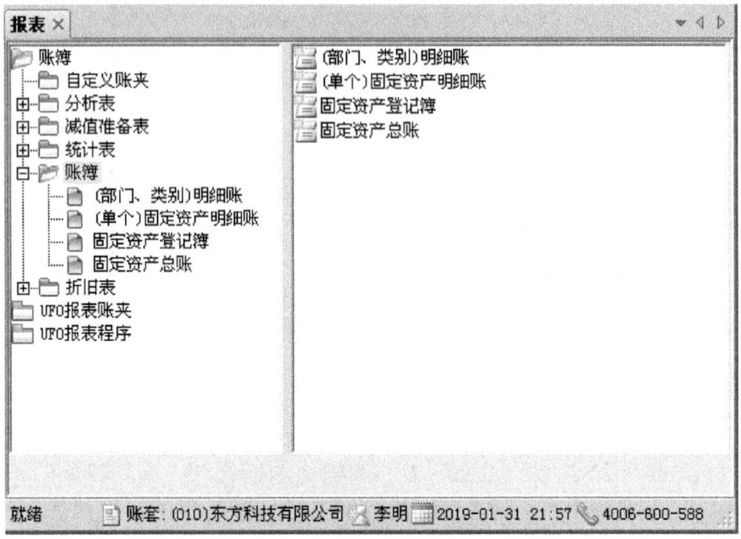

图 7-26　固定资产账簿查询

② 固定资产分析表可以在“固定资产”|“账表”|“我的账表”|“分析表”中查询，如图 7-27 所示。

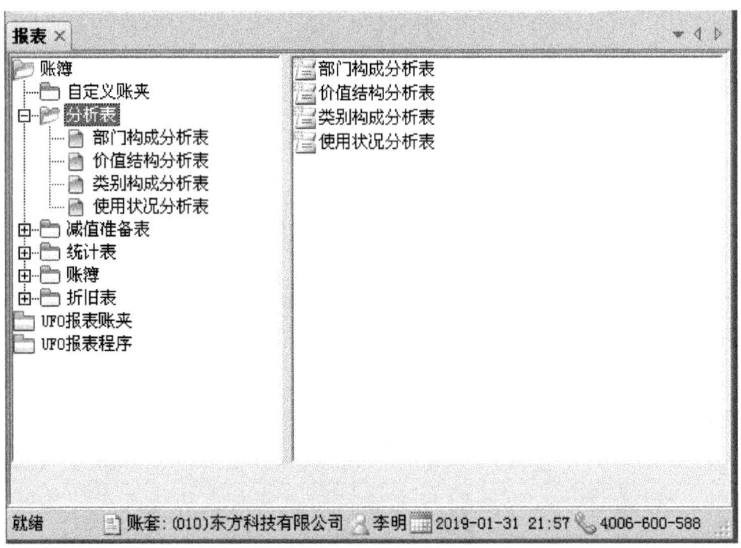

图 7-27　固定资产分析表查询

项目八

应收款管理系统

知识目标

了解应收款管理系统的基本功能和业务流程；熟悉应收款管理系统初始化的一般方法；明确日常业务处理的主要内容和操作方法；掌握应收款管理系统和总账组合使用时的基本功能和操作方法；熟悉应收款管理系统账簿管理的作用和基本方法。

技能目标

能够进行应收款系统初始化、应收与收款单据处理、单据核销、票据管理，能够对应收款管理系统进行月末处理。

项目导航

应收款管理系统主要用于核算和管理企业与客户之间的往来款项。一方面，对销售业务、其他业务的应收业务产生的应收款项以及对这些应收款项的收回进行处理，及时、准确地提供客户的往来账款余额资料；另一方面，应收账款系统还提供各种分析报表，如账龄分析表、欠款分析、周转分析、回款情况分析等，通过各种分析数据，为企业制订销售政策提供依据，从而提高企业财务管理能力。应收款管理系统以销售发票、费用单、其他应收单等原始单据为依据，记录销售业务及其他业务所形成的往来款项，处理应收款项的收回、坏账、转账等情况；提供票据处理的功能，实现对应收票据的管理。

任务一　应收款管理系统初始设置

任务描述

应收款管理系统主要用于核算和管理客户往来款项。主要功能包括系统初始设置、日常业务处理、统计分析等。应收款系统初始化是指手工记账和计算机记账的交接过程。在启动应收款管理系统后，进行正常应收业务处理前，根据企业核算要求和实际业务情况进行有关的设置。应收款管理系统的初始化包括客户档案设置、单据类型设置、账龄区间设置、坏账设置、期初余额录入等。

预备知识

一、应收款管理系统概述

应收款管理系统主要以发票、其他应收单、收款单等原始单据为依据，记录销售业务及其他业务所形成的往来款项，处理应收款项的收回、坏账、转账等情况，同时提供数据处理功能。系统根据对客户往来款项核算和管理的程度不同，提供了两种应用方案。

1. 在应收款管理系统核算客户往来款项

如果企业的销售业务以及应收款核算与管理业务比较复杂，需要对每一客户每笔业务详细的应收情况、收款情况及余额情况进行追踪，并进行账龄分析，加强客户往来款项的管理，可以选择该方案。该方案下，所有的客户往来凭证全部由应收款管理系统生成，其他系统不再生成这类凭证。

2. 在总账管理系统核算客户往来款项

如果企业的销售业务以及应收账款业务比较简单，或者现销业务很多，则可以选择在总账管理系统通过辅助核算完成客户往来核算。

本部分主要介绍在应收款管理系统核算客户往来款项。应收款管理系统的业务处理流程如图 8-1 所示。

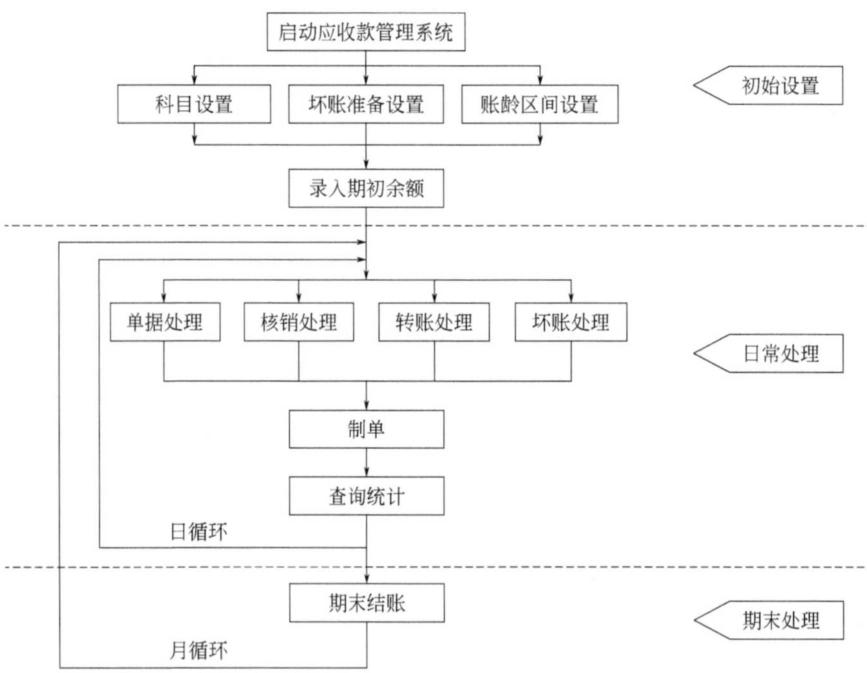

图 8-1 应收款管理系统的业务处理流程

二、应收款管理系统初始设置的内容

1. 期初数据的准备

为便于应收款系统初始化，应该准备如下数据和资料。

设置客户的分类方式，以便于按照分类进行各种统计分析。如按客户的性质，可将客户分为工业企业、商业企业和其他三类客户。

设置存货的分类方式，以便于按照分类进行各种统计分析。如将所有的存货分为原材料、产成品、半成品、应税劳务、低值易耗品等几类。

准备与本单位有业务往来的所有客户的详细资料和用于销售的存货详细资料。包括客户名称、地址、联系电话、开户银行、信用额度、最后交易情况等。可以根据本系统“客户档案”卡片中的内容来准备资料。用于销售的所有存货的详细资料包括存货名称、规格型号、价格、成本等数据。可以根据本系统“存货档案”卡片中的内容来准备资料。

准备其他相关信息，如会计科目、企业结算方式、部门档案、职员档案。

需要整理系统启用前所有客户的应收款项、预收款项、应收票据等数据。这些期初数据最好能精确到某一笔具体的发票或业务。

2. 设置账套参数

在运行应收款管理系统前，应先设置运行所需要的账套参数，以便系统根据所设定的选项进行相应的处理。

系统参数是一个系统的灵魂，它将影响整个账套的使用效果，有些选项在系统使用后就不能修改，所以在选择时要结合本单位实际情况，事先进行慎重选择。应收款管理系统选项分为常规、凭证选项、权限与预警以及核销规则选项。

3. 初始设置

初始设置的作用是建立应收管理的基础数据，确定使用哪些单据处理应收业务，确定需要进行账龄管理的账龄区间，确定各个业务类型的凭证科目。有了这些功能，用户可以选择使用自己定义的单据类型，进行单据的录入、处理、统计分析并制单，使应收业务管理更符合用户的需要。主要包括科目设置（基本科目、控制科目、产品科目、结算方式科目的设置）、坏账准备设置、账期内账龄区间设置、报警级别的设置、单据类型设置。

4. 期初余额录入

首次使用应收系统，要将启用应收系统时未处理完的所有客户的应收账款、预收账款、应收票据等数据录入到本系统，以便于以后的核销处理，并且作为建账的数据，系统可对其进行管理，这样既保证了数据的连续性，又保证了数据的完整性。当进入第二年度处理时，系统自动将上年度未处理完的单据转成下一年度的期初余额。在下一个年度的第一个会计期间可以进行期初余额的调整。

任务设计

（1）应收款管理系统参数设置；

（2）应收款管理系统初始设置；

（3）应收款管理系统期初余额录入。

操作步骤

一、应收款管理系统参数设置

【例 8-1】设置东方科技有限公司应收款管理系统参数，如表 8-1 所示。

操作步骤：

执行“财务会计”|“应收款管理”|“设置”|“选项”|，打开“账套参数设置”对话框，

点击窗口下方“编辑”，即可进行相关设置，完成后，点击“确定”，保存设置。

限于篇幅，下面就任务中所涉及选项设置说明如下，其他的选项可参照系统帮助。

表 8-1 应收款管理系统参数

<table>
<tr><th>选项卡</th><th>账套参数</th><th>设置</th></tr>
<tr><td rowspan="5">常规</td><td>单据审核日期依据</td><td>单据日期</td></tr>
<tr><td>坏账处理方式</td><td>应收余额百分比法</td></tr>
<tr><td>代垫费用类型</td><td>其他应收单</td></tr>
<tr><td>应收账款核算类型</td><td>详细核算</td></tr>
<tr><td colspan="2">自动计算现金折扣</td></tr>
<tr><td rowspan="3">凭证</td><td>受控科目制单方式</td><td>明细到客户</td></tr>
<tr><td>非受控科目制单方式</td><td>汇总方式</td></tr>
<tr><td colspan="2">取消“红票对冲生成凭证”</td></tr>
<tr><td>核销设置</td><td>应收款核销方式</td><td>按单据</td></tr>
<tr><td colspan="3">其余采用默认设置</td></tr>
</table>

1. 常规选项

（1）单据审核日期依据：选择单据日期，即在单据处理功能中进行单据审核时，自动将单据的审核日期（即入账日期）记为该单据的单据日期。

（2）坏账处理方式：应收余额百分比法，即该账套坏账准备按照应收余额百分比法进行计提，需要在初始设置中录入坏账准备期初和计提比例或输入账龄区间等，并在坏账处理中进行后续处理。

（3）代垫费用类型选择其他应收单，则在应收系统通过填制其他应收单来表示企业的代垫费用。

（4）应收账款核算类型选为详细核算，即应收款系统可以对往来业务进行详细的核算、控制、查询、分析，一般用于销售业务以及应收款核算与管理业务比较复杂的企业。如果选择为简单核算，则应收款系统只将销售系统传递过来的发票生成凭证传递给总账系统，在总账系统中以凭证为依据进行往来业务的查询。

（5）自动计算现金折扣，即客户付款时如果满足现金折扣条件，系统会自动计算现金折扣金额。

常规选项的设置如图 8-2 所示。

2. 凭证选项

（1）受控科目制单依据为明细到客户，即当把一个客户的多笔业务合并生成一张凭证时，如果核算这多笔业务的控制科目相同，系统将自动将其合并成一条分录。这种方式的目的是在总账系统中能够根据客户来查询其详细信息。

（2）非受控科目制单方式为汇总方式，当把多个客户的多笔业务合并生成一张凭证时，如果核算这多笔业务的非控制科目相同、且其所带辅助核算项目也相同，则系统将自动将其合并成一条分录。这种方式的目的是精简总账中的数据，在总账系统中只能查看到该科目的总的发生额。

（3）红票对冲生成凭证，即当有红票对冲业务发生时，需要生成凭证，该项内容为系统自动勾选。如果不想生成该类凭证，可以将其取消。

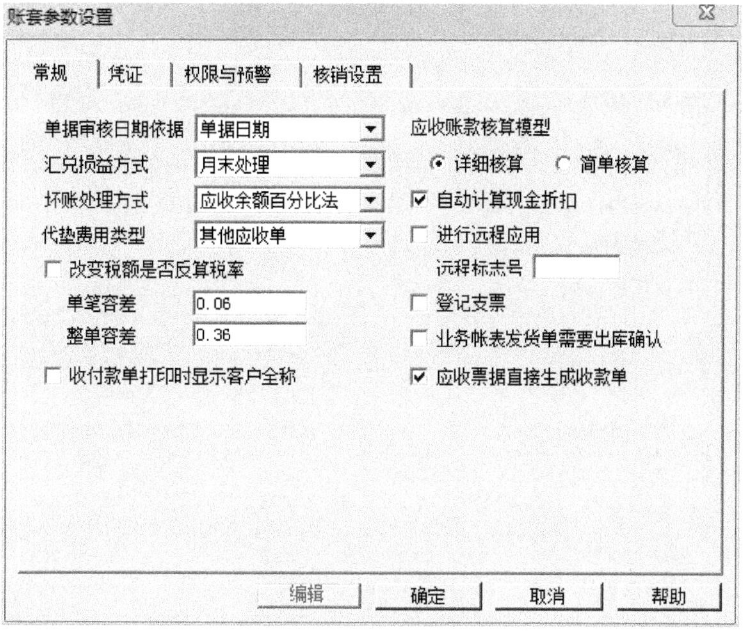

图 8-2　常规选项页签

温馨提示

在账套使用过程中，以上参数可以随时修改。

凭证选项的设置如图 8-3 所示。

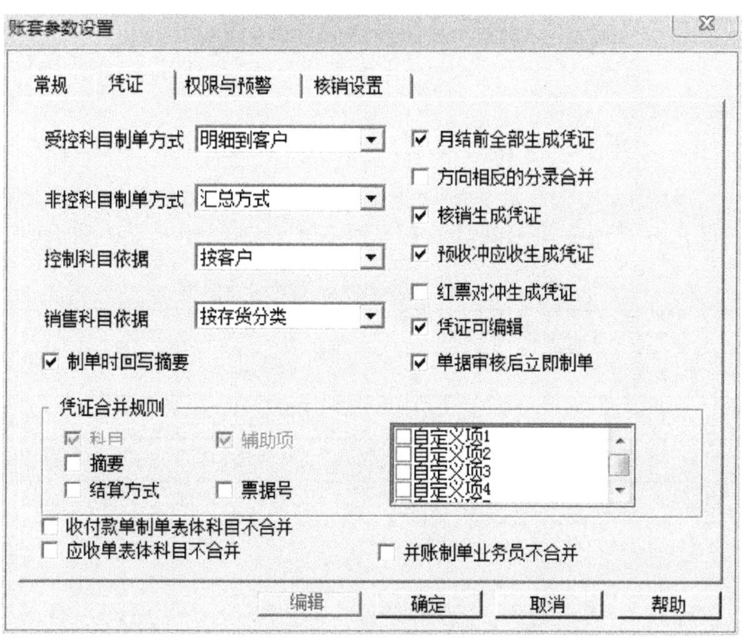

图 8-3　凭证选项页签

3. 核销设置

应收款核销方式为按单据，即系统将满足条件的未结算单据全部列出，由用户选择要结算的单据，根据所选择的单据进行核销。在账套使用过程中，该参数也可进行修改。

核销设置选项的设置如图 8-4 所示。

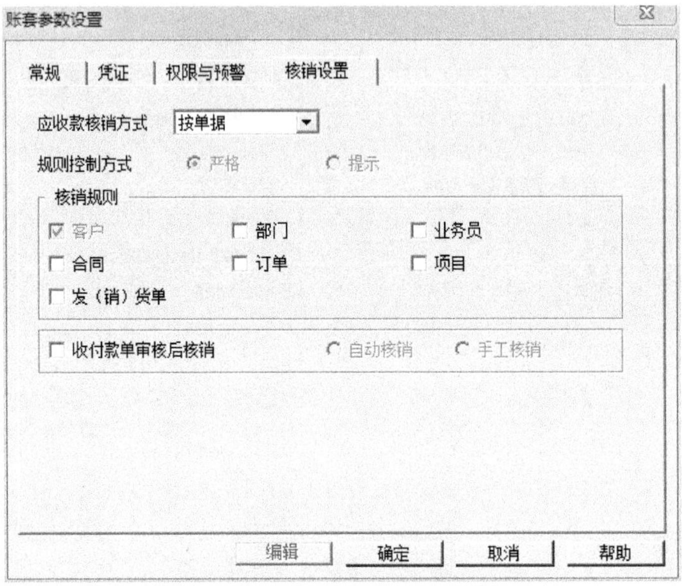

图 8-4　核销设置页签

二、应收款管理系统初始设置

1. 科目设置

如果企业应收业务类型较固定，生成凭证的科目也较固定，则为了简化凭证生成操作，可在此处将各业务类型凭证中的常用科目预先设置好，生成凭证时，系统就会自动把相应科目带入。

（1）基本科目设置

基本科目是指在核算应收款项时经常用到的科目，可以在此处设置应收业务的常用科目。

【例 8-2】设置东方科技公司应收款管理系统基本科目，如表 8-2 所示。

表 8-2　应收款管理系统基本科目设置

基本科目	科目名称	基本科目	科目名称
应收科目	1122 应收账款	现金折扣科目	6603 财务费用
预收科目	2203 预收账款	票据利息科目	6603 财务费用
税金科目	22210102 应交税费——应交增值税（销项税额）	票据费用科目	6603 财务费用

注：币种均为“人民币”。

操作步骤：

执行“应收款管理”|“设置”|“初始设置”|，打开“初始设置”对话框，点击左边属性结构列表中“设置科目”下的“基本科目设置”，点击“增加”。在“基础科目种类”中双击，

选择“应收科目”，参照或直接输入 1122，币种为默认的人民币。按照同样的方法设置其他基本科目。如图 8-5 所示。

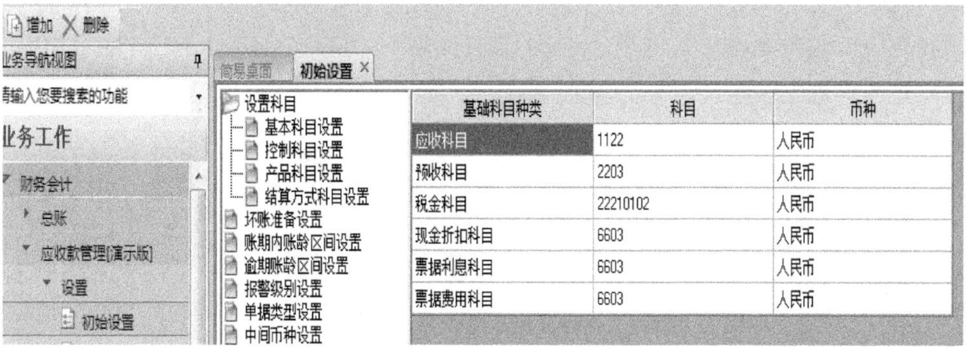

图 8-5　基本科目设置

温馨提示

① 如无外币核算，可以不输入外币应收预收科目。应收和预收科目必须是有“客户”往来核算且受控于应收系统的科目，如果应收科目、预收科目按不同的客户分别设置，则可在“控制科目设置”中设置，在此可不设。如要针对不同的存货分别设置销售收入核算科目，则在此不用设置，可在“产品科目设置”中进行设置。应收票据科目必须是应收系统受控科目。

② 所有以上科目必须是末级科目。

（2）控制科目设置

如果企业的应收、预收科目根据客户的分类或地区分类不同分别设置了不同的明细科目，则可以先在选项中选择设置的依据，并且在此处进行具体的设置。

在初始设置界面的左边的树型结构列表中单击“设置科目”|“控制科目设置”，即可进行相应控制科目设置，设置的科目必须是末级应收系统受控科目。

（3）产品科目设置

如果不同的存货（存货分类）分别对应不同的销售收入科目、应交销项税科目和销售退回科目，先在选项中选择设置的依据，再在此处设置具体的科目（销售收入科目和销售退回科目可以相同）。操作与控制科目设置类似。

（4）结算方式科目设置

总账系统中定义了结算方式后，在此为每种结算方式设置一个默认的科目，则系统将依据制单规则在生成凭证时自动带入。此科目所核算的币种必须与所输入的币种一致，且不能带有客户往来辅助核算。

【例 8-3】设置东方科技公司应收款管理系统结算方式科目，如表 8-3 所示。

表 8-3　应收款管理系统结算方式科目设置

结算方式	币种	科目	结算方式	币种	科目
1 现金	人民币	1001	3 汇兑	人民币	100201
101 现金支票	人民币	100201	401 银行承兑汇票	人民币	100201
102 转账支票	人民币	100201	402 商业承兑汇票	人民币	100201

操作步骤：

执行“应收款管理”|“设置”|“初始设置”|，打开“初始设置”对话框，点击左边属性结构列表中“设置科目”下的“结算方式科目设置”。在“结算方式”中双击，选择“现金”。在“币种”中双击，选择“人民币”。参照或直接输入1001。按照同样的方法设置其他结算方式科目。如图8-6所示。

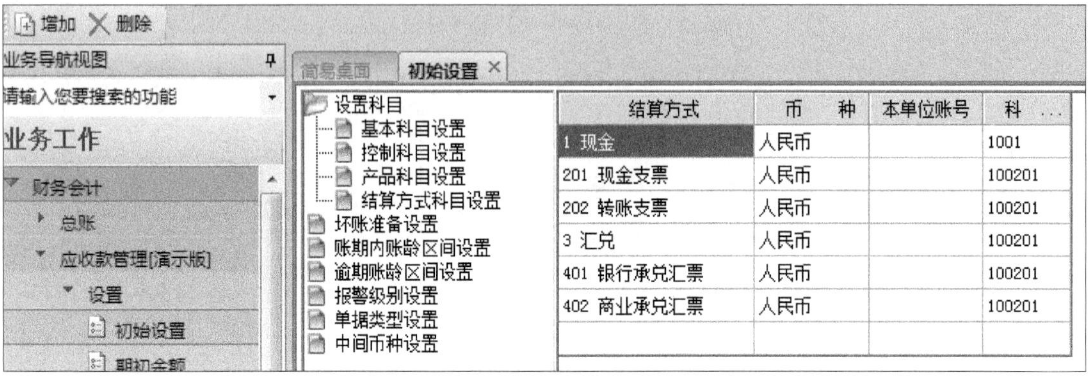

图8-6　结算方式科目设置

温馨提示

① 科目所核算的币种必须与所输入的币种一致。

② 科目必须是最明细科目。

③ 结算科目不能是已经在科目档案中指定为应收款管理系统或者应付款管理系统的受控科目。

2. 坏账准备设置

坏账初始设置是指用户定义本系统内计提坏账准备比率和设置坏账准备期初余额的功能，它的作用是系统根据用户的应收账款计提坏账准备。企业应于期末针对不包含应收票据的应收款项计提坏账准备，其基本方法是销售收入百分比法、应收余额百分比法、账龄分析法等。根据选项中所设置的坏账处理方式的不同而处理不同。

【例8-4】 东方科技公司坏账准备设置如下：坏账准备提取比率为0.5%，坏账准备期初余额为10000，坏账准备科目为“1231坏账准备”，坏账准备对方科目为“6701资产减值损失”。

操作步骤：

（1）执行“设置”|“坏账准备设置”|，打开“坏账准备设置”对话框。

（2）输入计提比率0.5。

（3）录入坏账准备的期初余额10000元。在第一次使用系统时直接输入期初余额；以后年度期初余额由系统自动生成，不能进行修改。

（4）直接输入或参照输入坏账准备科目：1231坏账准备。

（5）直接输入或参照输入坏账准备的对方科目：6701资产减值损失。

（6）设置完毕，单击“确定”按钮，保存设置。

坏账准备设置如图8-7所示。

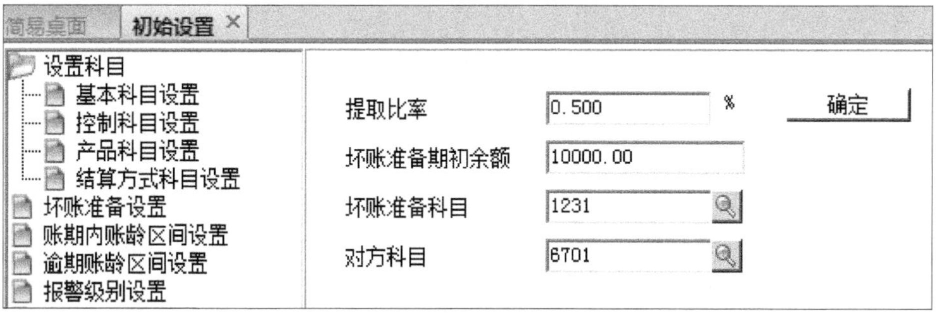

图 8-7　坏账准备设置

温馨提示

在账套使用过程中，如果当年已经计提过坏账准备，则此参数不可以修改，只能下一年度修改。

3. 账期内账龄区间设置

为了对应收账款进行账龄分析，评估客户信誉，并按一定的比例估计坏账损失，应首先在此设置账龄区间。

【例 8-5】设置东方科技公司“账期内账龄区间”总天数均分别为 30 天、60 天、90 天。

操作步骤：

（1）在“初始设置”界面左边的树型结构列表中单击“账龄区间设置”，打开账龄区间设置对话框。

（2）单击“增加”按钮，输入该区间的总天数，即可在当前区间插入一个区间。该区间后的各区间起止天数会自动调整。如图 8-8 所示。

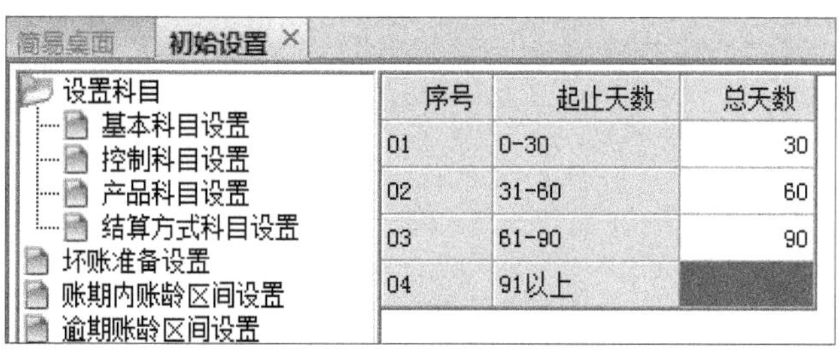

图 8-8　账期内账龄区间设置

栏目说明如下。

序号：序号由系统自动生成，从 01 开始，不能修改、删除。

总天数：直接输入截止到该区间的账龄总天数。

起止天数：系统会根据输入的总天数自动生成相应的区间。

4. 逾期内账龄区间设置

系统还可以对应收账款进行逾期账龄分析，也需在此设置逾期账龄区间，具体设置方法同账期内账龄区间的设置。

三、应收款系统期初余额录入

【例 8-6】录入东方科技公司 2019 年 1 月应收款管理系统期初余额。东方科技公司 2019

年 1 月 1 日应收账款、预收账款的期初余额分别如表 8-4、表 8-5 所示。

表 8-4 应收账款明细余额表 单位：元

日期	客户	摘要	数量 / 件	无税单价	发票号	方向	金额
2018-12-15	北方	销售 A 产品	100	800	ZY1001	借	90400.00
2018-12-15	北方	代垫运费				借	1320.00
2018-12-18	昌达	销售 B 产品	65	720	ZY1002	借	52884.00
2018-12-18	昌达	代垫运费				借	1840.00

表 8-5 预收账款明细余额表 单位：元

日期	客户	结算方式	摘要	方向	金额
2018-12-18	恒远	转账支票	预收货款	贷	30000.00

1. 录入期初销售发票

以 2018 年 12 月 15 日，向北方公司销售 A 产品的业务为例。

操作步骤：

（1）执行“设置”|“期初余额”，打开“期初余额—查询”对话框，如图 8-9 所示。单击“确认”按钮，进入“期初余额明细表”窗口。

（2）单击工具栏的“增加”按钮，打开“单据类别”对话框，如图 8-10 所示。

图 8-9 期初余额—查询

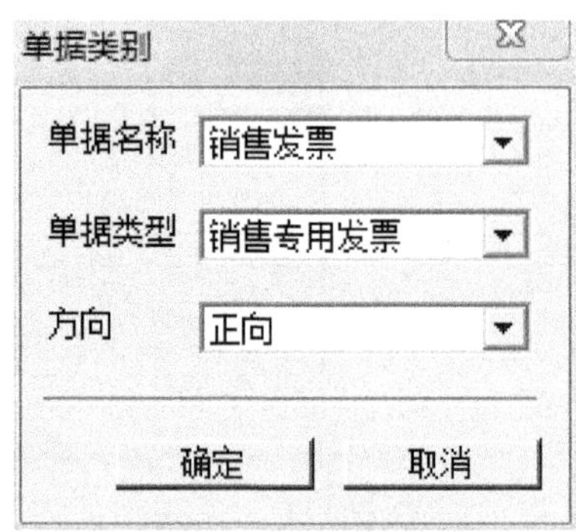

图 8-10 单据类别

（3）选择单据名称为“销售发票”，单据类型为“销售专用发票”，方向为“正向”，点击“确认”按钮，进入期初销售发票录入窗口，点击工具栏“增加”按钮，录入相关信息。

（4）输入或修改表头各项内容：修改开票日期为 2018-12-15，录入发票号 ZY1001，选择客户名称为“北方公司”，录入备注为“向北方公司销售 A 产品”，其他内容系统自动带出。

具体栏目说明如下。

发票号：必须输，可以是系统生成，也可以是手工输入。如单据编码方案设置时选择了“完全手工编号”或“手工改动，重号时自动重取”，则用户可以修改发票编码，否则不能修改。

单据日期：必须小于该账套启用期间（第一年使用）或者该年度会计期间（以后年度使用）。其他根据需要输入即可。

（5）输入表体各项内容：录入A产品的货物编号和货物名称，系统自动带出税率，录入数量“100”，无税单价“800”，其他内容系统自动带出。

具体栏目说明如下。

税率：表体中的税率自动将表头税率带入，可以修改，该行存货的税率以表体中的税率为准。

货物编号、货物名称：参照选择或直接录入。

规格型号、主计量单位：由系统根据存货自动带入。

数量：发票的开票数量。蓝字发票数量必须大于0，红字发票数量必须小于0。

无税单价：不能为空，必须大于零。

科目：必须为应收系统的受控科目，缺省将表头科目带入，可以修改。

（6）单击工具栏“保存”按钮，保存所进行的操作。如图8-11所示。

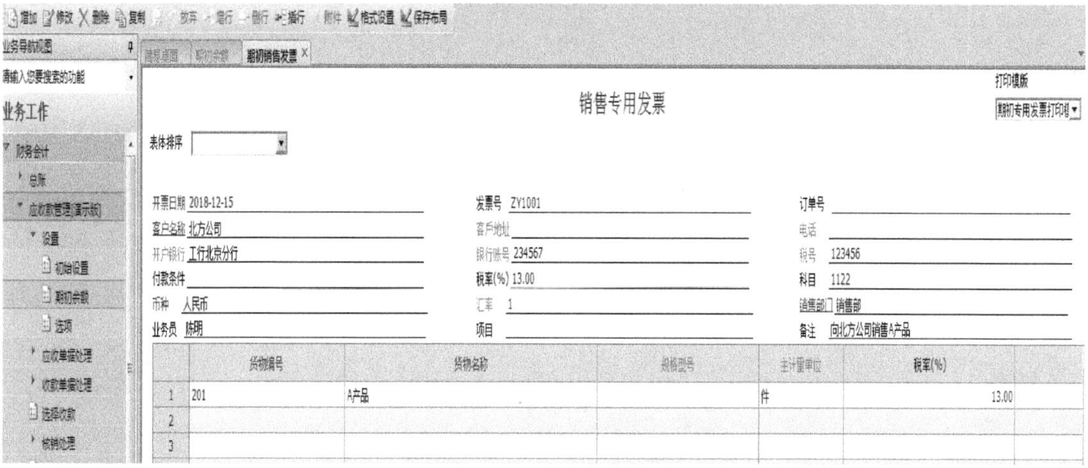

图8-11　录入期初销售发票

2. 录入期初应收单

以2018年12月15日，为北方公司代垫运费1320元为例。

操作步骤：

（1）在“期初余额明细表”窗口，点击“增加”，打开“单据类别”对话框，选择相应的单据名称、单据类型、方向分别为：应收单、其他应收单、正向。

（2）点击“确认”，进入录入期初应收单窗口，点击工具栏“增加”按钮，录入相关信息。

（3）输入表头各项内容，修改单据日期为2018-12-15，选择客户为“北方公司”，录入金额为“1320”，录入摘要为“代垫运费”，点击“保存”，不需要录入表体内容。如图8-12所示。

3. 录入期初预收款

以2018年12月18日，收到恒远公司预付货款30000元为例。

操作步骤：

（1）在“期初余额明细表”窗口，点击“增加”，打开“单据类别”对话框，选择相应的单据名称、单据类型、方向分别为：预收款、收款单、正向。

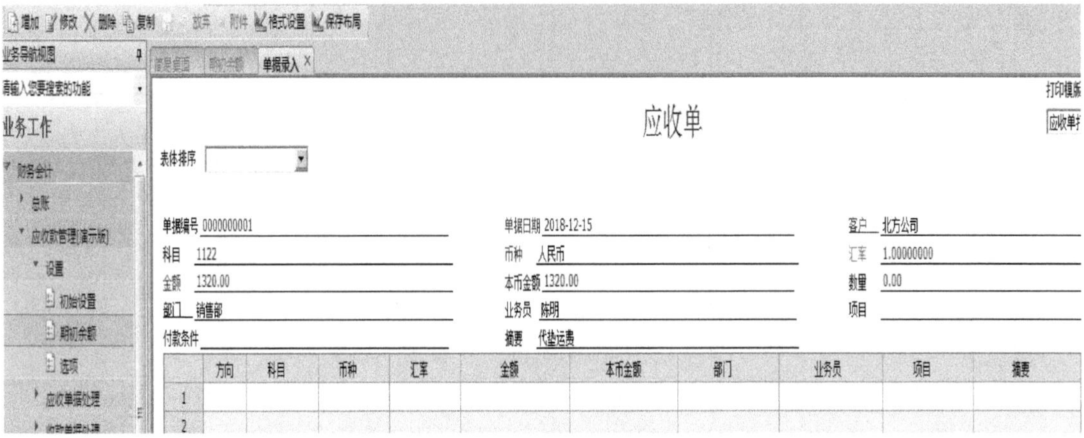

图 8-12 录入期初应收单

（2）点击“确认”，进入录入期初收款单窗口，点击工具栏“增加”按钮，录入相关信息。

（3）输入表头各项内容，修改单据日期为 2018-12-18，选择客户为“恒远公司”，录入结算方式为“转账支票”，录入金额为“30000”，录入摘要为“预收货款”，其他表头内容系统自动带出。在表体第一行双击，系统会自动将表头内容带入表体，无需修改，点击“保存”。如图 8-13 所示。

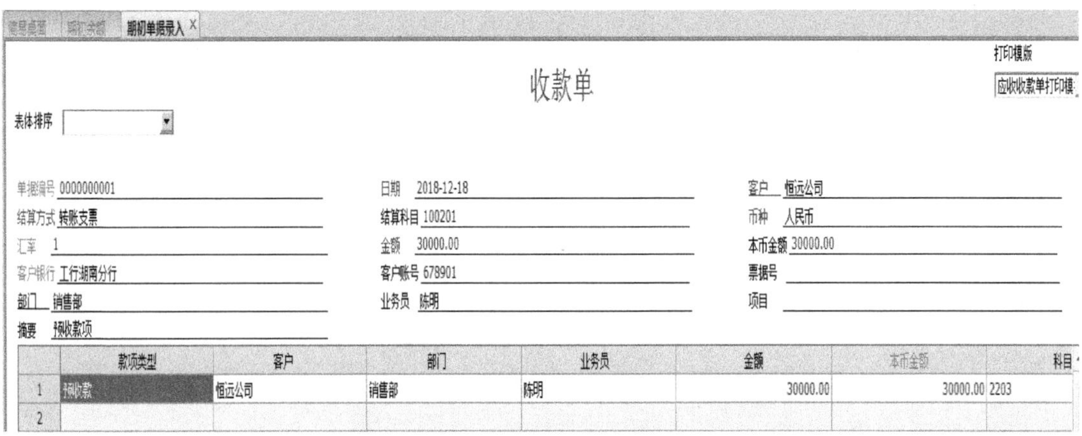

图 8-13 期初预收款的收款单录入窗口

温馨提示

① 发票和应收单的方向包括正向和负向，类型包括系统预置的各类型以及用户定义的类型。如果是预收款和应收票据，则不用选择方向，系统默认预收款方向为贷，应收票据方向为借。

② 单据中的科目栏目，用于输入该笔业务的入账科目，该科目可以为空。建议在录入期初单据时最好录入科目信息，这样不仅可以执行与总账对账功能，而且可以查询正确的科目明细账、总账。

③ 当保存了期初录入结果，或在第二年使用需要调整期初余额，先选取要修改的记录，单击“单据”按钮，进入相应的界面，单击“修改”按钮修改保存即可。当第一个会计期已结账后，期初余额只能查询，不能修改。

④ 期初余额所录的票据保存后自动审核。

4. 与总账系统期初对账

在完成所有应收款期初余额录入后，需通过对账功能将应收系统与总账系统期初余额进行核对。总账系统和应收系统同时启用才可以对账。

【例 8-7】将东方科技公司应收款管理系统期初余额与总账系统对账。

操作步骤：

在“期初余额明细表”主界面的工具栏单击“对账”，屏幕列示应收系统与总账系统的对账结果，如图 8-14 所示。

简易桌面　期初余额　期初对账

科目		应收期初		总账期初		差额	
编号	名称	原币	本币	原币	本币	原币	本币
1122	应收账款	146,444.00	146,444.00	146,444.00	146,444.00	0.00	0.00
2203	预收账款	-30,000.00	-30,000.00	-30,000.00	-30,000.00	0.00	0.00
	合计		116,444.00		116,444.00		0.00

图 8-14　期初对账

任务二　应收款管理系统日常业务处理

任务描述

日常业务处理是应收款管理系统的重要组成部分，是经常性的应收业务处理工作。日常业务主要完成企业日常的应收款入账、收款业务录入、收款业务核销、应收并账、汇兑损益以及坏账的处理，及时记录应收业务、收款业务的发生，为查询和分析往来业务提供完整、正确的资料，加强对往来款项的监督管理，提高工作效率。

预备知识

1. 应收单据处理

销售发票与应收单是应收款管理系统日常核算的原始单据。如果应收款管理系统与销售管理系统集成使用，销售发票和代垫费用在销售管理系统中录入，在应收系统中可对这些单据进行查询、核销、制单等操作。此时，应收系统需要录入的只限于应收单。如果没有使用销售系统，则所有发票和应收单均需在应收系统中录入。

2. 收款单据处理

收款单据处理主要是对结算单据（收款单、付款单即红字收款单）进行管理，包括收款单、付款单的录入，以及单张结算单的核销。应收系统的收款单用来记录企业所收到的客户款项，款项性质包括应收款、预收款、其他费用等。其中应收款、预收款性质的收款单将与发票、应收单、付款单进行核销勾对。应收系统付款单用来记录发生销售退货时企业退付给客户的款项。该付款单可与应收、预收性质的收款单、红字应收单、红字发票进行核销。

3. 核销处理

核销处理指用户日常进行的收款核销应收款的工作。单据核销的作用是解决收回客户款项核销该客户应收款的处理。系统通过核销处理功能来进行收款结算，即收款单与对应的发票、应收单据相关联，冲减本期应收。系统提供按单据核销与按产品核销两种方式。建立收款与应收款的核销记录，可以监督应收款及时收回，加强往来款项的管理。

系统提供手工核销、自动核销两种核销方式。

（1）手工核销

用户手工确定系统内收款与应收款的对应关系，选择进行核销。通过本功能可以根据查询条件选择需要核销的单据，然后手工核销，加强了往来款项核销的灵活性。

（2）自动核销

系统自动确定系统内收款与应收款的对应关系，选择进行核销。通过本功能可以根据查询条件选择需要核销的单据，系统自动核销，加强了往来款项核销的效率性。

4. 票据管理

票据管理主要是对商业承兑汇票和银行承兑汇票进行日常业务处理，所有涉及票据的收入、结算、贴现、背书、转出、计息等处理都应该在票据管理中进行。

5. 转账处理

转账处理满足用户应收账款调整的需要，针对不同的业务类型进行调整，分为：应收冲应收、预收冲应收、应收款冲抵应付款和红字单据冲抵蓝字单据（红票对冲）。

6. 坏账处理

坏账处理包括坏账的计提、发生、收回的处理。

7. 制单处理

制单是将本系统发生的业务制作成会计凭证，传递给总账系统。系统中可以生成单张凭证，也可使用制单功能进行快速、成批生成凭证，还可依据规则进行合并制单等处理。

8. 账表查询

提供包括总账表、余额表、明细账等在内的多种账表查询功能，同时也有应收账款分析、收款账龄分析、欠款分析等丰富的统计分析功能。

任务设计

处理东方科技公司 2019 年 1 月份应收款管理系统如下日常经济业务：

（1）应收单据处理；

（2）收款单据处理与核销处理；

（3）现金折扣业务；

（4）票据管理；

（5）转账业务；

（6）坏账处理；

（7）制单处理；

（8）单据查询；

（9）账表管理；

（10）取消操作。

操作步骤

一、应收单据处理

【例 8-8】 1 月 5 日，东方科技公司向恒远公司售出 A 产品 200 件，不含税单价 800 元，税率 13%，价税合计 180800 元，开出专用发票，发票号 ZY1003，货已发出，款项未收到。

操作步骤：

（1）录入销售发票

① 以日期“2019-01-05”登录，执行“应收款管理”|“应收单据处理”|“应收单据录入”，打开“单据类型”对话框。

② 选择单据名称“销售发票”，单据类型“销售专用发票”，单据方向“正向”（若输入的单据为红字单据，则可选择方向为负向），单击“确认”按钮。屏幕显示“销售专用发票”录入界面，在工具栏点击“增加”，录入相关信息。

③ 录入表头项目：录入发票号为“ZY1003”，修改开票日期为“2019-01-05”，录入客户简称为“恒远公司”，录入备注为“销售 A 产品”，其他表头内容自动带出。

④ 录入表体项目：选择存货编码为“201”，录入数量为“200”，录入无税单价为“800”，其他表体内容自动带出。

⑤ 录入完成后，按“保存”按钮，即可保存当前新增单据。如图 8-15 所示。

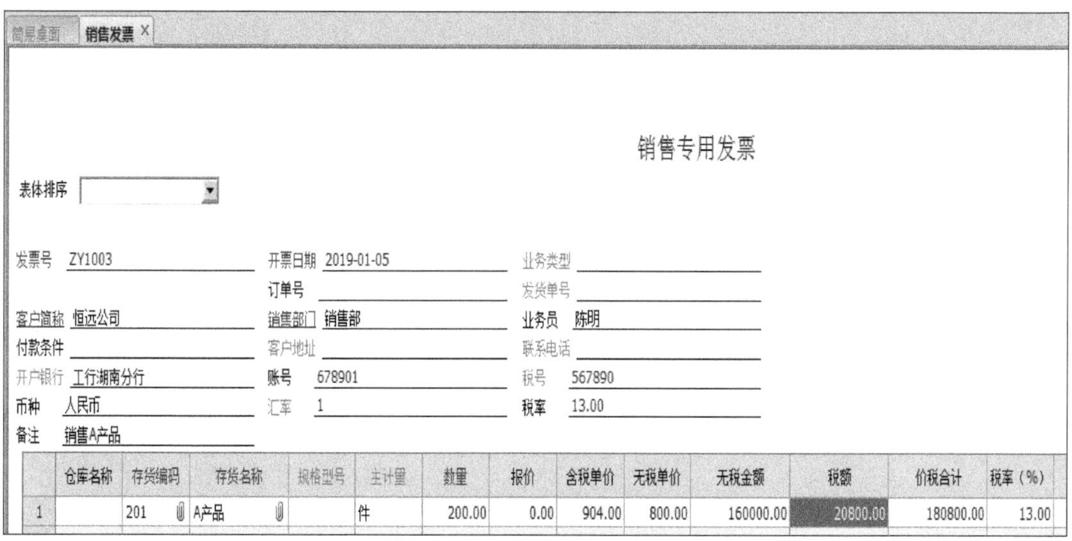

图 8-15 录入销售专用发票

（2）审核应收单据

① 在刚才录入的销售专用发票界面单击工具栏“审核”，弹出系统提示“是否立即制单”。如图 8-16 所示。

② 单击“是”，系统自动带出凭证界面，在第二行分录中录入“主营业务收入 /A 产品”，在弹出的窗口中录入单价“800”，点击确定，修改凭证类别为“转账凭证”，修改制单日期为“2019-01-05”，然后保存。（若单击“否”，暂不生成凭证，其后可以在“制单处理”中统一进行制单。）如图 8-17 所示。

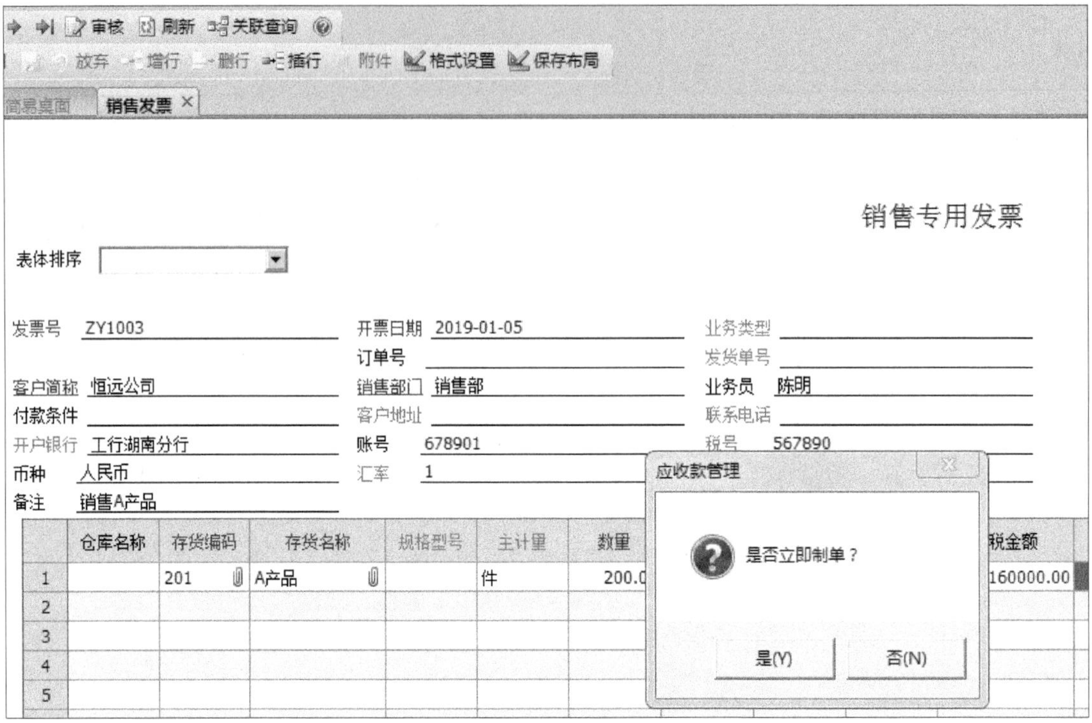

图 8-16 审核销售专用发票

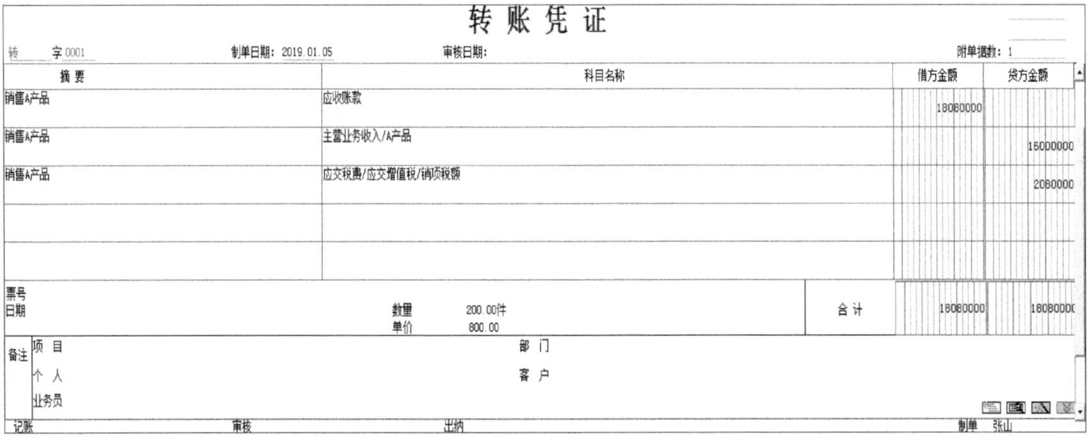

图 8-17 转账凭证

温馨提示

也可以在“应收单据审核”窗口审核。

在“应收单据审核”界面中，系统提供手工审核、自动批审的功能。应收单据审核界面中显示的单据包括全部已审核、未审核的应收单据。做过核销、制单、转账等处理的单据在应收单据审核中不能显示。对这些单据的查询，可在“单据查询”中进行。

在应收单据审核界面，也可以进行应收单的增加、修改、删除等操作。

（1）自动批审

单击“应收单据处理”|“应收单据审核”，打开“应收单据查询条件”对话框，如图 8-18

所示。

图 8-18　应收单据查询条件

按要求输入查询条件，选择“未审核”，点击“批审”，系统根据当前的过滤条件将符合条件的未审核单据全部进行后台的一次性审核处理。批审完成后，系统显示统计结果，说明审核成功的发票张数以及应收单张数。

（2）手工审核

在“应收单据查询条件”对话框输入查询条件后点击“确认”，进入“应收单据列表”界面。在“选择”栏里双击鼠标或者打对勾，然后点击“审核”，即可对该张单据进行审核。也可点击“全选”将所有单据全部选中，进行审核。

（3）弃审

在“单据过滤条件”对话框中输入查询条件后选择“已审核”，点击“确认”，进入已审核“应收单据列表”界面。

① 点击“全选”，将列表中的记录全部打上选择标志，或者在需要弃审的应收单据前的“选择”栏打上选择标志。

② 点击“弃审”，对当前所选择的应收单据进行弃审。

③ 系统提交单据弃审报告，报告显示弃审成功的张数以及明细单据数。

④ 弃审的同时会删除该张单据生成的凭证。

【例 8-9】1 月 6 日，东风科技公司向昌达公司售出 B 产品 180 件，不含税单价 720 元，税率 13%，价税合计 146448 元，开出专用发票，发票号：ZY1004，货已发出。同时以现金代垫运费 2000 元。款项尚未收到。

操作步骤：

（1）录入销售发票并审核

① 以日期“2019-01-06”登录，执行“应收款管理”|“应收单据处理”|“应收单据录入”，打开“单据类型”对话框。

② 选择单据名称“销售发票”，单据类型“销售专用发票”，单据方向“正向”，单击“确认”按钮。屏幕显示“销售专用发票”录入界面，在工具栏点击“增加”，录入相关信息。

③ 录入表头项目：录入发票号为“ZY1004”，修改开票日期为“2019-01-06”，录入客户简称为“昌达公司”，录入备注为“销售 B 产品”，其他表头内容自动带出。

④ 录入表体项目：选择存货编码为“202”，录入数量为“180”，录入无税单价为“720”，其他表体内容自动带出。

⑤ 录入完成后按“保存”按钮，接着单击工具栏“审核”，弹出系统提示“是否立即制单？”，选择“否”。如图 8-19 所示。

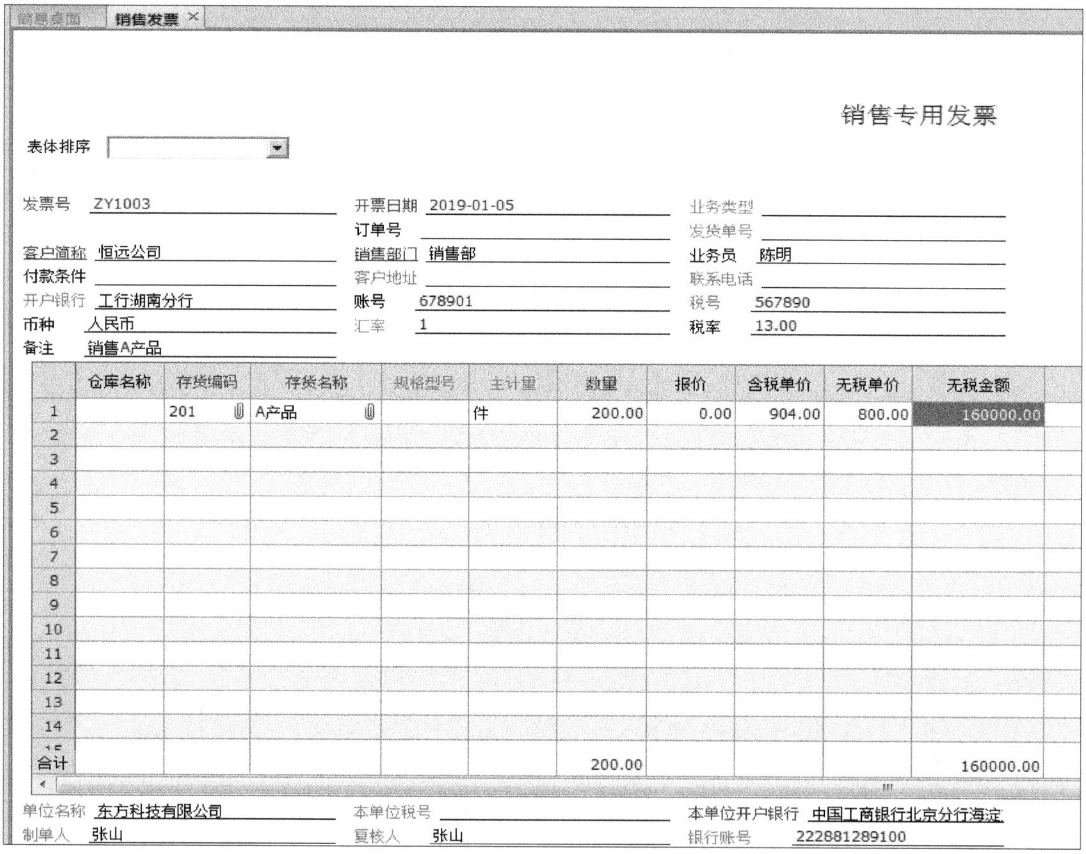

图 8-19 销售专用发票

（2）录入应收单并审核

为客户代垫的运费应该填制应收单。

① 双击“应收单据处理”|“应收单据录入”，打开“单据类别”对话框。

② 选择单据名称“应收单”，单据类型“其他应收单”，单据方向“正向”，单击“确认”按钮。进入“应收单”录入界面，在工具栏点击“增加”，录入相关信息。

③ 录入表头项目：修改单据日期为“2019-01-06”，选择客户为“昌达公司”，录入金额“2000”，录入摘要为“代垫运费”。

④ 在表体第一行点击一下，录入科目为“1001”。

⑤ 录入完成后按“保存”按钮，接着单击工具栏“审核”，弹出系统提示“是否立即制单”，选择“否”。如图 8-20 所示。

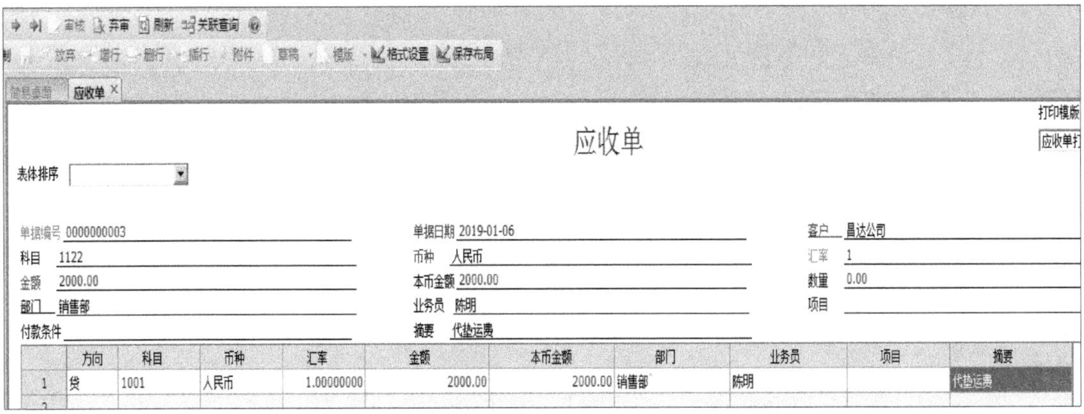

图 8-20 应收单

（3）制单处理

① 双击“制单处理”，打开“制单查询”对话框，在左侧列表选择“发票制单”和“应收单制单”，点击“确定”，进入“应收制单”界面。

② 点击“合并”按钮，如图 8-21 所示。

图 8-21 应收单制单

③ 点击“制单”，在弹出的凭证中填入第二行科目为“主营业务收入 /B 产品”，在弹出的辅助项窗口中输入数量为“720”，点击“确定”。修改凭证类别为“付款凭证”，制单日期为“2019-01-06”，点击“保存”按钮。如图 8-22 所示。

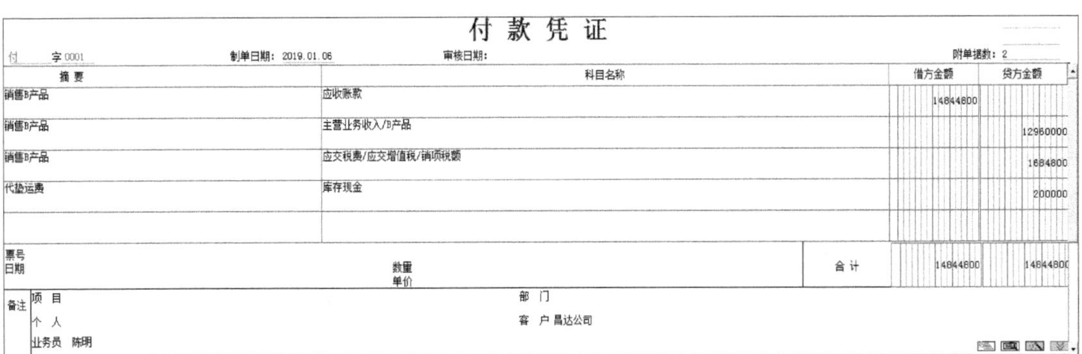

图 8-22 付款凭证

（4）修改和删除应收单

① 修改应收单。在单据录入界面通过“首张”“上张”“下张”“末张”按钮找到需要修改的单据，或通过“定位”按钮找到要修改的单据，单击“修改”，修改单据有关内容后保存。

② 删除应收单。在单据录入界面通过“首张”“上张”“下张”“末张”按钮找到需要删除的单据，或通过“定位”按钮找到要删除的单据，单击“删除”即可。

温馨提示

① 单据的名称和类型不能修改。

② 已审核的单据不能修改，已生成凭证或进行过核销的单据在单据界面不再显示。

温馨提示

已审核的单据不能删除。

二、收款单据处理与核销处理

对于企业收到的客户支付的款项或本企业退回客户的款项，应收款管理系统通过录入收款单与付款单（即红字收款单）进行记录和反映。

【例 8-10】1月7日，东方科技公司收到北方公司交来转账支票一张，金额91720元，支票号ZZ6401，用以归还前欠货款及代垫运费。

操作步骤：

（1）录入收款单

① 以日期“2019-01-07”登录，执行“应收款管理”|“收款单据处理”|“收款单据录入”，进入“收款单”窗口，点击“增加”按钮，录入相关内容。

温馨提示

在收款单录入界面点击“切换”，可以在收款单与付款单之间进行切换。付款单用来记录发生销售退货时企业退付给客户的款项。该付款单可与应收、预收性质的收款单、红字应收单、红字发票进行核销。

② 录入表头项目：修改日期为“2019-01-07”，选择客户为“北方公司”，选择结算方式为“转账支票”，录入金额为“91720”，录入票据号为“ZZ6401”，录入摘要为“收到货款及代垫运费”。录入表体项目：在表体第一行点击一下，无需修改，点击“保存”。如图8-23所示。

温馨提示

在一张收款单中，如选择表体记录的款项类型为应收款，则该款项性质为冲销应收款；如选择表体记录的款项类型为预收款，则该款项用途为形成预收款；如选择表体记录的款项性质为其他费用，则该款项用途为其他费用。对于不同用途的款项，系统提供的后续业务处理不同。对于冲销应收账款，以及形成预收款的款项，后续可进行核销处理，即将收款单与其对应的销售发票或应收单进行核销勾对，冲销客户债务。对于其他费用用途的款项则不需要进行核销，直接计入费用科目。

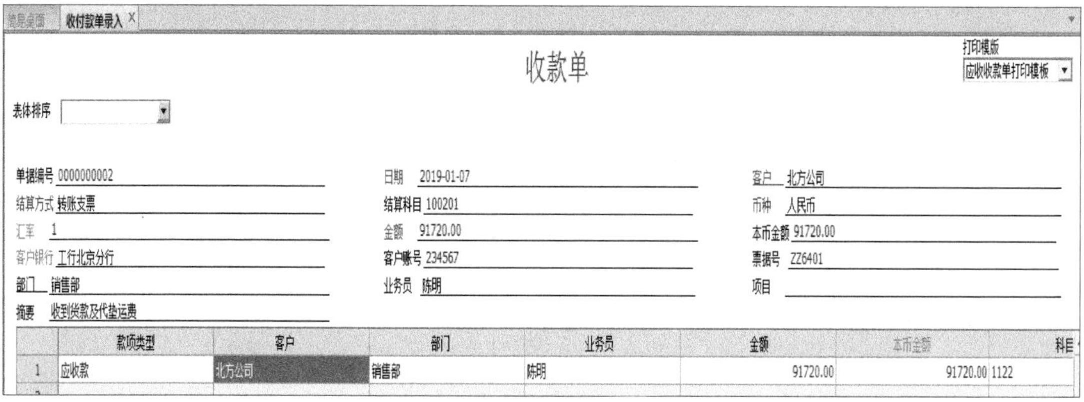

图 8-23 录入收款单

（2）审核并制单

点击页面上方“审核”按钮，弹出系统提示“是否立即制单”，选择“是”，将弹出凭证的凭证类别修改为“收款凭证”，制单日期修改为“2019-01-07”，点击“保存”按钮。如图 8-24 所示。

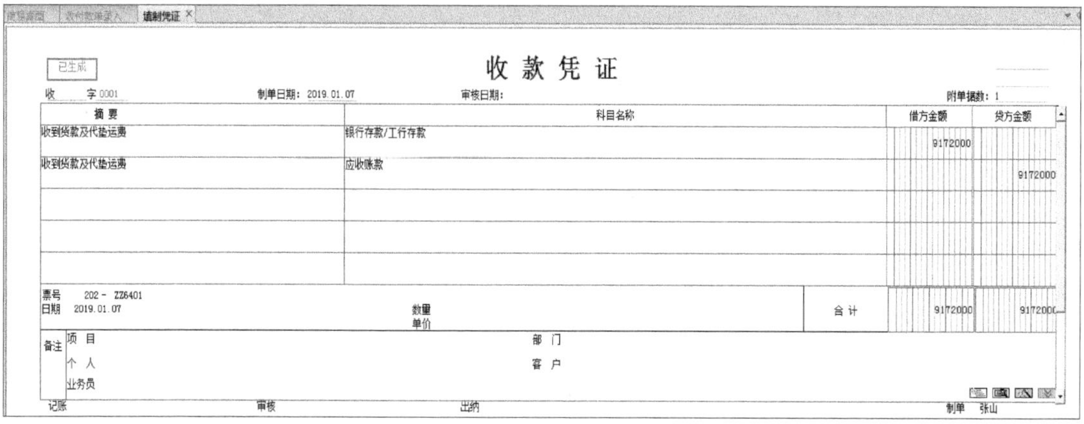

图 8-24 收款凭证

温馨提示

系统用审核来确认收款业务的成立。系统在用户填制收款单后，对收款单进行审核后记入应收明细账。本系统提供的审核有三个含义，其一确认收款，其二是对单据输入的正确与否进行审查，第三记入应收明细账。

收款单的审核即把收款单据进行记账并在单据上填上审核日期、审核人的过程。已审核的收款单据不允许修改及删除。

不能在已结账月份中进行审核处理，不能在已结账月份中进行弃审处理。

已经审核过的单据不能进行重复审核，未经审核的单据不能进行弃审处理。已经做过后续处理（如核销、制单等）的单据不能进行弃审处理。

收款单的审核与应收单的审核操作方法一样，既可以在单据录入窗口直接审核，并选择

是否制单，也可以在“收款单据处理”|“收款单据审核”中审核。具体参见应收单的审核。

（3）核销处理

在“收款单录入”界面点击页面上方工具栏中的“核销”按钮，弹出“核销条件”窗口，点击“确定”，进入单据核销界面。在“其他应收单”和“销售专用发票”的“本次结算”金额中分别输入“1320”“90400”，如图 8-25 所示，点击“保存”，核销完成。

图 8-25　核销

温馨提示

核销的操作也可以通过“核销处理|手工核销”或“核销处理|自动核销”来完成。

【例 8-11】1 月 9 日，北方公司交来转账支票一张，金额 40000 元，支票号 ZZ6402，作为预购 A 产品的定金。

操作步骤：

（1）录入收款单

① 以日期“2019-01-09”登录，执行“应收款管理”|“收款单据处理”|“收款单据录入”，进入“收款单”窗口，点击“增加”按钮，录入相关内容。

② 录入表头项目：修改日期为“2019-01-09”，选择客户为“北方公司”，选择结算方式为“转账支票”，录入金额为“40000”，录入票据号为“ZZ6402”，录入摘要为“北方公司预购 A 产品”。录入表体项目：在表体第一行点击一下，修改款项类型为“预收款”，点击“保存”。如图 8-26 所示。

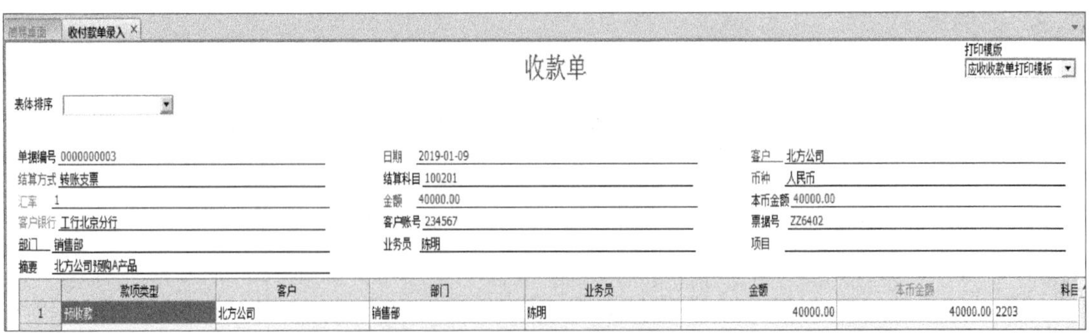

图 8-26　录入收款单

（2）审核并制单

点击页面上方“审核”按钮，弹出系统提示“是否立即制单”，选择“是”，将弹出凭证的类别修改为“收款凭证”，制单日期修改为“2019-01-09”，点击“保存”按钮。如图 8-27 所示。

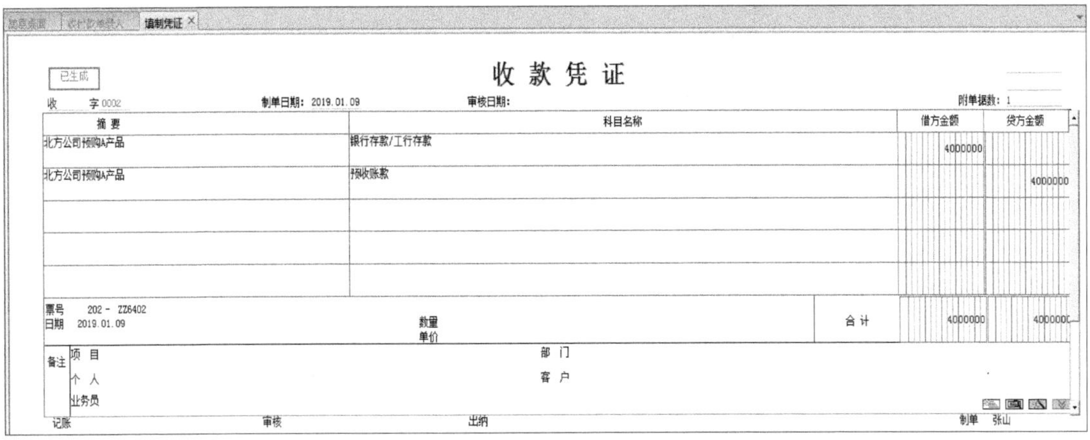

图 8-27　收款凭证

温馨提示

预收款在收款时无需核销。

三、现金折扣业务

现金折扣业务主要是指收到款项时对方满足现金折扣条件时所进行的处理。

【例 8-12】1 月 10 日，东方科技公司向北方公司销售 B 产品 20 件，不含税单价 720 元，税率 13%，价税合计 16272 元，开出专用发票，发票号 ZY1005，款项尚未收到。

操作步骤：

（1）以日期“2019-01-10”登录，执行“应收款管理”|“应收单据处理”|“应收单据录入”，打开“单据类型”对话框。

（2）选择单据名称“销售发票”，单据类型“销售专用发票”，单据方向“正向”，单击“确认”按钮。屏幕显示“销售专用发票”录入界面，在工具栏点击“增加”，录入相关信息。

（3）录入表头项目：录入发票号为“ZY1005”，修改开票日期为“2019-01-10”，录入客户简称为“北方公司”，录入备注为“销售 B 产品”，其他表头内容自动带出。录入表体项目：选择存货编码为“202”，录入数量为“20”，录入无税单价为“720”，其他表体内容自动带出。录入完成后按“保存”按钮。如图 8-28 所示。

（4）单击工具栏“审核”，弹出系统提示“是否立即制单？”，选择“是”。

（5）系统弹出凭证界面，在第二行分录中录入“主营业务收入 /B 产品”，在弹出的窗口中录入单价“720”，点击确定，修改凭证类别为“转账凭证”，修改制单日期为“2019-01-10”，然后保存。如图 8-29 所示。

【例 8-13】1 月 12 日，北方公司交来转账支票一张，票号 ZZ6403，金额 15984 元，用以支付本月 10 日购货价税款。

【操作步骤】

（1）录入收款单

销售专用发票

表体排序

发票号	ZY1005	开票日期	2019-01-10	业务类型	
		订单号		发货单号	
客户简称	北方公司	销售部门	销售部	业务员	陈明
付款条件		客户地址		联系电话	
开户银行	工行北京分行	账号	234567	税号	123456
币种	人民币	汇率	1	税率	13.00
备注	销售B产品				

	仓库名称	存货编码	存货名称	规格型号	主计量	数量	报价	含税单价	无税单价	无税金额	税额	价税合计
1		202	B产品		件	20.00	0.00	813.60	720.00	14400.00	1872.00	16272.00
合计						20.00				14400.00	1872.00	16272.00

单位名称	东方科技有限公司	本单位税号		本单位开户银行	中国工商银行北京分行海淀
制单人	张山	复核人	张山	银行账号	222881289100

图 8-28 销售专用发票

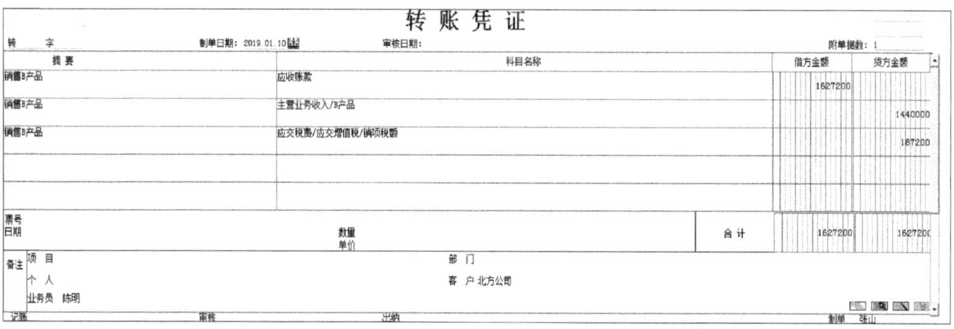

转账凭证

转 字　　制单日期：2019.01.10　　审核日期：　　附单据数：1

摘要	科目名称	借方金额	贷方金额
销售B产品	应收账款	1627200	
销售B产品	主营业务收入/B产品		1440000
销售B产品	应交税费/应交增值税/销项税额		187200
票号 日期	数量 单价 合计	1627200	1627200

备注　项目　部门

个人　客户 北方公司

业务员 陈明

记账　审核　出纳　制单 张山

图 8-29 转账凭证

① 以日期“2019-01-12”登录，执行“应收款管理”|“收款单据处理”|“收款单据录入”，进入“收款单”窗口，点击“增加”按钮，录入相关内容。

② 录入表头项目：修改日期为“2019-01-12”，选择客户为“北方公司”，选择结算方式为“转账支票”，录入金额为“15984”，录入票据号为“ZZ6403”，录入摘要为“北方公司支付本月10日货款”。录入表体项目：在表体第一行点击一下，无需修改，点击“保存”。如图8-30所示。

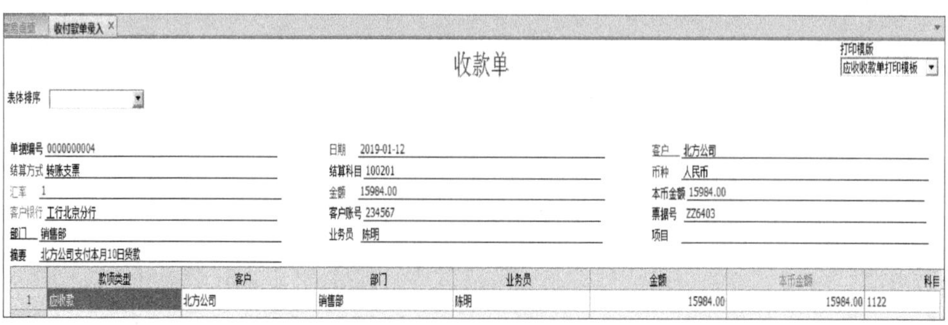

收付款单录入

收款单

打印模版 应收收款单打印模板

表体排序

单据编号	0000000004	日期	2019-01-12	客户	北方公司
结算方式	转账支票	结算科目	100201	币种	人民币
汇率	1	金额	15984.00	本币金额	15984.00
客户银行	工行北京分行	客户账号	234567	票据号	ZZ6403
部门	销售部	业务员	陈明	项目	
摘要	北方公司支付本月10日货款				

	款项类型	客户	部门	业务员	金额	本币金额	科目
1	应收款	北方公司	销售部	陈明	15984.00	15984.00	1122

图 8-30 录入收款单

（2）审核收款单并核销

点击页面上方“审核”按钮，弹出系统提示“是否立即制单”，选择“否”。点击页面上方“核销”按钮，在弹出的核销条件中选择“确定”，进入单据核销界面，在销售专用发票的“本次折扣”金额中填入“288”，在“本次结算”金额中填入“15984”（如图 8-31 所示）。点击保存。

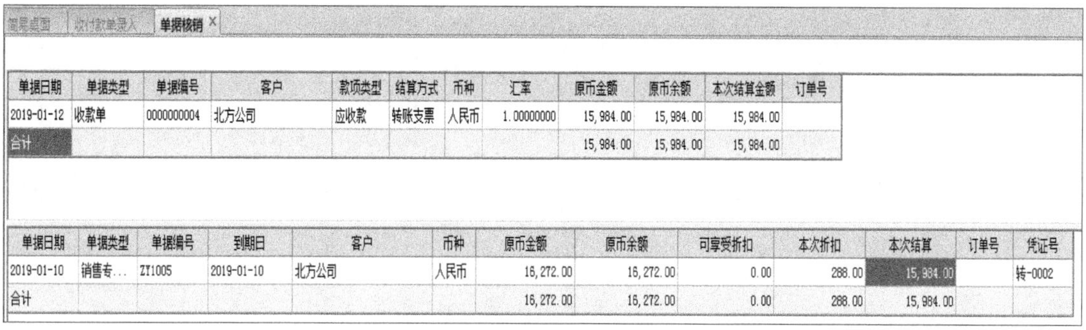

图 8-31　核销

（3）制单处理

① 双击“制单处理”，打开“制单查询”对话框，在左侧列表选择“收付款单制单”和“核销制单”，如图 8-32 所示，点击“确定”，进入“应收制单”界面。

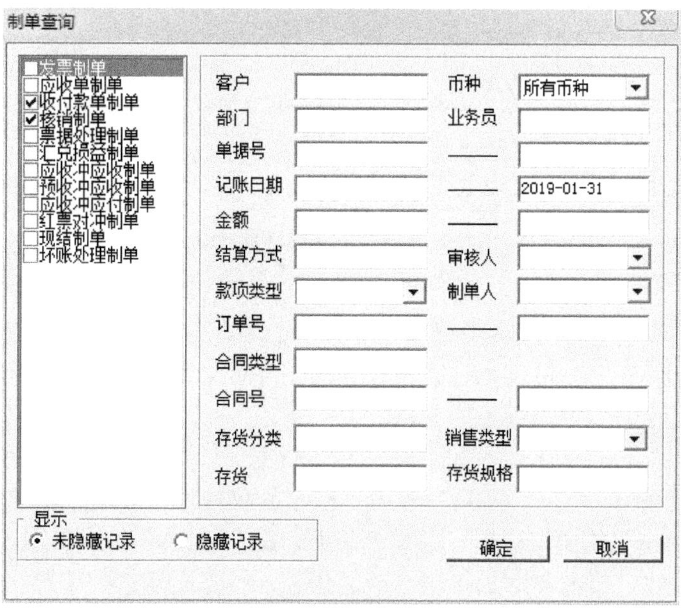

图 8-32　制单处理

② 在 1 月 12 日的收款单据和核销单据的选择标志中输入“1”，如图 8-33 所示。

③ 点击“制单”，在弹出的凭证中，修改凭证类别为“收款凭证”，制单日期为“2019-01-12”，点击“保存”按钮。如图 8-34 所示。

四、票据管理

票据管理主要是对商业承兑汇票和银行承兑汇票进行日常的业务处理，所有涉及票据的收入、结算、贴现、背书、转出、计息等处理都应该在票据管理中进行。

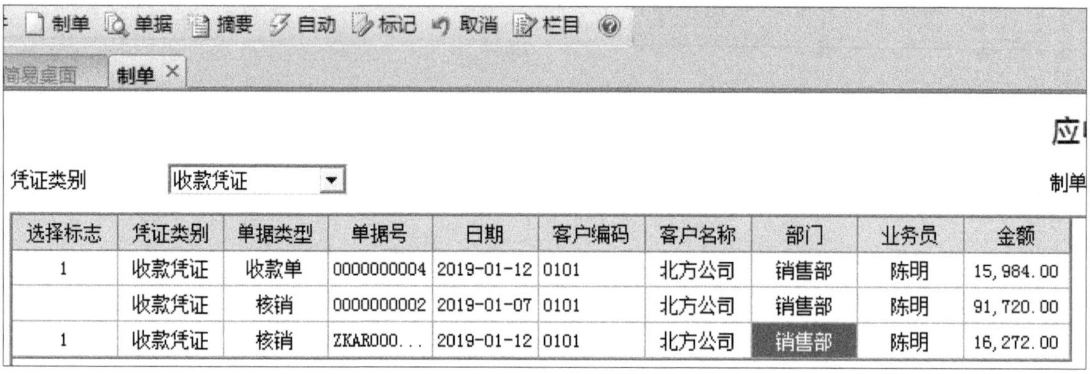

图 8-33　合并制单

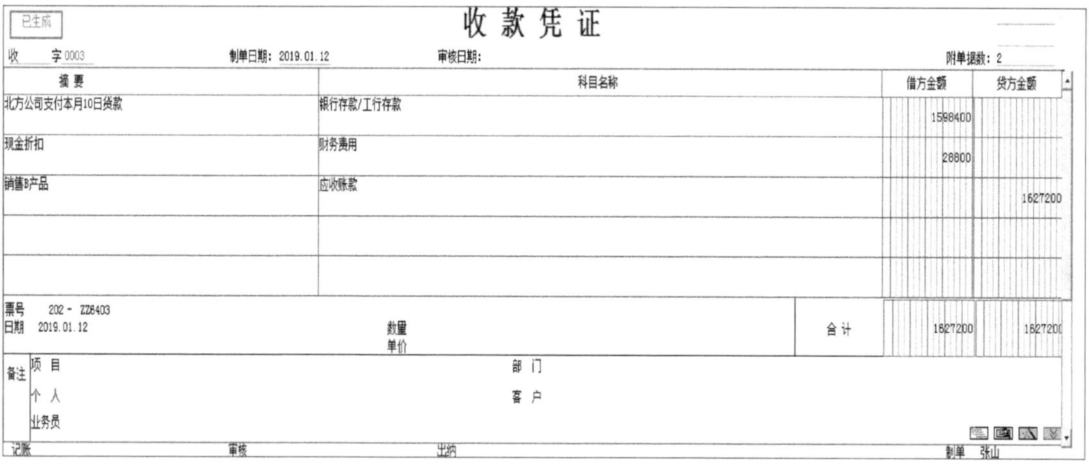

图 8-34　收款凭证

1. 增加票据

【例 8-14】1 月 15 日，东方科技公司收到昌达公司交来银行承兑汇票一张，票号 CD8401，面值 148448 元，用以抵付本月 6 日该公司的购货款和代垫运费。票据承兑银行为中国银行，期限三个月，票面利率为 0。

操作步骤：

（1）以日期“2019-01-15”登录，双击“应收款管理”|“票据管理”，弹出“查询条件选择”对话框，单击“确定”按钮，进入“票据管理”窗口。点击“增加”按钮，选择银行名称为“中国银行”，票据类型为“银行承兑汇票”，录入票据编号为“CD8401”，选择结算方式为“银行承兑汇票”，设置出票日期为“2019-01-15”，到期日为“2019-04-15”，金额为“148448”。如图 8-35 所示。无需录入表体内容。点击保存。

（2）打开“收款单据处理”|“收款单据审核”，弹出“收款单查询条件”窗口，点击“确定”，进入“收付款单列表”，如图 8-36 所示。在该行内容上双击，弹出收款单，点击“审核”按钮，弹出“是否立即制单”窗口，选择“是”。

（3）在弹出的凭证中输入第一行科目为“应收票据”，在弹出的辅助项窗口中点击“确定”，修改凭证类别为“转账凭证”，日期为“2019-01-15”，保存凭证。如图 8-37 所示。

商业汇票

银行名称 中国银行		票据类型 银行承兑汇票
方向 收款	票据编号 CD8401	结算方式 银行承兑汇票
收到日期 2019-01-15	出票日期 2019-01-15	到期日 2019-04-15
出票人 昌达公司	出票人账号 456789	付款人银行 中行北京分行
收款人 东方科技有限公司	收款人账号	收款人开户银行
币种 人民币	金额 148448.00	票面利率 0.00000000
汇率 1.000000	付款行行号	付款行地址
背书人	背书金额	备注 昌达公司抵付6日货款和代垫运费
业务员 陈明	部门 销售部	票据摘要
交易合同号码	制单人 张山	

图 8-35　票据增加

收付款单列表

记录总数：1

选择	审核人	单据日期	单据类型	单据编号	客户名称	部门	业务员	结算方式	票据号	币种	汇率	原币金额	本币金额
		2019-01-15	收款单	0000000005	昌达公司	销售部	陈明	银行承...	CD8401	人民币	1.00000000	148,448.00	148,448.00
合计												148,448.00	148,448.00

图 8-36　收付款单审核列表

已生成

转 账 凭 证

转　字 0003　　制单日期：2019.01.15　　审核日期：　　附单据数：1

摘要	科目名称	借方金额	贷方金额
收款单	应收票据	14844800	
收款单	应收账款		14844800
票号 CD8401 日期 2019.01.15	数量 单价	合计 14844800	14844800

备注　项目　　部门

个人　　客户 昌达公司

业务员 陈明

记账　　审核　　出纳　　制单 张山

图 8-37　转账凭证

（4）关闭凭证，在工具栏点击“核销”按钮，将该张收款单与对应的销售发票和应收单进行核销。

2. 修改票据

选中要修改的票据，点击工具栏中的“修改”按钮，则当前票据被修改。

温馨提示

① 收到日期在已经结账月的票据不能被修改。

② 票据所形成的收款单已经核销的不能被修改。

③ 已经进行过计息、结算、转出等处理的票据不能被修改。

3. 票据贴现

票据贴现指持票人因急需资金，将未到期的承兑汇票背书后转让给银行，贴给银行一定利息后收取剩余票款的业务活动。

（1）执行“票据管理”，弹出票据查询对话框，输入各种条件后点击“确认”按钮进入票据管理功能。

（2）在票据管理界面选中一张票据，然后点击工具条上的“贴现”按钮，就可以对当前的票据进行贴现处理。票据贴现后将不能再对其进行其他处理。

温馨提示

① 贴现净额可以进行修改。

② 如果贴现净额大于票据余额，系统自动将其差额作为利息。不能修改。

③ 如果贴现净额小于票据余额，系统自动将其差额作为费用。不能修改。

4. 票据背书

票据背书时，可选择冲销应付账款。系统缺省选择冲销应付账款。

选中一张票据，然后点击工具条上的“背书”按钮，就可以对当前的票据进行背书处理。各栏目都输入完毕后可以按“确认”按钮，系统会自动将相应的信息写入票据登记簿中。

温馨提示

① 票据背书后将不能再对其进行其他处理。

② 背书方式如为“冲销应付账款”，背书金额大于应付账款，则将剩余金额记为供应商的预付款，并结清该张票据。

5. 票据计息

票据分为带息票据和不带息票据。带息票据指汇票到期时承兑人按票据面额及应计利息之和向收款人付款的商业汇票。

6. 票据转出

由于某种原因导致票据迟迟没有结算，需要重新恢复应收账款。

（1）在票据管理主界面选中一张票据，然后点击工具条上的“转出”按钮，就可以对当前的票据进行转出处理。

（2）输入完毕后，按“确认”按钮，可保存前述的操作。票据转出后，将不能再对其进行其他处理。

7. 票据结算

票据结算指票据兑现。主要步骤如下。

（1）在票据管理主界面选中一张票据，然后点击工具条上的“结算”按钮，就可以对当前的票据进行结算处理。

（2）输入结算金额等栏目后按“确认”按钮，结算完成，票据在未全额结算情况下还可进行其他处理。

五、转账业务

系统提供转账处理来满足用户应收账款调整的需要。针对不同的业务类型进行调整，分为预收冲应收、应收冲应收、应收冲应付、红票对冲等调整业务。

1. 预收冲应收

“预收冲应收”功能可以处理客户的预收订金和该客户应收欠款的转账核销业务。

【例 8-15】1 月 16 日，东方科技公司用恒远公司交来的 30000 元定金冲抵其应收款项。

操作步骤：

（1）以日期“2019-01-16”登录，双击“应收款管理”|“转账”|“预收冲应收”，打开“预收冲应收”对话框。如图 8-38 所示。

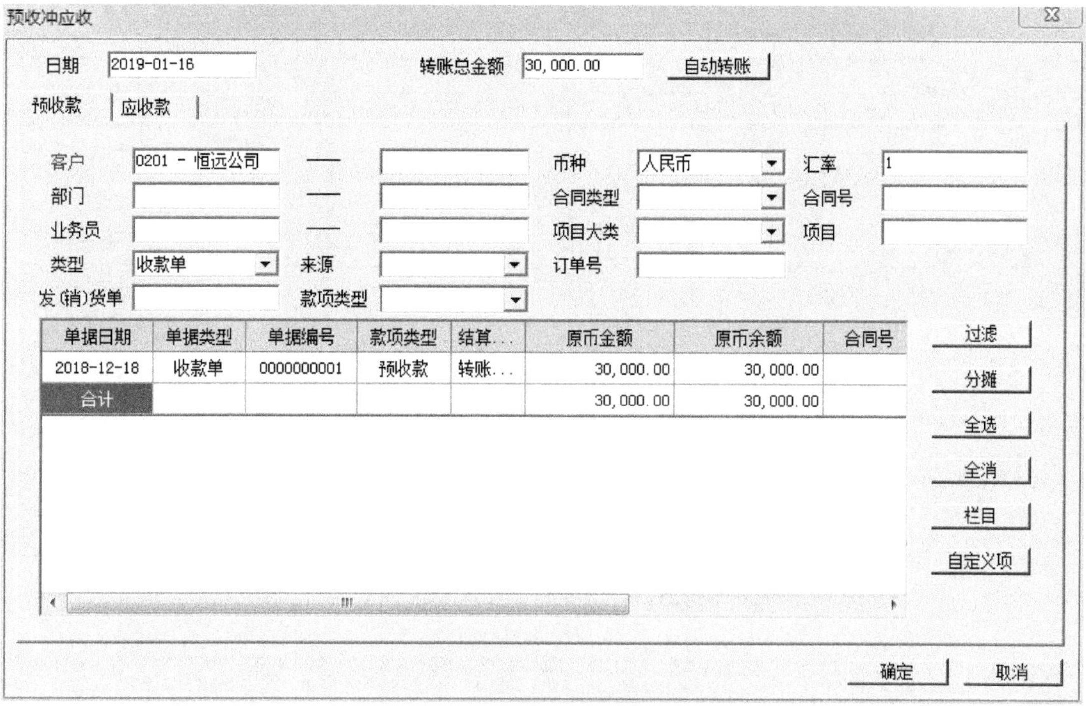

图 8-38　预收冲应收之预收款选择

（2）选择客户“恒远公司”，输入转账总金额 30000，单击“自动转账”按钮，系统自动根据过滤条件进行成批的预收冲抵应收款工作。

（3）也可以选择客户“恒远公司”，在“预收款”页签中单击“过滤”，系统将该客户满足条件的预收款的日期、结算方式、金额等项目列出。可以在转账金额一栏里输入每一笔预收款的转账金额。

（4）单击“应收款”页签，“过滤”出该客户所有满足条件的应收款记录，按照单据类型、单据编号、单据日期、单据金额、转账金额等项目列出。可以在转账金额一栏里输入每一笔应收款的转账金额。如图 8-39 所示。

（5）点击确定，弹出“是否立即制单”界面，选择“是”。将弹出凭证的凭证类别修改为“转账凭证”，日期为“2019-01-16”，点击保存。如图 8-40 所示。

温馨提示

①“预收款”和“应收款”这两个页签均可以通过输入转账总金额，单击“分摊”按钮，达到自动分摊该转账总金额到具体单据上的目的，且分摊好的各单据转账金额允许修改。

② 每一笔应收款的转账金额不能大于其余额。

③ 应收款的转账金额合计应该等于预收款的转账金额合计。

④ 无论是手工输入的单据转账金额还是自动分摊添入的转账金额，均不能大于该单据

的余额。

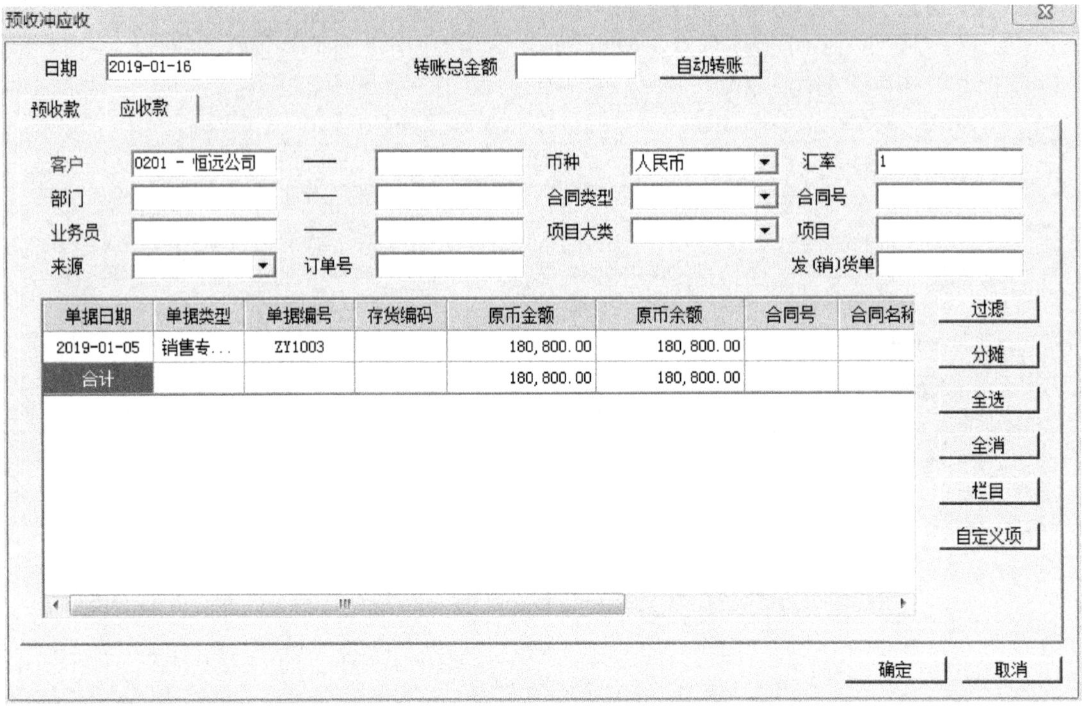

图 8-39 预收冲应收之应收款选择

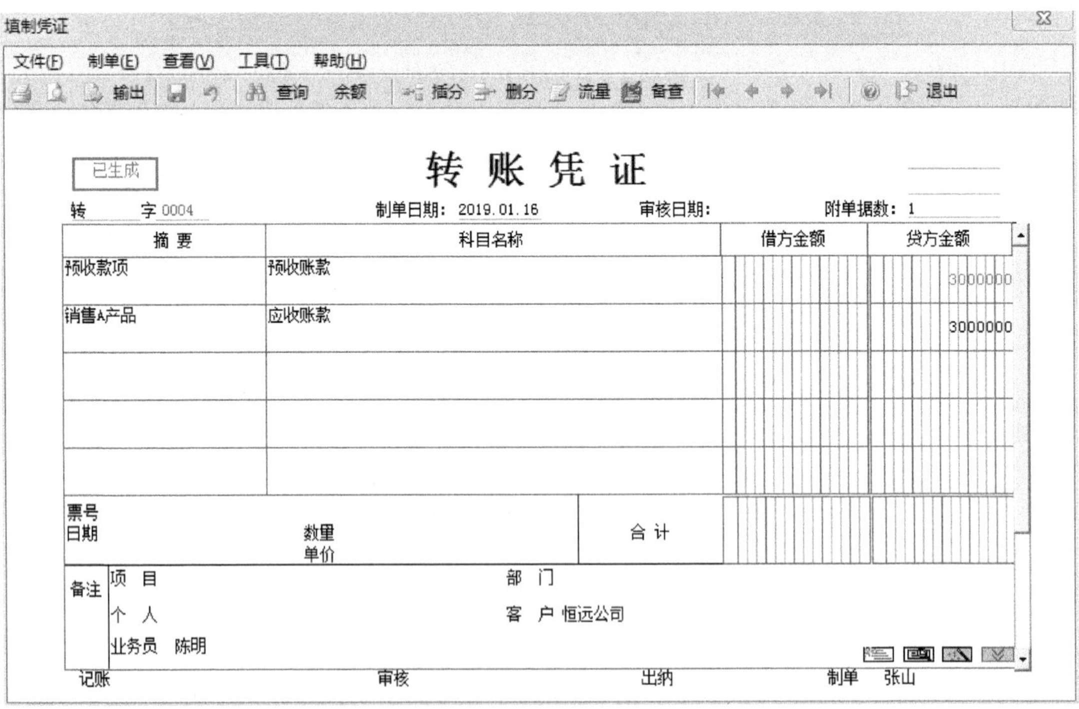

图 8-40 转账凭证

⑤ 此处所说的“预收款”是指结算单表体款项类型为“预收款”的记录。

⑥ 如果是红字预收款和红字应收单进行冲销，要把过滤条件中的“类型”选为“付

款单”。

2. 应收冲应收

指将一家客户的应收款转到另一家客户中，通过应收冲应收功能将应收账款在客户之间进行转入、转出，实现应收业务的调整，解决应收款业务在不同客户间入错户或合并户的问题。

【例 8-16】 1 月 17 日，东方科技公司将恒远公司本月 5 日产生的应收款余额转给北方公司。

操作步骤：

（1）以日期“2019-01-17”登录，双击“应收款管理”|“转账”|“应收冲应收”，打开“应收冲应收”页面。

（2）在客户中选择“恒远公司”，在转入客户中选择“北方公司”，点击左上角操作栏中“查询”按钮，系统会将该转出户所有满足条件的单据全部列出。可手工输入并账金额，金额大于 0，小于等于余额，双击本行系统将余额自动填充为并账金额。如图 8-41 所示。

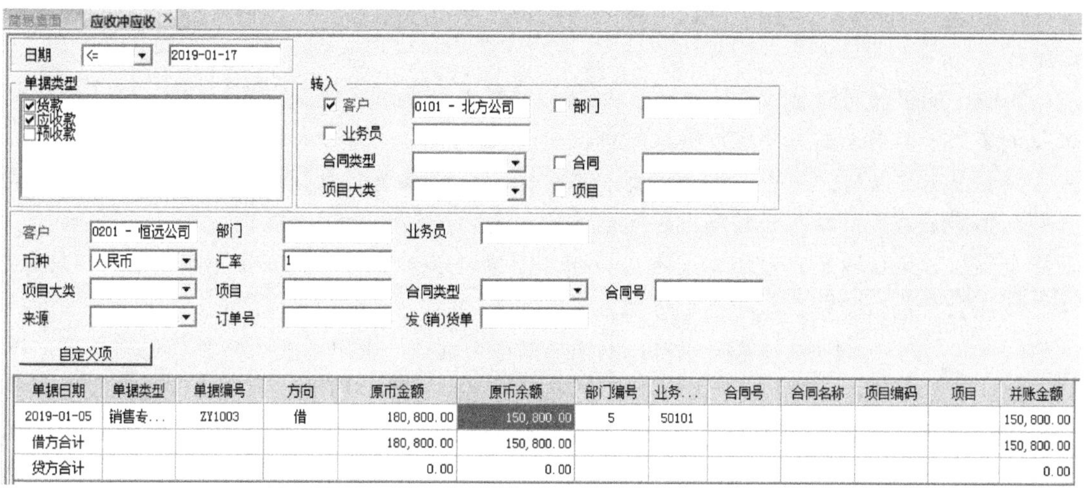

图 8-41　应收冲应收

（3）点击保存按钮，弹出“是否立即制单”界面，选择“是”。将弹出凭证的凭证类别修改为“转账凭证”，日期为“2019-01-17”，点击保存。如图 8-42 所示。

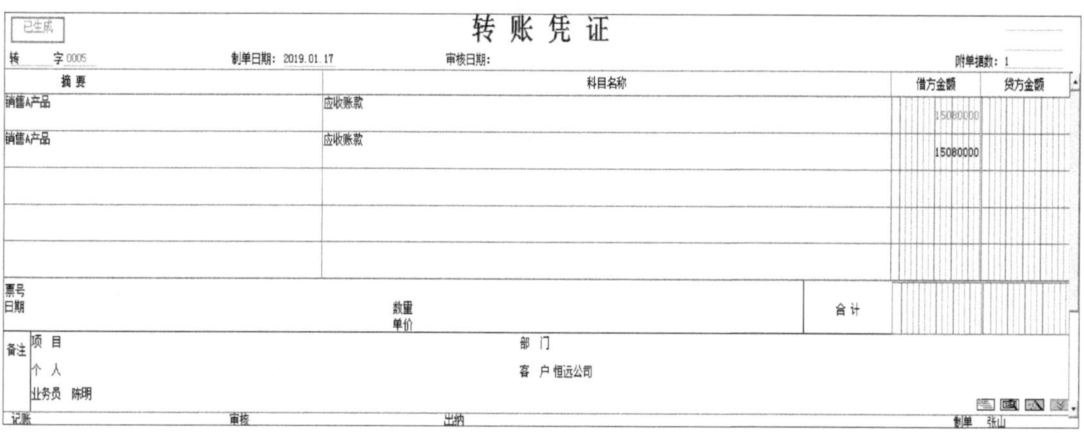

图 8-42　转账凭证

温馨提示

① 每一笔应收款的转账金额不能大于其余额。

② 每次只能选择一个转入单位。

3. 应收冲应付

用客户的应收账款来冲抵供应商的应付款项。系统通过应收冲应付功能在应收款业务的客户和供应商之间转账，实现应收业务的调整，解决应收债权与应付债务的冲抵。

操作步骤：

（1）双击“转账”|“应收冲应付”，打开“应收冲应付”对话框。

（2）如果需要用应收款冲抵应付款，则须选中“应收冲应付”。选择“预收冲预付”则可选择预收冲抵预付款操作。如果需要用红字应收单冲销红字应付单，则可以将“负单据”复选框选中。

（3）单击“应收”页签，输入过滤条件，系统将该客户所有满足条件的应收款的单据类型、单据编号、日期、金额等项目全部列出。可以在转账金额一栏里输入每一笔应收款的转账金额。

说明：如果在转账总金额中输入了数据，可以通过单击“分摊”按钮自动将转账总金额按照列表上单据的先后顺序进行分摊处理。

（4）单击“应付”页签，输入过滤条件，系统将该供应商所有满足条件的应付款的单据类型、单据编号、日期、金额等项目全部列出，可以在转账金额一栏里输入每一笔应付款的转账金额。如果在转账总金额中输入了数据，则也可以通过点击“分摊”按钮自动将转账总金额按列表上单据的先后顺序进行分摊处理。

（5）输入完有关的应收款和应付款的信息后按“确认”按钮，系统会自动地将两者对冲。

（6）单击“自动转账”按钮，则系统会根据所选择的客户和供应商自动进行应收冲应付。

说明：如果在客户档案中已建立了客户与供应商的对应关系，则在应收页签录入客户后切换到应付页签时，系统自动带出对应供应商信息。

4. 红票对冲

红票对冲可以实现客户的红字应收单据与蓝字应收单据、收款单与付款单之间进行冲抵的操作。系统提供两种处理方式：自动对冲和手工对冲。

自动对冲可同时对多个客户依据红冲规则进行红票对冲，提高红票对冲的效率，自动红票对冲提供进度条，并提交自动红冲报告，用户可了解自动红冲的完成情况及失败原因。

手工对冲只能对一个客户进行红票对冲，可自行选择红票对冲的单据，提高红票对冲的灵活性。手工红票对冲时采用红蓝上下两个列表形式提供，红票记录全部采用红色显示，蓝票记录全部用黑色显示。

【例 8-17】1 月 18 日，东方科技公司上个月销售给昌达公司的 5 件 B 产品有质量问题，双方协商退货，开出红字发票（票号 ZY1006），并将红票对冲。

操作步骤：

（1）录入红字销售发票

① 以日期“2019-01-18”登录，执行“应收款管理”|“应收单据处理”|“应收单据录入”，打开“单据类型”对话框。选择单据名称“销售发票”，单据类型“销售专用发票”，单据方向“负向”，单击“确认”按钮。屏幕显示“销售专用发票”录入界面，在工具栏点击“增

加”，录入相关信息。

② 录入表头项目：录入发票号为“ZY1006”，修改开票日期为“2019-01-18”，录入客户简称为“昌达公司”，录入备注为“退回B产品”。录入表体项目：选择存货编码为“202”，录入数量为“–5”，录入无税单价为“720”。点击“保存”按钮。如图8-43所示。

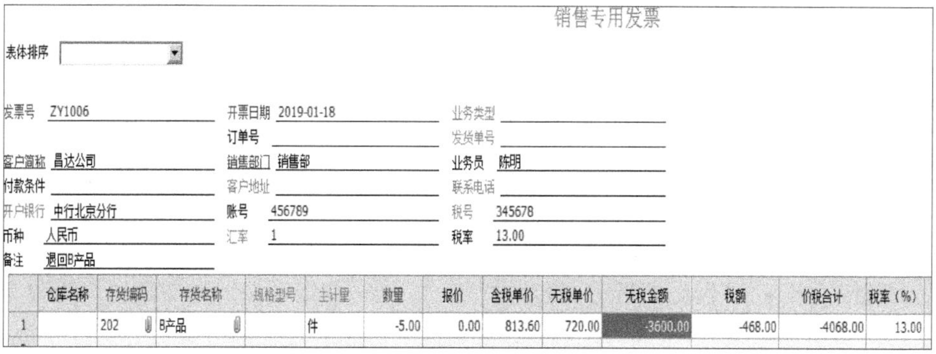

图8-43　录入销售专用发票

③ 在页面上方点击“审核”，弹出系统提示“是否立即制单”，单击“是”，系统自动带出凭证界面，在第二行分录中录入“主营业务收入/B产品”，在弹出的窗口中录入单价“720”，点击“确定”，修改凭证类别为“转账凭证”，修改制单日期为“2019-01-18”，然后保存。如图8-44所示。

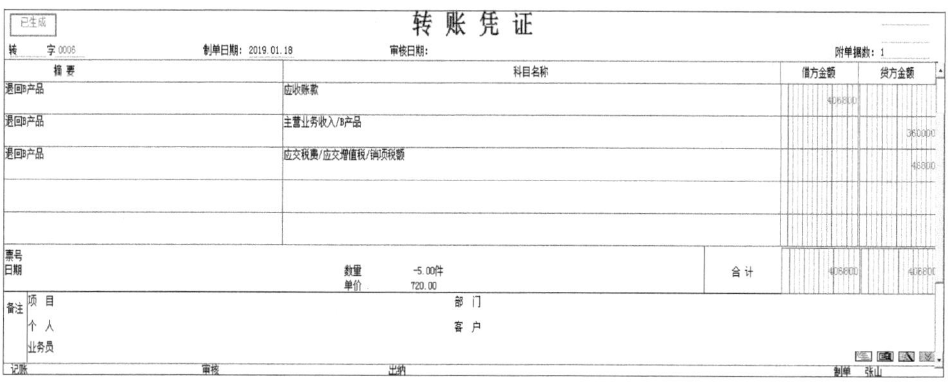

图8-44　转账凭证

（2）红票对冲

① 选择“应收款管理”|“转账”|“红票对冲”|“手工对冲”，弹出“红票对冲条件”窗口，在“通用”页签中选择客户为“昌达公司”，点击确定，进入红票对冲页面。如图8-45所示。

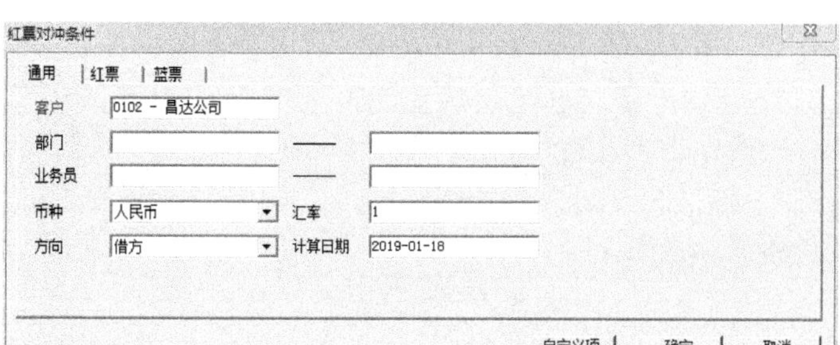

图8-45　红票对冲条件

② 在 2018 年 12 月 18 日昌达公司销售专用发票栏目“对冲金额”中填入“4068”，点击“保存”按钮。如图 8-46 所示。

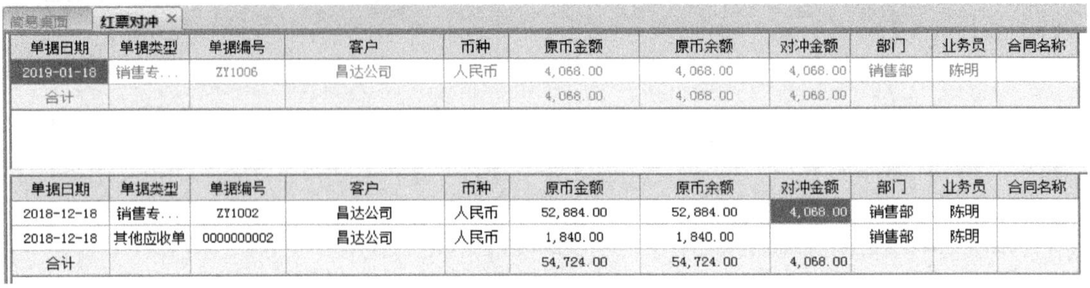
简易桌面 | 红票对冲

单据日期	单据类型	单据编号	客户	币种	原币金额	原币余额	对冲金额	部门	业务员	合同名称
2019-01-18	销售专...	ZY1006	昌达公司	人民币	4,068.00	4,068.00	4,068.00	销售部	陈明	
合计					4,068.00	4,068.00	4,068.00			

单据日期	单据类型	单据编号	客户	币种	原币金额	原币余额	对冲金额	部门	业务员	合同名称
2018-12-18	销售专...	ZY1002	昌达公司	人民币	52,884.00	52,884.00	4,068.00	销售部	陈明	
2018-12-18	其他应收单	0000000002	昌达公司	人民币	1,840.00	1,840.00		销售部	陈明	
合计					54,724.00	54,724.00	4,068.00			

图 8-46　红票对冲

六、坏账处理

坏账处理指系统提供的计提应收坏账准备处理、坏账发生后的处理、坏账收回后的处理等功能。

坏账处理的作用是系统自动计提应收款的坏账准备，当坏账发生时即可进行坏账核销，当被核销坏账又收回时，即可进行相应处理。

1. 坏账发生

坏账发生指系统提供用户确定某些应收款为坏账的工作。通过本功能用户即可选定发生坏账的应收业务单据，确定一定期间内应收款发生的坏账，便于及时用坏账准备进行冲销，避免应收款长期呆滞的现象。

【例 8-18】1 月 20 日，昌达公司开来转账支票（票号 ZZ6404），金额 45000 元，用来支付期初购货款。21 日，将昌达公司剩余应收款 5656 元转为坏账，其中货款 3816 元，代垫运费 1840 元。

操作步骤：

（1）录入收款单

① 用“2019-01-20”日期登录，选择“财务会计 | 应收款管理 | 收款单据处理 | 收款单据录入”，在左上方点击增加，依次填写客户为“昌达公司”，结算方式为“转账支票”，金额为“45000”，票据号为“ZZ6404”，摘要为“昌达公司支付期初购货款”。在表体第一行点击一下，无需修改，点击“保存”按钮。如图 8-47 所示。

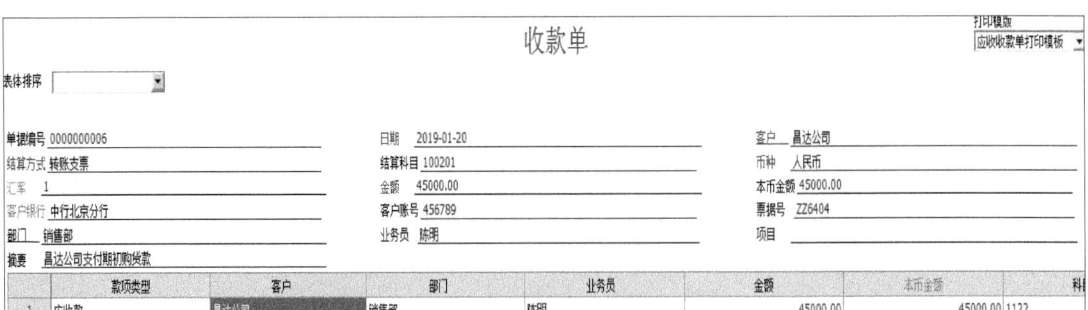
收款单

打印模版 应收收款单打印模板

表体排序

单据编号 0000000006　日期 2019-01-20　客户 昌达公司
结算方式 转账支票　结算科目 100201　币种 人民币
汇率 1　金额 45000.00　本币金额 45000.00
客户银行 中行北京分行　客户账号 456789　票据号 ZZ6404
部门 销售部　业务员 陈明　项目
摘要 昌达公司支付期初购货款

	款项类型	客户	部门	业务员	金额	本币金额	科目
1	应收款	昌达公司	销售部	陈明	45000.00	45000.00	1122

图 8-47　录入收款单

② 点击“审核”，弹出“是否立即制单”窗口，点击“是”。将弹出的凭证修改为“转

账凭证”，点击“保存”。如图 8-48 所示。关闭凭证。

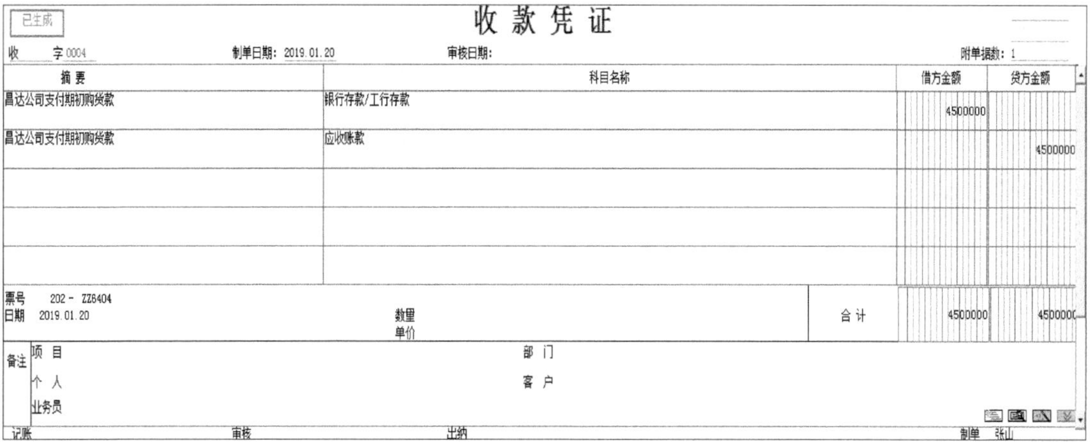

图 8-48　收款凭证

③ 在收款单上方工具栏点击“核销”按钮，弹出“核销条件”窗口，点击“确定”，进入“单据核销”页面。在 2018-12-18 的销售发票栏中填入“本次结算”金额为“45000”，如图 8-49 所示。点击“保存”。

图 8-49　单据核销

（2）坏账发生

① 用“2019-01-21”日期登录，选择“财务会计 | 应收款管理 | 坏账处理 | 坏账发生”，打开“坏账发生”对话框，选择客户为“昌达公司”，如图 8-50 所示。点击“确定”。

图 8-50　坏账发生

② 进入“坏账发生单据明细”界面，在明细单据记录“本次发生坏账金额”栏中直接输入本次坏账发生金额。如图 8-51 所示。

③ 点击“OK 确认”按钮，系统弹出“是否立即制单”窗口，点击“是”，修改凭证类别为“转账凭证”，点击保存。如图 8-52 所示。

坏账发生单据明细

单据类型	单据编号	单据日期	合同号	合同名称	到期日	余额	部门	业务员	本次发生坏账金额
销售专用发票	ZY1002	2018-12-18			2018-12-18	3,816.00	销售部	陈明	3,816.00
其他应收单	0000000002	2018-12-18			2018-12-18	1,840.00	销售部	陈明	1,840.00
合　计						5,656.00			5,656.00

图 8-51　坏账发生单据明细

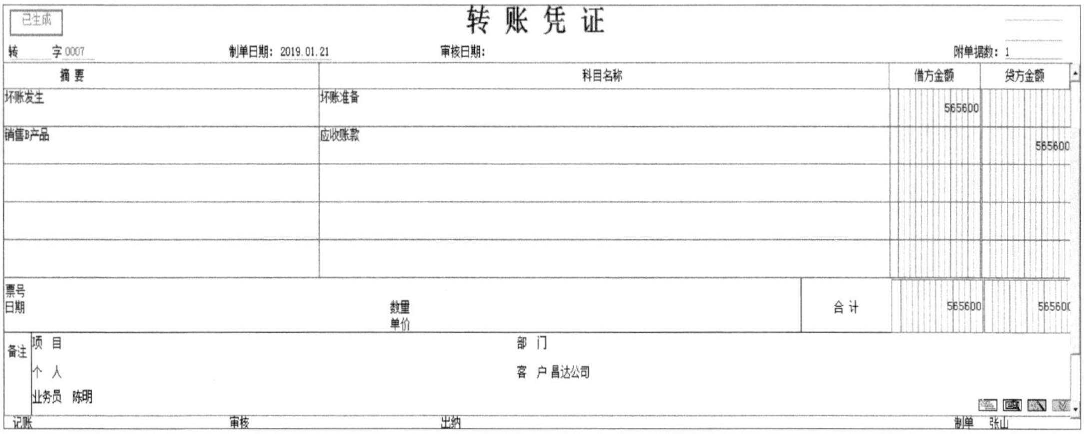
转账凭证

已生成

转　字 0007　制单日期：2019.01.21　审核日期：　附单据数：1

摘要	科目名称	借方金额	贷方金额
坏账发生	坏账准备	565600	
销售B产品	应收账款		565600
票号 日期	数量 单价 合计	565600	565600

备注　项目　部门

个人　客户 昌达公司

业务员 陈明

记账　审核　出纳　制单 张山

图 8-52　转账凭证

温馨提示

① 本次坏账发生金额只能小于等于单据余额。

② 单击“全选”，系统将明细单据中的余额自动带入本次发生坏账金额，也可点击“全消”按钮，将本次发生坏账金额清空。

2. 坏账收回

坏账收回指系统提供的对已确定为坏账后又被收回的应收款进行业务处理的功能。

【例 8-19】 1 月 28 日，收到工行进账通知，已作为坏账处理的昌达公司应收款 5656 元收回，结算方式为汇兑，票号 HD7401。

操作步骤：

（1）录入收款单

用“2019-01-28”日期登录，选择“财务会计 | 应收款管理 | 收款单据处理 | 收款单据录入”，在左上方点击增加，依次填写客户为“昌达公司”，结算方式为“汇兑”，金额为“5656”，票据号为“HD7401”，摘要为“坏账收回”。在表体第一行点击一下，无需修改，点击“保存”按钮。如图 8-53 所示。

温馨提示

该收款单不需要审核。

（2）坏账收回

① 选择“财务会计 | 应收款管理 | 坏账处理 | 坏账收回”，打开“坏账收回”对话框，选

择客户为“昌达公司”，如图 8-54 所示。

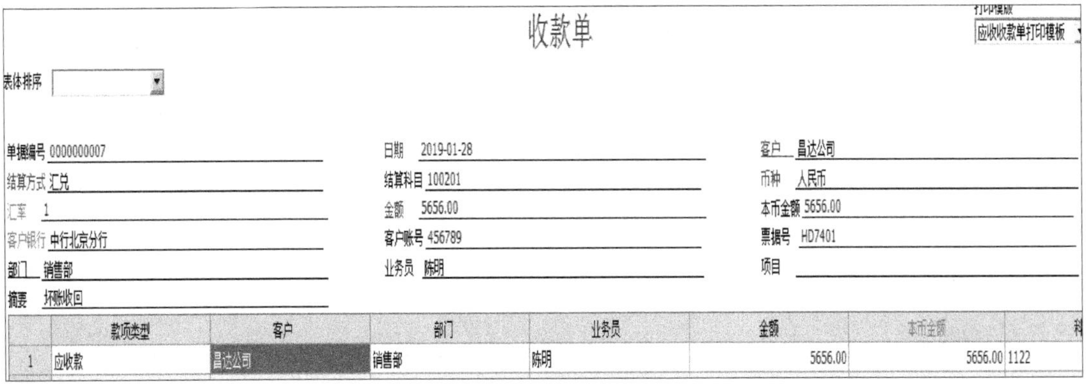

图 8-53　录入收款单

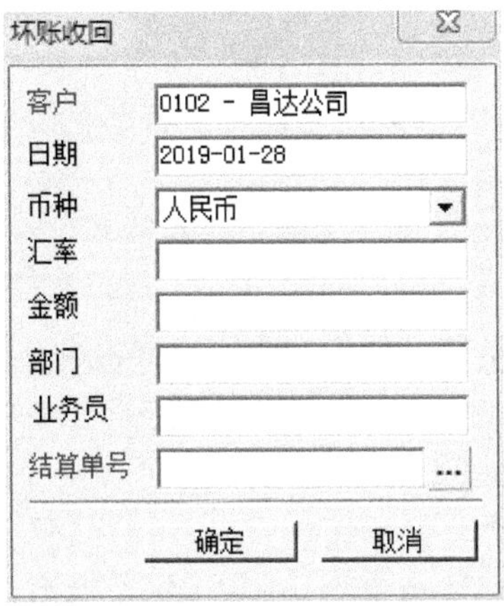

图 8-54　坏账收回

② 单击“结算单号”栏的参照按钮，选择“收款单参照”窗口中的结算单。如图 8-55、图 8-56 所示。

图 8-55　收款单参照

图 8-56　坏账收回

③ 点击“确定”按钮，系统提示“是否立即制单”，点击“是”，将生成凭证的凭证类别修改为“收款凭证”，点击“保存”。如图 8-57 所示。

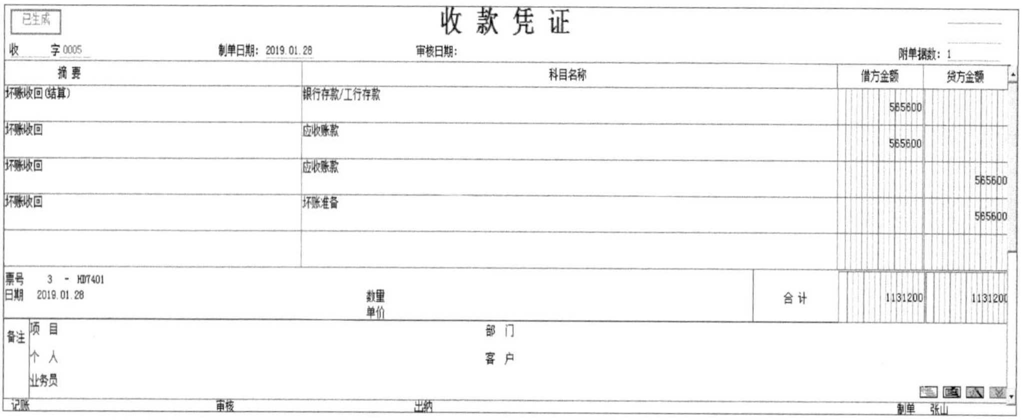

图 8-57 收款凭证

温馨提示

① 在录入一笔坏账收回的款项时，应该注意不要把该客户的其他的收款业务与该笔坏账收回业务录入到同一张收款单中。

② 坏账收回制单不受系统选项中“方向相反分录是否合并”选项控制。

3. 坏账查询

坏账查询指系统提供的对系统内进行坏账处理过程和处理结果的查询功能。通过坏账查询功能查询一定期间内发生的应收账业务处理情况及处理结果，加强对坏账的监督。

【例 8-20】查询东方科技公司 2019 年 1 月坏账。

操作步骤：

（1）选择“坏账处理”|“坏账查询”，进入坏账查询窗口。

（2）屏幕显示坏账发生和坏账收回的综合情况。

（3）单击“详细”，可以查看每一笔坏账发生和收回的详细情况。

4. 坏账计提

企业应于期末分析各项应收款项的可收回性，并预计可能产生的坏账损失，对预计可能发生的坏账损失计提坏账准备。企业计提坏账准备的方法由企业自行确定，系统提供了几种备选方式，即应收余额百分比法、销售余额百分比法、账龄分析法和直接转销法。

企业应当根据以往的经验、债务单位的实际情况制定计提坏账准备的政策，明确计提坏账准备的范围、提取方法、账龄的划分和提取比例。

本例采用应收账款余额百分比法。

【例 8-21】1 月 31 日，计提东方科技公司坏账准备。

操作步骤：

（1）用“2019-01-31”日期登录，选择“财务会计 | 应收款管理 | 坏账处理 | 计提坏账准备”，进入坏账计提页面。系统自动算出当年度应收账款余额，并根据计提比率计算出本次计提金额。如图 8-58 所示。

温馨提示

① 应收账款的余额默认值为本会计年度最后一天的所有未结算完的发票和应收单余额

之和减去预收款数额。外币账户用其本位币余额。可以根据实际情况进行修改。

应收账款...	计提比率	坏账准备	坏账准备余额	本次计提
110,800.00	0.500%	554.00	4,344.00	-3,790.00

图 8-58　计提坏账准备

② 计提比率在此不能修改，只能在初始设置中改变计提比率。

（2）单击“OK 确认”按钮，系统提示“是否立即制单”，选择“是”，将弹出的凭证设置为“转账凭证”，点击保存。如图 8-59 所示。

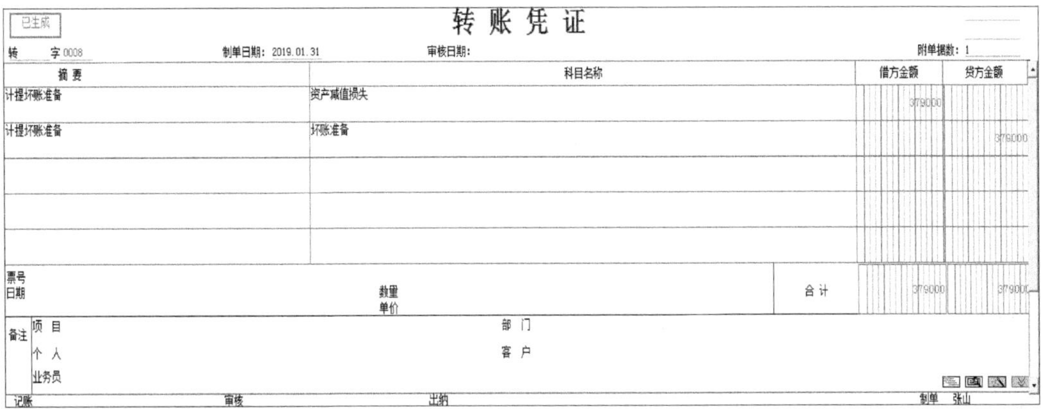

图 8-59　转账凭证

七、制单处理

制单即生成凭证，并将凭证传递到总账记账。应收款系统在各个业务处理过程中都提供了实时制单的功能。除此之外，系统提供了一个统一制单的平台，可以在此快速、成批生成凭证，并可依据规则进行合并制单等处理。

操作步骤：

（1）选择“制单”，打开“制单查询”对话框，如图 8-60 所示。

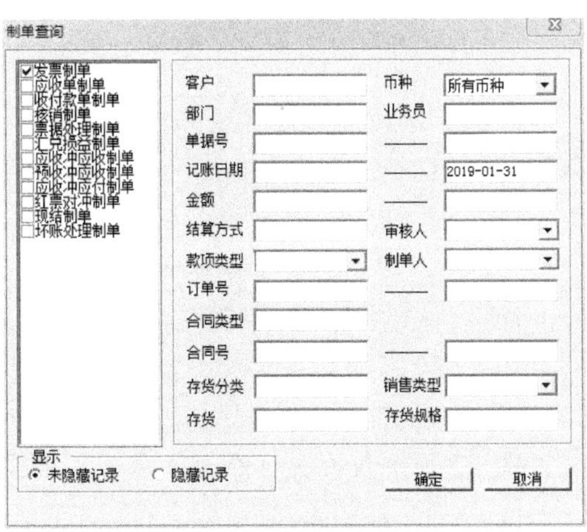

图 8-60　制单查询

（2）选择“制单类型”，制单类型包括发票制单、应收单制单、收付款单制单、核销制单、票据处理制单、汇兑损益制单、转账制单、并账制单、现结制单、坏账处理制单。

（3）输入完查询条件，单击“确认”，系统会将符合条件的所有未制单已经记账的单据全部列出。

（4）选择“凭证类别”，输入制单日期，并在“凭证类别”栏目处用下拉框为每一个制单类型设置一个默认的凭证类别。可以在凭证中修改该类型。

（5）选中某一记录，单击“单据”按钮，即可显示该记录所对应的单据卡片形式。若该条记录所对应的单据有多条，则先显示这些单据记录的列表形式，双击可以打开成卡片形式。

（6）在单据的选择标志栏对需要制单的单据进行选择，或单击“全选”选择所有单据制单。

（7）选择要进行制单的单据，在“选择标志”一栏双击，系统会在你双击的栏目给出一个序号，表明要将该单据制单。可以修改系统所给出的序号。例如，系统给出的序号为1，可以改为2。相同序号的记录将制成一张凭证。也可单击“合并”按钮，进行合并制单。

（8）选择完所有的条件后，单击“制单”按钮，进入凭证界面。

（9）检查各项内容无误后，单击“保存”按钮，凭证左上角显示“已生成”，表明将当前凭证传递到总账系统。

（10）生成的凭证摘要默认为单据备注，如果单据没有备注信息则以业务类型为凭证摘要。单击“摘要”按钮进入摘要设置界面，用户即可自行对各种制单类型的摘要进行设置。

温馨提示

① 本系统的控制科目可在其他系统进行制单，在其他系统制单则会造成应收款管理系统与总账系统对账不平。

② 制单日期系统默认为当前业务日期。制单日期应大于等于所选的单据的最大日期，但小于等于当前系统日期。

③ 如果同时使用了总账系统，且总账选项要求制单序时，所输入的制单日期应该满足制单日期序时要求：即大于同月同凭证类别的最大日期。

④ 一张原始单据制单后将不能再次制单。

八、单据查询

应收系统提供对发票、应收单、结算单、凭证等的查询。在查询列表中，系统提供自定义栏目、排序等功能，在进行单据查询时，若启用客户、部门数据权限控制时，则在查询单据时只能查询有权限的单据。

1. 凭证查询

通过凭证查询可以查看、修改、删除、冲销应收账款系统传到账务系统中的凭证。

操作步骤：

（1）单击“单据查询”|“凭证查询”，打开“凭证查询条件”对话框。

（2）输入条件后，单击“确认”，进入“凭证查询”窗口，如图8-61所示。

凭证总数：14 张

业务日期	业务类型	业务号	制单人	凭证日期	凭证号	标志
2019-01-06	销售专...	ZY1004	张山	2019-01-06	付-0001	
2019-01-07	收款单	0000000002	张山	2019-01-07	收-0001	
2019-01-09	收款单	0000000003	张山	2019-01-09	收-0002	
2019-01-12	收款单	ZKAR000...	张山	2019-01-12	收-0003	
2019-01-20	收款单	0000000006	张山	2019-01-20	收-0004	
2019-01-28	坏账收回	0000000007	张山	2019-01-28	收-0005	
2019-01-05	销售专...	ZY1003	张山	2019-01-05	转-0001	
2019-01-10	销售专...	ZY1005	张山	2019-01-10	转-0002	
2019-01-15	收款单	0000000005	张山	2019-01-15	转-0003	
2019-01-16	预收冲应收	ZY1003	张山	2019-01-16	转-0004	
2019-01-17	并账	ZY1003	张山	2019-01-17	转-0005	
2019-01-18	销售专...	ZY1006	张山	2019-01-18	转-0006	
2019-01-21	坏账发生	ZY1002	张山	2019-01-21	转-0007	
2019-01-31	计提坏账	HZAR000...	张山	2019-01-31	转-0008	

图 8-61　凭证查询

（3）在凭证查询界面，可以对凭证进行删除、修改、冲销等操作。

温馨提示

① 如果凭证已在总账中记账，又需要对形成凭证的原始单据进行修改，则可以通过冲销方式冲销凭证，然后对原始单据进行其他操作后再重新生成凭证。

② 如果你要对一张凭证进行删除操作，该凭证的凭证日期不能在本系统的已结账月内。一张凭证被删除后，它所对应的原始单据及操作可以重新制单。

③ 只有未审核、未经出纳签字的凭证才能删除。

2. 发票、应收单、结算单查询

操作步骤：

（1）选择“单据查询”|“发票查询”（应收单查询、结算单查询），打开“查询条件选择”对话框。如图 8-62 所示。

（2）输入查询条件后，单击“确认”按钮，进入查询结果列表界面，单据日期不选时显示所有符合条件的单据。

温馨提示

查询结果默认显示未核销的单据。如果要查询包括已核销单据的所有单据，在“查询条件选择”对话框中将“包含余额 =0”这一项由“否”改为“是”。

（3）单击“查询”按钮，可以重新输入查询条件。

（4）单击“单据”按钮，可以调出原始单据卡片。

（5）单击“详细”按钮（也可在具体记录上单击鼠标右键），可以查看当前单据的详细结算情况。

（6）单击“栏目”按钮，可以设置当前查询列表的显示栏目、栏目顺序、栏目名称、排序方式，且可以保存当前设置的内容。

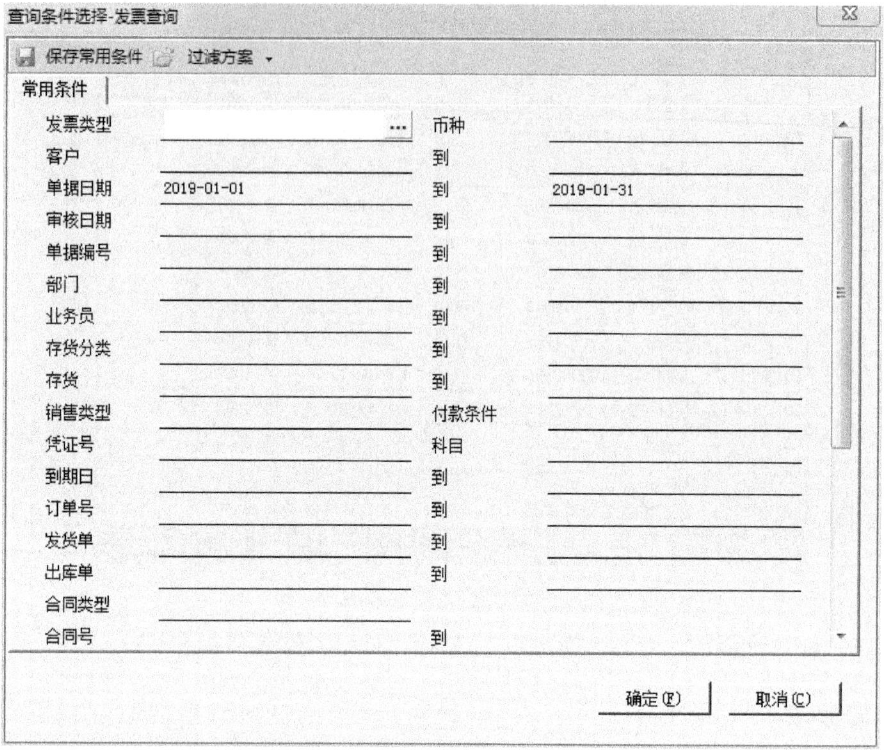

图 8-62 查询条件选择—发票查询

3. 单据报警查询

单据报警的作用是对快要到期的单据或即将不能享受现金折扣的单据进行列示，系统提供自动报警和人工查询两种方式。

（1）自动报警

在“应收款管理”|“设置”|“选项”中，如果设置了“单据报警提前天数”(信用方式)，那么每次登录本系统时，系统自动将单据到期日－提前天数≤当前注册日期的已经审核的单据显示出来，以提醒你及时通知客户哪些业务应该回款了。如果设置了“单据报警提前天数”(折扣方式)，那么每次登录系统时，系统自动将单据最大折扣日期－提前天数≤当前注册日期的已经审核的单据显示出来，以便及时通知客户哪些业务将不能享受现金折扣待遇了。

（2）人工查询

如果没有设置自动报警，那么每次登录本系统时不会出现报警信息，需要查询时，可以选择“应收款管理”|“单据查询”|“单据报警查询”，打开“报警查询条件”对话框，选择报警类型和其他查询条件，单击“确定”，屏幕显示信用报警单列表。如图 8-63 所示。

4. 信用报警查询

在“应收款管理”|“设置”|“选项”中若设置了“信用额度报警提前比率”，则当有查看权限的用户登录时系统显示该预警表。

如果没有设置自动报警，需要查询时，可以单击“应收款管理”|“单据查询”|“信用报警查询”，打开“信用预警条件”对话框。录入信用预警条件，单击“确认”，系统显示符合条件的信用报警单。如图 8-64 所示。

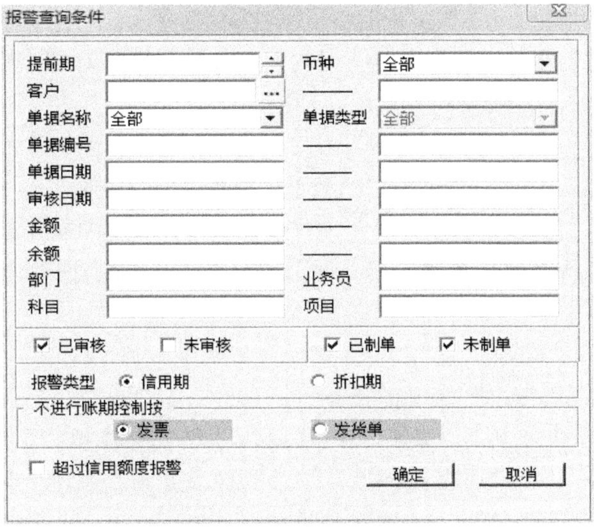

图 8-63　报警查询条件

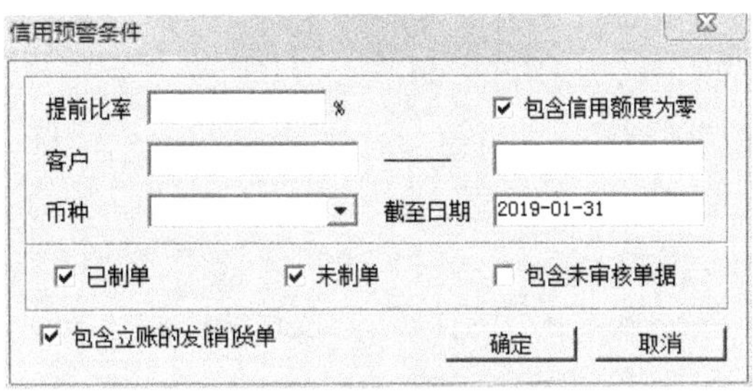

图 8-64　信用预警条件

九、账表管理

1. 业务账表查询

通过业务账表查询，可以及时地了解一定期间内期初应收款结存汇总情况，应收款、预收款发生的汇总和累计情况及期末应收款结存汇总情况，还可以了解各个客户期初应收款结存明细情况，应收款、预收款发生的明细和累计情况及期末应收款结存明细情况，及时发现问题，加强对往来款项的监督管理。

（1）查询内容

业务账表包括业务总账、业务余额表、业务明细账、对账单。

业务总账查询：进行一定期间内应收款汇总情况的查询。应收总账表中：

月回收率 = 本期收回（应付）/ 本期应收（付款）

年回收率 = 本期收回（应付）累计 / 本期应收（付款）累计

业务余额表查询：进行一定期间内各客户应收款余额的查询。业务余额表中：

周转率 = 本期应收账款 / 本期平均应收账款

本期平均应收账款 =（本期应收账款期初余额 + 本期应收账款期末余额）/2

周转天数 = 指定期间天数 / 周转率

业务明细账查询：进行一定期间内各个客户应收款、收款明细情况的查询。

对账单查询：提供一定期间内客户往来账款明细情况的查询，可以打印并提供给客户进行对账。系统提供了两种显示方式：明细方式和回款方式。选择“回款”方式时，每张单据的收款金额写入对应单据中，即单据的应收款项、收款金额和单据余额同行显示。选择“包含已结清”为“否”时，系统将不显示已结清的单据。

（2）查询方式

查询时可以按照客户、客户分类、地区分类、部门、业务员、存货分类、存货、客户总公司、主管业务员、主管部门来进行细分。对于既是客户又是供应商的单位，可以把相关所有应收、应付业务信息在一张表中显示。可以包含未审核单据查询，还可以包含未开票出库、已入库未结算的信息。

2. 统计分析

通过统计分析，可以按用户定义的账龄区间进行一定期间内应收款账龄分析、预收款账龄分析、往来账龄分析，了解各个客户应收款周转天数、周转率，了解各个账龄区间内应收款、预收款及往来情况，能及时发现问题，加强对往来款项动态的监督管理。

统计分析包括应收账龄分析、预收款账龄分析、欠款分析、收款预测。

3. 科目账查询

科目账查询包括科目明细账、科目余额表的查询。

科目余额表查询：查询应收受控科目各个客户的期初余额、本期借方发生额合计、本期贷方发生额合计、期末余额。细分为：科目余额表、客户余额表、三栏余额表、部门余额表、项目余额表、业务员余额表、客户分类余额表、地区分类余额表。

科目明细账查询：用于查询客户往来科目下各个往来客户的往来明细账。细分为科目明细账、客户明细账、三栏明细账、部门明细账、项目明细账、业务员明细账、客户分类明细账、地区分类明细账、多栏明细账。

科目账是对已生成凭证的业务信息进行的综合反映。应收系统中的科目账查询结果一般来说应该与总账中的客户往来账查询结果相同，但如果存在以下情况之一，就会导致两边不一致：其一，总账期初余额明细与应收期初明细不一致；其二，在其他系统使用应收控制科目进行了制单。这时不影响其他处理，不必进行任何调整。但为了保持账账相等，最好不允许其他系统对应收控制科目进行制单。

十、取消操作

在应收款管理的各个业务处理环节，都可能由于各种各样的原因造成操作失误，为方便修改，系统提供取消操作功能。

取消操作类型包括取消核销、取消坏账处理、取消转账、取消汇兑损益、取消票据处理、取消并账等几类。取消操作一般受一定条件限制，以下分别进行说明。

1. 取消核销

各种取消操作步骤雷同，以取消核销为例说明。

操作步骤：

（1）选择“其他处理”|“取消操作”，打开“取消操作条件”对话框，如图 8-65 所示。

（2）输入各项条件，在“操作类型”下拉框中选择“核销”，进入“取消操作”窗口，系统将满足条件的收款单列出。如图 8-66 所示。

（3）在单据的“选择标志”一栏里双击鼠标，或单击“全选”选择所有单据。如果在有标记的一栏里双击鼠标，即取消选择。

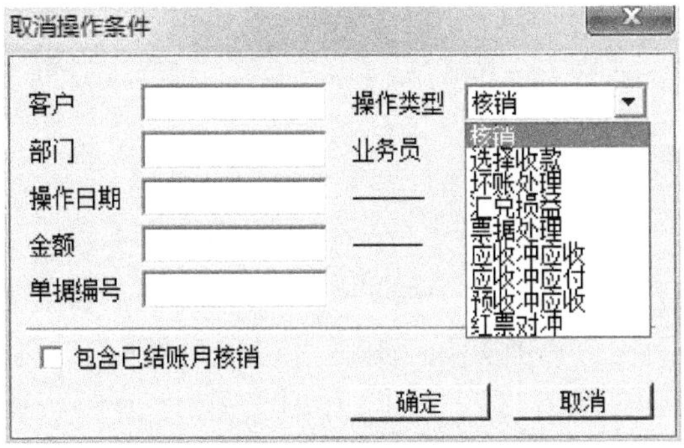

图 8-65　取消操作条件

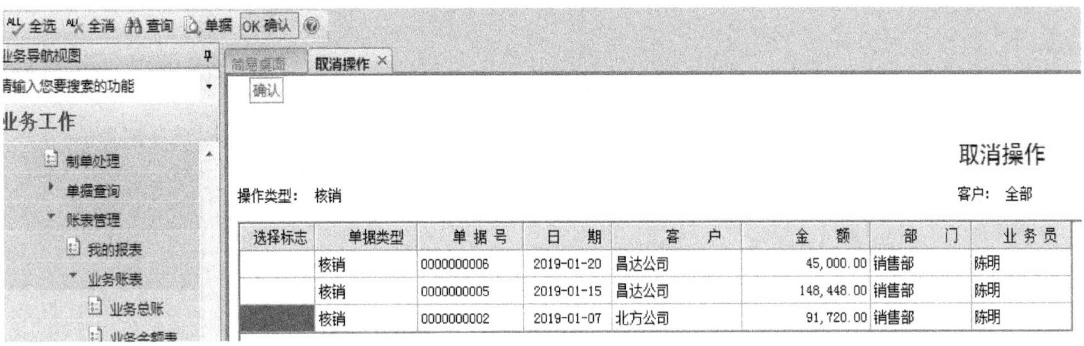

图 8-66　取消核销列表

（4）选择完成后，单击“确认”，保存此次操作。

温馨提示

如果核销已制单，应先删除其对应的凭证，再进行取消操作。

2. 取消票据处理

已经进行票据处理，在以下情况下不能恢复：

如果票据在处理后已经制单，应先删除其对应的凭证，再进行恢复。

票据转出后所生成的应收单如果已经进行了核销等处理，则不能恢复。

票据背书的对象如果是应付账款系统的供应商，且应付系统该月份已经结账，则不能恢复。

票据计息和票据结算后，如果又进行了其他处理，例如已生成凭证，则不能恢复。

3. 取消坏账处理、转账处理、汇总损益处理

已经进行坏账处理、转账处理、汇兑损益处理，在以下情况下不能恢复：

如果处理日期在已经结账的月份内，不能恢复。

如果该处理已经制单，应先删除其对应的凭证，再进行恢复。

任务三　应收款管理系统期末处理

任务描述

期末应收款管理系统要进行结账，如果系统中出现错误，需要先进行取消结账，然后再进行修改。为此期末任务有二：一是期末结账，二是取消结账。

预备知识

期末处理指期末结账工作。如果当月业务已全部处理完毕，需要执行“月末结账”功能。只有当月结账后，才可以开始下月工作。

进行月末处理时，一次只能选择一个月进行结账。前一个月没有结账，则本月不能结账。结算单还有未审核的，不能结账。如果选项中选择单据日期为审核日期，则应收单据在结账前应该全部审核；如果选项中选择“月末全部制单”，则月末处理前应该把所有业务生成凭证。年度末结账，应对所有核销、坏账、转账等处理全部制单。

在执行了月末结账功能后，该月将不能再进行任何处理。

任务设计

（1）期末结账；

（2）取消结账。

操作步骤

一、月末结账

【例 8-22】将东方科技公司 2019 年 1 月份应收款管理系统业务结账。

操作步骤：

（1）选择“其他处理”|“期末处理”|“月末结账”，打开“月末处理”对话框，如图 8-67 所示。

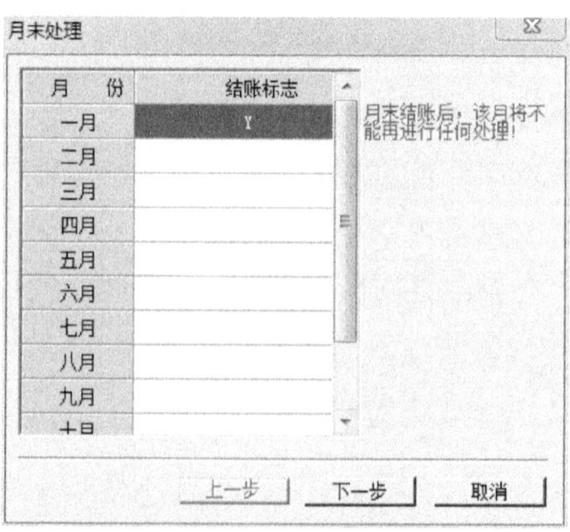

图 8-67　月末结账

（2）选择结账月份，双击“结账标志”一栏。

（3）单击“下一步”按钮，系统列示月末结账的检查结果，若未能通过检查，不能结账。“确认”为灰，不能选择。如图 8-68 所示。

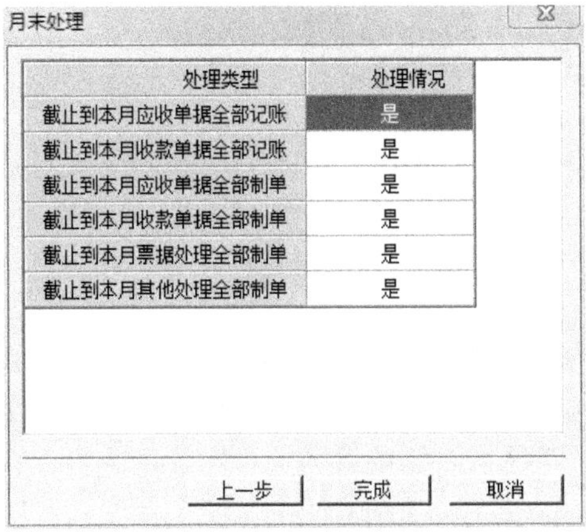

图 8-68 月末结账

（4）单击“完成”按钮，执行结账功能，系统提示“1 月份结账成功”，点击“确定”。

二、取消结账

在执行了月末结账功能后，发现该月还有未处理的业务，可以执行取消结账处理。

操作步骤：

（1）单击“应收款管理”|“期末处理”|“取消月结”对话框。如图 8-69 所示。

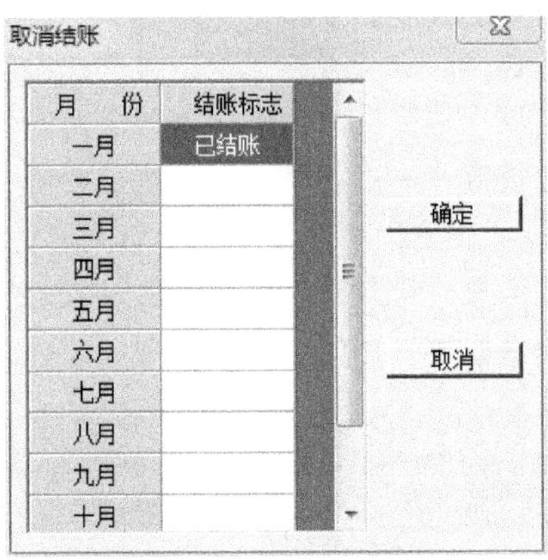

图 8-69　取消结账

（2）选择最后一个已结账月份，单击“确定”，系统提示“取消结账成功”。

温馨提示

如果当月总账系统已经结账，那么不能执行应收系统取消结账功能。

项目九

应付款管理系统

知识目标

了解应付款管理系统的基本功能和业务流程；熟悉应付款管理系统初始化的一般方法；明确日常业务处理的主要内容和操作方法；掌握应付款管理系统和总账组合使用时的基本功能和操作方法；熟悉应付款管理系统账簿管理的作用和基本方法。

技能目标

能够进行应付款系统初始化、应付与付款单据处理、单据核销、票据管理，能够对应付款管理系统进行月末处理。

项目导航

应付款管理系统主要用于核算和管理企业与供应商之间的往来款项。一方面，对采购业务转入的应付款项进行处理，记录采购及其他业务的往来交易；另一方面，通过采购发票、其他应付单、付款单等单据的处理，对企业的供应商往来账款进行综合管理，及时、准确地提供供应商的往来账款余额资料。应付账款系统还提供各种分析报表，如账龄分析表、欠款分析、周转分析、付款情况分析等，通过各种分析数据，企业可清楚地掌握自己的信用利用情况，据此调整支付政策，提高企业财务管理能力。在应付款管理系统中，可以以采购发票、其他应付单等原始单据为依据，记录采购业务及其他业务所形成的应付款项，处理应付款项的支付、冲销等情况；提供票据处理的功能，实现对应付票据的管理。

任务一　应付款管理系统初始设置

任务描述

应付款管理系统主要用于核算和管理供应商往来款项。应付款管理系统初始设置是指手工记账和计算机记账的交接过程。在启动应付款管理系统后，进行正常应付业务处理前，根据企业核算要求和实际业务情况进行有关的设置。应付款系统初始化的内容主要包括：初始设置、期初余额、选项。

预备知识

一、应付款管理系统概述

应付款管理系统主要通过采购发票、其他应付单、付款单等单据的录入，对企业的往来账款进行综合管理。主要功能包括初始设置、日常业务处理、统计分析等。系统根据对供应商往来款项核算和管理的程度不同，提供了两种应用方案。

1. 在应付款管理系统核算供应商往来款项

该方案主要功能包括记录应付款项的形成、处理应付项目的付款及转账情况、对应付票据进行记录和管理、随应付项目的处理过程自动生成凭证并传递给总账系统、对外币业务及汇兑损益进行处理以及提供针对多种条件的各种查询和分析。

2. 在总账管理系统核算供应商往来款项

该方案主要功能包括接收采购系统的发票并对其进行审核以及对采购发票进行制单处理。

本部分主要介绍在应付款管理系统核算供应商往来款项。在该方案下应付款管理系统的业务处理流程如图 9-1 所示。

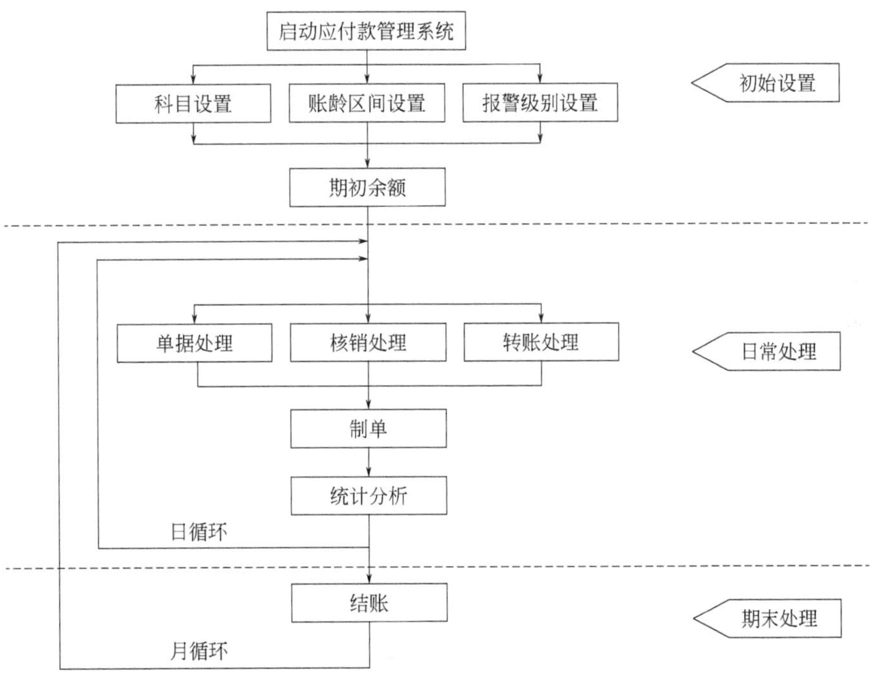

图 9-1　应付款管理系统操作流程

二、应付款管理系统初始设置的内容

1. 期初数据的准备

为便于应付款系统初始化，应该准备如下数据和资料。

设置供应商的分类方式，以便于按照分类进行各种统计分析。如，按供应商的性质，可将供应商分为批发类、零售类供应商。

设置存货的分类方式，以便于按照分类进行各种统计分析。如，将所有的存货分为原材料、产成品、半成品、应税劳务、低值易耗品等几类。

准备与本单位有业务往来的所有供应商的详细资料和用于采购的存货详细资料，包括供应商名称、地址、联系电话、开户银行、最后交易情况等。可以根据本系统“供应商档案”卡片中的内容来准备资料。准备用于采购的所有存货的详细资料，包括存货名称、规格型号、价格、成本等数据。可以根据本系统“存货档案”卡片中的内容来准备资料。

准备其他相关信息，如会计科目、企业结算方式、部门档案、职员档案。

需要整理系统启用前所有供应商的应付款项、预付款项、应付票据等数据。这些期初数据最好能精确到某一笔具体的发票或业务。

2. 设置账套参数

在运行应付款管理系统前，应先设置运行所需要的账套参数，以便系统根据所设定的选项进行相应的处理。

3. 初始设置

企业中应付款的业务类型比较固定，生成凭证的科目也较固定，为了简化凭证生成操作，可在系统中采取预先设置好各业务类型凭证中的常用科目，生成凭证时，系统会根据事先定义的格式和随时发生的业务数据自动把相应的科目带入生成的记账凭证中。初始设置主要包括科目设置（如基本科目设置、控制科目设置、采购科目的设置、结算方式科目设置）、账龄区间设置、报警级别的设置、单据类型设置等内容。

4. 期初余额录入

首次使用应付系统，要将启用应付系统时未处理完的所有供应商的应付账款、预付账款、应付票据等数据录入到本系统，以便于以后的核销处理，并且作为建账的数据，系统可对其进行管理。这样既保证了数据的连续性，又保证了数据的完整性。当进入第二年度处理时，系统自动将上年度未处理完的单据转成下一年度的期初余额。在下一个年度的第一个会计期间可以进行期初余额的调整。

5. 与总账系统期初对账

在完成所有应付款期初余额录入后，需通过对账功能将应付系统与总账系统期初余额进行核对。

任务设计

（1）应付款管理系统参数设置；

（2）应付款管理系统初始设置；

（3）应付款管理系统期初余额录入。

操作步骤

一、应付款管理系统参数设置

应付款管理系统选项分为常规、凭证、权限与预警、核销设置以及收付款控制。

【例 9-1】设置东方科技公司的应付款管理系统参数，如表 9-1 所示。

操作步骤：

用账套主管“01”，以日期“2019-01-01”登录，在应付款管理系统中执行“设置”|“选

项”|，打开“账套参数设置”对话框，点击窗口下方“编辑”，即可进行相关设置，完成后点击“确定”，保存设置。

表 9-1　应付款管理系统参数

选项卡	账套参数	设置
常规	单据审核日期依据	业务日期
	应付款核算类型	详细核算
凭证	受控科目制单方式	明细到单据
	取消“红票对冲生成凭证”	
其余采用系统默认设置		

限于篇幅，下面就部分设置说明如下，其他选项可参照系统帮助。

1. 常规选项

常规选项的设置如图 9-2 所示。

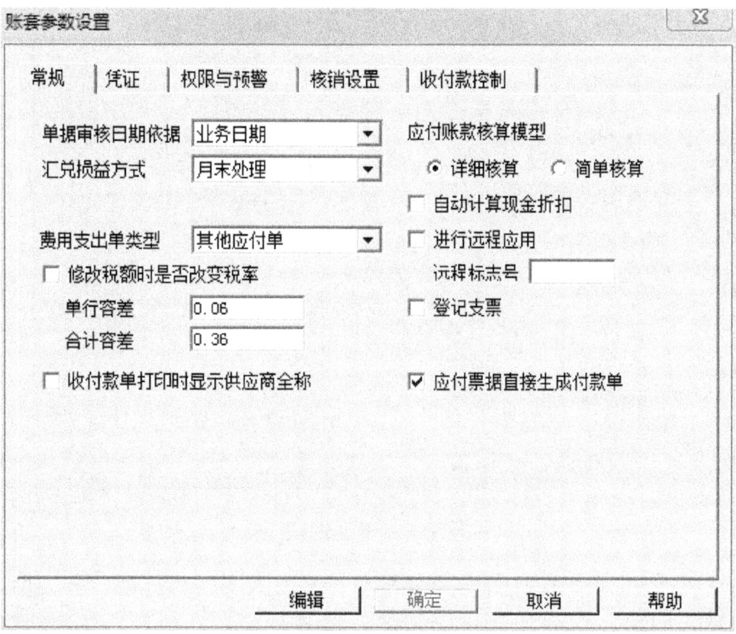

图 9-2　常规选项

（1）单据审核日期依据：选择单据日期，是指在单据处理功能中进行单据审核时，自动将单据的审核日期（即入账日期）记为该单据的单据日期。如果选择业务日期，则在单据处理功能中进行单据审核时，自动将单据的审核日期（即入账日期）记为当前业务日期（即登录日期）。

（2）汇兑损益方式：系统提供两种汇兑损益方式，外币余额结清时计算和月末处理。外币余额结清时计算：仅当某种外币余额结清时才计算汇兑损益，在计算汇兑损益时，界面中仅显示外币余额为零且本币余额不为零的外币单据。月末计算：每个月末计算汇兑损益，在计算汇兑损益时，界面中显示所有外币余额不为零或者本币余额不为零的外币单据。

（3）应付账款核算类型：即对于系统详细核算与简单核算的选择，系统会根据此处的选择来具体执行。选择简单核算，即应付款系统只完成将采购系统传递过来的发票生成凭证传递给总账系统，这样的应用模式称为简单核算，在总账系统中以凭证为依据进行往来业务的查询。选择详细核算：即应付款系统可以对往来业务进行详细的核算、控制、查询、分析，一般用于采购业务以及应付款核算与管理业务比较复杂的企业。

温馨提示

该选项在系统启用时，或者还没有进行任何业务处理情况下（包括期初数据录入）才允许从简单核算改为详细核算。从详细核算改为简单核算随时可以进行，但要慎重，因为这个过程是不可逆转的。

2. 凭证选项

凭证选项的设置如图 9-3 所示。

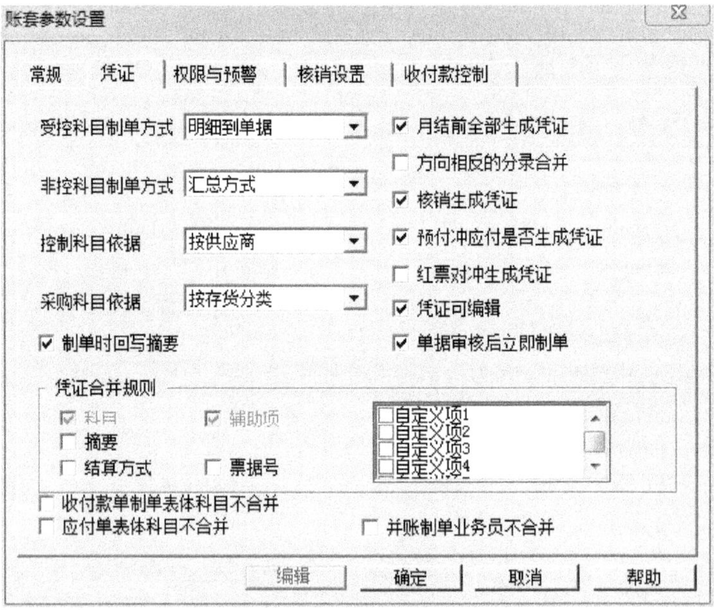

图 9-3　凭证选项

（1）受控科目制单方式：系统提供两种制单方式，即明细到供应商、明细到单据。受控科目在合并分录时，如自动取出的科目（带辅助核算）相同，辅助项为空，则不予合并成一条分录。

（2）非受控科目制单方式：系统提供三种制单方式，即明细到供应商、明细到单据、汇总制单。非受控科目在合并分录时，如自动取出的科目（带辅助核算）相同，辅助项为空，则不予合并成一条分录。

（3）控制科目依据：控制科目在本系统指所有带有供应商往来辅助核算且控制系统指定为应付系统的科目。本系统除可以设置基本控制科目外，还提供三种设置控制科目的依据，即按供应商分类、按供应商、按地区分类。

（4）采购科目依据：系统提供了两种设置存货采购科目的依据，按存货分类、按存货设置采购科目。

（5）月结前全部生成凭证：选择月结前全部生成凭证，则在月末结账时将检查截止到结账月是否有未制单的单据和业务处理。如有，系统将提示不能进行本次月结处理，但可以详细查看这些记录；如无，才可以继续进行本次月结处理。若选择月末结账前不需要将全部单据制单，在月结时只是查询截止到结账月的未制单单据和业务处理，不进行强制限制。

3. 核销设置

核销设置选项的设置如图 9-4 所示。

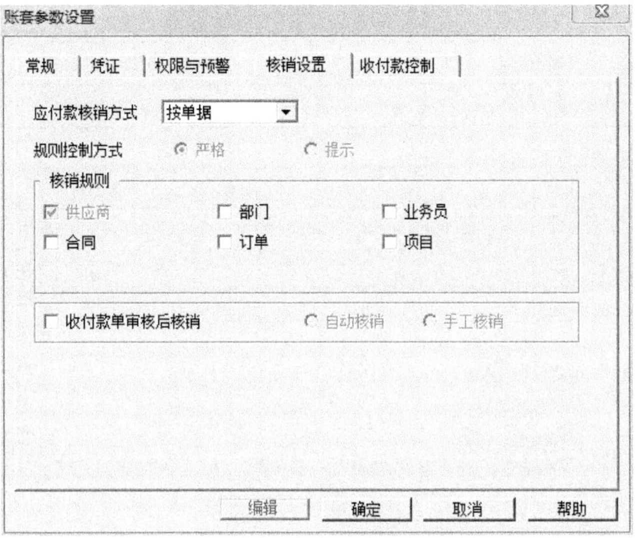

图 9-4　核销设置选项

应付款核销方式，选择按单据核销，则系统将满足条件的未结算单据全部列出，选择要结算的单据，根据所选择的单据进行核销。若选择按产品核销，则系统将满足条件的未核销发票、应付单按产品列出，选择要结算的产品，根据所选择的记录进行核销。

温馨提示

① 如果企业付款时，无需指定具体支付的是哪个存货的款项，则可以采用按单据核销。如果企业存货单位价值较高，可以选择按产品核销，即付款指定到具体存货上。

② 在账套使用过程中可以随时修改该参数的设置。

二、应付款管理系统初始设置

1. 科目设置

如果企业应付业务类型较固定，生成凭证的科目也较固定，则为了简化凭证生成操作，可在此处将各业务类型凭证中的常用科目预先设置好，生成凭证时，系统就会自动把相应科目带入。

（1）基本科目设置

基本科目是指在核算应付款项时经常用到的科目，可以在此处设置应付业务的常用科目。

【例 9-2】设置东方科技公司应付款管理系统的基本科目，如表 9-2 所示。

操作步骤：

在应付款管理系统中，执行“设置”|“初始设置”|，打开“初始设置”对话框，点击左边属性结构列表中“设置科目”下的“基本科目设置”，点击“增加”按钮，在“基础科

目种类”中双击，选择“应收科目”，参照或直接输入“2202”，币种为默认的人民币。按照同样的方法设置其他基本科目。如图 9-5 所示。

表 9-2 应付款管理系统基本科目

基本科目	科目名称	基本科目	科目名称
应付科目	2202 应付账款	现金折扣科目	
预付科目	1123 预付账款	票据利息科目	6603 财务费用
税金科目	22210101 应交税费——应交增值税（进项税额）	票据费用科目	

图 9-5 基本科目设置

温馨提示

① 若无外币核算，可以不输入外币应付、预付科目。应付和预付科目必须是有“供应商”往来核算且受控于应付系统的科目，如果应付科目、预付科目按不同的供应商分别设置，则可在“控制科目设置”中设置，在此可不设。若要针对不同的存货分别设置采购核算科目，则在此不用设置，可在“产品（采购）科目设置”中进行设置。应付票据科目必须是应付系统受控科目。

② 本系统只支持本位币票据。

③ 所有以上科目必须是末级科目。

（2）控制科目设置

如果企业的应付、预付科目根据供应商的分类或地区分类不同分别设置了不同的明细科目，则可以先在选项中选择设置的依据，并且在此处进行具体的设置。

在初始设置界面左边的树型结构列表中单击“设置科目”|“控制科目设置”，即可进行相应控制科目设置，设置的科目必须是末级应付系统受控科目。

（3）采购科目设置

如果不同的存货（存货分类）分别对应不同的采购科目、应交进项税科目，先在账套参数中选择设置的依据，并且与基本科目设置中的科目不一致，则在此处设置具体的科目。操作与控制科目设置类似。

（4）结算方式科目设置

结算方式已在总账系统中介绍过，这里主要是针对总账系统中设置的结算方式，为其设置一个默认的结算科目。

【例 9-3】设置东方科技公司应付款管理系统的结算方式科目，如表 9-3 所示。

表 9-3　应付款管理系统结算方式科目

结算方式	币种	科目	结算方式	币种	科目
1 现金	人民币	1001	102 转账支票	人民币	100201
101 现金支票	人民币	100201	3 汇兑	人民币	100201

操作步骤：

执行“应付款管理”|“设置”|“初始设置”|，打开“初始设置”对话框，点击左边属性结构列表中“设置科目”下的“结算方式科目设置”。在“结算方式”中双击，选择“现金”；在“币种”中双击，选择“人民币”；参照或直接输入 1001。按照同样的方法设置其他结算方式科目。如图 9-6 所示。

图 9-6　结算科目设置

2. 账期内账龄区间设置

账期内账龄区间设置指用户定义应付账款或付款时间间隔的功能，它的作用是便于用户根据自己定义的账款时间间隔，进行账期内应付账款或付款的账龄查询和账龄分析，清楚了解在一定期间内所发生的应付款、付款情况。

【例 9-4】设置东方科技公司账期内账龄区间总天数分别为 30 天、60 天、90 天。

操作步骤：

（1）在“初始设置”界面左边的树型结构列表中单击“账期内账龄区间设置”，打开账龄区间设置对话框，如图 9-7 所示。

（2）单击“增加”按钮，输入该区间的总天数，即可在当前区间插入一个区间。该区间后的各区间起止天数会自动调整。

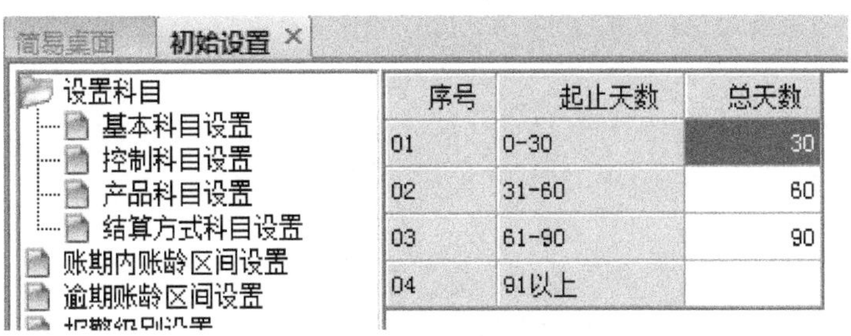

图 9-7　账期内账龄区间设置

栏目说明如下。

序号：序号由系统自动生成，从 01 开始，不能修改、删除。

总天数：直接输入截止到该区间的账龄总天数。

起止天数：系统会根据输入的总天数自动生成相应的区间。

3. 逾期内账龄区间设置

系统还可以对应付账款进行逾期账龄分析，也需在此设置逾期账龄区间，具体设置方法同账期内账龄区间的设置。

三、应付款管理系统期初余额录入

【例 9-5】 录入东方科技公司 2019 年 1 月应付款管理系统期初余额。东方科技公司 2019 年 1 月 1 日，应付账款、预付账款的期初余额分别如表 9-4、表 9-5 所示。

表 9-4　应付账款余额表

日期	供应商	摘要	数量（吨）	无税单价	发票号	方向	金额
2018-12-27	大明	购买乙材料	20	2800	ZY2001	贷	63280.00
2018-12-27	大明	代垫费用				贷	1000.00

表 9-5　预付账款余额表

日期	供应商	摘要	结算方式	方向	金额
2018-12-18	沧海	预付货款	转账支票	借	30000.00

1. 录入期初采购发票

操作步骤：

（1）在应付款管理系统中，执行“设置”|“期初余额”，打开“期初余额—查询”对话框，单击“确认”按钮，进入“期初余额明细表”窗口。

（2）单击工具栏的“增加”按钮，打开“单据类别”对话框，选择单据名称为“采购发票”，单据类型为“采购专用发票”，方向为“正向”。如图 9-8 所示。然后单击“确定”按钮，进入采购专用发票录入界面。

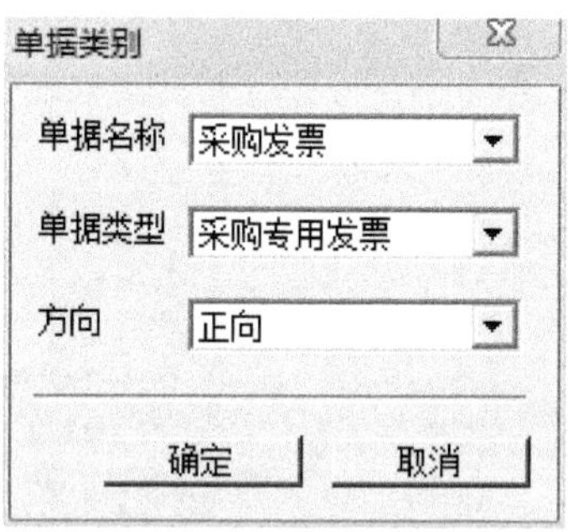

图 9-8　单据类别选择

（3）点击“增加”按钮，设置表头项目：修改发票号为“ZY2001”，开票日期为“2018-12-27”，供应商为“大明公司”，修改税率为“13”，填写备注为“购买乙材料”。设置表体项目：在存货编码中选择“102”，录入数量“20”，录入原币金额“2800”，其他内容系统自动带出。点击“保存”。如图 9-9 所示。

具体栏目说明如下。

发票号：必须输入，可以是系统生成，也可以是手工输入。如单据编码方案设置时选择了“可以手工修改”，则用户可以修改发票编码，否则不能修改。

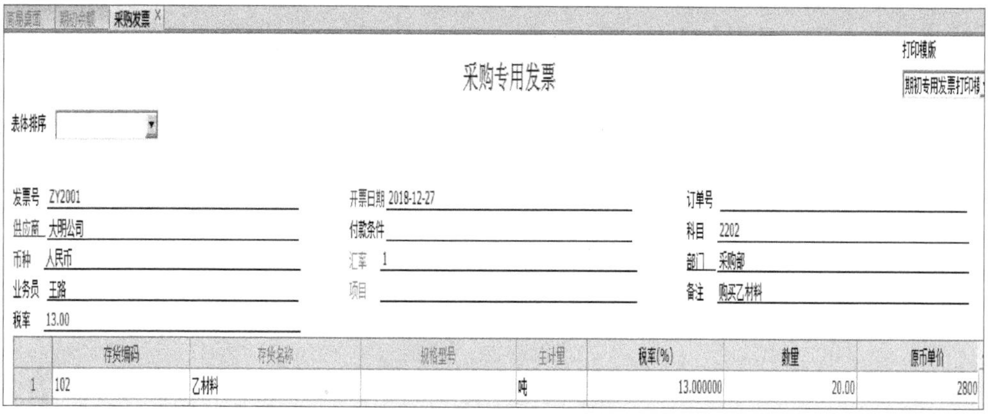

图 9-9　期初采购发票录入

单据日期：必须小于该账套启用期间（第一年使用）或者该年度会计期间（以后年度使用）。

税率：表体中的税率自动将表头税率带入，可以修改，该行存货的税率以表体中的税率为准。

货物编号、货物名称：参照选择或直接录入。

规格型号、主计量单位：由系统根据存货自动带入。

数量：开票数量。可以大于、小于、等于 0。在单据新增一行时，数量的默认取值为 1，可进行修改。

原币单价：手工录入，也可自动计算，专用发票中此字段为不含增值税单价。

原币金额：系统自动计算。如修改本栏目金额，系统会自动反算单价。

税额：为无税金额与税率的乘积。

温馨提示

如果需要继续增加该类型同方向的单据，单击工具栏中的“增加”。如不是该类型单据或方向相反，可退出此界面，在余额明细表界面点击“增加”，重新选择单据类型继续输入。

2. 录入期初应付单

操作步骤：

（1）在应付款管理系统中，执行“设置”|“期初余额”，打开“期初余额—查询”对话框，单击“确认”按钮，进入“期初余额明细表”窗口。

（2）在“期初余额明细表”窗口点击“增加”，打开“单据类别”对话框，选择单据名称为“应付单”，单据类型为“其他应付单”，方向为“正向”。如图 9-10 所示。单击“确定”按钮，进入应付单录入界面。

（3）点击“增加”按钮，设置表头项目：修改单据日期为“2018-12-27”，供应商为“大明公司”，金额为“1000”，填写备注为“代垫费用”。无需设置表体项目。点击保存。如图 9-11 所示。

3. 录入期初预付款

操作步骤：

（1）在“期初余额明细表”窗口点击“增加”，打开“单据类别”对话框，选择相应的单据名称、单据类型、方向分别为：预付款、付款单、正向，如图9-12所示。点击“确定”，进入付款单录入界面。

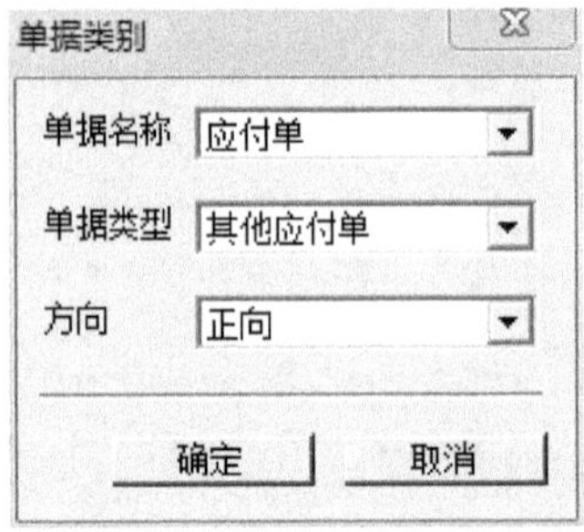

图 9-10 单据类别选择

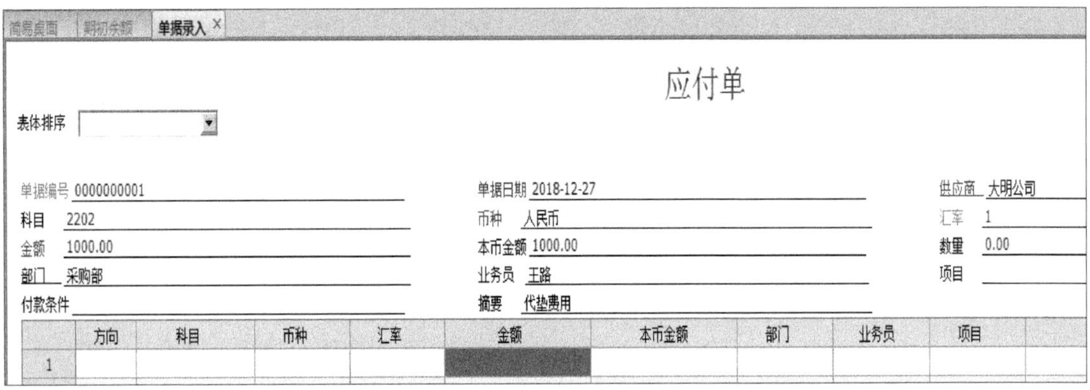

图 9-11 期初应付单录入

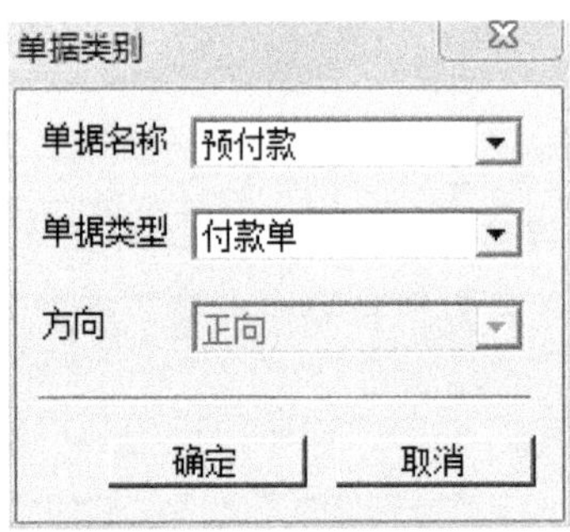

图 9-12 单据类别选择

（2）点击“增加”按钮，设置表头项目：修改日期为“2018-12-18”，供应商为“沧海公司”，结算方式为“转账支票”，金额为“30000”，填写备注为“预付货款”。设置表体项目：在表体第一行点击一下，无需修改。点击“保存”。如图9-13所示。

温馨提示

如需录入期初应付票据，方法同上。

4. 与总账系统期初对账

在完成所有应付款期初余额录入后，需通过对账功能将应付系统与总账系统期初余额进行核对。总账系统和应付系统同时启用才可以对账。

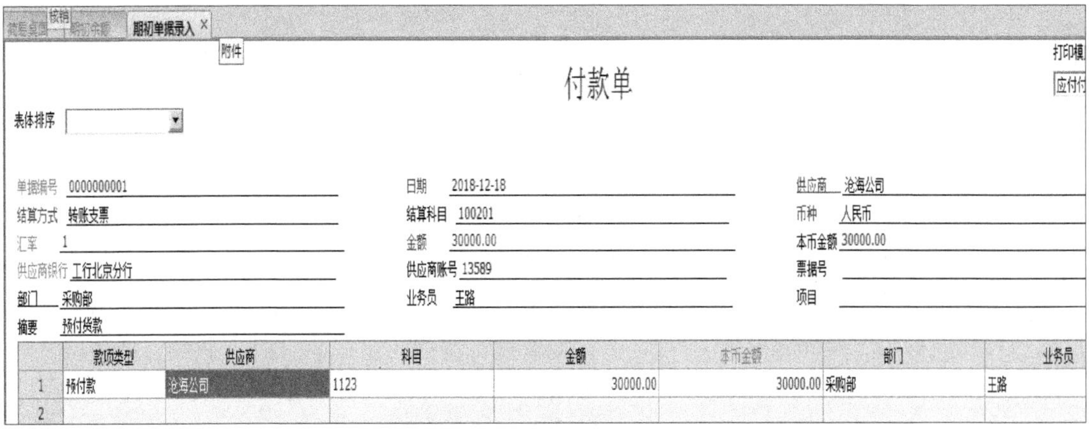

图 9-13　期初预付款录入

【例 9-6】将东方科技公司应付款管理系统期初余额与总账系统对账。

操作步骤：

在“期初余额明细表”主界面的工具栏单击“对账”，屏幕列示应付系统与总账系统的对账结果，如图 9-14 所示。

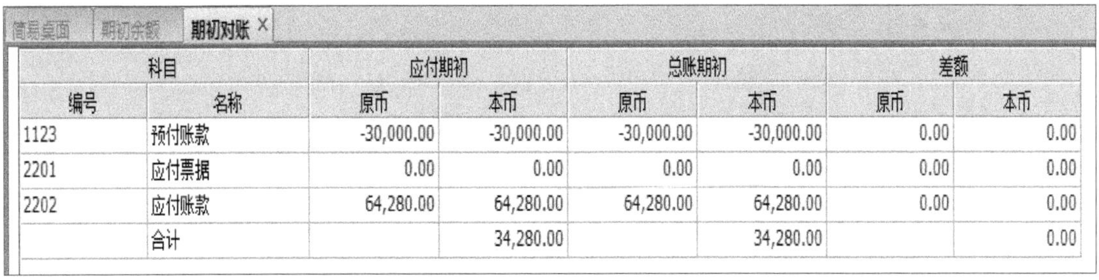

科目		应付期初		总账期初		差额	
编号	名称	原币	本币	原币	本币	原币	本币
1123	预付账款	-30,000.00	-30,000.00	-30,000.00	-30,000.00	0.00	0.00
2201	应付票据	0.00	0.00	0.00	0.00	0.00	0.00
2202	应付账款	64,280.00	64,280.00	64,280.00	64,280.00	0.00	0.00
	合计		34,280.00		34,280.00		0.00

图 9-14　期初对账

任务二　应付款管理系统日常业务处理

任务描述

日常业务处理是应付款管理系统的重要组成部分，是经常性的应付业务处理工作。日常业务主要完成企业日常的应付款入账、付款业务录入、付款业务核销、应付并账、汇兑损益计算，及时记录应付业务、付款业务的发生，为查询和分析往来业务提供完整、正确的资料，加强对往来款项的监督管理，提高工作效率。

预备知识

一、应付单据处理

采购发票与应付单是应付款管理系统日常核算的原始单据。如果应付款管理系统与采购管理系统集成使用，采购发票在采购管理系统中录入，在应付系统中可对这些单据进行查询、核销、制单等操作。此时，应付系统需要录入的只限于应付单。如果没有使用采购系统，则所有发票和应付单均需在应付系统中录入。

二、付款单据处理

付款单据处理主要是对结算单据（付款单、收款单即红字付款单）进行管理，包括付款单、收款单的录入与审核，以及单张结算单的核销。应付系统的付款单用来记录企业所支付给供应商的款项，款项性质包括应付款、预付款、其他费用等。其中应付款、预付款性质的付款单将与发票、应付单进行核销勾对，其他费用性质的付款则直接计入费用，不能冲销应付账款。应付系统收款单用来记录发生采购退货时供应商退付给企业的款项。该收款单可与应付、预付性质的付款单、红字应付单、红字发票进行核销。

三、核销处理

核销处理指用户日常进行的付款核销应付款的工作。系统提供按单据核销和按产品核销两种方式。单据核销的作用是处理付款核销应付款，建立付款与应付款的核销记录，可以监督应付款及时支付，加强往来款项的管理。

四、票据管理

该功能完成商业承兑汇票和银行承兑汇票的日常业务处理，如票据的开具、结算、转出、计息等。

五、转账处理

系统提供转账处理来满足用户应付账款调整的需要。针对不同的业务类型进行调整，分为应付冲应付、预付冲应付、应付冲应收、红票对冲等调整业务。

六、制单处理

制单是将在本系统发生的业务制作成会计凭证，传递给总账系统。系统中可以生成单张凭证，也可使用制单功能快速、成批生成凭证，还可依据规则进行合并制单等处理。

七、单据查询

应付款管理系统提供对发票、应付单、结算单、凭证等的查询。在查询列表中，系统提供自定义显示栏目、排序等功能，在进行单据查询时，若启用供应商、部门的数据权限控制，则查询单据时只能查询有权限的单据。

八、科目账表查询

用于查询应付受控科目下各个供应商的往来明细账。包括科目明细账、供应商明细账、三栏式明细账、多栏式明细账、供应商分类明细账、业务员明细账、部门明细账、项目明细账等九种查询方式。可以在此查看供应商、供应商分类、地区分类、部门、业务员、存货分类、存货、供应商总公司、主管业务员、主管部门在一定期间内发生的应付及付款的明细情况。应付业务明细账既可以完整查询供应商的单位信息，还包括未审核单据查询和未开票已出库（含期初）、暂估采购入库单的数据内容。

任务设计

处理东方科技公司 2019 年 1 月份应付款管理系统如下日常经济业务。

（1）应付单据处理；

（2）付款单据处理与核销处理；

（3）票据管理；

（4）转账；

（5）制单处理；

（6）单据查询；

（7）账表管理；

（8）取消操作。

操作步骤

一、应付单据处理

采购发票与应付单是应付款管理系统日常核算的原始单据，通过该应付单据记录企业应付款发生情况。

1. 录入应付单据

（1）录入采购发票

采购发票是供应商给企业开具的增值税专用发票、普通发票及零售日报等原始采购票据，当企业发生采购业务未付款时，便产生了应付账款，此时，应将供应商开具的采购发票录入系统。

（2）录入应付单

应付单是记录非采购业务所形成的应付款情况的单据。其实质是一张凭证。应付单的录入包括表头与表体两部分，表头部分信息相当于凭证中的一条分录，表头中的科目由系统从用户在初始设置时所设置的应付科目中取得。表体部分的一条记录也相当于凭证中的一条分录，表头、表体中的金额合计借、贷方相等。

2. 修改和删除应付单据

（1）修改应付单

在单据录入界面通过“首张”“上张”“下张”“末张”按钮找到需要修改的单据，或通过“定位”按钮找到要修改的单据，单击“修改”，修改单据有关内容后保存。

温馨提示

① 单据的名称和类型不能修改。

② 已审核的单据不能修改，已生成凭证或进行过核销的单据在单据界面不再显示。

（2）删除应付单

在单据录入界面通过“首张”“上张”“下张”“末张”按钮找到需要删除的单据，或通过“定位”按钮找到要删除的单据，单击“删除”即可。

温馨提示

已审核的单据不能删除。

3. 审核应付单据

（1）在单据录入窗口直接审核

即可以在单据录入完成后直接点击“审核”按钮进行审核。

（2）在应付单审核窗口审核

在“应付单据审核”界面中，系统提供手工审核、自动批审的功能。应付单据审核界面中显示的单据包括全部已审核、未审核的应付单据。做过后续处理如核销、制单、转账等处理的单据在应付单据审核中不能显示。对这些单据的查询，可在“单据查询”中进行。

在应付单据审核界面，也可以进行应付单的增加、修改、删除等操作。

① 自动批审。单击“应付单据处理”|“应付单据审核”，打开“应付单据查询条件”对话框，如图 9-15 所示。

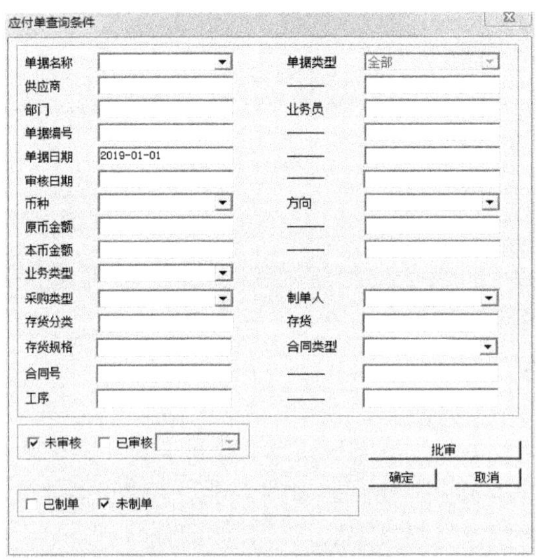

图 9-15 应付单据查询条件

按要求输入查询条件，选择“未审核”，点击“批审”，系统根据当前的过滤条件将符合条件的未审核单据全部进行后台的一次性审核处理。批审完成后，系统显示统计结果，说明审核成功的发票张数以及应收单张数。

② 手工审核。在“单据过滤条件”对话框中输入查询条件后点击“确认”，进入“应付单据列表”界面。在“选择”栏里双击鼠标出现标志“Y”，然后点击“审核”，即可对该张单据进行审核。也可点击“全选”将所有单据全部选中，进行审核。如图 9-16 所示。

③ 弃审。在“单据过滤条件”对话框中输入查询条件后选择“已审核”，点击“确认”，进入已审核“应付单据列表”界面。

点击“全选”，将列表中的记录全部打上选择标志，或者在需要弃审的应付单据前的“选择”栏双击打上选择标志。

点击“弃审”，对当前所选择的应收单据进行弃审。

系统提交单据弃审报告，报告显示弃审成功的张数以及明细单据数。

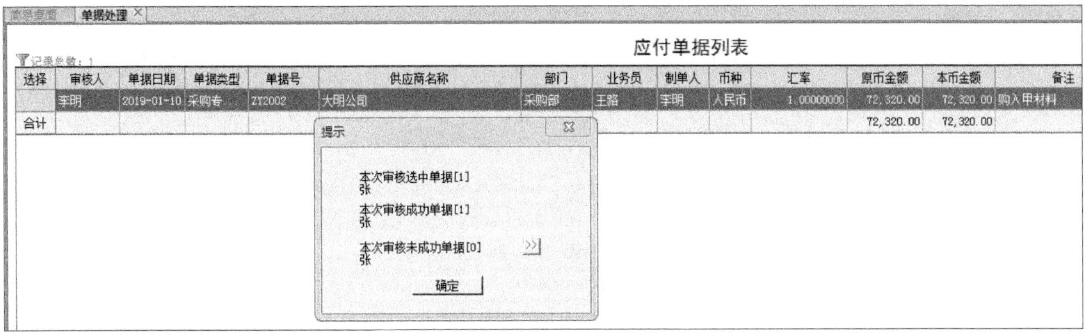

图 9-16　应付单据审核

【例 9-7】1 月 10 日，东方科技从大明公司购入生产用甲材料 20 吨，不含税单价 3200 元，税率 13%，价税合计 72320 元，取得专用发票，票号 ZY2002，货税款暂欠，材料已验收库。

操作步骤：

（1）使用操作员“02”，以日期“2019-01-10”登录，执行“应付款管理”|“应付单据处理”|“应付单据录入”，打开“单据类别”对话框。选择单据名称“采购发票”，单据类型“采购专用发票”，单据方向“正向”（若输入的单据为红字单据，则可选择方向为负向）。如图 9-17 所示。

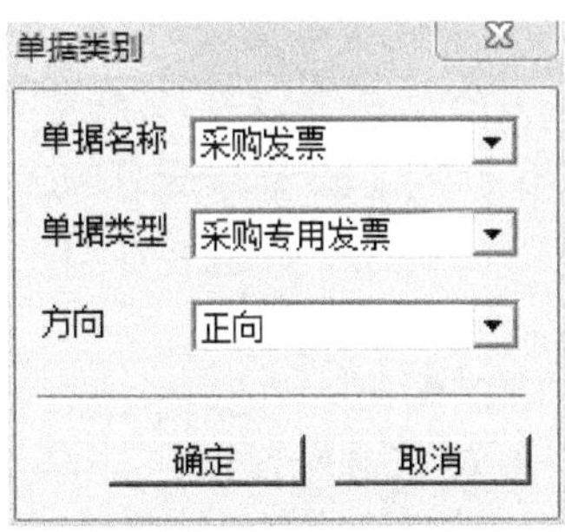

图 9-17　单据类别

（2）单击“确定”按钮，进入“专用发票”录入界面。点击“增加”按钮，设置表头项目：修改发票号为“ZY2002”，选择供应商为“大明公司”，将税率修改为“13”，填写备注为“购入甲材料”，其他表头项目内容自动带出。设置表体项目：选择“存货编码”为“101”，录入数量“20”，录入原币单价“3200”，其他表体项目内容自动带出。点击“保存”，如图 9-18 所示。

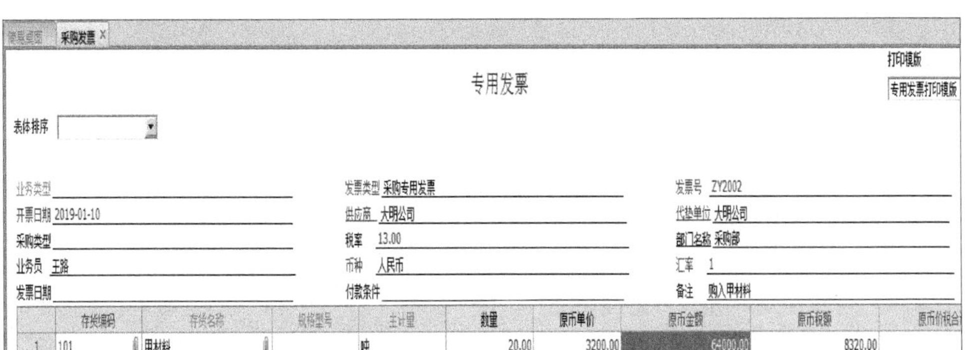

图 9-18　录入采购专用发票

（3）点击“审核”按钮，系统弹出“是否立即制单”对话框，点击“是”，系统自动生成一张凭证（若单击“否”，暂不生成凭证，其后可以在“制单处理”中统一进行制单）。在第一行科目名称中选入“原材料 / 甲材料”，在弹出的辅助项窗口中输入单价“3200”，点击“确定”，将凭证类别修改为“转账凭证”，点击保存。如图 9-19 所示。

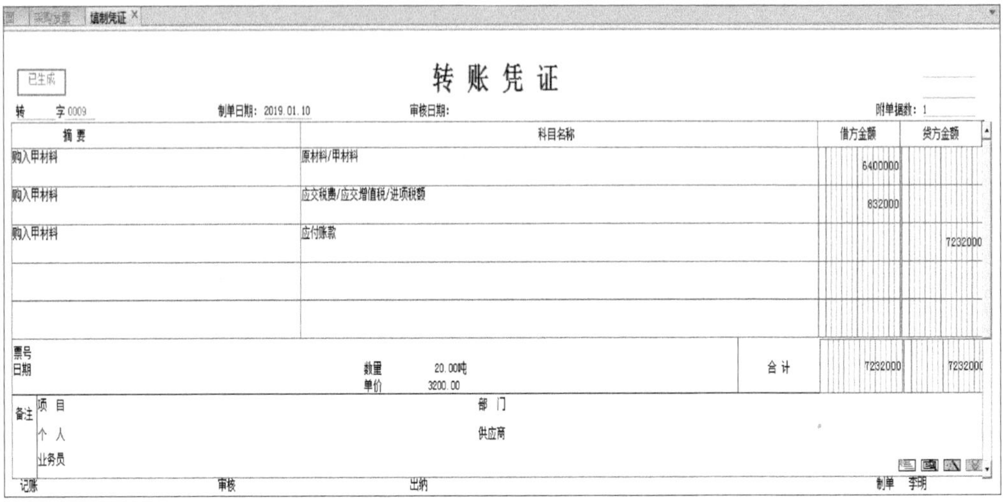

图 9-19 转账凭证

【例 9-8】 1 月 12 日，东方科技公司从沧海公司购入生产用乙材料 30 吨，不含税单价 2800 元，税率 13%，价税合计 94920 元，取得专用发票，票号 ZY2003，货税款暂欠，材料尚未验收入库。同时，沧海公司为企业垫付运费 1635 元，收到专用发票一张，票号 ZY2004。

操作步骤：

（1）使用操作员“02”，以日期“2019-01-12”登录，执行“应付款管理”|“应付单据处理”|“应付单据录入”，打开“单据类别”对话框。选择单据名称“采购发票”，单据类型“采购专用发票”；单据方向“正向”（若输入的单据为红字单据，则可选择方向为负向）。

（2）单击“确定”按钮，进入“专用发票”录入界面。点击“增加”按钮，设置表头项目：修改发票号为“ZY2003”，选择供应商为“沧海公司”，将税率修改为“13”，填写备注为“购入乙材料”，其他表头项目内容自动带出。设置表体项目：选择“存货编码”为“102”，录入数量“30”，录入原币单价“2800”，其他表体项目内容自动带出。点击“保存”，如图 9-20 所示。

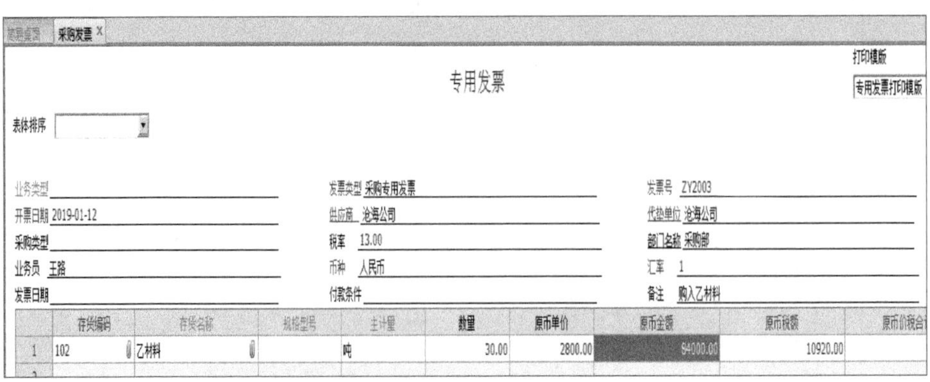

图 9-20 录入采购专用发票

（3）点击“审核”按钮，系统弹出“是否立即制单”对话框，点击“是”，系统自动生成一张凭证（若单击“否”，暂不生成凭证，其后可以在“制单处理”中统一进行制单）。在第一行科目名称中选入“原材料 / 乙材料”，在弹出的辅助项窗口中输入单价“2800”，点击“确定”，将凭证类别修改为“转账凭证”，点击保存。如图 9-21 所示。将凭证关闭。

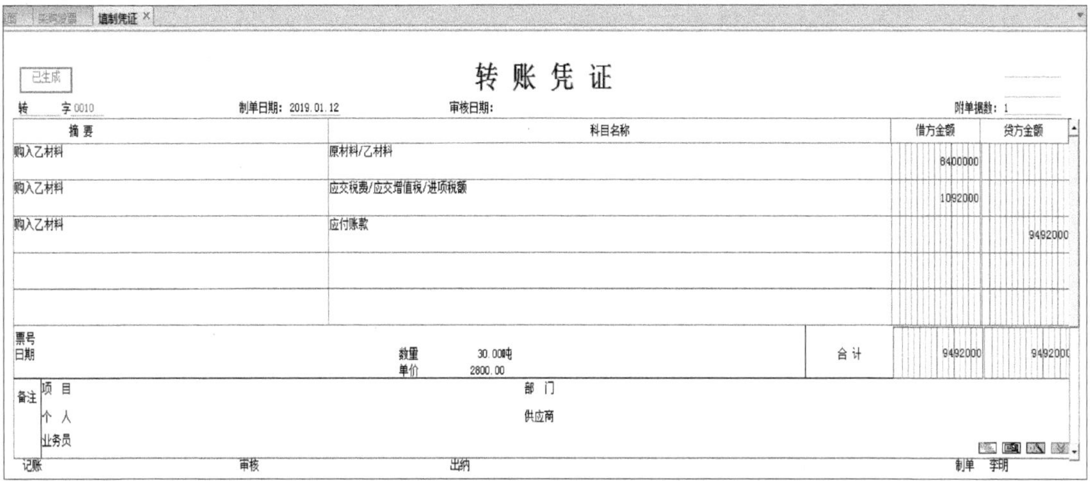

图 9-21 转账凭证

（4）点击“增加”按钮，设置表头项目：修改发票号为“ZY2004”，选择供应商为“沧海公司”，将税率修改为“9”，填写备注为“代垫运费”，其他表头项目内容自动带出。设置表体项目：选择“存货编码”为“301”，录入原币价税合计“1635”，其他表体项目内容自动带出。点击“保存”，如图 9-22 所示。

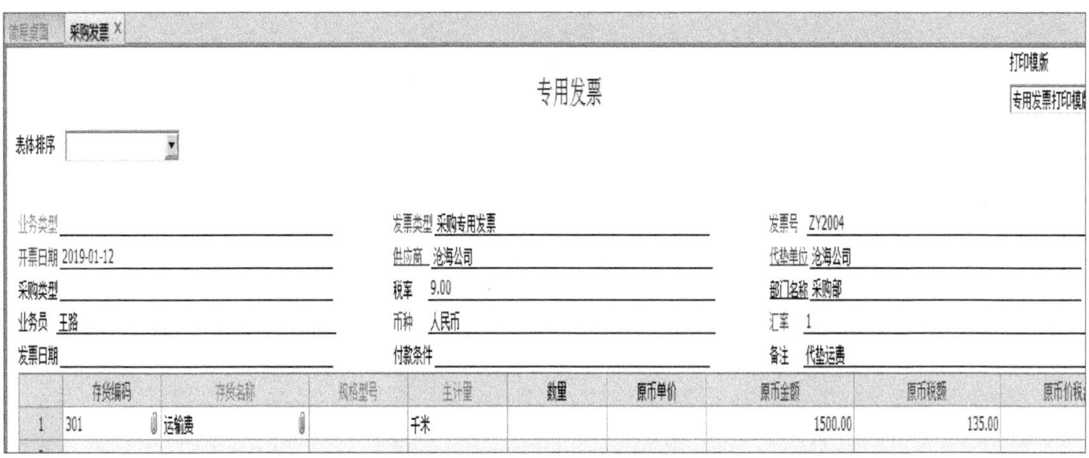

图 9-22 录入采购运费专用发票

（5）点击“审核”按钮，系统弹出“是否立即制单”对话框，点击“是”，系统自动生成一张凭证。在第一行科目名称中选入“原材料 / 乙材料”，无需填写辅助项，点击“确定”，将凭证类别修改为“转账凭证”，点击保存。如图 9-23 所示。

二、付款单据处理与核销处理

对于企业支付给供应商的款项或供应商退回的款项，应付款管理系统通过录入付款单与收款单（即红字付款单）来进行记录和反映。

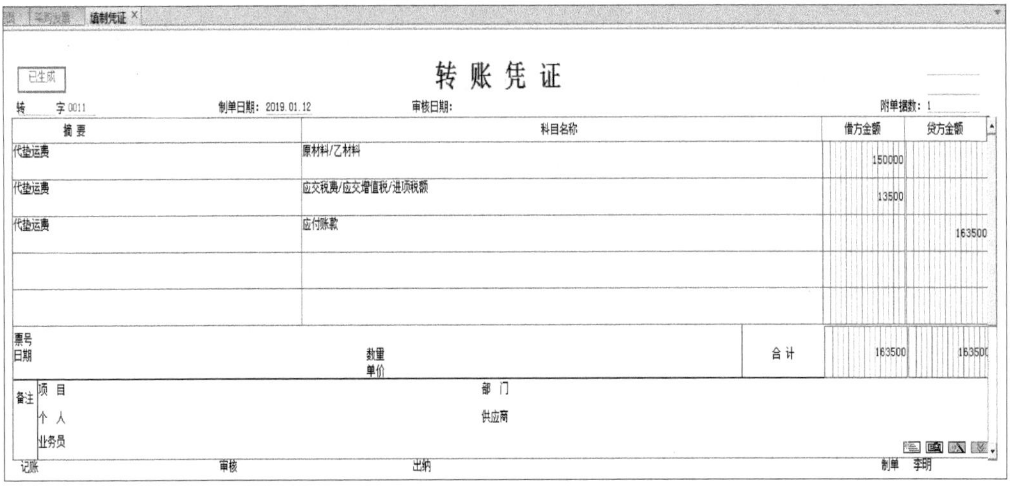

图 9-23 转账凭证

1. 录入付款单

当支付供应商款项时，该款项可能有三种用途：一是归还所欠供应商结算货款；二是作为购买货物的预付款；三是用于支付其他费用。在应付款管理系统中，系统用款项类型来区别不同的用途。如果一张付款单同时有几种用途，则应该在表体记录中分行显示。

温馨提示

如要对单据进行修改、删除、审核、制单等处理，具体操作同应付单据录入。

2. 录入收款单

红字付款单用来记录发生采购退货时供应商给企业的退付款项。该付款单可与应付、预付性质的付款单、红字应付单、红字发票进行核销。

在付款单录入界面点击“切换”，可以在付款单与收款单之间进行切换。

3. 付款单据审核

在“结算单”界面，系统提供了手工审核、自动批审核的功能。结算单列表界面中显示的单据包括全部已审核、未审核的付（收）款单。

对于有错的或需要作废的付款单，可以通过“弃审”按钮将单据恢复到未记账状态，进行修改或删除。

4. 核销处理

核销处理指用户日常进行的付款核销应付款的工作。系统提供按单据核销和按产品核销两种方式。单据核销的作用是处理付款核销应付款，建立付款与应付款的核销记录，可以监督应付款及时支付，加强往来款项的管理。

系统提供手工核销、自动核销两种核销方式。

（1）手工核销

用户手工确定系统内付款与应付款的对应关系，选择进行核销。通过本功能可以根据查询条件选择需要核销的单据，然后手工核销，加强了往来款项核销的灵活性。

（2）自动核销

系统自动核销可对多个供应商进行核销处理，依据核销规则对供应商单据进行核销处理。

对应付单据和付款单据进行核销时，分为四种情况，四种情况都分为同币种核销和不同币种核销。一是付款单与原有单据完全核销；二是在核销时使用预付款；三是付款单的数额小于原有单据的数额，单据仅得到部分核销；四是预付款大于实际结算数，余款退回。操作方法略。

【例 9-9】1 月 15 日，东方科技公司签发转账支票一张，金额 84280 元，票号 ZZ6501，用以归还大明公司期初货款，多余款项用于向大明公司预购甲材料。

操作步骤：

（1）使用操作员“02”，以日期“2019-01-12”登录，执行“应付款管理”|“付款单据处理”|“付款单据录入”，进入“付款单录入”界面。

（2）点击“增加”按钮，设置表头项目：选择供应商为“大明公司”，结算方式为“转账支票”，金额为“84280”，票据号为“ZZ6501”，录入摘要为“还款并预付货款”。设置表体项目：在表体第一行点击一下，将第一行金额修改为“64280”；在第二行点击一下，将第二行款项类型修改为“预付款”。点击“保存”。如图 9-24 所示。

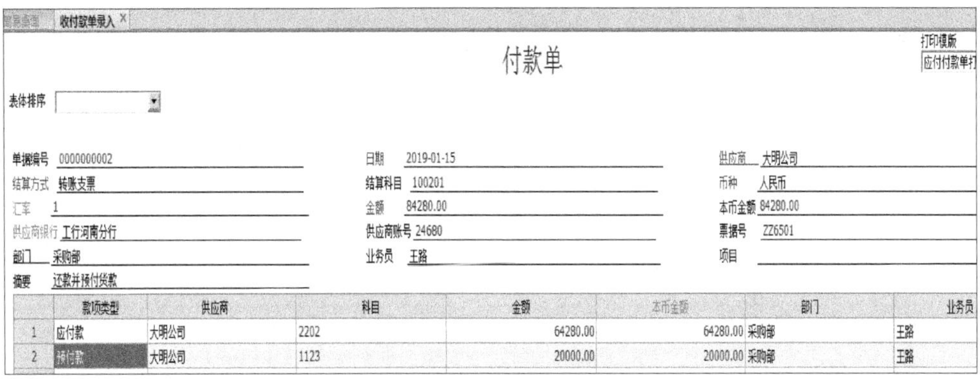

图 9-24　付款单录入

（3）点击“审核”按钮，系统弹出“是否立即制单”对话框，点击“是”，系统自动生成一张凭证。将凭证类别修改为“付款凭证”，点击“保存”。如图 9-25 所示。将凭证关闭。

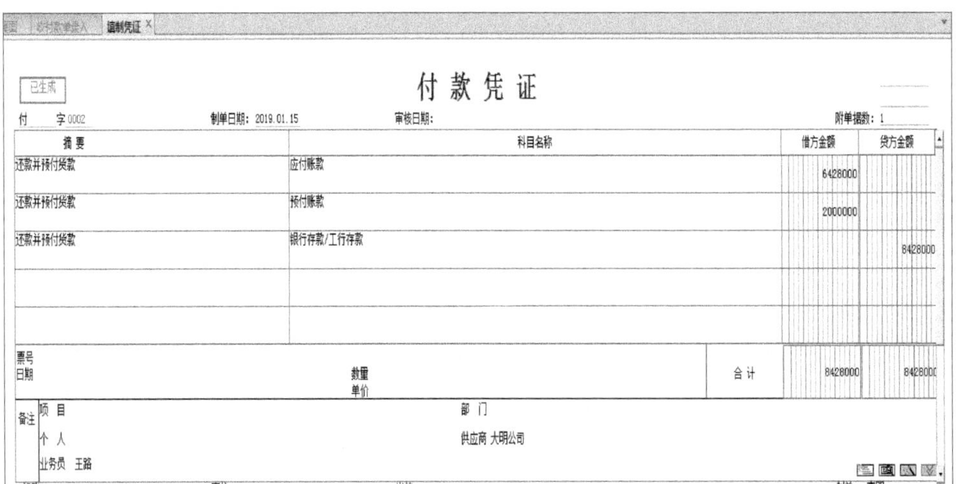

图 9-25　付款凭证

（4）点击“核销”按钮，系统弹出“核销条件”窗口，如图 9-26 所示，点击“确定”，进入“单据核销”界面。

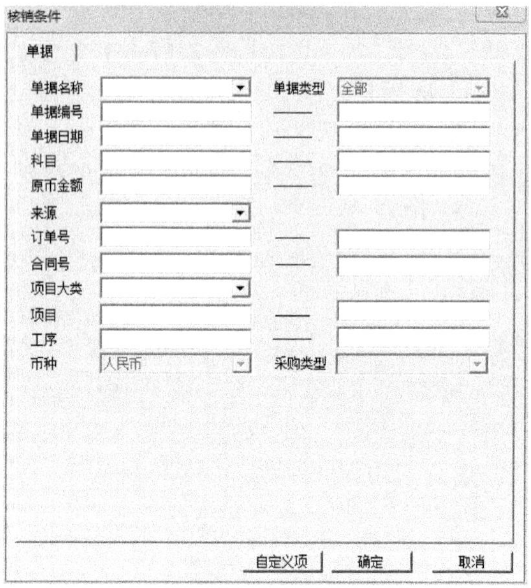

图 9-26 核销条件

（5）在 2018 年 12 月 27 日大明公司“采购专用发票”和“其他应付单”的“本次结算”金额中依次填入“63280”“1000”，如图 9-27 所示。点击“保存”按钮，核销完成。

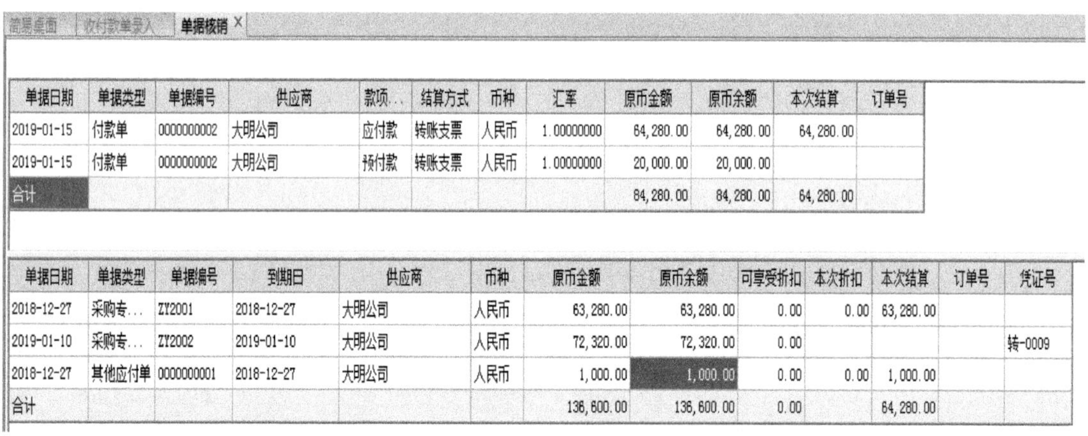

单据日期	单据类型	单据编号	供应商	款项...	结算方式	币种	汇率	原币金额	原币余额	本次结算	订单号
2019-01-15	付款单	0000000002	大明公司	应付款	转账支票	人民币	1.00000000	64,280.00	64,280.00	64,280.00	
2019-01-15	付款单	0000000002	大明公司	预付款	转账支票	人民币	1.00000000	20,000.00	20,000.00		
合计								84,280.00	84,280.00	64,280.00	

单据日期	单据类型	单据编号	到期日	供应商	币种	原币金额	原币余额	可享受折扣	本次折扣	本次结算	订单号	凭证号
2018-12-27	采购专...	ZY2001	2018-12-27	大明公司	人民币	63,280.00	63,280.00	0.00	0.00	63,280.00		
2019-01-10	采购专...	ZY2002	2019-01-10	大明公司	人民币	72,320.00	72,320.00	0.00				转-0009
2018-12-27	其他应付单	0000000001	2018-12-27	大明公司	人民币	1,000.00	1,000.00	0.00	0.00	1,000.00		
合计						136,600.00	136,600.00	0.00		64,280.00		

图 9-27 单据核销

温馨提示

在一张付款单中，如选择表体记录的款项类型为应付款，则该款项性质为冲销应付款；如选择表体记录的款项类型为预付款，则该款项用途为形成预付款；如选择表体记录的款项性质为其他费用，则该款项用途为其他费用。对于不同用途的款项，系统提供的后续业务处理不同。对于冲销应付账款以及形成预付款的款项，后续可进行核销处理，即将付款单与其对应的采购发票或应付单进行核销勾对，冲销对供应商的债务。对于其他费用用途的款项则不需要进行核销，直接计入费用科目。

三、票据管理

系统提供票据管理功能来完成商业承兑汇票和银行承兑汇票的日常业务处理，如票据的开具、结算、转出、计息等。

1. 开具商业汇票

向对方开出商业汇票时，需要在系统中录入。

2. 修改票据

发现已录入的票据有错，可以利用系统提供的修改功能修改票据内容。

温馨提示

① 已进行核销的票据不能修改。

② 已经进行过计息、结算、转出等处理的票据不能修改。

3. 票据计息

票据分为带息票据和不带息票据。如果票据是一张带息票据就需要对其进行计息处理。进行票据计息时，只需输入“计息日期”，利息金额由系统自动计算得出，确认后，系统会自动把结果保存在票据登记簿中。

再次计息时，系统自动扣除以前已计提过的利息。

4. 票据转出

由于某种原因导致票据到期而无力支付时，应该将应付票据转入应付账款。

用鼠标单击“票据管理”窗口，弹出“票据查询”对话框，输入各种条件后单击“确认”按钮，进入票据管理主界面。选中一张票据，然后点击工具条上的“转出”按钮，就可以对当前的票据进行转出处理。输入完毕后按“确认”按钮，就可保存前述的操作。

温馨提示

① 票据执行转出后，系统自动生成一张已审核的“应付单”。

② 票据转出后，不能再进行其他与票据相关的处理。

5. 票据结算

当票据到期持票付款时执行票据结算处理。

进行票据结算时结算金额不是票据余额，而是通过结算实际支付的现金等。

温馨提示

① 结算金额减去利息加上费用的金额要小于等于票据余额。

② 票据结算后，不能再进行其他与票据相关的处理。

【例 9-10】 1 月 21 日，东方科技公司开出银行承兑汇票一张，用于归还沧海公司货款，承兑银行为中国工商银行，票号 CD8501，面值 66555 元，期限 3 个月，票面利率为 0。

操作步骤：

（1）使用操作员“02”，以日期“2019-01-21”登录，执行“应付款管理”|“票据管理”，系统弹出“查询条件选择”窗口，如图 9-28 所示。点击“确定”，进入“票据管理”窗口。

（2）点击“增加”，进入商业汇票录入界面，选择银行名称为“中国工商银行”，票据类型为“银行承兑汇票”，票据编号为CD8501，结算方式为“银行承兑汇票”，出票日期为“2019-01-21”，到期日为“2019-04-21”，选择付款人银行为“001”，选择收款人为“沧海公司”，金额为“66555”，票面利率为“0”，录入备注“归还沧海公司货款”，点击保存。如图9-29所示。

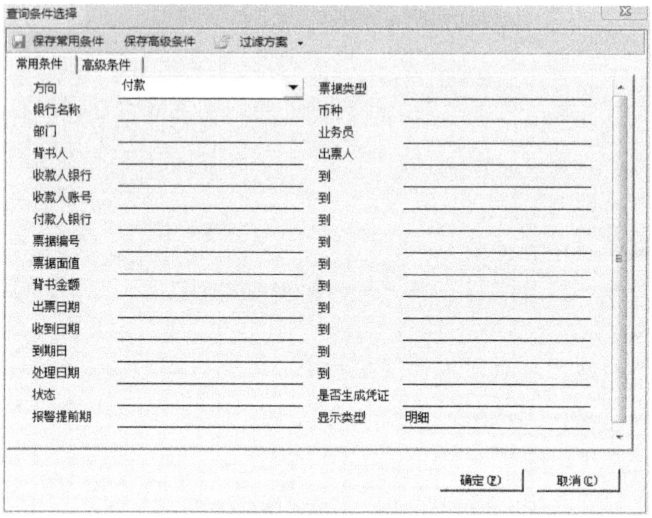

图9-28　查询条件选择

图9-29　商业汇票

(3) 执行“付款单据处理”|“付款单据审核”，弹出“付款单查询条件”窗口，点击“确定”，进入“收付款单列表”，如图9-30所示。

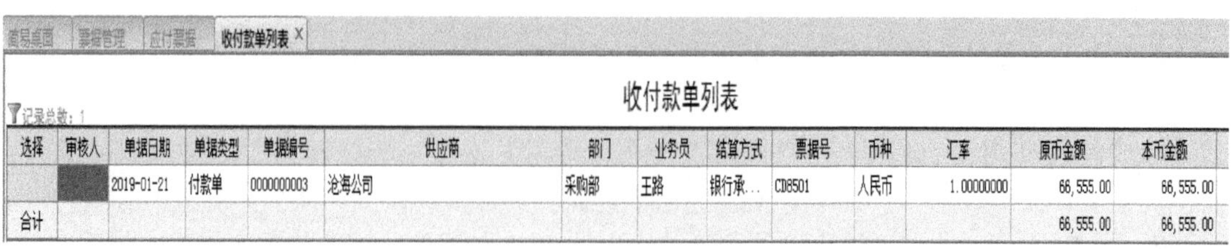

选择	审核人	单据日期	单据类型	单据编号	供应商	部门	业务员	结算方式	票据号	币种	汇率	原币金额	本币金额
		2019-01-21	付款单	0000000003	沧海公司	采购部	王路	银行承...	CD8501	人民币	1.00000000	66,555.00	66,555.00
合计												66,555.00	66,555.00

图9-30　收付款单列表

(4) 在列表第一行双击，弹出付款单，点击“审核”，系统弹出“是否立即制单”对话框，点击“是”，系统自动生成一张凭证。将凭证类别修改为“转账凭证”，在凭证第二行科目中录入“应付票据”，在弹出的辅助项窗口中选择供应商为“沧海公司”，点击“确定”，点击“保存”。如图 9-31 所示。将凭证关闭。

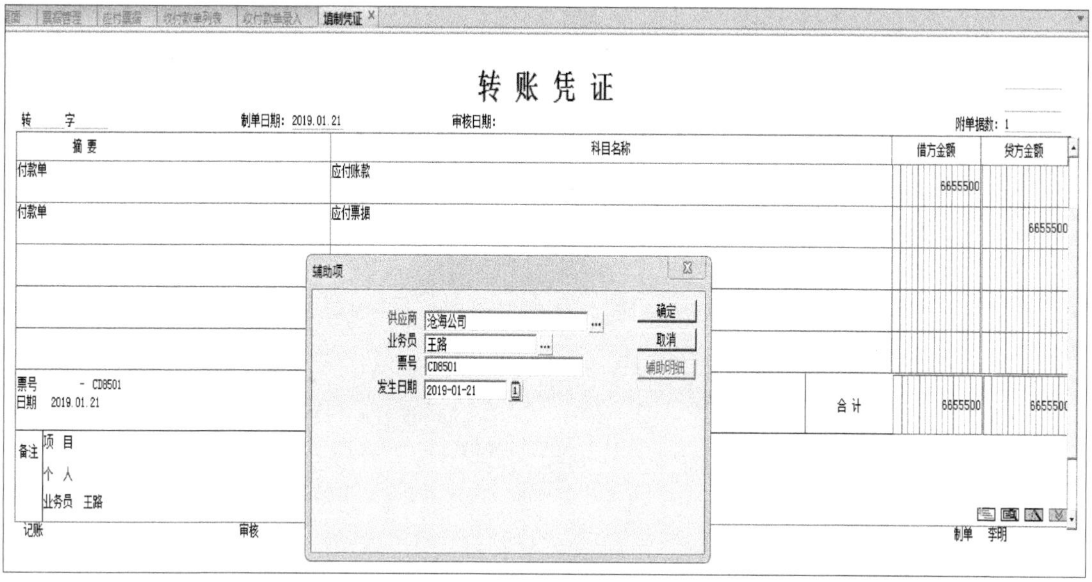

图 9-31　转账凭证

（5）点击“核销”按钮，系统弹出“核销条件”窗口，点击“确定”，进入“单据核销”界面。在沧海公司 2019 年 1 月 12 日的两张“采购专用发票”的“本次结算”金额中依次填入“64920”“1635”，如图 9-32 所示。点击“保存”按钮，核销完成。

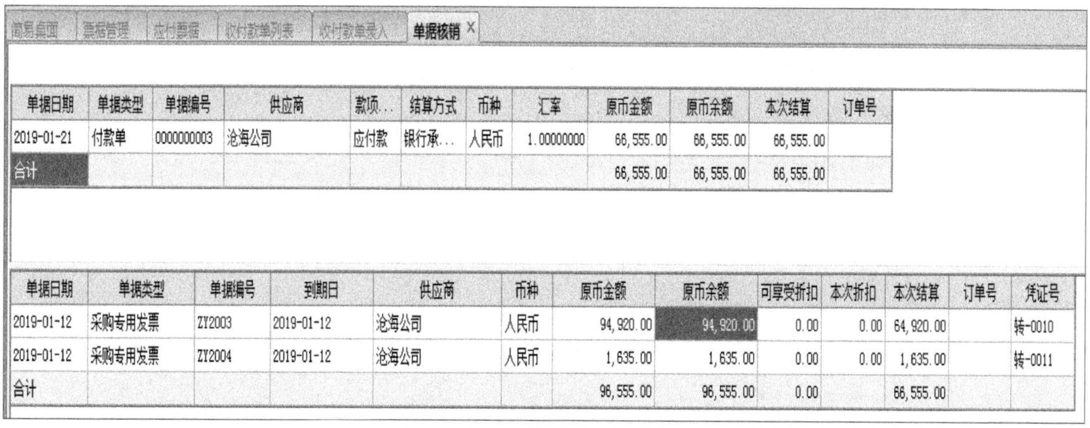

图 9-32　单据核销

四、转账

系统提供转账处理来满足用户应付账款调整的需要。针对不同的业务类型进行调整，分为应付冲应付、预付冲应付、应付冲应收、红票对冲等调整业务。

1. 预付冲应付

通过预付冲应付处理企业的预付款和应付款间的转账核销业务。

【例 9-11】1 月 21 日，东方科技公司用期初 30000 元预付款冲销沧海公司剩余应付款。

操作步骤：

（1）使用操作员“02”，以日期“2019-01-21”登录，执行“应付款管理”|“转账”|“预付冲应付”，系统弹出“预付冲应付”对话框。

（2）在“预付款”页签中选择供应商为“沧海公司”，点击“过滤”按钮，系统将该供应商的所有满足条件的预付款的日期、结算方式、金额等项目列出。可以在转账金额一栏里输入每一笔预付款的转账金额。如图 9-33 所示。本题在转账金额中录入“30000”。

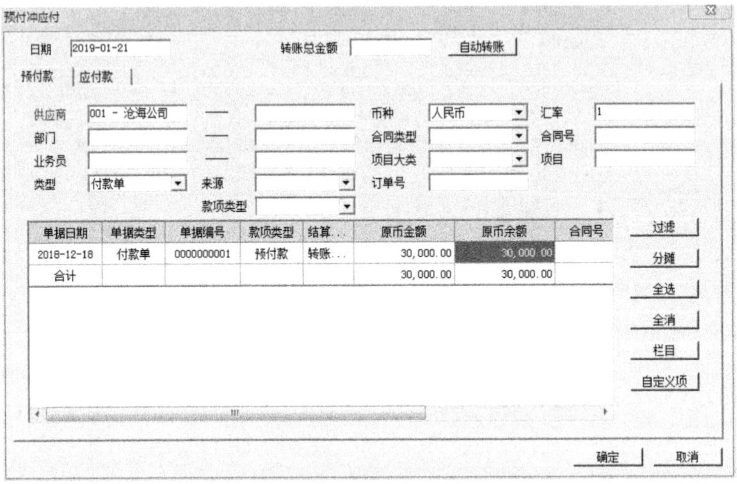

图 9-33　预付冲应付之预付款

（3）选择“应付款”页签，点击“过滤”按钮，系统将该供应商所有满足条件的应付款日期、结算方式、金额等项目列出。在转账金额中录入“30000”。如图 9-34 所示。

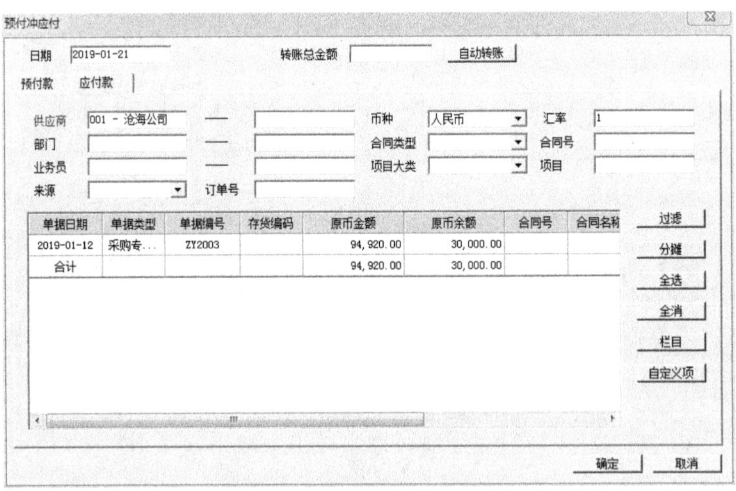

图 9-34　预付冲应付之应付款

（4）点击“确定”按钮，弹出“是否立即制单”对话框，点击“是”，系统自动生成一张凭证。将凭证类别修改为“转账凭证”，点击“保存”。如图 9-35 所示。

温馨提示

① 上述两个页签均可以通过输入转账总金额，单击“分摊”按钮，达到自动分摊该转

账总金额到具体单据上的目的，且分摊好的各单据转账金额允许修改。

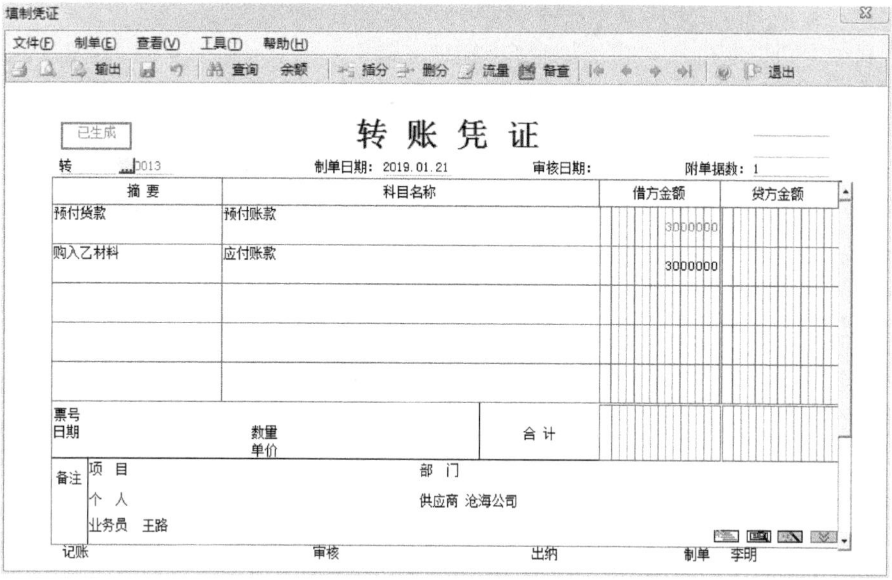

图 9-35　转账凭证

② 也可以直接输入转账总金额，单击“自动转账”按钮，系统自动根据过滤条件进行成批的预付冲抵应付款工作。

③ 每一笔应付款的转账金额不能大于其余额。

④ 应付款的转账金额合计应该等于预付款的转账金额合计。

⑤ 此处所说的“预付款”是指结算单表体款项类型为“预付款”的记录。

⑥ 如果是红字预付款和红字应付单进行冲销，要把过滤条件中的“类型”选为“收款单”。

2. 红票对冲

红票对冲可以实现供应商的红字应付单据与蓝字应付单据、收款单与付款单之间进行冲抵的操作。系统提供两种处理方式：自动对冲和手工对冲。

自动对冲可同时对多个供应商依据红冲规则进行红票对冲，提高红票对冲的效率。自动红票对冲提供进度条，并提交自动红冲报告，用户可了解自动红冲的完成情况及失败原因。

手工对冲只能对一个供应商进行红票对冲，可自行选择红票对冲的单据，提高红票对冲的灵活性。手工红票对冲时采用红蓝上下两个列表形式提供，红票记录全部用红色显示，蓝票记录全部用黑色显示。

【例 9-12】 1 月 22 日，东方科技公司发现本月 10 日向大明公司采购的甲材料有 1 吨有质量问题，和对方协商退货，当日收到红字发票一张，票号 ZY2005，录入系统并做红字对冲。

操作步骤：

（1）使用操作员“02”，以日期“2019-01-22”登录，执行“应付款管理”|“应付单据处理”|“应付单据录入”，弹出“单据类别”对话框，选择单据名称、单据类型、方向分别为：采购发票、采购专用发票、负向，如图 9-36 所示。点击“确定”，进入红字专用发票录入界面。

（2）点击“增加”按钮，设置表头项目：修改发票号为“ZY2005”，选择供应商为“大明公司”，将税率修改为“13”，填写备注为“退回甲材料”，其他表头项目内容自动带出。设置表体项目：选择“存货编码”为“101”，录入数量“–1”，录入原币单价“3200”，其他表体项目内容自动带出。点击“保存”，如图9-37所示。

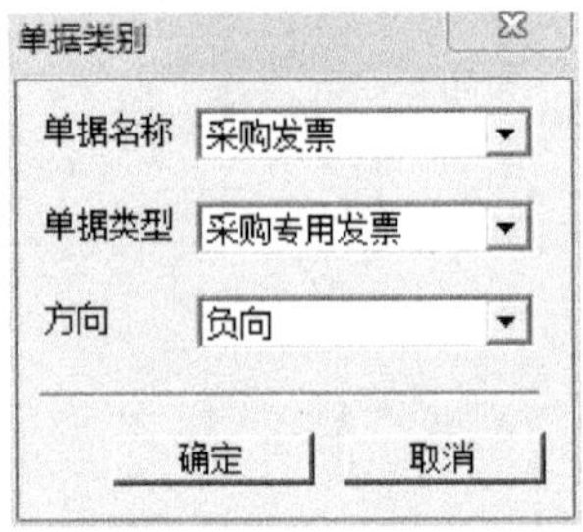

图 9-36　单据类别

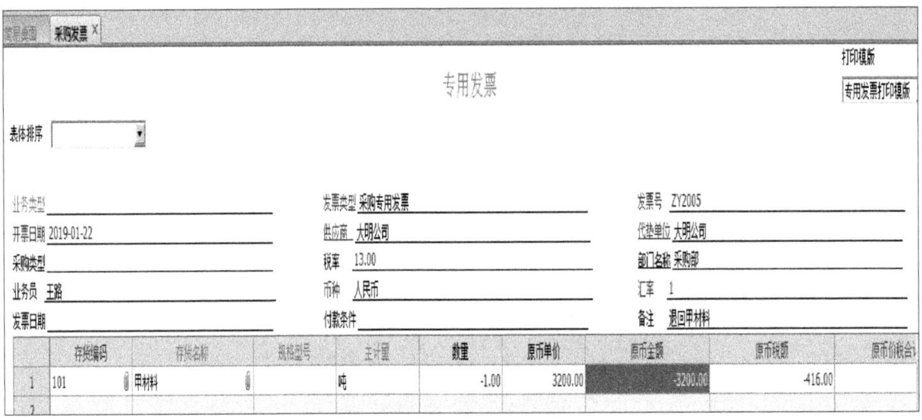

图 9-37　红字采购专用发票

（3）点击“审核”按钮，弹出“是否生成凭证”对话框，点击“是”，系统自动生成一张凭证。将凭证类别改为“转账凭证”，在凭证第一行科目中录入“原材料 / 甲材料”，弹出的辅助项窗口中填写单价为“3200”，点击“确定”，点击“保存”。如图9-38所示。

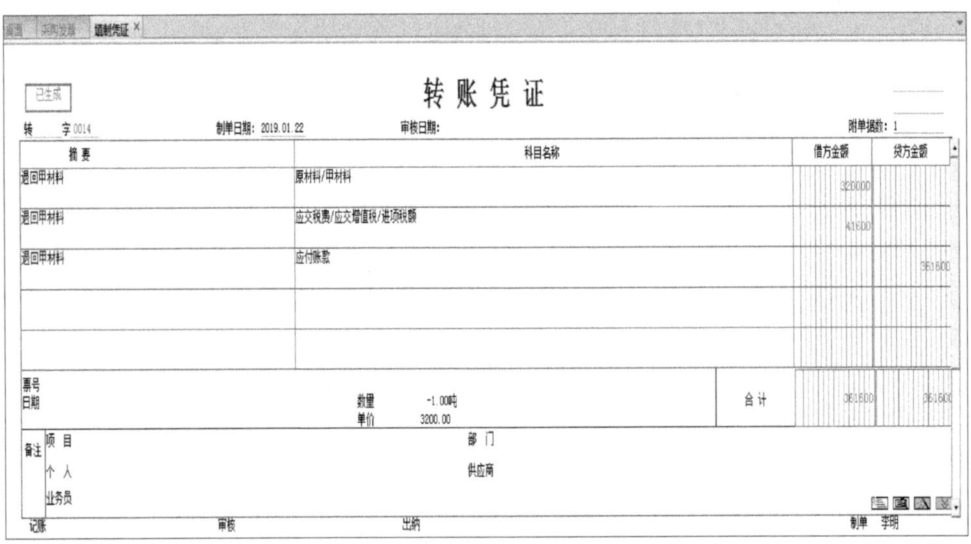

图 9-38　转账凭证

（4）执行“应付款管理”|“转账”|“红票对冲”|“手工对冲”，系统弹出“红票对冲条件”对话框。在“供应商”中选择“大明公司”，如图 9-39 所示。

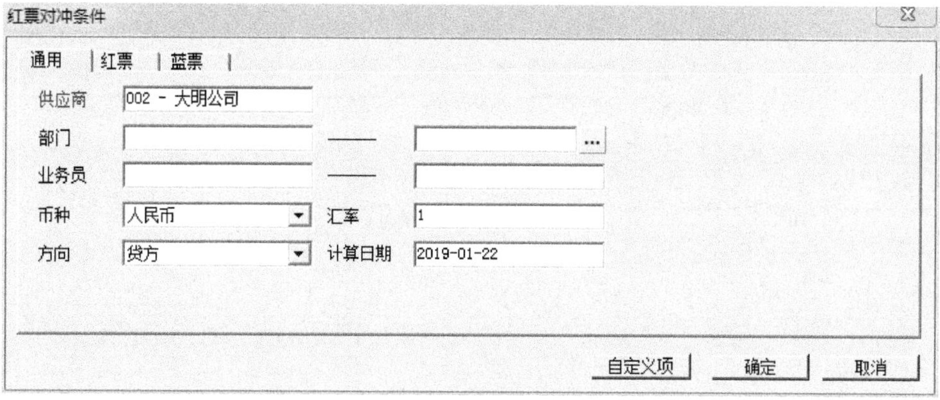

图 9-39　红票对冲条件

（5）点击“确定”，进入“红票对冲”界面，在大明公司 2019 年 1 月 10 日单据的对冲金额中填入“3616”，如图 9-40 所示。点击“保存”。

单据日期	单据类型	单据编号	供应商	币种	原币金额	原币余额	对冲金额
2019-01-22	采购专...	ZY2005	大明公司	人民币	3,616.00	3,616.00	3,616.00
合计					3,616.00	3,616.00	3,616.00

单据日期	单据类型	单据编号	供应商	币种	原币金额	原币余额	对冲金额
2019-01-10	采购专...	ZY2002	大明公司	人民币	72,320.00	72,320.00	3,616.00
合计					72,320.00	72,320.00	3,616.00

图 9-40　红票对冲

3. 应付冲应付

指将一家供应商的应付款转到另一家供应商中，通过应付冲应付功能将应付账款在供应商之间进行转入、转出，实现应付业务的调整，解决应付款业务在不同供应商间入错户或合并户问题。

【例 9-13】1 月 27 日，东方科技公司将大明公司的应付款转给沧海公司。

操作步骤：

（1）使用操作员“02”，以日期“2019-01-27”登录，执行“应付款管理”|“转账”|“应付冲应付”，进入应付冲应付操作界面。

（2）选择供应商为“大明公司”，选择转入的供应商为“沧海公司”，点击工具栏“查询”按钮，系统会将该转出户所有满足条件的单据全部列出。在并账金额中输入“68704”，如图 9-41 所示。

（3）点击“保存”按钮，系统弹出“是否立即制单”对话框，点击“是”。将生成的凭证类别改为“转账凭证”，点击保存，如图 9-42 所示。

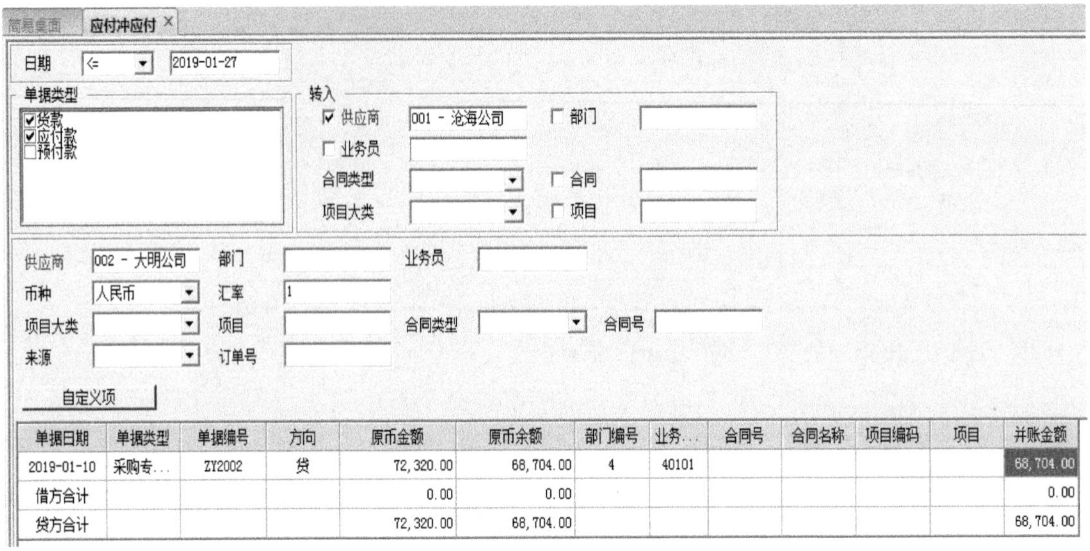

图 9-41 应付冲应付

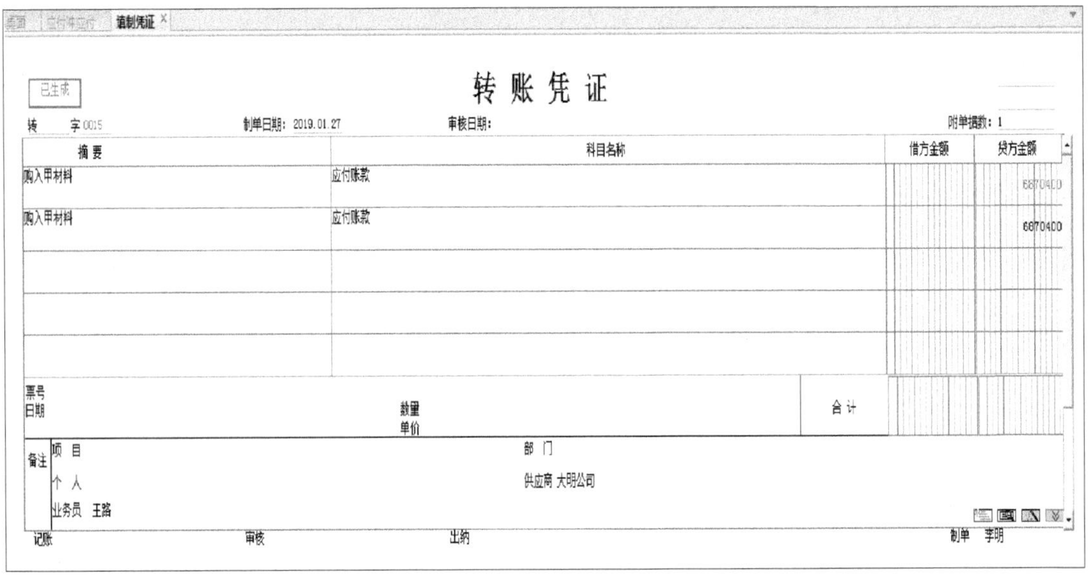

图 9-42 转账凭证

温馨提示

① 每一笔应付款的转账金额不能大于其金额。

② 每次只能选择一个转入单位。

③ 部门间或业务员间的并账，必须遵循选项中对应的核销规则，如选择部门间并账，核销规则中必须有部门。

4. 应付冲应收

用供应商的应付账款来冲抵供应商的应收款项。系统通过应付冲应收功能在应付款业务的供应商和客户之间进行转账，实现应付业务的调整，解决应收债权与应付债务的冲抵。

操作步骤：

（1）在应付款管理系统中，执行“转账”|“应付冲应收”，打开“应付冲应收”对话框。如图 9-43 所示。

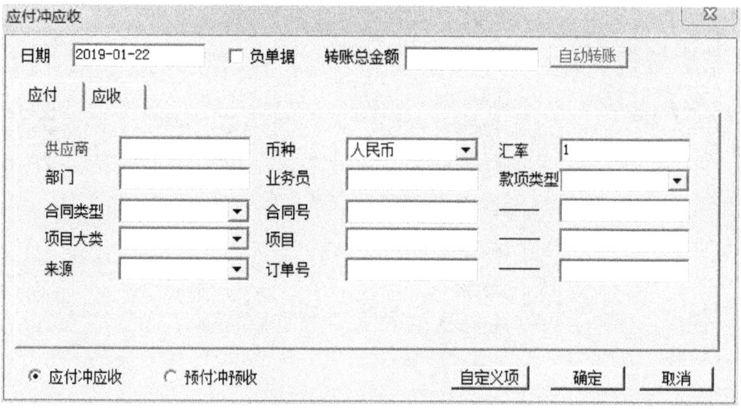

图 9-43　应付冲应收

（2）如果需要用应付款冲抵应收款，则须选中“应付冲应收”，选择“预付冲预收”则可选择预付冲抵预收款操作，如果需要用红字应付单冲销红字应收单，则可以将“负单据”复选框选中。

（3）单击“应付”页签，输入过滤条件，系统将该供应商所有满足条件的应付款单据类型、单据编号、日期、金额等项目全部列出。可以在转账金额一栏里输入每一笔应付款的转账金额。如果在转账总金额中输入了数据，可以通过单击“分摊”按钮自动将转账总金额按照列表上单据的先后顺序进行分摊处理。

（4）单击“应收”页签，输入过滤条件，系统将该客户所有满足条件的应收款单据类型、单据编号、日期、金额等项目全部列出，可以在转账金额一栏里输入每一笔应收款的转账金额。如果在转账总金额中输入了数据，也可以通过点击“分摊”按钮，自动将转账总金额按列表上单据的先后顺序进行分摊处理。

（5）输入完有关的应付款和应收款的信息后按“确认”按钮，系统会自动将两者对冲。

（6）单击“自动转账”按钮，则系统会根据所选择的供应商和客户自动进行应付冲应收。

如果在供应商档案中已建立了供应商与客户的对应关系，则在应付页签录入供应商后切换到应收页签时，系统自动带出对应客户信息。

五、制单处理

制单即生成凭证，并将凭证传递到总账记账。应付款系统在各个业务处理过程中都提供了实时制单的功能。除此之外，系统提供了一个统一制单的平台，可以在此快速、成批生成凭证，并可依据规则进行合并制单等处理。

操作步骤：

（1）选择“制单处理”，打开“制单查询”对话框，如图 9-44 所示。

（2）选择“制单类型”，制单类型包括发票制单、应付单制单、收付款单制单、核销制单、票据处理制单、汇兑损益制单、转账制单、并账制单、现结制单。

（3）输入完查询条件，单击“确定”，系统会将符合条件的所有未制单已经记账的单据全部列出。

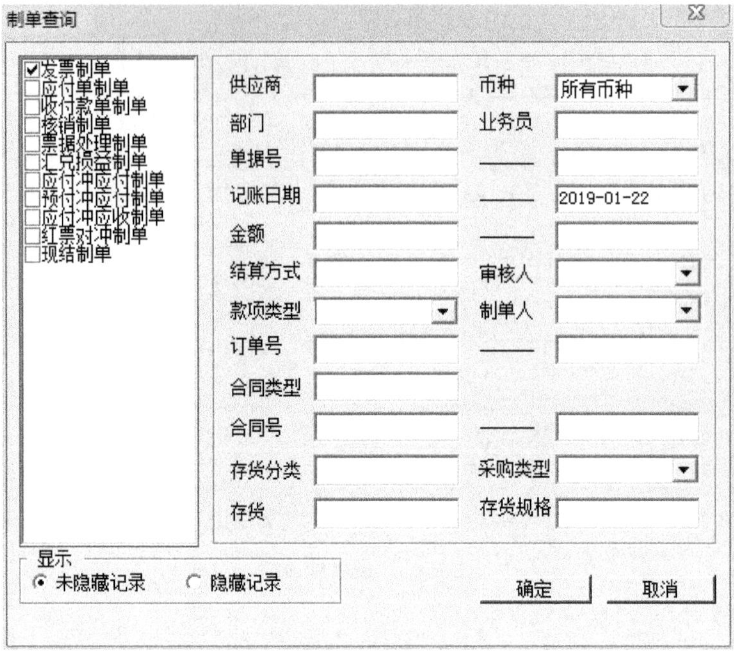

图 9-44 制单查询

（4）选择“凭证类别”，输入制单日期，并在“凭证类别”栏目处用下拉框为每一个制单类型设置一个默认的凭证类别。可以在凭证中修改该类型。

（5）选中某一记录，单击“单据”按钮，即可显示该记录所对应的单据卡片形式。若该条记录所对应的单据有多条，则先显示这些单据记录的列表形式，双击可以打开成卡片形式。

（6）在单据的选择标志栏对需要制单的单据进行选择，或单击“全选”选择所有单据制单。

（7）选择要进行制单的单据，在“选择标志”一栏双击，系统会在双击的栏目给出一个序号，表明要将该单据制单。可以修改系统所给出的序号。例如，系统给出的序号为1，可以改为2。相同序号的记录将制成一张凭证。也可单击“合并”按钮进行合并制单。

（8）选择完所有的条件后，单击“制单”按钮，进入凭证界面。

（9）检查各项内容无误后单击“保存”按钮，凭证左上角显示“已生成”，表明将当前凭证传递到总账系统。

（10）生成的凭证摘要默认为单据备注，如果单据没有备注信息则以业务类型为凭证摘要。用户可以自己对摘要的构成进行设置：单击“摘要”按钮进入摘要设置界面，即可对各种制单类型的摘要进行设置。

温馨提示

① 本系统的控制科目可在其他系统进行制单，在其他系统制单则会造成应付款管理系统与总账系统对账不平。

② 制单日期系统默认为当前业务日期。制单日期应大于等于所选单据的最大日期，但小于等于当前系统日期。

③ 如果同时使用了总账系统，且总账选项要求制单序时，所输入的制单日期应该满足制单日期序时要求，即大于同月同凭证类别的最大日期。

④ 一张原始单据制单后将不能再次制单。

六、单据查询

应付系统提供对发票、应付单、结算单、凭证等的查询。在查询列表中，系统提供自定义栏目、排序等功能，在进行单据查询时，若启用供应商、部门数据权限控制，则在查询单据时只能查询有权限的单据。

1. 凭证查询

通过凭证查询可以查看、修改、删除、冲销应付账款系统传到账务系统中的凭证。

操作步骤：

（1）执行“单据查询”|“凭证查询”，打开“凭证查询条件”对话框。

（2）输入条件后，单击“确认”，进入“凭证查询”窗口。如图 9-45 所示。

业务日期	业务类型	业务号	制单人	凭证日期	凭证号	标志
2019-01-15	付款单	0000000002	李明	2019-01-15	付-0002	
2019-01-12	采购专...	ZY2002	李明	2019-01-10	转-0009	
2019-01-12	采购专...	ZY2003	李明	2019-01-12	转-0010	
2019-01-12	采购专...	ZY2004	李明	2019-01-12	转-0011	
2019-01-21	付款单	0000000003	李明	2019-01-21	转-0012	
2019-01-21	预付冲应付	ZY2003	李明	2019-01-21	转-0013	
2019-01-22	采购专...	ZY2005	李明	2019-01-22	转-0014	
2019-01-27	并账	ZY2002	李明	2019-01-27	转-0015	

图 9-45　凭证查询

（3）在凭证查询界面可以对凭证进行删除、修改、冲销等操作。

温馨提示

① 如果凭证已在总账中记账，又需要对形成凭证的原始单据进行修改，则可以通过冲销方式冲销凭证，对原始单据进行其他操作后再重新生成凭证。

② 如果你要对一张凭证进行删除操作，该凭证的凭证日期不能在本系统的已结账月内。一张凭证被删除后，它所对应的原始单据及操作可以重新制单。

③ 只有未审核、未经出纳签字的凭证才能删除。

2. 发票、应付单、结算单查询

操作步骤：

（1）选择“单据查询”|“发票查询”（应付单查询、结算单查询），打开“查询条件”对话框。

（2）输入查询条件后单击“确认”按钮，进入查询结果列表界面，单据日期不选时显示所有符合条件的单据。

（3）单击“查询”按钮，可以重新输入查询条件。

（4）单击“单据”按钮，可以调出原始单据卡片。

（5）单击“详细”按钮（也可在具体记录上单击鼠标右键），可以查看当前单据的详细结算情况。

（6）单击“栏目”按钮，可以设置当前查询列表的显示栏目、栏目顺序、栏目名称、排序方式，且可以保存当前设置的内容。

3. 单据报警查询

单据报警的作用是对快要到期的单据或即将不能享受现金折扣的单据进行列示，系统提供自动报警和人工查询两种方式。

（1）自动报警

在“设置”|“选项”中，如果选择了“单据报警提前天数”（信用方式），那么每次登录本系统时，系统自动将单据到期日－提前天数≤当前注册日期的已经审核的单据显示出来，以提醒财务人员及时通知供应商哪些业务应该回款了。如果选择了“单据报警提前天数”（折扣方式），那么每次登录系统时，系统自动将单据最大折扣日期－提前天数≤当前注册日期的已经审核的单据显示出来，以便及时通知供应商哪些业务将不能享受现金折扣待遇了。

（2）人工查询

如果没有设置自动报警，那么每次登录本系统时不会出现报警信息，需要查询时，可以选择“单据查询”|“单据报警查询”，打开“报警查询条件”对话框，选择报警类型和其他查询条件，单击“确定”，屏幕显示信用报警单列表。

4. 信用报警查询

在“设置”|“选项”中若设置了“信用额度报警提前比率”，则当有权限查询的用户登录时系统显示该预警表。

如果没有设置自动报警，需要查询时，可以单击“单据查询”|“信用报警查询”，打开“信用预警条件”对话框。录入信用预警条件，单击“确定”，系统显示符合条件的信用报警单。

七、账表管理

1. 业务账表查询

通过业务账表查询，可以及时地了解一定期间内期初应付款结存汇总情况，应付款、已付款发生的汇总和累计情况及期末应付款结存汇总情况，从而及时发现问题，加强对往来款项的监督管理。

业务账表包括业务总账、业务余额表、业务明细账、对账单。

业务总账查询：进行一定期间内应付款汇总情况的查询。

业务余额表查询：进行一定期间内对各供应商应付款余额的查询。

业务明细账查询：进行一定期间内各供应商应付款、已付款明细情况的查询。

对账单查询：提供一定期间内供应商往来账款明细情况的查询，可以打印并提供给供应商进行对账，系统提供了两种显示方式：明细方式和付款方式。

查询时可以按照供应商、供应商分类、地区分类、部门、业务员、存货分类、存货、供应商总公司、主管业务员、主管部门来进行细分。对于既是供应商又是购买商的单位，可以把相关所有应收、应付业务信息在一张表中显示。可以包含未审核单据查询，还可以包含未开票出库、已入库未结算的信息。

2. 统计分析

通过统计分析，可以按用户定义的账龄区间进行一定期间内应付款账龄分析、已付款账龄分析、往来账龄分析，了解各个供应商应付款周转天数、周转率，了解各个账龄区间内应付款、已付款及往来情况，能及时发现问题，加强对往来款项动态的监督管理。

统计分析包括应付款账龄分析、已付款账龄分析、欠款分析、付款预测。

应付款账龄分析：分析截止到一定日期之前各个供应商应付款余额的账龄情况。

已付款账龄分析：分析截止到一定日期供应商已付款所冲销的应付账款的账龄情况。

欠款分析：分析截止到到某一日期，供应商、部门或业务员的欠款金额，以及欠款组成情况。

付款预测：预测将来某一段日期范围内，应对供应商、部门或业务员等对象付款的金额和构成情况。

系统提供丰富的过滤条件以及分析对象和明细对象的组合查询。

分析对象：包括供应商分类、供应商总公司、地区分类、部门、主管部门、业务员、主管业务员、供应商、存货、存货分类十项。分析对象提供范围选择。如果不按产品核销，则不能查看存货和存货分类两项。

明细对象：明细对象决定了查询返回数据的分类排列方式。首先系统按照确定的查询分析对象返回查询结果。在查询结果界面点击“详细”按钮，系统将把按照查询对象分类的总账进一步分类，标准就是明细对象确定的内容。例如，希望按照供应商查询，同时又想得到每个供应商的数据是由哪些业务员经手发生的，则可以在查询对象选择按供应商，明细对象选择按业务员。当系统显示按供应商的查询结果时点击“详细”按钮，系统进一步分解每个供应商的数据，将其按业务员列示。

3. 科目账查询

科目账查询包括科目明细账、科目余额表的查询。

科目余额表查询：查询应付受控科目各个供应商的期初余额、本期借方发生额合计、本期贷方发生额合计、期末余额。细分为：科目余额表、供应商余额表、三栏余额表、部门余额表、项目余额表、业务员余额表、供应商分类余额表、地区分类余额表。

科目明细账查询：用于查询供应商往来科目下各个往来供应商的往来明细账。细分为科目明细账、供应商明细账、三栏明细账、部门明细账、项目明细账、业务员明细账、供应商分类明细账、地区分类明细账、多栏明细账。

科目账是对已生成凭证的业务信息进行的综合反映。应付系统中的科目账查询结果一般来说应该与总账中的供应商往来账查询结果相同，但如果存在以下情况之一，就会导致两边不一致：其一，总账期初余额明细与应付期初明细不一致；其二，在其他系统使用应付控制科目进行了制单。这时不影响其他处理，不必进行任何调整。但为了保持账账相等，最好不允许其他系统对应付控制科目进行制单。

八、取消操作

在应付款管理的各个业务处理环节，都可能由于各种各样的原因造成操作失误，为方便修改，系统提供取消操作功能。

取消操作类型包括取消核销、取消转账、取消汇总损益、取消票据处理、取消并账等几类。取消操作一般受一定条件限制，以下分别进行说明。

1. 取消核销

各种取消操作步骤雷同，以取消核销为例说明。

操作步骤：

（1）选择“其他处理”|“取消操作”，打开“取消操作条件”对话框，如图 9-46 所示。

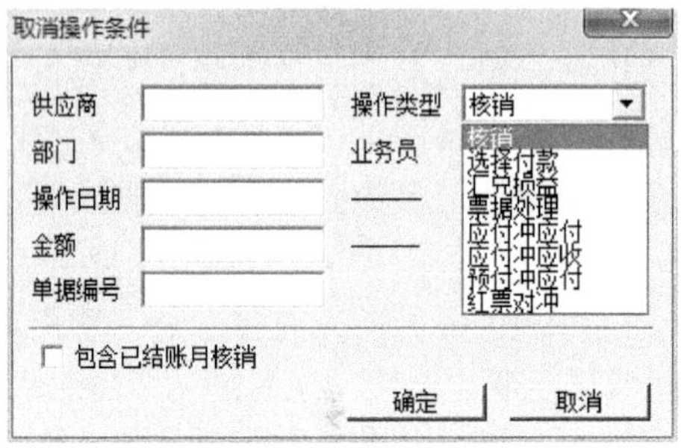

图 9-46　取消操作条件

（2）输入各项条件，在“操作类型”下拉框中选择“核销”，进入“取消操作”窗口，系统将满足条件的付款单列出。如图 9-47 所示。

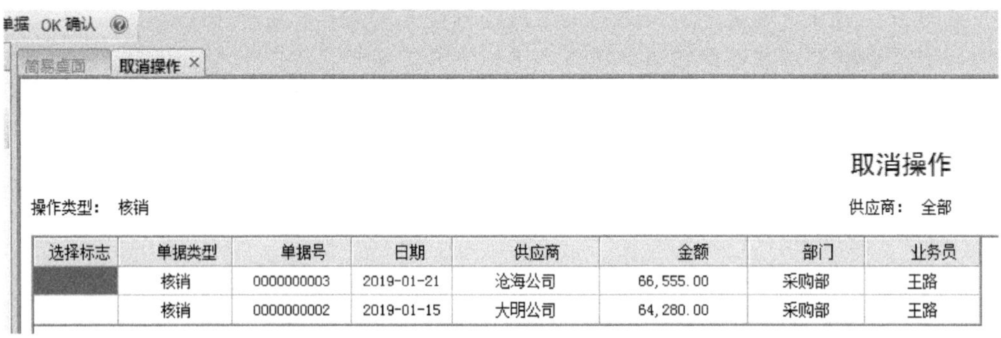

图 9-47　取消核销

（3）在单据的“选择标志”一栏里双击鼠标，或单击“全选”选择所有单据。如果在有标记的一栏里双击鼠标，即取消选择。

（4）选择完成后单击“确认”，保存此次操作。

温馨提示

如果核销已制单，应先删除其对应的凭证，再进行恢复。

2. 取消票据处理

已经进行票据处理，在以下情况下不能恢复。

如果票据在处理后已经制单，应先删除其对应的凭证，再进行恢复。

票据转出后所生成的应付单如果已经进行了核销等处理，则不能恢复。

票据背书的对象如果是应付账款系统的供应商，且应付系统该月份已经结账，则不能恢复。

票据计息和票据结算后如果又进行了其他处理，例如已生成凭证，则不能恢复。

任务三 应付款管理系统期末处理

任务描述

期末应付款管理系统要进行结账，如果系统中出现错误，需要先取消结账，然后再进行修改。为此期末任务有二：一是期末结账，二是取消结账。

预备知识

期末处理指期末结账工作。如果当月业务已全部处理完毕，应需要执行“月末结账”功能。只有当月结账后才可以开始下月工作。

进行月末处理时，一次只能选择一个月进行结账。前一个月没有结账，则本月不能结账。结算单还有未审核的，不能结账。如果选项中选择单据日期为审核日期，则应付单据在结账前应该全部审核。如果选项中选择“月末全部制单”，则月末处理前应该把所有业务生成凭证。年度末结账，应对所有核销、转账等处理制单。

在执行了月末结账功能后，该月将不能再进行任何处理。

任务设计

（1）期末结账；

（2）取消结账。

操作步骤

一、月末结账

【例 9-14】将东方科技公司 2019 年 1 月份应付款管理系统业务结账。

操作步骤：

（1）选择“其他处理”|“期末处理”|“月末结账”，打开“月末处理”对话框，选择结账月份，双击“结账标志”一栏。如图 9-48 所示。

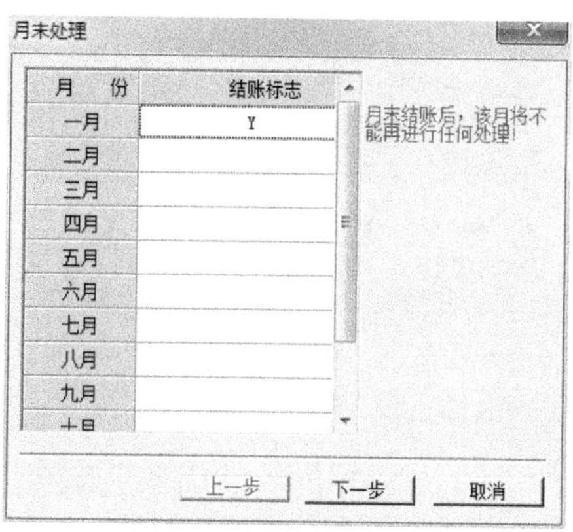

图 9-48 月末结账

（2）单击“下一步”按钮，系统列示月末结账的检查结果，若未能通过检查，不能结账，“完成”按钮为灰色，不能选择，如图 9-49 所示。

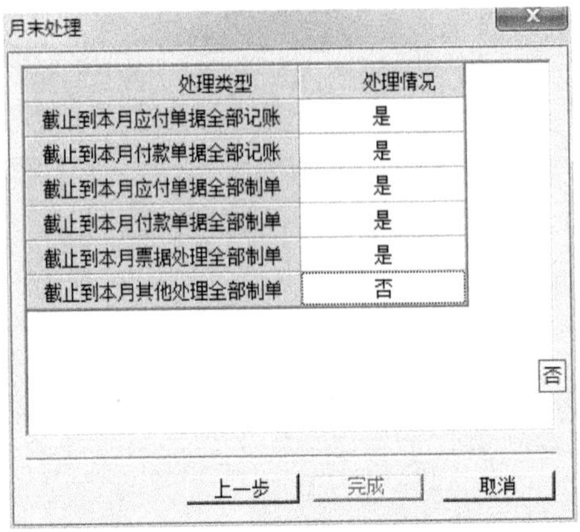

图 9-49　月末结账检查结果

（3）双击“否”，可以看到详细原因，如图 9-50 所示。

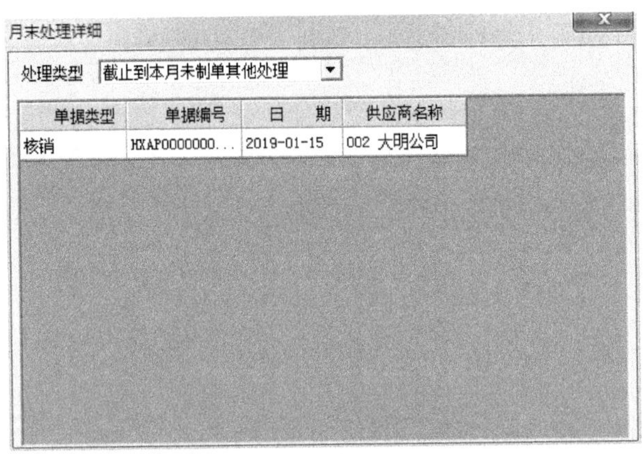

图 9-50　未制单单据

（4）检查通过后单击“完成”按钮，执行结账功能，系统提示“1 月份结账成功”。如图 9-51 所示。

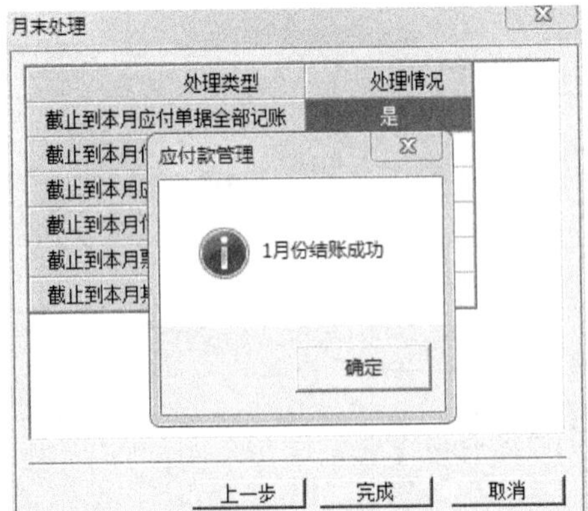

图 9-51　结账完成

温馨提示

应付系统与采购管理系统集成使用时在采购系统结账后才能对应付系统进行结账处理。

二、取消结账

在执行了月末结账功能后，发现该月还有未处理的业务，可以执行取消结账处理。

操作步骤：

（1）选择“其他处理”|“期末处理”|“取消月结”，系统弹出“取消结账”对话框。如图 9-52 所示。

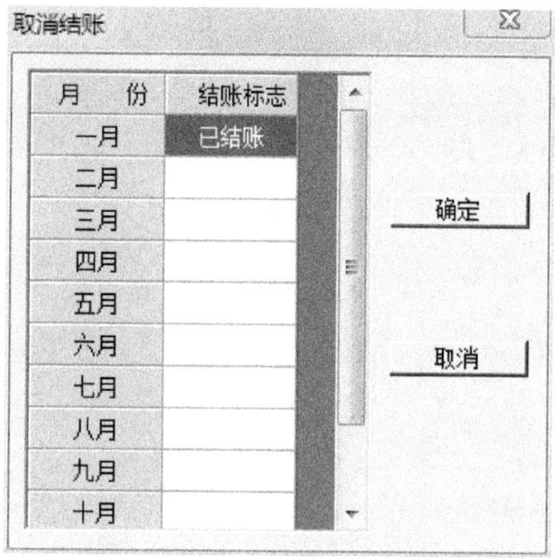

图 9-52　取消月结

（2）选择最后一个已结账月份，单击“确定”，系统提示“取消结账成功”。

温馨提示

如果当月总账系统已经结账，那么不能执行应付系统取消结账功能。

参考文献

[1] 牛永芹. ERP财务管理系统实训教程[M]. 第3版. 北京：高等教育出版社，2018.

[2] 庄胡蝶. 会计信息化（用友U8 V10.1版）[M]. 第2版. 北京：高等教育出版社，2018.

[3] 孙义.会计信息化（用友ERP-U8）[M]. 北京：高等教育出版社，2016.

[4] 牛永芹. ERP财务管理系统综合实训（用友U8 V10.1版）[M]. 第3版. 北京：高等教育出版社，2019.

[5] 庄胡蝶. 会计信息化学习指导、习题与项目实训（用友U8 V10.1版）[M]. 第2版. 北京：高等教育出版社，2017.

[6] 孙义. 会计信息化学习指导、习题与实训[M]. 北京：高等教育出版社，2015.

[7] 褚颖. 会计电算化[M]. 北京：中国农业出版社，2015.

[8] 韩庆兰.会计信息系统. 北京：机械工业出版社，2017.

[9] 张瑞君.会计信息系统. 北京：中国人民大学出版社，2017.